# 고려 '어향' 나주의 재조명과 영산강

본 저서는 2025학년도 국립목포대학교 연구시설 사업비(글로컬대학30사업) 지원에 의하여 수행되었음.(This Work was supported by Glocal University Project of Mokpo National University, 2025)

목포대학교 호남문화콘텐츠연구소 총서 ❶

# 고려 어향 —御鄕— 나주의 재조명과 영산강

강봉룡
김명진
김병인
박종진
김아네스
한정훈
이병희
김희태
공저

경인문화사

# 서 문

유서 깊은 역사문화도시 나주는 전라도라는 명칭이 처음 등장한 고려시대에 가장 찬란한 전성기를 맞이하였다. 예성강 세력인 개성의 왕건은 영산강 유역을 기반으로 한 나주 세력의 지지와 협력으로 고려왕조를 개창하고 후삼국을 통일하였으니, 이러한 점에서 나주는 개성과 더불어 고려 성립의 중요한 토대가 된 지역이라 할 것이다. 이와 같은 역사적 배경 속에서 태조 왕건의 뒤를 이어 나주 출신 장화왕후의 소생인 왕무가 제2대 왕 혜종으로 즉위하였으며, 이로 인해 나주는 임금을 배출한 고장, 곧 '어향(御鄕)'이라 불리기도 하였다.

고려는 해양 국가로서의 성격을 지닌 국가답게, 영산강과 다도해를 통해 동아시아로 뻗어 나갈 수 있는 한반도 서남부 지역을 국가의 중심 도시 나주목으로 편제하였다. 그리고 나주를 중심으로 지방 행정과 경제를 운영하는 한편, 나주를 통해 해외 문물을 적극적으로 수용하며 새로운 문화를 창조해 나갔다. 이러한 나주의 위상은 조선 후기까지 지속되었기에 오늘날까지도 나주를 흔히 '천년 목사골'이라 부른다.

그럼에도 불구하고 고려시대 나주의 역사와 문화에 대한 체계적이고 종합적인 연구는 학계와 지역사회 모두에서 충분히 이루어지지 못한 측면이 있었다. 이러한 문제의식에서, 국립목포대학교 호남문화콘텐츠연구소는 2023년 10월 '영산강 중심 도시'를 표방하는 나주시의 후원을 받아 「고려 어향(御鄕) 나주의 재조명과 영산강」이라는 학술대회를 개최하였다.

학술대회 발표 논문들은 보완과 엄밀한 심사의 과정을 거쳐 국내 전문 학술단체가 발행하는 학회 논문집에 각각 수록되었다. 4편(강봉룡, 「고려와 영산강과 나주」; 김명진, 「고려 태조 왕건의 나주전투와 서남해 공략」; 박종진, 「고려시기 '나주목 영역'의 구조와 나주목의 위상」; 김아네스, 「고려시대 나주의 산천과 제의」)은 한국중세사학회 학회지 『한국중세사연구』 77집(2024. 5.)의 기획 논문으로 게재되었고, 3편(한정훈, 「고려·조선 초기 나주지역 수군 기지의 역할과 변천」; 이병희, 「고려시대 나주의 사찰과 불교문화」; 김희태, 「나주지역 고려시대 문화유산의 보존과 활용」)은 호남사학회 학회지 『역사학연구』 93집(2024. 2.)의 기획 논문으로 수록되었으며, 1편(김병인, 「'나주 어향론(御鄕論)'과 고려 혜종에 대한 재평가」)은 전남대학교 인문학연구원 논문집 『가족과 커뮤니티』 9집(2024. 9.)에 게재되었다.

본서 『고려 '어향' 나주의 재조명과 영산강』은 이러한 8편의 연구 논문을 다시 보완의 과정을 거쳐 하나로 모아 편찬한 것으로, 고려시대사 연구의 최신 성과를 반영하여 나주지역사의 주요 쟁점을 종합적으로 재조명한 첫 시도라고 할 수 있다. 기존에 논의되어 온 후삼국 통일전쟁, 어향론, 혜종, 산천 제의 등의 주제는 새로운 시각에서 재정리하였고, 그동안 상대적으로 연구가 미진했던 영산강, 행정 단위, 수군 기지, 불교 문화, 문화유산 활용에 관한 논의는 향후 나주지역사 연구와 활용에 상당한 보탬이 될 것으로 기대된다. 다만 개별 논문의 형식적 차이는 집필자의 연구 개성을 존중하는 차원에서 무리하게 통일하지 않았다.

2023년 학술대회를 주도한 국립목포대학교 호남문화콘텐츠연구소는 2021년부터 나주시의 지원을 받아 영산강 학술회의와 인문 아카데미를 지속해서 개최해 왔다. 이러한 연구소의 활동은 2025년 12월까지 약 5년간 소장을 역임한 강봉룡 교수님의 신념과 헌신에서 비롯되어, 현재는 지역 연구의 중요한 기반이 되고 있다. 이러한 흐름 속에서 그간 축적된 연구 성과를 체계적으로 정리하고 호남학 연구의 저변 확대와 연구소 기능의 내실화를 기하기 위하여 호남문화콘텐츠연구소 총서 간행의 필요성이 제기되어 왔다. 총서 제1집으로 본서를 간행하게 된 것은 그러한 취지를 살려 이루어낸 첫 성과인 셈이니, 이는 2026년 2월 정년퇴임을 앞둔 강봉룡 전 소장님에 대한 작은 헌정의 의미를 내포하는 것이기도 하다.

이렇듯 첫 총서의 단행본을 엮어내기까지는 여러 기관과 많은 분의 도움이 있었다. 나주시는 2021년 이래 호남문화콘텐츠연구소가 나주와 영산강을 중심으로 연구와 대중 강좌 사업을 수행할 수 있도록 아낌없는 지원을 보내주었다. 한국중세사학회와 호남사학회 등의 전문 학회는 학술회의를 공동 주최하면서 회원들의 관심과 격려를 이끌어 내주었다. 국립목포대학교는 2025년 '글로벌 리딩 연구그룹 육성 지원사업'을 통해서 본서의 간행을 가능할 수 있게 하였다. 이 자리를 빌려 관련 기관과 관계자 여러분께 깊은 감사의 마음을 전한다.

학술대회 이후에 각자의 옥고에 대하여 여러 차례의 심사와 교정 작업에 성실히 응답해 주신 여덟 분의 집필자 선생님들께는 더욱 특별한 감사를 올린다. 아울러 국립목포대학교 호남문화콘텐츠연구소 전 소장 강봉룡 교수님과 현 소장 이창훈 교수님께 존경의 마음을 전하고, 강승재·이재용 전·현직 연구조교와 궂은일을 마다하지 않은 김효주 연구원에서도 고마움을 전하고자 한다.

아무쪼록 이 책이 나주와 영산강, 나아가 호남의 역사·문화 연구와 대중화에 작은 기여가 될 수 있기를 바라며 서문을 맺는다.

2026년 1월

모든 집필자를 대신하여

호남문화콘텐츠연구소 연구위원장

한정훈 씀

# 차 례

# 고려와 영산강과 나주

강봉룡

## Ⅰ. 머리말

영산강은 담양에서 발원하여 광주를 관통하는 극락강, 장성에서 발원하는 황룡강, 그리고 화순에서 발원하는 지석강의 상류 3강이 나주에서 합류하여 본류를 형성하고, 하류 구간에서 나주시와 함평군과 무안군과 영암군 등이 접경하도록 매개하며, 목포를 통해 신안 다도해로 빠져나가 마침내 동아시아 세계로 이어진다. 그러니 나주는 영산강과 함께 역사를 시작하고 영산강과 함께 세계와 소통하며 번영을 거듭해온 '영산강 중심도시'라 해도 과언이 아닐 터이다.

나주가 '영산강 중심도시'로서의 위상을 인상적으로 국내외에 떨친 시기는 단연 고려 때였다. 먼저 오다련으로 대표되는 나주의 영산강 세력은 왕건이 주도하는 송악(지금의 개성, 고려의 왕도 개경)의 예성강 세력과 협력하여 고려 탄생의 양축이자 모태가 되었다. 그런 연유로 왕건은 고려 시조[태조]의 반열에 올랐고, 나주 오다련의 딸 장화왕후의 소생 왕무(王武)는 태조 왕건의 뒤를 이어 고려의 두 번째 왕[혜종]으로 등극하였으니, 이로써 나주는 고려의 '어향(御鄕)'이 되었다. 또한 고려시기 나주는 목사(牧使)가 관장하는 나주목으로 편제되어 전라도를 대표하는 도시로서의 위상을 부여받고 이를 조선후기까지 이어갔으니, '천년목사골 나주'라는 말이 회자되는 까닭이다. 뿐만 아니라 고려시기 나주 영산강변의 회진(會津)은 왕도 개경의 외항 예성항[벽란도]과 더불어 고려의 양대 글로벌 관문이었고, 영산강 연변에 펼쳐진 다도해의 섬들은 '나주제도(羅州諸島)'라 불리면서 나주를 동아시아 세계와 이어주는 바닷길의 징검다리로 기능하였다.

본고는 고려시기 영산강과 나주군도의 바닷길을 통해 세계와 소통하면서 성장해간 '영산강 중심도시 나주'의 특별한 역사적 위상을 종합적으로 논의하기 위해 기획되었다. 이를 위해 제2장에서 고려가 바다를 열어 적극적 문물교류를 추구했던 개방사회였음을 우선 살피고자 한다. 이를 위해 귀족제설과 관료제설을 둘러싸고 진행된 기왕 고려사회 성격론의 의미가 제한적일 수밖에 없음을 개설하고, 새롭게 제기된 '고려의 다원사회론'이 내포하는 보다 확대된 의미를 검토하면서 그 연원에 '고려 개방사회론'이 자리하고 있음을 확인한다. 그리고 이를 바탕으로 제3장에서는 고려시기에 중부 횡단항로와 남부 사단항로의 바닷길을 운용하여 송과의 문물교류를 적극적으로 펼쳤던 상황을 중심으로 논의를 이어가면서, 고려가 우리 역사에서 가장 인상적인 개방사회였음을 논증하기로 한다.

다음에 제4장에서는 영산강이 개방사회 고려의 대외적 통로로 기능하였음을 살핀다. 먼저 금석문 등의 1차 사료의 검토를 통해서 나말여초기에 회진이 남부 사단항로로 이어지는 국제적 관문으로 기능했음을 살피고, 역시 1차 사료인 『금성일기(錦城日記)』에 전하는 관련 자료의 검토를 통해서 고려말 명(明)과의 사신 교환의 과정에서 나주의 회진과 목포 등이 남부 사단항로의 발착 항구이자 출입국의식을 거행하는 관문으로 기능했던 구체적인 모습을 살펴보기로 한다. 더 나아가 간접적인 자료의 검토를 통해, 나주[회진 혹은 목포]가 나말여초기와 고려말기 뿐만 아니라 고려 전시기에 걸쳐 이러한 글로벌 관문으로 기능했을 가능성을 타진한다.

제5장에서는 나주가 번영을 구가했던 역사의 배경에 영산강의 중심도시

라는 지정학적 조건이 내재해 있음을 살핀다. 먼저 828년 장보고의 청해진 건설을 계기로 회진은 국제 해상교역의 관문적 기능이 더욱 강화되어, 선종·차·청자 등 '신문물 3종세트'가 유입·전파되는 통로가 되었던 사정을 검토하면서, 명실상부한 동아시아 해상교통의 중심지로 부상하였음을 살핀다. 이어 신라 말기 대혼란의 와중에서 왕건이 이러한 영산강유역을 장악하여 고려를 건국하고 후삼국을 통일하게 되는 과정과 의미를 검토하고, 그 과정에서 왕건이 기왕 '금성'이라 불리던 것을 처음으로 '나주'라 명명하고 왕도에 버금가는 위상을 부여하거나, 그 이후에 전라도를 대표하는 '나주목'으로 편제하여 조선 후기까지 그 위상이 유지되었던 사정을 살피면서, 이러한 나주의 지속적 번영이 영산강 중심도시라는 지정학적 조건에서 연원하는 것임을 논정(論定)하고자 한다.

마지막으로 제6장(결론)에서는 나주가 고대와 중세[고려와 조선]와 근대와 현대의 역사구역을 두루 갖춘 예사롭지 않은 역사도시임을 확인하고, 그중 특히 고려시기의 나주가 글로벌 영산강 중심도시의 최전성기에 해당함을 다시 강조하며, 그럼에도 그간 나주시에서 유독 고려시기에 대한 관심이 오히려 미진했던 것에 대하여 각성을 촉구하면서 그 대안을 제시하는 것으로 논고를 마무리하기로 한다.

## Ⅱ. 고려 : 다양·다원사회론과 개방사회론

고려는 어떤 국가였고 어떤 사회였는가? 결국 고려사 연구는 이 질문을 염두에 두거나 이에 직접 응답하고 논쟁하는 과정이었다고 할 수 있다. 이와 관련하여 1970년에 들어 촉발된 '귀족제설과 관료제설'의 논쟁이 우선 눈에 띈다. 이 논쟁은 박창희가 '고려시대 관료제설'을 새롭게 주창하는 논문을 발표하여[1] 그간 고려를 귀족제사회로 간주해 오던 막연한 통설에 대

1) 박창희, 「고려시대 관료제에 대한 고찰」, 『역사학보』58, 1973.

한 반론을 제기하면서 학술 논쟁으로 비화되었다. 1970년대를 관통하며 고려사학계를 뜨겁게 달구었던 이 논쟁은 기왕의 귀족제설이 관료제설의 반론에 대하여 논지를 보강하는 양상으로 전개되어 주류적 지위를 그대로 유지하는 것으로 싱겁게 마무리되는 듯했다. 그러던 중 뒤늦게 1990년대 후반에 '문벌사회설'이라는 또 다른 신설이 제기되었고[2] 이에 대한 귀족제설의 반박이 다시 이루어지기도 하였으며,[3] 근래에는 그간의 논쟁을 총괄 정리하며 관료제사회설의 타당성을 새삼 지지하는 견해가 제출되기도 하였으니,[4] 논쟁의 여진은 미세하게나마 아직도 지속되고 있는 셈이다.

이 '귀족제설과 관료제설'의 논쟁은 엄밀히 말하면 고려의 사회와 문화의 전반적 성격에 대한 논쟁이라기보다는 고려 지배층의 성격에 한정된 논쟁이라 하겠으나, 미미했던 고려시대의 존재감을 일거에 부각시키는 계기가 되었다는 점에서 적지 않은 의미를 내포한다고 할 수 있다. 지배층의 성격을 넘어서는 고려사회의 전반적 성격에 대한 본격적인 논의는 1998년에 박종기가 고려문화의 '다양성과 통일성'에 대한 문제를 제기하고,[5] 1999년에 노명호가 고려의 '다원적 천하관'을 입론한 이후[6] 점차 '고려 다원사회론'으로 점화되는 양상으로 나타났다.

'고려 다원사회론'은 박종기가 2010년 네덜란드의 Remco Breuker가 발간한 『중세한국(918~1170) 다원주의 사회 성립』이라는 저서를[7] 소개하고 고려 다원사회의 형성과 기원의 문제를 전론(專論)하면서[8] 본격적 논의의 계기가 마련되었다. 여기에서 그는 다양한 종족과 주민이 고려에 대거 유입

2) 유승원, 「고려사회를 귀족사회로 보아야 할 것인가」, 『역사비평』36, 1997.
3) 박용운, 「고려는 귀족사회임을 다시 논함(상~하)」, 『한국학보』93·94, 1998·1999.
4) 박재우, 「1960~70년대 고려 귀족제설의 정립과 그 전망」, 『한국사연구』183, 2018.
5) 박종기, 「민족사에서 차지하는 고려의 위치」, 『역사비평』45, 1998, 349~352쪽.
6) 노명호, 「고려시대의 다원적 천하관과 해동천자」, 『한국사연구』105, 1999.
7) Remco Breuker, *Establishing a Pluralist Society in Medieval Korea, 918-1170 : History, Ideology and Identity in the Koryo Dynasty*, Brill's Korean Studies Library, Vol.1, Leiden, 2010.
8) 박종기, 「고려 다원사회의 형성과 기원」, 『한국중세사연구』36, 2013.

된 현상을 주목하고 사회·신분 및 군사 구성에서 다원성이 두드러지게 나타난다는 점 등을 주시하면서, 이러한 고려의 다원성은 사상적으로 천자국 체제를 뒷받침하는 '대일통'의식에서 형성되었고, 태조가 유훈으로 남긴 훈요십조에서 그 기원을 찾을 수 있다고 결론지었다. 이후 '고려 다원사회론'은 가톨릭대학에서 2014년부터 3개년에 거쳐 '고려시대 역사문화의 다원성과 통합성'이라는 주제의 토대연구를 진행하면서 '다원주의'의 개념이 다학제적으로 검토되었고,[9] 관련 성과가 확산되었다고 할 수 있다.[10]

이러한 '고려 다원사회론'은 고려사회 성격을 둘러싼 논의의 수준을 한 차원 높였다는 의미를 부여할 수 있을 것 같다. 다만 '그렇다면 고려의 다원성은 어디로부터 연원하는 것인가'의 질문이 함께 추구되었더라면 더욱 입체적인 논의가 되지 않았을까 하는 아쉬움은 지울 수 없다. 그런데 '고려 다원사회론'이 한참 논의되고 있던 2015년에 안병우는 '개방성'의 개념을 화두 삼아 고려 다원사회론의 연원에 대한 해답을 찾고자 하였으니,[11] 주목하지 않을 수 없다.[12] 그는 "다양성이나 다원성은 개방적 사고와 의식에 바

---

9) 다원사회에 대한 학제적 논의로는 가톨릭대학 제2차 콜로키움(2015년 2월 11일)에서 발표된 철학, 사회학, 종교학 등의 논문들이 주목된다. 이근세, 「다원성과 통합성의 조화-라이프니츠의 조화론을 중심으로-」, 조현수, 「다원주의에 대한 해석」, 이영희, 「다원사회에 대한 사회학적 이해」, 박영일, 「하나의 진리와 다양한 종교들-종교학에서 본 다원주의-」. 이중 이근세의 위 논문은 『동아시아문화연구』63, 2015 게재.

10) 가톨릭대학 토대연구의 성과는 3권의 학술서 발간으로 집성되었는데(채웅석 편, 『고려의 다양한 삶의 양식과 통합 조절』, 혜안, 2019 ; 채웅석 편, 『고려의 중앙과 지방의 네트워크』, 혜안, 2019 ; 채웅석 편, 『고려의 국제적 개방성과 자기인식의 토대』, 혜안, 2019), 이중 '고려 다원사회론' 관련 논문으로는 박종기, 「고려 다원사회론의 과제와 전망」, 『한국중세사연구』45, 2016 ; 채웅석, 「고려 전기 사회적 분업 편성의 다원성과 신분·사회계층」, 『한국중세사연구』45, 2016 ; 홍영의, 「관계와 소통, 통합과 자율의 다양성」, 『한국중세사연구』47, 2016 ; 채웅석, 「고려전기 지방지배체제의 다원성과 계서성」, 『한국중세사연구』47, 2016 ; 채웅석, 「고려전기의 다원적 국제관계와 문화인식」, 『한국중세사연구』50, 2017 ; 홍영의, 「고려시대 금속제 기물 및 기와의 '연호'명 검토-대중국 '연호'의 시행과 고려의 다원적 국제관계-」, 『한국중세사연구』50, 2017 ; 최봉준, 「고려사회 성격론과 다원사회의 구조적 이해」, 『역사와실학』67, 2018 등이 있다.

11) 안병우, 「개방성과 고려, 그리고 현재의 동아시아」, 『한국중세사연구』42, 2015.

12) 가톨릭대학 토대연구팀 세 번째 저서의 표제가 '고려의 국제적 개방성과 자기인식의

탕을 두고 있으므로, 개방성이야말로 다양성과 다원성의 기본인 것이다."라고[13] 전제하면서, 고려시대를 네 시기(전기, 중기, 무인정권기, 원간섭기)로 나누어 각 시기의 개방성과 그 특징을 적시하고, 이러한 고려 개방성의 경험이 오늘날 동아시아 국제사회가 폐쇄사회로 뒷걸음질 치려는 유혹을 뿌리치고 개방사회로 나아가는데 중요한 역사적 경험이 될 수 있을 것임을 언명하였다. 이는 곧 개방사회야말로 다양·다원사회의[14] 특징을 담보하는 결정적 요인임을 시사한 것으로 보아 좋을 것이다.

확실히 외부세계와 차단된 폐쇄사회는 사회적 다양성이 피폐화되기 마련이고, 외부세계와의 문물교류가 거침없이 이루어지는 개방사회는 사회적 다양성이 풍부해지기 마련이니, 이점에서 고려의 다양성과 다원성을 논하기 위해서는 그 배경적 요인으로서 개방성이 함께 고려되어야 함은 마땅해 보인다. 그런데 일찍이 고려의 개방성에 대한 논의는 고려의 적극적 해양교류 및 교역활동을 주목한 연구 성과들에 의해 구체적으로 이루어진 바가 적지 않으니, '고려 다원사회론'의 배경적 연원은 이미 자연스럽게 소명되고 있었다고 할 것이다.

1930년대 김상기의 연구에서[15] 시작된 고려의 해양교류·교역사 연구는 이미 상당한 성과가 축적되어 있다.[16] 그런데 기본 텍스트인 『고려사』와 『고려사절요』에는 주로 송상(宋商)의 활동이 계통적으로 거론되고 있는 반면 고려상(高麗商)의 그것은 거의 찾아보기 어려워서, 흔히 고려의 해양교

---

토대'로 되어 있어 그 표제로써만 보면 '고려 다원사회론'을 '국제적 개방성'의 문제와 결부하여 파악하려는 문제의식을 표방했다고 할 수도 있겠으나, 다원성과 개방성의 연관성을 구체적으로 거론하지는 못하였다.

13) 안병우, 앞 논문, 2015, 12~13쪽.

14) 다양성과 다원성의 개념적 차이를 구별하는 견해도 있다(박종기, 「고려왕조의 다원사회」, 『내일을 여는 역사』71·72, 2018, 175쪽).

15) 김상기, 「고대의 무역형태와 나말의 해상발전에 就하야」, 『진단학보』1·2, 1934·35 ; 김상기, 「여송무역소고」, 『진단학보』7, 1937.

16) 2012년까지의 고려 대외교역사 연구사는 이강한, 「고려시대 대외교역사 연구의 현황과 과제」, 『이화사학연구』47, 2013 참조.

류사는 주로 송상의 활동사로 설명되곤 하였다.[17] 이진한이 이러한 연구 추세를 집대성하였다고 할 것이니, 이를 '송상 주도 내지 독점설'이라 부를 수 있겠다.[18] 한편 이와 달리 송상이 주도했다는 추세는 인정하되, 중국 측 자료에서 단편적으로나마 송에서 활동한 고려상인 관련 자료를 찾아내 고려상의 활동도 만만치 않았음을 부각시키려는 연구 경향도 나타났다.[19] 김영제가 이러한 연구 경향을 집대성하였다고 할 수 있으니, 이를 '고려상인 활동 인정설'이라 부를 수 있겠다.

결국 근래 고려의 대중국 해양 교류사에 대한 연구는 이진한과 김영제가 이파전의 양상을 이루고 있다고 할 수 있으니,[20] 두 연구자의 저서에 대한 서평이 잇따랐던 것도[21] 이러한 추세를 반영한다고 할 것이다. 이러한

---

17) 김상기, 「고려시대 해상활동과 문물의 교류-예성강을 중심으로-」, 『국사상의 제문제』4, 1959 ; 고병익, 「麗代 동아시아의 해상교통」, 『진단학보』71·72, 1991 ; 박옥걸, 「고려 來航 송상인과 여·송의 무역정책」, 『대동문화연구』32, 1997 ; 최영호, 「고려시대 송나라 해상 무역 상인의 활동 시기와 양상」, 『인간과문화연구』16, 2010 ; 신안식, 「고려전기 麗宋 교통로와 교역」, 『한국중세사연구』33, 2012 등.

18) 이전 연구자들은 송상의 활동상을 중심으로 고려-송 교역사를 논의하는 것에 그치고 있음에 반해, 이진한은 송상이 주도하였고, 고려상인은 그런 송상에 기생하여 미미하게 활동하거나 거의 활동을 하지 못한 것으로 단언하고 있다는 점에서 '송상 주도 내지 독점설'이라 불러도 좋을 듯 싶다.

19) 黃寬重, 「宋·高麗貿易與文物交流」, 『진단학보』71·72, 1991 ; 김철웅, 「고려와 송의 해상교역로와 교역항」, 『중국사연구』28, 2004 ; 백승호, 「고려 상인들의 대송무역활동」, 『역사학연구』27, 2006 등.

20) 이진한과 김영제는 2000년대 중반에 거의 동시에 송과 고려 사이의 해상교역사 연구에 입문하더니(김영제, 「10~13세기 송전과 동아시아 화폐경제-특히 송전의 고려유입을 중심으로-」, 『중국사연구』28, 2004 ; 이진한, 「고려시대 예성항 무역의 실상」, 『내일을 여는 역사』22, 2005), 이후 관련 논문을 집중적으로 발표하고, 단행본으로 집성하기에 이르기까지(이진한, 『고려시대 송상왕래 연구』, 경인문화사, 2011 ; 김영제, 『고려상인과 동아시아 무역사』, 푸른역사, 2019), 이 분야 연구에서 경쟁적 행보를 보여주고 있어 주목을 끌고 있다. 더욱이 고려사 전공자인 이진한은 '송상'의 역할만을 강조하고 있음에 반해, 송사 전공자인 김영제는 '고려상인'의 역할도 만만치 않았음을 강조하고 있어, 마치 전공이 뒤바뀐 듯한 느낌도 들어, 자못 흥미롭다. 이진한 저서의 표제가 '송상'을 내세우고 있음에 반해, 김영제 저서의 표제는 '고려상인'을 내세우고 있는 것도 마찬가지이다.

가운데 이강한이 원간섭기 고려와 원제국 사이의 교역사를 집중적으로 다룬 박사학위 논문 기반의 저서를 출간하면서[22] 미약하나마 삼파전의 양상을 이루고 있다고도 할 수 있다.[23] 그런데 이들의 논지와 논의를 일별해 보면 무역의 주체(송상, 고려상, 도강 등) 등을 둘러싸고 적지 않은 견해 차이를 노정하고 있긴 하지만[24] 고려가 바다를 통해 활기찬 대외교역을 추구한 개방사회였다는 점에 대해서는 이론의 여지가 적다. 따라서 근래 '고려 사회 성격'에 대한 논의의 주류는 '고려 다양·다원사회론'에서 그 연원이 되는 '고려 개방사회론'으로 옮겨가고 있다고 해도 과언이 아닐 듯싶다.

## Ⅲ. 바닷길 : 고려 개방사회론의 지표

'고려 개방사회론'을 논의함에서 가장 주목해야 할 것은 복잡하게 전개된 중국의 정세 변동에도 불구하고 고려의 바닷길[해로]이 늘 열려 있었다

21) 이진한과 김영제 두 연구자의 저서에 대한 서평이 잇따라 발표된 것도 이러한 추제를 반영한다. 이진한의 저서에 대한 서평으로는 이강한, 「서평-이진한, 『고려시대 송상왕래 연구』」, 『역사학보』212, 2011 ; 정용범, 「고려의 개방성과 국제성을 이끈 주역들」, 『지역과역사』31, 2012 등이 있고, 김영제의 저서에 대한 서평으로는 김성규, 「서평-김영제, 『고려상인과 동아시아 무역사』」, 『역사학보』244, 2019 ; 김한신, 「중세 동아시아 해상교역의 재구성」, 『동양사학연구』149, 2019 ; 이강한, 「서평-김영제 지음 『고려상인과 동아시아 무역사』」, 『경제사학』44-1, 2020 등이 있다. 이밖에 윤용혁의 『삼별초-무인정권·몽골, 그리고 바다로의 역사』(혜안, 2014)와 이진한의 『고려시대 무역과 바다』(경인문화사, 2014)에 대한 서평(이명미, 「바다를 통해 본 고려시대 이야기」, 『한국중세사연구』41, 2015), 그리고 이진한의 『한국의 대외관계와 외교사』(동북아역사재단, 2018)에 대한 서평(이승민, 「고려시대 대외관계와 외교의 맥」, 『한국중세사연구』57, 2019) 등도 '고려 개방사회론'과 관련하여 참고된다.

22) 이강한, 『고려와 원제국의 교역의 역사』, 창비, 2013.

23) 이강한이 이진한의 저서와 김영제의 저서에 대한 서평을 모두 썼다는 것은 이 분야 논쟁의 중재자로서 혹은 당사자로서 시사하는 바가 있다고 여겨진다.

24) 위에서 언급한 이진한의 '송상 주도 내지 독점설'과 김영제의 '고려상인 활동 인정설'이 가장 큰 견해 차이를 이루는 가운데, 그밖에 세세한 견해 차이까지 드러내면서 치열한 논쟁이 전개되고 있어, 귀추가 주목된다.

는 점일 것이다. 즉 고려는 중국 정세가 크게 요동치는 상황에서도[25] 형세의 변화에 따라 공식적 외교 파트너 국가를 유연하게 바꾸어 가면서[26] 생존을 모색하는 한편으로, 바다를 통한 송과의 문물교류만큼은 그치지 않고 지속하며 번영을 추구하였으니, 생존과 번영의 두 마리 토끼를 추구하는 양면적 실리외교를 구사했다고 할 수 있다. 그러니 고려와 송 사이의 바닷길은 간단없이 열려 있었다 할 것이다. 여기에서는 '고려 개방사회론'의 구체적인 지표로서 바닷길의 운용 실태를 중심으로 검토해 보기로 한다.

고려-송 사이의 바닷길로는 먼저 고려 수도 개성의 외항인 예성강의 벽란도를 출항하여 연안을 따라 가든가 혹은 한반도 중부에서 황해를 횡단하든가 하여 산동반도에 이르는 항로를 들 수 있다. 전자의 연안항로는 이른 시기부터 이용되어 오던 동아시아 연안항로의 일부를 이루는 구간에 해당한다. 이에 대한 가장 저명한 기록으로는 당의 재상 가탐(賈耽, 730~805)이 기술한 『등주해행입고려발해도(登州海行入高麗渤海道)』 중의 '고려도(高麗道)'라 할 것인데,[27] 이에 의하면 등주(지금의 봉래)에서 출발하여 산동반도와 요동반도 사이의 여러 섬들을 지나 요동반도의 도리진(道里鎭, 지금의 여순)에 이르고, 여기에서 다시 오골강(지금의 압록강), 패강(현 대동강), 진

---

25) 고려시대 중국의 상황을 보면, 송은 960년에 5대 10국의 분열기를 극복하여 통일하였지만, 10세기 거란(요)의 흥기, 11세기 여진(금)의 흥기, 그리고 12세기 몽골(원)의 흥기가 잇따르면서, 내내 요에게 시달리다가 1127년에 금에 의해 남송으로 쫓겨가고, 1279년에 원에 의해 멸망의 지경에 이르렀다.

26) 고려의 공식적 외교 파트너 국가의 교체는 연호를 바꾸는 것으로 표출하곤 하였는데, 근래에 고려시대 연호 銘文이 새겨진 기물과 기와 등의 유물들을 집성·분석하여, 유물들에 나타난 연호의 변화 추세가 고려의 연호를 '송→요→송→요→금→원'으로 바꾸어간 것과 크게 일치하는 것으로 나타나고 있다는 사실을 확인한 연구가 제출되어(홍영의, 앞 논문, 2017 참고), 고려의 연호 교체가 단순한 형식적 차원의 의례적 행위에 그친 것이 아니라 국가적 차원에서 실질적인 외교 질서를 변경하는 의미가 있었음을 알 수 있다.

27) 가탐의 『皇華四達記』 전문은 소실되었고, 지리에 관한 내용의 일부인 국내외를 잇는 7개 통로만이 『신당서』 지리지 말미에 남아 전한다. 『登州海行入高麗渤海道』는 그 7개 통로 중의 하나로서, '고려도'는 그 중 하나에 해당한다(『신당서』 권 43下, 志 33下, 지리 7下, 河北道).

왕석교(秦王石橋, 지금의 옹진반도), 득물도(지금의 덕적도) 등을 지나 당은포(지금의 화성)에 이르는 것으로 되어 있다.[28] 후자의 중부 횡단항로의 경우, 660년 소정방이 산동반도 성산에서 황해를 횡단하여 덕적도에 이르는 항로를 성공적으로 항해한 이후에 본격적으로 활용되었으니,[29] 9세기 전반 장보고 세력이 적산포(지금의 산동반도 동편의 석도진)를 청해진과 통하는 거점항으로 이용했던 것이[30] 그 대표적인 사례에 해당한다고 할 수 있다.[31]

이러한 전대(前代)의 전통을 이어 고려-송 초기 단계에는 고려와 산동반도를 잇는 바닷길이 가장 중요한 항로로 활용되었던 것으로 보인다. 962년(고려 광종 13년, 송 건륭 3)에 고려가 처음 송에 사신으로 파견한 이흥우(李興祐) 일행의 경우 경유처를 밝히지 않아 알 수 없지만, 그 이듬해(963년)에 송에 파견된 시찬(時贊) 일행이 풍파를 만나 90인의 익사자를 낸 해난사고를 당했을 때, 이를 등주에서 보고('登州言')한 것으로 되어 있어,[32] 이흥우와 시찬 일행이 모두 산동반도의 등주를 경유하는 항로로 취항했을 것으로 보아 좋을 것이다. 다만 그들이 연안항로로 취항했는지, 횡단항로로 취항했는지는 알 수 없다. 이후 황해를 횡단하여 등주를 경유처 삼아 입송(入宋)했다는 보다 구체적인 사례는 아래의 993년 기사에서 확인할 수 있다.

> 순화 4년 2월에 견비서승직사관(遣祕書丞直史館) 진정(陳靖)과 비서승(祕書丞) 유식(劉式)을 사신으로 삼았다. … 진정 등은 동모(東牟)에서 팔각해(八

---

28) 정수일, 「동북아 海路考-羅唐해로와 麗宋해로를 중심으로-」, 『문명교류연구』2, 2011, 44쪽 ; 강봉룡, 「'인천해역'의 접경성과 도서해양-해양 태동기 및 융성기를 중심으로-」, 『도서문화』56, 2022, 154~156쪽.

29) 강봉룡, 「'새만금 바다', 고대 동아시아의 해양 허브-7세기 동아시아 해전과 벽골제 문제를 중심으로-」, 『한국학논총』50, 2018, 41~47쪽.

30) 강봉룡, 「바다로 보는 한국사」, 『역사학보』232, 2016, 153~154쪽.

31) 일본 승려 엔닌(圓仁)은 장보고의 지원으로 9년여의 당 유학을 마치고 일본으로 돌아갈 때, 847년 9월 2일에 적산포를 출항하고 황해를 횡·사단하여 충청도 앞바다에 이른 다음에 서해와 남해를 거쳐 일본 큐슈에 도착하였다(『입당구법순례행기』 참조).

32) '登州言'의 구절은 『고려사』, 『고려사절요』, 『송사』 등에는 찾아볼 수 없고, 『속자치통감장편』(권4)에서만 확인된다.

角海)의 포구로 가서 백사유(白思柔)가 타고 온 배와 고려의 뱃사공을 만나서 그 배를 타고 지강도(芝岡島)를 출발하여 바람을 타고 큰 바다를 항해하여 이틀 후에 옹진구(甕津口)에 도착하여 육지에 올랐는데, 160여 리를 가서 고려의 경계인 해주(海州)에 도착하고, 다시 100리를 가서 염주(閻州)에 도착하고, 다시 40리를 가서 백주(白州)에, 다시 40리를 가서 도읍에 도착하였다. … 이보다 앞서서 유식 등이 복명(復命)하니, 왕치(王治, 고려 성종)가 사신 원증연(元證衍)을 보내 전송하게 하였는데, 원증연이 안향포(安香浦)의 포구에 도착하여 풍랑을 만나 배가 파손되어 가져온 물건들이 바다에 빠져버렸다. 등주(登州)에 조서를 내려 원증연에게 증빙문서를 발급하여 돌려보내도록 하고, 이어서 왕치에게 옷감 200필, 은기 200냥, 양 50마리를 내려주었다.[33)]

위 기사의 전반부에 의하면 송 사신 진정 일행은 993년(고려 성종 12, 송 순화 4년) 2월에[34)] 동모 팔각해 포구에서 고려 사신 백사유 등이 타고 온 배에 편승하여 지강도에서 큰 바다를 이틀 만에 건너 옹진구에 도착했다고 한다.[35)] 중국 등주 관내의 지강도에서 고려 옹진구까지 '바람을 타고 큰 바다를 항해하여 단 이틀 만에 이르렀다'는 것은 곧 순풍을 타고 황해를 횡단했다는 것을 의미하는 것이니, 이를 '중부 황해 횡단항로'(약해서 '중부 횡단항로')라 칭할 수 있겠다. 또한 기사 후반부에 의하면 고려의 전송 사신인 원증연 일행이 안향포에 이르러 배가 파손되고 물건들이 바다에 빠지자 송 황제가 등주에 조서를 내려 조치하도록 했던 것으로 보아, 원증연 일행도 등주를 경유하는 중부 횡단항로로 취항했음을 알 수 있다.

진정 일행의 사행(使行) 이후에 송측과 고려측의 사행 기사는 다수가 확

---

33) 『송사』 권487 열전246 외국3 고려.

34) 『고려사』와 『고려사절요』에는 992년 6월에 光祿卿 劉式과 祕書少監 陳靖이 온 것으로 되어 있다.

35) 東牟는 산동성 蓬萊, 八角海口는 福山縣 八家口, 芝岡島는 福山縣 芝罘山으로 비정되는데, 모두 당시 登州 관할이었다(김위현, 「麗宋關係와 그 航路考」, 『關大論文集』6-1, 1978, 24쪽).

인되고 있지만, 대부분 발착 항구를 밝히고 있지 않아, 확실한 항로를 알 수 있는 경우가 적다. 다만 위에서 소개한 993년의 송 사신 진정 일행 및 고려 사신 원증연 일행의 사례 이외에 1019년(고려 현종 10, 송 천희 3) 9월 고려 최원신(崔元信) 일행이 진왕수구(秦王水口)에 도착하여 풍랑을 만나 배가 뒤집혀서 조공품을 잃어버렸다는 보고가 등주에서 올라왔다는 기사나 1030년(고려 현종 21, 송 천성 8) 송에 파견된 고려 사신 원영(元穎) 일행이 이듬해에 귀국할 때 등주까지 호송했다는 기사 등이[36] 산견되고 있는 것으로 보아 대부분 산동반도 북부의 등주를 발착 항구로 이용하지 않았을까 한다. 다음 기사는 이러한 사정을 더욱 여실히 보여준다.

> 예전에 고려 사신들이 오갈 때는 모두 등주를 경유하였는데, 희령(熙寧) 7년에 고려가 신하 김양감(金良鑑)을 보내와 아뢰기를, "거란을 멀리하고 싶으니 바라건대 길을 바꾸어 명주(明州)를 거쳐 대궐에 이르고자 합니다."라고 하니, 그렇게 하도록 하였다.[37]

이 기사는 1074년(고려 문종 28, 희령 7)에 고려 사신 김양감 일행이 송에 왔을 때의 일이다. 그런데 기사의 앞 부분에서는 그 이전에는 고려 사신들이 발착 항구로 등주를 경유했음을 명시하고 있고, 뒷 부분에서는 김양감이 고려가 '거란을 멀리하기 위해' 경유처를 등주에서 명주로 바꿀 것을 청하였고 송 신종이 이를 허락하였다 한다.

먼저 앞 부분을 통해 1074년 이전에는 고려-송 사이에 등주를 경유하는 중부 횡단항로가 주로 이용되었음이 명확하다고 할 수 있겠다. 또한 뒷 부분에 의거하여 1074년을 기준으로 그 이전에는 산동반도의 등주로 통하는 중부 횡단항로가 주로 이용되던 것이 그 이후 강남의 명주(지금의 영파)로 통하는 남부 사단항로로[38] 변경된 것으로 볼 수 있겠다. 실제 그간 이렇게

---

36) 『송사』 권487 열전246 외국3 고려.
37) 『송사』 권487 열전246 외국3 고려.

보는 견해가 일반적이었고,[39] 이는 그 3년 전인 1071년에 고려가 송에 사신으로 파견한 김제(金悌) 일행도 등주를 경유하였다는 『고려사』의 기록에[40] 의해서 뒷받침되는 듯했다.

그러나 근래에 1071년 김제 일행의 입송(入宋)은 여러 자료를 근거로 등주를 경유한 것이 아니라 명주를 경유하여 이루어졌음이 명료하게 논증된 바가 있어,[41] 오히려 1074년 이전에도 이미 명주를 경유하는 '남부 사단항로'가 등주를 경유하는 '중부 횡단항로'와 함께 이용되고 있었다는 것을 뒷받침해주는 사례가 되고 있다. 더욱이 산동반도의 남부에 위치한 밀주 판교진이 1074년 이후에도 산동반도 북부의 등주를 대신하여 새로운 항구로 이용되기도 하였던 것으로 밝혀지기도 하여,[42] '거란을 피해 산동반도의 등주 대신 절강의 명주로 경유지를 바꿀 것을 허락해 달라'는 취지의 1074년 김양감의 언사는 실상과는 일치하지 않는 것으로 보여지고, 요의 견제라는 송의 내심에 영합하기 위한 고려의 외교적 수사에 가깝다는 인상을 지울 수 없다.

---

38) 명주에서 고려에 이르는 항로는 흔히 '동중국해 사단 항로'라 칭하고 있으나, 양쯔강 하구에서 제주도 서쪽(북위 33°17')을 잇는 직선을 경계로 하여, 그 북쪽 해역을 '황해'라 하고, 그 남쪽 해역을 '동중국해'라 칭하는 것이 일반적이므로(이석우, 『韓國近海海象誌』, 집문당, 1992, 7~10쪽 ; 권덕영, 「신라 견당사의 나당간 왕복행로에 대한 고찰」, 『역사학보』149, 1996, 14쪽), 엄밀히 말해 '동중국해-황해 사단 항로'라 칭하는 것이 더 정확한 표현일 것이다. 이에 여기에서는 '중부 횡단항로'에 대응하여 편의상 '남부 사단항로'라 칭하고자 한다.

39) 김상기, 앞 논문, 1937, 37쪽 ; 김위현, 앞 논문, 1978, 24쪽 ; 신안식, 앞 논문, 2012, 55쪽 ; 이진한, 「고려시대 해상교류와 '海禁'」, 『동양사학연구』127, 2014, 16쪽.

40) 『高麗史』 권8, 세가8, 문종 25년 3월 庚寅, '至是遣悌 由登州入貢'

41) 鄭墡謨, 「북송후기 고려사절단의 북송사행 노정고」, 『대동문화연구』99, 2017, 230~234쪽. 鄭墡謨는 북송의 王闢之(1031~?)가 편찬한 『澠水燕談錄(민수연담록)』에서 "泉州사람 黃愼이란 자가 길을 인도하여 장차 四明[明州]으로 상륙하려고 했는데, 이때 海風에 표류하게 되어서 通州의 海門縣 新港에 이르렀다."고 한 기록 등을 제시하며, 김제 일행이 명주를 통해 入宋했음을 새롭게 논증하였다.

42) 祁慶富, 「10~11세기 한중 해상교통로」, 『한중문화교류와 남방해로』, 국학자료원, 1997, 169~171쪽 ; 김영제, 「麗宋교역의 항로와 선박」, 『역사학보』204, 2009, 240~245쪽.

실제로 기왕의 연구에 의하면 '남부 사단항로'는 1074년보다 훨씬 이전인 나말여초 시기부터 이미 활성화되어 있었다. 먼저 신라 견당사의 사행로를 분석한 연구에 의하면 늦어도 9세기부터는 중부 횡단항로와 함께 남부 사단항로가 병용되었다 하고,[43] 나말여초의 상황을 분석한 연구에 의하면 신라 상인들이 지금의 절강성을 기반으로 한 오월국(吳越國)과 복건성을 기반으로 한 민국(閩國) 등지에 빈번하게 왕래하였으며, 후백제 및 고려가 사신을 남중국의 여러 나라에 경쟁적으로 파견하였다고 한다.[44] 따라서 1074년을 기준으로 하여 갑자기 항로가 횡단항로에서 사단항로로 바뀌었다고 보기보다는, 고려 초기 단계에는 등주를 경유하는 중부 횡단항로를 이용하는 경우가 상대적으로 많았다가, 1070년대 이후에 명주를 경유하는 남부 사단항로를 이용하는 사례가 점차 증가하며 주류화되었다고 보는 편이 더 타당해 보인다.

이렇듯 고려시대 중부 횡단항로와 남부 사단항로가 병용되면서 점차 후자가 주류로 자리잡아갔다고 한다면, 그 동인은 어디에서 찾아야 할까? 먼저 1074년 김양감이 언급한 바대로[45] 요의 방해와 위협을 피하기 위함이었을 수 있겠지만 그것은 앞에서 논급한 바와 같이 외교적 수사에 불과하다고 보는 것이 타당하다고 한다면, 그 주요 동인은 다른 것에서 찾아야 하지 않을까 한다. 이와 관련하여 다음 기사를 보자.

> 고려인은 바다를 건너 명주(明州)에 이르러 이절(二浙)을 경유하고 변하(汴河)를 거슬러 올라가 수도에 이르렀으니 이를 일러 남로(南路)라 하였다. 혹은 밀주(密州)에 이르러 수도 동쪽을 육지로 이동하여 경사(京師)에 이르렀으니 이를 일러 동로(東路)라 하였다. 이로(二路)의 정전(亭傳)을 일신하면서 늘 남로를 경유하여 동로를 경유하는 일은 없어졌으니, 고려인이 주즙(舟楫)

43) 권덕영, 「신라 견당사의 나당간 왕복행로에 대한 고찰」, 『역사학보』149, 1996 참조.
44) 이기동, 「나말여초 남중국 여러 나라와의 교섭」, 『역사학보』155, 1997 참조.
45) 주 37) 참조.

을 편히 여기고 가져오는 물건이 많았기 때문이다.[46)]

여기에서 고려인이 명주를 경유하는 남로와 밀주[판교진]를 경유하는 동로를 병용하였음을 소개하면서도, '주즙을 편히 여기고 가져오는 물건이 많아서' 주로 남로를 경유하는 것으로 주류가 바뀌었음을 밝히고 있다. 즉 중부 횡단항로를 이용하는 동로의 경우 밀주 판교진에 상륙하여 변경까지 육로로 이동해야 했음에 반해, 남부 사단항로를 이용하는 남로의 경우 배에서 내리지 않고 그대로 운하[汴河]를 통해 송의 수도 변경에까지 이를 수 있어 보다 많은 물건을 보다 편리하게 유통시킬 수 있었으므로, 고려인들이 남로를 선호했다는 것을 전해주고 있다. 이는 고려인들이 남부 횡단항로를 통하는 남로를 선호한 것에는 정세(政勢)의 조건보다는 경제적 욕구가 더 크게 작용하였을 가능성을 보여준다.

명주를 경유하는 남부 사단항로를 선호한 것은 고려만이 아니라 송(宋)은 물론 원(元)의 경우도 마찬가지였던 것으로 나타난다. 즉 현종 3년부터 충렬왕 4년까지 고려에 출입한 송상들의 출신지를 총괄적으로 검토한 바에 의하면,[47)] 명주 이남의 강남 출신 상인들이 압도적으로 많은 것으로 나타나고 있다.[48)] 이는, 공식적인 사신들이 왕래한 항로의 주류가 중부 횡단항로에서 남부 사단항로로 바뀌어간 추세를 보여주고 있는 것과는 달리, 비공식적인 상인들이 취항한 항로는 시종일관 남부 사단항로가 그 중심을 이루고 있었다는 것을 보여준다. 남부 사단항로를 통했던 대표적인 사례를 보면, 송의 경우는 2척의 신주(神舟)와 6척의 객주(客舟)로 구성된 8척의 대규모 사신선단을 1078년과 1123년에 명주에서 출항시킨 것을 들 수 있겠

46) 『萍州可談』 권2. 『평주가담』은 북송 말기 1119년에 朱彧이 편찬하여 당대의 사정을 기술한 책인 만큼 신빙성이 비교적 높다고 할 수 있다.

47) 김상기, 앞 논문, 1937, 16~22쪽.

48) 출신지가 표기된 宋商의 경우는 泉州 출신 8사례, 南楚·江南·廣南 출신 6사례, 台州 출신 3사례, 福州 출신 1사례, 明州 출신 1사례로서 모두 강남 출신으로 되어있다(김철웅, 앞 논문, 2004, 119쪽).

고,[49] 원의 경우는 1323년 명주에서 출항하여 남부 사단항로로 항해하던 중 끝내 한반도 신안해역에 침몰하고 말았던 대규모의 무역선[신안선]의[50] 사례를 들 수 있겠다.

요컨대, 고려에서 산동반도를 경유하는 중부 횡단항로는 주로 초기 단계의 공식적인 사행 항로로 이용되는 경향이 강했다고 한다면, 명주를 경유하는 남부 사단항로는 고려의 모든 시기에 걸쳐 공식적 및 비공식적 항로로서 간단없이 활용되고 있었다고 할 것이다. 그리고 이러한 추세는 송·원을 거쳐 1368년에 건국한 명 초기까지 지속되었던 것으로 보인다.[51]

이렇듯 고려의 바닷길은 중국 정세의 우여곡절에도 불구하고 늘 열려 있었다. 그런 면에서 고려가 '개방사회'였음에 틀림없고, 또 고려의 다양성 및 다원성도 이러한 개방성에서 연원하는 것임에 분명하다. 이제 장을 바꾸어 '개방사회 고려'가 영산강을 바닷길의 주요 통로의 하나로 이용하였을 가능성을 타진해 보기로 한다.

---

49) 강봉룡, 「1123년 송의 고려봉사 사신단 파견의 실상과 의의-'대고려 거대 외교프로젝트'의 관점에서-」, 『해양문화재』20, 2024, 국립해양유산연구소 참고.

50) 신안선의 항로에 대해서는 명주(영파)에서 동중국해를 지나 일본열도로 직행하던 중 표류하여 신안해역에 침몰했을 것으로 보는 견해도 있으나, 중국 동해안과 한반도 서해안 및 남해안을 경유는 연안항로를 통해 일본으로 향하던 중이었을 것으로 본 견해(조진욱, 「신안선 무역 모델과 의미-신안선의 고려 기항 여부와 목적을 중심으로-」, 『동북아역사논총』55, 2017, 217쪽)와 남부 사단항로를 통해 한반도 서남해안을 지나 일본열도로 향하던 중이었을 것으로 보는 견해(문경호, 「1323년 왜구 침입 기사를 통해 본 신안선의 항로와 침몰일」, 『도서문화』60, 2022, 92~93쪽)가 유력하다. 필자는 '명주-남해 사단항로-한반도 서남해안-일본열도'로 통하는 동아시아 항로가 활성화되어 있었을 것으로 보아, 세 번째 견해에 무게를 두고 싶다.

51) 이진한, 앞 논문, 2014, 30~31쪽. 다음 장에서 소개할 『금성일기』에 나오는 1369년 明나라 사신의 나주 영산강 발착 사례도 고려-명 사이에 남부 사단항로를 통해 교류했던 사정을 보여준다.

## Ⅳ. 영산강 : 고려 개방의 통로

우리는 앞 장에서 송-고려 사이 항로의 송측 대표 발착 항구로 중부 횡단항로의 경유지인 등주와 밀주 판교진, 그리고 남부 사단항로의 경유지인 명주 등이 중심을 이루고 있었음을 살펴보았다. 그렇다면 고려측 발착 항구와 경유처는 어떠했을까?

먼저 옹진구와 해주를 들 수 있다. 993년 송의 사신 진정 일행이 등주를 출항하여 바다를 건너 옹진구와 해주 등에 도착했다는 것이[52] 그 예이다. 즉 그들의 입국 및 이동 경로를 보면 옹진구로 입항하여 육로를 통해 '옹진구-(160리)-해주-(100리)-염주-(40리)-백주-(40리)-도읍'으로 이동한 것으로 되어 있고,[53] 그중 특히 해주를 '고려지경(高麗之境)'이라 칭하고 있어, 옹진구는 발착 항구였고, 해주는 입출국의례 등을 거행하는 고려의 관문으로 기능했을 것으로 보인다.

다음에 예성강 하구의 예성항, 즉 벽란도를 들 수 있다. 1123년 송 사신단은 명주 정해현에서 출항하여 남부 사단항로를 통해 건너와 한반도 서해 연안해로를 따라 북상하여 예성항[벽란도]에 입항한 후에, 그곳에서 화려한 입국의례를 거행하고, 육로를 통해 왕성(王城)으로 입성한 것으로 되어 있다.[54] 이로 보아 예성항은 고려측 발착 항구 겸 입국의례를 거행하는 또 하나의 관문이었다고 할 수 있다.

이렇듯 사행의 사례에 국한된 것이기는 하지만, 송-고려시기 고려측 발착 항구로서 옹진구-해주와 예성항[벽란도]의 두 사례를 확인할 수 있다. 그렇다면 이밖에 또 다른 고려측 발착 항구의 사례는 없을까?

이와 관련하여 전대인 당-통일신라 시기의 사례이긴 하나 신라측의 대표적인 발착 항구로 당은포(唐恩浦)와 회진(會津)을 논정한 권덕영의 연구

---

52) 주 33) 참조.

53) 거리상으로 볼 때 옹진구는 지금의 몽금포, 해주는 해주, 閻州(鹽州의 이칭)는 연안, 백주는 배천 정도로 비정할 수 있겠다(김위현, 앞 논문, 1978, 24쪽).

54) 『고려도경』 권24, 節仗 ; 권39, 海道6, 禮成港.

를 우선 주목할 필요가 있다. 즉 그는 중국 산동반도에 소재한 성산포·황현포·적산포·유산포 등의 항구에서 출항하여 중부 횡단항로를 통해 입항한 신라의 대표 항구로서 당은포를, 그리고 중국 강남지역에 소재한 초주·양주·항주·명주 등지의 항구에서 출항하여 남부 사단항로를 통해 입항한 신라의 대표 항구로서 회진을 각각 거론하였다.[55] 그런데 이중 서해안에 위치한 당은포의 경우는 중부 횡단항로의 고려시기 발착 항구로 나오는 옹진구 및 해주와 비견되는 신라시기 발착 항구로 파악할 수 있겠지만, 영산강변 회진의 경우는 완전히 새로운 사례에 해당한다. 『고려도경』에 의하면 1123년 송 사신 일행은 남부 사단항로로 건너와 곧바로 서해 연안항로를 따라 북상하여 예성강변의 벽란도로 직행한 것으로 되어 있어,[56] 이것만 보면 회진이 남부 사단항로의 발착 항구로서는 끼어들 여지가 없는 것처럼 보인다. 그렇지만 나주 회진으로 입항했다는 기록도 없는 것은 아니다.

회진이 남부 사단항로의 발착 항구 및 경유처로 기록된 것은 2차 사료인 사서(史書)에서는 찾아보기 어렵고, 당대의 1차 사료에서는 드물게나마 확인되고 있다.[57] 먼저 금석문 등의 자료에 의하면 나말여초 당에 유학한 선승들이 주로 회진을 통해서 귀국했던 것으로 나타나고 있다.[58] 이들 선

55) 권덕영은 신라의 견당사들이 왕래했다는 항로(중부 횡단항로와 남부 사단항로)에 대한 문헌자료는 비교적 풍부하게 제시하고 있는 반면, 발착 항구인 당은포와 회진에 대해서는 문헌 자료가 거의 없어 금석문 자료에 주로 의거하고 있다. 이는 신라 및 고려시기의 문헌 자료에 우리측 발착 항구의 기록이 아주 드물게 남아있다는 것을 보여준다(권덕영, 앞 논문, 1996 참조).

56) 『고려도경』 권33~39, 해도1~6 참조.

57) 이는 史書가 왕래의 '사건'에만 주로 관심을 기울이고 왕래의 '경로'에 대해서는 무심했던 경향성을 보여주는 것과 관련이 있다고 여겨진다.

58) 귀국 항구를 확인할 수 있는 나말여초 선승은 모두 8명인데, 이 중 4명이 회진으로 귀국하였고, 임피군(지금의 전북 군산시 임피면), 희안현(지금의 전북 부안군 보안면), 승평(지금의 순천 인근), 덕안포(지금의 진주 인근)로 귀국한 선승은 각각 1인씩인 것으로 나타나고 있다. 즉 혜목화상 현욱(837년), 선각대사 형미(905년), 법경대사 경유(908년), 진철대사 이엄(911년) 등은 회진을 통해 귀국하였고, 대경대사 여엄(909년)은 승평으로, 통진대사 경보(921년)는 임피현으로, 원종대사 찬유(921)는 덕안포로, 정진대사 긍양(924년)은 희안현으로 각각 귀국한 것으로 되어 있다(『조당집』 권17 동국혜

승들은 주로 견당사와 함께 귀국했을 것으로 여겨지므로,[59] 이러한 사례들은 회진이 나말여초 국가의 공식적인 발착 항구였을 가능성을 보여준다 하겠다.

고려 말기의 사례이긴 하나, 나주 영산강변의 항구가 남부 사단항로의 발착 항구였음을 보다 구체적으로 보여주는 자료도 있다. 『금성일기』가[60] 그것이다. 즉 이에 의하면 고려 말에 명의 사신이 남부 사단항로로 건너와 나주 영산강변의 곡화포(曲火浦)라는 항구에 입항한 다음에 나주에서 일정한 의식을 거행한 연후에 개경의 왕성으로 이동하였으며, 또 돌아갈 때는 그 역순으로 나주에 들러 귀환했다는 등의 기록이 있다. 『금성일기』의 관련 기록은 다음과 같다.

> 병오년 목사(牧使) 유유(柳濡)가 정월 7일에 정무를 마치고 상경하였다.… 도순문사(都巡問使) 이금강(李金鋼)이 8월에 다시 왔다. 추동번(秋冬番) 안렴사(按廉使) 신원좌(辛元佐)가 8월 17일에 초제(初祭)를 하기 위해 나주에 왔다. 황제사좌(皇帝使佐) 설상공(偰相公)과 부관(副官) 일행이 이당선(李唐船)을 타고 4월에 나주 땅인 곡화포에 이르러 정박하고 하륙(下陸)하니 체복사(體覆使) 이하생(李下生)이 나주에 와서 마중을 하였고, 동사좌(同使佐)와 함께 서울로 갔다. 6월에 동사좌가 행차할 때 회사사(回謝使) 홍상재(洪常宰), 서장(書狀) 화지원(華之元), 압물(押物) 설정수(偰廷壽), 타군역어(打軍譯語)

---

목화상전, 무위사선각대사비, 오룡사법경대사비, 광조사진철대사비, 보리사대경대사비, 옥룡사통진대사비, 고달사원종대사비, 봉암사정진대사비 참조).

59) 주 85) 참조.

60) 『금성일기』는 나주목의 아전[邑吏]들이 고려 공민왕 7년(1358)부터 조선 성종 12년(1481)에 이르기까지 124년에 걸쳐서 羅州牧使, 按廉使, 都巡問使 등의 대소 官員과 明을 내왕한 使臣들의 출입 사항을 연월에 따라 이두를 섞어가면서 기록한 공문서이다(田川孝三, 「錦城日記について」, 『朝鮮學報』53, 1969). 우여곡절 끝에 일본 동경대 부속 도서관에서 재발견되어 『朝鮮學報』53집(1969)에 영인본으로 소개되면서 알려졌고, 나주문화원에서 국문으로 번역하기도 하였다(나주문화원·나주시, 『國譯 錦城日記』, 1989).

설장수(偰長壽) 일동이 내려와 나주에 이르자 호송사(護送使) 재신(宰臣) 임견미(林堅味)와 안렴사 일동이 사좌를 봉배(奉拜)한 후 상경하였다. 또 정랑(正郎) 우인열(禹仁烈)이 임금이 내려주신 술과 옷을 가지고 나주에 와서 사좌 각 행차에게 파비(破費)를 하고 모두 배를 타고 떠난 후에 서울로 갔다. 같은 해 찰방별감(察訪別監) 우인렬이 경술 정월에 상경하였다.

경술년(공민왕 19년 홍무 3년) 목사 하을지(河乙沚)가 정무 기간을 마치고 상경했다. 신임목사 이진수(李進修)가 2월에 도임하였다. 춘하번 안렴사는 신원좌가 연임하였다. 5월 2일에는 조서사좌(詔書使佐) 설상공의 답례로 회례사(回禮使)와 부사(副使), 서장(書狀), 압물, 타군역어 등이 모두 돌아와 나주 땅 목포(木浦)로 하륙하여 나주에 도착했다. 성도원(成築院)과 홍경력(洪經歷) 일행이 나주에 왔다. 같은 달 4일 장녕공주(長寧公主)의 행차 및 호송사(護送使) 화자(火者)[환관] 두 사람과 절일사(節日使) 성준득(成俊得)과 부사 김(金), 서장 이(李), 역어, 압물, 타군행차(打軍行次) 및 호송(護送) 손백호(孫百戶)·정백호(丁百戶) 등의 각 행차를 도순문사 이(李), 안렴사 신(辛), 목사 이(李) 일동이 나례(儺禮)로써 맞이하고 접대는 도내(道內)의 각촌(各村)에서 모두 하게 하였다. 추동번 안렴사 이요(李瑤)가 8월에 내려왔다. 도순문사 이금강이 상경하였다.…

신해년(공민왕 20년) 춘하번 안렴사 이요가 연임했다. 도순문사 정휘(鄭暉)가 3월에 와서 강남(江南)으로 돌아갔다. 재신(宰臣) 윤공(尹恭), 판사(判事) 설장수, 서장, 압물, 역어, 타군 등 각 행차는 4월에 당선(唐船)을 타고 왔다. 체복(體覆) 김충량(金沖凉)이 6월에 내려와서 윤재신을 육로로 압송해 갔고, 그 나머지 각 행차도 육로로 상경하였다.

임자년(공민왕 21년) … 어마진헌사(御馬進獻使) 상장군 김갑우(金甲雨)가 12월 13일에 나주에 왔고, 역어 오윤충(吳允忠)과 일행관(一行官) 김지(金祉)가 같은 날 나주에 왔다.…

갑인년(공민왕 23) … 당선호송별감(唐船護送別監) 이귀양(李龜陽)이 2월 28일 나주에 왔다. 진봉사(進奉使) 정원비(鄭元庇)가 3월 13일 나주에 왔다.

사은사(謝恩使) 상장군 주의(朱谊), 부사 우인렬, 서장 송문귀(宋文貴) 등의 각 행차가 같은 날에 나주에 왔다.…

을묘년(우왕 원년) … 당선수리별감(唐船修理別監) 함(咸)이 11월 1일 나주에 왔다.

먼저 병오년(1366)의 관련 기록을 사리에 맞게 간추려 보면, '명의 사신 설상공 일행이 4월에 중국의 배('李唐船')를 타고 나주 곡화포에 도착하자 고려 체복사가 나주에 내려와 영접하여 함께 상경하였고, 6월에 그들이 고려 회사사 일행과 함께 명으로 떠날 때는 호송사와 안렴사 일행이 나주에 내려와 그들을 봉배하였으며, 이와 함께 정랑 우인열은 별도로 임금이 하사한 술과 옷을 가져와 그들에게 파비(破費)하였다.'고 정리할 수 있다. 다만 이 기사에 나오는 명 사신 설상공 일행의 사행 건은 타 기록에서[61] 기유년(1369)에 고려에 내방한 것으로 나오는 명 사신 설사(偰斯) 일행의 사행 건과 동일한 것으로 간주하여 그 기년을 1366년에서 1369년으로 수정하는 것이 자연스럽겠다.[62]

관련 기록은 그 이듬해인 경술년(1370)으로 이어진다. 이를 다시 간추려 보면, '1370년 5월 2일에 설상공 일행과 함께 명으로 떠난 회례사[回謝使] 일행이 나주 목포로 하륙하여 귀환하였고, 5월 4일에 (명으로 파견될) 장녕공주 일행과 절일사 일행이 각각의 호송사와 함께 나주에 도착하자 나주의 도순문사와 안렴사와 목사 일동이 나례로써 맞이하고 접대하였다고 한다.'고 정리할 수 있겠다.

이밖에 신해년(1371) 4월에는 당으로 갔던 고려 사신 일행이 4월에 중국배('唐船')를 타고 귀환하여 육로를 통해 상경했다 하고, 임자년(1372)에는

---

61) 『고려사』 권41, 세가41, 공민왕 18년 4월 임진 ; 『고려사』 권41, 세가41, 공민왕 18년 5월 을미 ; 『고려사』 권41, 세가41, 공민왕 18년 5월 갑진 ; 『明史』 권320 열전208 외국1 조선 홍무 2년 ; 『太祖高皇帝實錄』 권44 홍무 2년 8월 병자.

62) 田川孝三, 앞 논문, 1969, 116쪽.

12월 13일에 어마진헌사와 역어, 그리고 동행 관리 등이 나주에 왔으며,[63] 갑인년(1374)에는 명으로 떠날 진봉사와 사은사 일행이 나주에 왔다고 한다. 그리고 이것을 끝으로 나주를 경유한 고려-명 사절단 관련 기사는 『금성일기』에서 보이지 않는다. 이로 볼 때 고려는 적어도 1374년까지는 나주를 경유하고 남부 사단항로를 통해서 명의 사신이 고려에 오고 고려 사신이 명에 건너갔던 것으로 보아 좋을 것 같다.

여기에서 몇 가지를 주목하고자 한다. 첫째, 나주는 고려 말기 남부 사단항로의 고려측 발착항구였다는 점이다. 1369년 4월에 명의 사신 설상공 일행이 남부 사단항로를 건너와 나주 곡화포에 하륙하여 나주에 이르렀다가 상경한 것, 6월에 설상공 일행이 고려의 회사사 일행과 함께 나주에 이르렀다가 도명(渡明)한 것, 1370년에 5월 2일에 명에 갔던 회례사 일행이 바다를 건너와 나주 목포에 하륙하여 나주에 도착한 것, 5월 4일에 장녕공주와 절일사 일행이 나주를 거쳐 도명한 것, 1371년 4월에 재신 윤공 일행이 명으로부터 나주에 돌아오고, 명으로 떠날 어마진헌사 일행이 1371년 12월 13일 나주에 도착한 것, 1374년 3월 13일에 당선호송별감 이귀양이 나주에 오고, 진봉사와 사은사 일행이 3월 13일에 나주에 온 것 등이 그러한 사례이다.

둘째, 나주는 사신들이 입국 및 출국의 의식을 거행하던 국가의 관문이기도 했다는 점이다. 1369년 6월 설상공과 회사사 일행이 명을 향해 출항하기 전에 호송사와 안렴사 일동이 나주에서 이들을 봉배하거나 임금이 하사한 술과 옷을 이들에게 파비했다는 것, 1370년 5월 4일 당으로 떠나는 장녕공주와 절일사 일행이 나주에 도착했을 때 도순문사와 안렴사 등이 나례로써 맞이했다는 것 등은 나주에서 거행한 출국의식으로 볼 수 있다. 특히 나례는 고려시기 궁중에서 악귀를 쫓아내기 위해 행한 무속 및 불교 습합의 벽사의식으로서,[64] 곧 항해의 안전을 기원하는 뜻을 담은 출국의식의 일환

---

63) 통역관인 譯語가 동행한 것으로 보아 御馬進獻使는 어마를 명에 진상하기 위해 나주를 경유하여 명에 건너간 것으로 보인다.

이었던 것으로 파악된다.

셋째, 1369년 설상공 일행이 하륙했다는 나주 곡화포와 1370년 회례사 일행이 명에서 돌아와 하륙했다는 나주 목포에 대한 위치 비정의 문제이다. 곡화포는 우리말 '구불개'로 풀이하여 나주시 다시면 회진으로 비정한 견해가 있고,[65] 고려시기의 목포에 대해서는 오늘날 나주시 영강동 택촌마을 인근으로 비정한 견해가[66] 유력하다. 회진과 택촌마을은 모두 영산강 북안에 위치하며 서로의 거리가 3km 남짓밖에 떨어져 있지 않아 하나의 포구 생활권으로 보아 무방하다.

넷째, 나주에서 고려의 왕도 개경으로 이동하는 루트이다. 『금성일기』 신해년(1371)의 기사에 의하면 6월에 재신 윤공 일행이 당선을 타고 나주에 도착하자 6월에 체복사 김충량이 나주에 내려와 윤공을 육로로 호송하고, 나머지 일원도 모두 육로로 상경했다고 한 것으로 보아, 나주에서 개경까지의 이동은 육로를 이용했을 것으로 일단 볼 수 있겠다. 그렇지만 『금성일기』의 다른 기사에 의하면 사행의 건은 아니지만 해로를 통해서 나주에서 개경으로 이동한 사례도 종종 보이고 있어서[67] 육로 이외에 해로를 이용했을 가능성도 배제할 수는 없겠다.[68]

---

64) 이보형, 「악학궤범 나례 의식의 기능과 조곡 영산회상의 원류」, 『한국음악문화연구』 5, 2014 참조.

65) 변남주, 『영산강 뱃길과 포구 연구』, 민속원, 2012, 228쪽.

66) 이해준, 「목포의 역사-개항 이전사」, 『목포시의 문화유적』, 목포대박물관, 1987, 14~17쪽 : 변남주, 위 책, 2012, 198~199쪽.

67) 예컨대 『금성일기』 임자년(1372)의 기사에서, '3월 7일 海道萬戶 羅世가 騎船으로 상경하여 이듬해에 倭賊體覆使로 내려왔다가 육로로 올라갔다.'는 것은 나세가 해로와 육로로 번갈아 가며 나주와 개경을 왕복했음을 보여주는 사례이고, '안렴사 판사 이하생이 8월 6일 나주에 왔다가 18일에 선편으로 올라갔다.'는 것은 이하생이 해로를 이용하여 상경했음을 보여주는 사례이다.

68) 고려 초기의 사례이긴 하지만 견훤이 935년 6월에 금산사에서 탈출하여 나주로 가서 고려에의 입조를 요청하자, 태조 왕건은 유금필 등으로 하여금 40여 척의 군선을 거느리고 견훤을 개경으로 안내하도록 하였다 하니(『고려사』 권2, 세가2, 태조 18년 6월), 나주와 개경 간 해로 이동은 일찍부터 일상화되어 있었다고 해야겠다.

다섯째, 1374년을 끝으로 나주가 남부 사단항로의 발착 항구 내지 경로처로서 나오지 않는 이유가 무엇일까 하는 점이다. 이는 명의 해금(海禁) 정책과 관련이 있지 않을까 한다. 즉 명은 1371년 해금을 선포하고, 1373년에는 고려에 대하여 해로로 사신을 파견하지 말 것을 통보하기에[69] 이르렀으니, 이로 인해 그 이듬해인 1374년 2월과 3월에 나주를 경유하여 남부 사단해로로 건너가는 진봉사와 사은사를 잇따라 파견한 것을 마지막으로 하여, 이후 명-고려, 명-조선 사이의 남부 사단항로를 통한 왕래는 종지부를 찍었다 할 것이다.[70]

이상에서 『금성일기』를 통해서 살펴본 고려말 나주[곡화포와 목포]의 면모는 신라시기 견당사들이 신라에 돌아올 때 남부 사단항로로 건너와 회진으로 입항한 다음에 다시 육로로 광주, 남원, 대구 등지를 거쳐 경주 왕성으로 입성했을 것으로 권덕영이 추정한 '회진로'를[71] 연상케 한다. 그렇다면 나주(곡화포, 목포, 회진 등)가 남부 사단항로의 발착 항구 내지 경로처로 기능한 것은 나말여초기와 고려 말기에 한정된 것이고, 그 사이의 시기는 그렇지 않은 것으로 보아야 할까? 이에 대한 직접적인 자료를 찾아볼 수는 없어 속단할 수는 없지만, 고려 전시기에 걸쳐서 나주가 그러한 기능을 수행했을 것으로 보는 것이 합리적이지 않을까 한다. 실제 이를 뒷받침하는 간접적인 자료는 드물게나마 눈에 띈다.

먼저 다음 기사는 나주가 고려시기 남부 사단항로와 서해 연안항로의 중계기능을 수행했을 가능성을 보여준다.

> 나주도(羅州道) 제고사(祭告使) 대부소경(大府小卿) 이당겸(李唐鑑)이 아

69) 『고려사』 권44, 공민왕 22년 7월 임자.
70) 다만 『금성일기』에 의하면 1374년 2월 28일에 唐船護送別監이 나주에 오고, 1375년 11월 1일에 唐船修理別監이 나주에 왔다고 하는데, 이를 명나라의 관원으로 파악한 견해가 있어(한정훈, 「고려시대 '해항도시' 나주에 대한 시론」, 『해항도시문화교섭학』 19, 2018, 103쪽), 남부 사단항로에 대한 여운은 1375년까지 남아있었을 가능성도 있다.
71) 주 55) 참조.

> 뢰기를 "중국 사절들을 영접하고 전송함에 있어서 고만도(高巒島)에 있는 정각은 항구가 약간 멀고 배를 대기도 불편하오니 홍주(洪州) 관내인 정해현(貞海縣) 지역에 정각을 하나 새로 지어서 사절들을 보내고 맞아들이는 장소로 하게 하시기 바랍니다"라고 하니 왕이 이를 승인하였으며 새로 지은 정각을 안흥정(安興亭)이라고 하였다.[72]

이는 문종 31년(1077)에 남부 사단항로로 건너온 중국 사절들이 서해 연안항로를 항해할 때 불편하지 않도록 고만도에 있던 정각을 정해현 지역으로 옮겨지어 안흥정이라[73] 칭했다는 것인데, 이러한 일을 '나주도 제고사'의 직함을 가진 이당감이란 자가 건의하여 처리했다는 것이 주목된다. 이는 나주가 남부 사단항로에서 서해 연안항로로 이어져 개경에 이르는 바닷길을 조율하는 중계기능을 수행했음을 시사하는 바라 할 것이니, 곧 나주가 그 항로의 발착 항구 내지 경로처였음에서 연유하는 바라 하겠다. 나주 목포(지금의 택촌마을) 일대에 고려시기 12조창의 하나인 해릉창이 설치되었고, 이것이 조선시기 영산창으로 이름을 바꾸어 중종 17년(1512)까지 유지되어 고려~조선전기 국가적 차원의 강상 및 해상 물류 시스템의 중요 거점으로 기능하게 되었던 것도[74] 남부 사단항로와 서해 연안항로를 연결·조율하는 나주의 기능과 관련이 있다 할 것이다.

그밖에 『신증동국여지승람』 나주목조에 "때론 상객들이 오월(吳越)을 드나들었다."고[75] 한 것은, 항주(杭州)에 도읍했던 오월이 존속했던 10세기에

---

72) 『고려사』 권9, 세가9, 문종 31년 8월 신묘.

73) 안흥정의 위치에 대해서는 논란이 있지만 최종적 위치가 충남 태안군 안흥면 馬島에 위치했던 것으로 보는 것으로 의견이 모아지는 것 같다(윤용혁, 「고려시대 서해 연안해로의 객관과 안흥정」, 『역사와경계』74, 2010 ; 김명진, 「고려시대 객관 안흥정 재검토」, 『영남학』70, 2019 ; 진호신, 「『고려도경』 마도 안흥정의 위치와 공간구조」, 『해양문화재』18, 2023 참조).

74) 김덕진, 「나주의 해릉창과 영산창」, 『2018 한국경영사학회 춘계 학술대회 자료집』(한국경영사학회·호남사학회 주최, 2018년 5월) : 한정훈, 앞 논문, 2018, 91~93쪽.

75) 『신증동국여지승람』 권35, 전라도 나주목 題詠.

나주와 중국 절강지역 사이에 해상들이 드나들었던 상황을 포괄적으로 보여준다고 한다면, 909년에 궁예의 '해군대장군' 왕건이 오월국에 파견한 견훤의 사신선을 무주 염해현에서 나포한 사건은[76] '나주제도'라 불리던 염해현 해역(지금의 함평과 무안 일대 해역)을 경유하여 남부 사단항로를 건너 오월국과 교류하기 위한 경쟁을 치열하게 벌였던 후삼국 시기의 정황을 구체적으로 보여준다고 하겠다.

한편, 고려시기 영산강변의 저명한 국제 항구는 나주에만 있었던 것은 아니었고 영암군의 영산강변에도 있었으니, 다음은 이를 잘 보여준다.

> 나주의 서남쪽에 영암군이 있는데 월출산 밑에 위치하였다. 월출산은 한껏 깨끗하고 수려하여 火星이 하늘에 오르는 산세이다. 산 남쪽은 월남촌이고 서쪽은 구림촌이다. (구림촌은) 신라 때 이름난 마을로서 지역이 서해와 남해가 맞닿는 곳에 위치하였다. 신라에서 당나라로 조공갈 때 모두 이 고을 바닷가에서 배로 떠났다. 바닷길을 하루 가면 흑산도에 이르고, 흑산도에서 또 하루 가면 홍의도(紅衣島)에 이른다. 다시 하루를 가면 가가도(可佳島)에 이르며, 간방(艮方)의 바람을 만나면 3일이면 태주(台州) 영파부(寧波府) 정해현(定海縣)에 도착하게 되는데, 실제로 순풍을 만나기만 하면 하루만에 도착할 수도 있다. 남송이 고려와 통행할 때 정해현 바닷가에서 배를 출발시켜 7일 만에 고려 경계에 이르고 뭍에 올랐다는 것이 바로 이 지역이다. 당나라 때 신라 사람이 바다를 건너서 당나라에 들어간 것이 지금 통진(通津) 건널목에 배가 잇닿아 있는 것 같았다. 그 당시에 최치원, 김가기, 최승우는 장삿배를 편승하고 당나라에 들어가 당나라 과거에 합격하였다.[77]

이는 월출산 서쪽에 위치한 구림촌이 신라~고려시기에 흑산도, 홍의도[홍도], 가가도[가거도] 등을 거쳐 영파 정해현에 이르는 '남부 사단해로'의

---

76) 『고려사』 권1, 세가1, 태조 총서.

77) 『擇里志』 팔도총론 전라도편.

발착 항구로서 성황을 누렸던 모습을 기술한 것이다.[78] 『택리지』는 이중환이 18세기 중반에 저술한 지리서로 알려져 있으므로, 위의 기술은 그가 직접 목격한 것이 아니라 전언에 의존한 것이라는 한계가 있다. 그렇지만 아래 『신증동국여지승람』에 인용된 고려 시인 김극기(金克己)의 시 구절은 고려시기 당대의 상황을 묘사한 것으로 이중환의 글을 보완하는 의미가 있다 할 것이다.

> 김극기의 시에, "월출산의 많은 기이한 모습을 실컷 들었거니, 흐림과 갬 추위와 더위가 모두 서로 알맞도다. … 해상(海商) 백 명이 옛날에 바다를 넘어갈 때, 산 위의 신광(神光)을 아득히 바라 보았다.…"라 하였다.[79]

김극기는 고려 무인집권기인 12세기 후반에 주로 활동했던 인물로서 그가 외관으로 파견된 동북면, 전라도, 서북면 지역을 편력하면서 수많은 시문을 작성했던 것으로 파악되고 있으니,[80] 위의 시는 그가 전라도 외관으로 있던 12세기 후반경에 직접 견문한 것을 바탕으로 지었을 것으로 보이므로, 당대의 사정을 반영하는 것으로 보아 좋을 것이다. 위의 시 구절은 당시 수많은 해상들이 출항하여 큰 바다로 나아갈 때 월출산의 신령(神靈)을 향해 안전 항해를 빌었던 정황을 묘사하고 있다. 실제 월출산 최정상인 상황봉에는 역대 뱃사람들이 안전항해를 빌었을 대규모 제사터가 확인된 바 있어,[81] 김극기의 이 시 구절과 상응된다.

월출산은 영산강 중하류 어느 곳에서나 인상적으로 관망할 수 있는 '영

78) 영암군 군서면 구림리에 있던 옛 항구는 간척으로 인해 농경지의 일부가 되었다. 흔히 그 옛 항구가 구림리 상대마을에 있었다 하여 '上台浦'라 부르곤 하지만(문안식, 「왕인의 渡倭와 상대포의 해양교류사적 위상」, 『한국고대사연구』31, 2003), '상대포'란 이름의 연원은 기록에서는 찾아볼 수 없다.

79) 『신증동국여지승람』 권35, 전라도 영암군 산천.

80) 김창현, 「고려 문인 김극기의 생애와 편력」, 『한국인물사연구』20, 2013 참조.

81) 목포대박물관, 『영암 월출산 제사유적』, 1996.

산강의 영산(靈山)'이다.[82] 따라서 김극기가 읊은 '월출산의 신광을 아득히 바라보며 바다를 건넜을 해상'들의 출항지는 반드시 『택리지』에서 말한 영암의 구림촌[상대포]일 필요는 없고, 나주의 회진이나 목포일 수도 있을 것이다.[83]

## V. 나주 : 영산강의 중심도시

앞 장에서 살펴보았듯이 나주가 영산강과 바다를 통해서 세계와 연결되는 국가의 관문으로 본격 기능한 것은 통일신라시기부터 시작되었던 것으로 보인다. 중국에서 남부 사단항로를 건너와 나주의 회진 포구를 경유하고 여기에서 다시 신라의 왕도 경주에 이르는 이른바 '회진로'의 작동이 신라시기부터 시작되었던[84] 까닭이다. 그리고 이러한 '회진로'를 기반으로 나주를 한 단계 도약시킨 계기가 된 것은 828년 장보고의 청해진 건설이었지 않을까 한다. 즉 장보고는 청해진 건설을 통해 청해진과 '회진로'를 결합하여 당-신라 간 해상무역의 주도권을 확보하고, 남해안을 따라 일본과도 연결하면서 동아시아 해상무역을 장악할 수 있었을 것으로 여겨지기 때문이다.

이와 관련하여 장보고의 청해진 활동 시기(828~841)에 신불교(新佛教)라 할 선종이 회진을 통해서 유입하기 시작했다는 점을 주목할 필요가 있다. 이 시기 당에서 귀국한 선종 승려로는 진감선사 혜소(830), 혜목화상 현욱(837), 적인선사 혜철(839), 보조선사 체징(840) 등을 들 수 있겠는데, 이들

---

82) 필자는 '영산강' 이름의 유래가 월출산에서 나오지 않았을까 하는 생각을 가지고 있다. 월출산은 그 산을 품고 있는 고을을 '靈巖'이라 칭할 정도로 호남 최고의 '靈山'이고, 더욱이 조선시대 문적을 보면 영산강의 한자 표기가 '榮山江' 이외에 '靈山江'으로 되어 있는 경우도 적지 않다는 점을 주목하여, 영산강을 '靈山 월출산과 하나가 되어 흐르는 江'으로 상상해 본 것이다. 이에 대해서는 곧 별고로 발표할 예정이다.

83) 나주 회진에서 바라보는 월출산은 영산강 위에 신비스럽게 우뚝 서 있는 모습을 띤다.

84) 주 55) 참조.

선종 승려들의 귀국 루트는 대부분 미상이지만, 현욱이 회진을 통해서 귀국했음이 확인되고 있고,[85] 여타 선종 승려들의 활동 공간이 전남지역인 경우가 많아서[86] 대부분 회진을 통해서 귀국했을 것으로 보아 좋을 것이다. 그렇다면 회진을 통해서 귀국한 선종 승려들이 당시 청해진에서 동아시아 해상무역으로 명성을 떨치고 있던 장보고와 인연을 맺었을 것으로 보는 것이 자연스럽다.

이와 관련하여 주목할 점은 당에 갔던 사신 김대렴(金大廉)이 828년 귀국할 때 차 종자를 가지고 와서 지리산에서 재배하게 되면서 차문화가 성행하기 시작했다는[87] 점이다. 차 종자를 가져왔다는 것은 차 완제품을 수입하는 단계를 넘어 차를 재배하여 대중화할 수 있는 계기를 마련한 것을 의미하는 바이겠고, 여기에 차가 선종 승려들의 최애 음료라는 점과 차 종자를 가져온 828년의 시점이 장보고의 귀국 시점과 일치한다는 점 등을 함께 고려할 때, 선종의 도입과 차 종자의 도입이 장보고의 청해진 활동과 긴밀한 관련 속에서 이루어졌을 가능성을 더욱 높여준다 하겠다.

또한 이와 함께 주목하고자 하는 것은 선종 승려들이 끽다(喫茶)할 때 사용했을 최고급 용기인 청자의 제작기술이 신라에 이전되었을 가능성이다. 이와 관련하여 영산강 하구에 가까운 해남군 화원면 신덕리 일대에서 100여 기에 달하는 '초기 청자' 요지군이 확인되었다는 것을 주목할 수 있다. 신덕리 '초기 청자'의 조성 시점에 대해서는 다양한 견해가 제기되고 있지만, 필자는 선종 및 차의 대중화 시점과 관련하여 9세기 전반경에 조성되었을 것으로 본 견해에 동의하고 있다.[88] 그렇다면 신라는 9세기 전반부터

85) 玄昱스님은 홍덕왕 11년(836) 謝恩 兼 宿衛로 입당하였던 金義琮과 함께 희강왕 2년(837)에 회진을 통해 귀국하였다(권덕영, 앞 논문, 1996, 5쪽).

86) 예를 들어 체징의 경우 무주(지금의 광주광역시) 황학사에 머물다가 장흥 보림사에서 가지산문을 개창하였고, 혜철은 화순 쌍봉사에 머물다가 곡성 태안사에서 동리산문을 개창하였다. 또한 현욱은 남원 실상사에 머물다가 창원 봉림사에서 봉림산문을 개창하였는데, 남원은 회진에서 경주에 이르는 '회진로'의 경유지라는 점에서 주목된다.

87) 『삼국사기』 권10, 신라본기10, 흥덕왕 3년 12월.

88) 강봉룡, 「해남 화원·산이면 일대 청자요군의 계통과 조성 주체세력」, 『전남사학(현 역

청자의 자체 생산을 시작하여 이제까지 청자 완제품을 수입하던 단계에서 벗어나 대중화하는 계기가 마련된 것으로 볼 수 있을 것이다.

이렇게 볼 경우 선종의 확산과 차 및 청자의 대중화 시점이 9세기 전반 장보고 청해진 활동기와 겹치게 되어, 이들이 장보고의 청해진 활동 과정에서 도입·확산·대중화되었을 가능성이 우선적으로 상정될 수 있다. 이에 필자는 장보고에 의해 도입되어 대중화된 선종과 차와 청자를 '신문물 3종세트'라 칭하고, 이러한 '신문물 3종세트'가 회진을 통해서 유입·전파되었을 것으로 보아, 그 역사적 의미에 주목한 바 있다.[89]

그런데 9세기 전반에 시작된 선종 승려들의 귀국 러시는 그 이후에도 계속되어 고려시기로 이어졌고, 그들 역시 회진을 통해서 귀국하는 사례가 많은 것으로 나타나고 있다.[90] 청자와 차도 마찬가지였으니, 특히 청자는 고려시기에 들어 '강진 고려청자'가 완숙의 경지에 이르렀던 것으로 알려지고 있다. 따라서 나주 회진의 발착 항구 및 관문으로서의 기능은 9세기 이후부터 고려시기를 거쳐 내내 지속되었을 것으로 본 앞 장에서의 추단은 그만큼 뒷받침된다 할 것이다.

그런데 신라말 혼란기에 이르러 차기 대권을 노리는 유력 주자들이 문득 나주를 선점하기 위한 치열한 경쟁을 벌여갔으니, 이는 나주가 9세기 이후 동아시아를 하나로 묶는 해상교통의 중심지로 거듭나고, 이를 통해 신문물이 유입·확산되는 관문으로 기능했기 때문일 것이다. 나주를 노리는 당대 영웅은 압해도를 중심으로 해양세력을 결집하며 세력을 키워간 능창과 신라 경군(京軍) 출신으로 후백제를 건국한 견훤, 그리고 궁예 휘하의 장수로 출세한 왕건이 삼파전의 형세를 이루었고, 결국 왕건이 능창과 견훤을 제압하여 나주지역을 장악하더니, 그 여세를 몰아 918년 주군인 궁예를 축출하고 고려를 건국했으며, 936년 마침내 후삼국을 통일하기에 이르

---

사학연구)』19, 2002, 553~560쪽.

89) 강봉룡, 「고려의 건국과 '나주지역'」, 『전라도 천년사』7, 2022, 19~23쪽.

90) 주 58) 참조.

렀으니,[91] 왕건의 나주지역 장악은 고려 건국과 후삼국 통일 과정에서 결정적인 배경이 되었다고 할 것이다.

그런 만큼 왕건의 나주에 대한 관심은 각별하였던 것이니, '나주'라는 이름도 아래 기사에 나타나듯이 왕건이 903년에 작명했던 것으로 되어 있다.

> 천복 3년(903) 계해 3월 주사(舟師)를 거느리고 서해부터 광주 경계까지 금성군(錦城郡)을 공격하여 함락시키고 10여 군현을 공격하여 차지하였다. 인하여 금성을 고쳐서 나주(羅州)라 하고 군사를 나누어서 지키게 한 뒤 돌아왔다.[92]

이에 의하면 왕건은 903년 3월에 금성군을 공격하여 10여 군현을 점령하고 그 이름을 나주라 고쳤다 하니 나주의 이름은 이로부터 비롯했다 할 것이다.[93] 그리고 이후 왕건은 고려 건국(918년 6월 15일) 직후인 918년 9월 23일에 '나주도대행대'를 설치하고 전 광평성 시중 구진(具鎭)을 '나주도대행대 시중(侍中)'의 직함으로 파견하였으니,[94] 이는 왕건이 나주를 중시하여 서경(지금의 평양)과 대등하고 왕도 개경에 버금가는 특별한 위상을[95] 부여한 것을 의미한다.[96]

---

91) 강봉룡, 「왕건의 제해권 장악과 고려 건국 및 후삼국 통일」, 『역사학연구』75, 2019 ; 강봉룡 앞 논문, 2022 참조.

92) 『고려사』 권1, 세가1, 태조 총서.

93) 『삼국사기』에 의하면 '나주'라 부르기 이전의 지명은, 백제 시기에 發羅郡이었던 것을 678년 이후 어느 시점에 發羅州로 승격했다가 686년에 발라군으로 다시 격하하였으며, 경덕왕 때 錦山郡으로 개명하였다고 하니(『삼국사기』 권7, 신라본기7, 문무왕 18년 4월 ; 권8, 신라본기8, 신문왕 8년 2월 ; 권36, 잡지5, 지리3 신라 금산군), 이후 어느 시점에 錦城郡으로 바뀌었다가 903년에 왕건에 의해 나주로 명명되었다고 할 수 있다.

94) 『고려사』 권1, 세가1, 태조 원년 9월 계사.

95) 이러한 나주의 위상은 해외의 상인들까지 참여하는 고려 최대의 글로벌 축제인 팔관회가 개경과 서경 이외에 나주에서도 개최되었다는 것에서도 엿볼 수 있다(奥村周司, 「高麗における八關會的秩序と國際環境」, 『朝鮮史硏究會論文集』16, 1979 ; 변동명, 「나주 팔관회와 금성산신앙」, 『해양문화연구』9, 2013 ; 문안식, 「나주지역의 역사지리적

이후에도 고려는 지방제를 개편하는 과정에서 나주를 계수관(界首官)이 파견되는 나주목(羅州牧)으로 편제하여 전라도를 대표하는 도시로 삼았다. 983년(성종 2)에 12목의 하나로, 그리고 현종 때는 8목의 하나로 편제한 것이 그것이다. 이를 오늘날 전남지역에 대비시켜 보면, 성종 대의 12목 체제에서는 나주목과 승주목(昇州牧)의 2목이 전남지역을 서부와 동부로 양분하여 관할하다가, 현종 대의 8목 체제에서는 승주목이 없어지고 나주목만이 남아 전남지역 전체를 대표하고 관할하는 체제로 바뀌었다고 할 수 있다.

조선시대에 들어서도 나주의 이러한 위상은 견지되었다. 1393년(태조 2) 전라도에 완산, 나주, 광주의 3개 계수관을 두더니,[97] 세종대에 이르러 광주목을 무진군(茂珍郡)으로 강등시키고[98] 전주부, 나주목, 남원도호부, 장흥도호부, 제주목의 5개 계수관을 두는 것으로 개편하였다.[99] 이로써 볼 때, 세종대의 전남지역은 나주목과 장흥도호부가 동서로 양분하는 양상으로 나타났으니, 이때 나주의 관할 구역은 고려 성종 때의 그것과 비슷하였다고 할 수 있다.

이러한 나주의 위상은 조선 후기까지 이어졌으며, 그 배경에는 영산강이 자리했던 것으로 보인다. 18세기에 활동한 조선의 학인 이중환은 영산강을 통해 번영을 누리던 나주의 면모를 다음과 같이 논평한 바 있다.

> 나주는 노령 아래에 있는 도회지인데, 북쪽에는 금성산(錦城山)이 있고 남쪽으로는 영산강(靈山江)에 닿아 있다. 고을 관청의 모양은 한양과 흡사하고, 옛날부터 높은 벼슬을 지낸 집안이 많다. 영산강은 서쪽으로 무안과 목포로 흐른다. 이 강을 따라 내려가면 경치 좋은 마을이 많다. 강을 건너면 바로 큰 들인데, 이곳은 동쪽으로 광주와 경계가 닿아 있고 남쪽은 영암과 통한다. 기

---

위상과 고려 팔관회」, 『남도민속연구』29, 2019 참조).

96) 박한설, 「나주도대행대고」, 『강원사학』1, 1985 참조.

97) 『태조실록』 권4, 태조 2년 11월 계축.

98) 『세종실록』 권47, 세종 12년 3월 병인.

99) 『세종실록』 권151, 지리지 전라도.

> 후가 화창하고 물자가 풍부하며, 또 땅이 넓어서 마을이 별처럼 많다. 또 서남쪽은 강과 바다를 통해 물자가 운송되는 이점이 있어, 광주와 함께 이름난 고을로 친다.[100]

여기에서 나주가 '한양과 흡사하다'고 언급한 부분이 특히 인상적인데, 이는 북쪽에 금성산이 있고 남쪽에 '영산강(靈山江)'이[101] 맞닿아 있는 나주의 형세가 북쪽에 북한산이 있고 남쪽에 한강이 흐르는 한양의 그것과 닮아있다는 점을 염두에 둔 바일 것이다. 영산강을 따라 동쪽은 광주로, 남쪽은 영암으로 이어지면서 경치 좋은 마을들과 큰 들이 펼쳐져 있고, 서남쪽의 강과 바다를 통해 물자의 운송이 수월한 것 등을 거론하며, 이것이 나주가 풍요롭고 이름난 고을, 즉 '명읍(名邑)'인 이유라고도 하였다. 일찍이 나주에서 문명이 일어나고 고려 이후 전주와 더불어서 전라도의 양축을 이루는 명촌으로 거듭난 것은 확실히 영산강의 중심부라는 입지적 조건에서 말미암은 바가 크다고 해야겠다.

## Ⅵ. 맺음말

'개방사회 고려', '고려 개방의 지표 바닷길', '고려 개방의 통로 영산강', 그리고 '영산강의 중심도시 나주'라는 네 개의 논제를 가지고 꼬리에 꼬리를 무는('꼬꼬무') 방식으로 논의를 이어가다 보니, 영산강의 중심도시 나주가 고려 개방의 시대에 전성기를 구가할 수밖에 없었던 이유가 더욱 선명해지는 것 같다. 과연 고려는 건국기에 예성강 세력과 영산강 세력의 공동정권이라 해도 과언이 아닐 것이니, '나주 목포' 오다련의 딸 장화왕후의 소생 왕무(王武)가 태조 왕건에 이어 고려 2대 왕 혜종으로 등극했던 것이 그

---

100) 『택리지』 팔도총론 전라도.
101) 조선시기에 영산강을 '靈山江'이라 한자 표기한 사례의 하나이다(주 82 참조).

명확한 증좌일 터이다.

그간 나주시 당국은 영산강유역의 지석묘와 옹관고분으로 대변되는 '마한 담론'을 중심으로 나주 고대 문명의 재발견에 심혈을 기울여 왔고,[102] 이와 함께 나주 읍성과 4대문 복원 문제에도 집중하여 조선시대 도시의 위상을 확인하는데도 상당한 성과를 일구었다.[103] 여기에다 광주전남공동혁신도시가 건설되면서 현대도시 '빛가람'을 보유하는 도시가 되었으며, 근래에는 근대도시 영산포의 활성화를 위해서도 팔을 걷어붙이고 있다. 그러니 나주는 고대와 중세(고려 및 조선)와 근대와 현대의 역사구역을 두루 갖춘 아주 진귀한 역사도시의 모양새를 갖추고 있다고 할 것인데, 그중 영산강 중심도시 나주의 최전성기라 할 고려시기에 대한 관심은 오히려 유독 미미했으니, 의아할 따름이다.

나주는 고려왕조 탄생의 한 축이었고, 바다와 영산강을 통해 개방사회 고려의 관문으로 시종 기능했던 만큼, 고려시기 나주의 사화(史話)와 유적은 중요하고 또한 수효도 적지 않을 터이다. 그럼에도 나주에서 고려의 유적이라 할 만한 것을 거론하기가 쉽지 않고, 알려진 고려시기 나주의 사화도 손으로 꼽을 정도도 빈약하다. 혜종의 고향인 '나주 목포'나 고려의 국제항구이자 관문으로 명성을 떨쳤다는 '회진'은 흔적조차 찾을 수 없고, 고려의 2대왕 혜종을 위해 세워 조선시대까지 존속했다는 흥룡사(興龍寺)와 혜종사(惠宗祠)도[104] 그 위치조차 가늠하기 어려운 처지이다.

그간 고려시기 나주에 대한 관심이 전혀 없었던 것은 아니다. 1990년 나주시와 목포대 박물관에서 『나주목(羅州牧)의 재조명』이라는 제목으로 작은 논문집을 발간한 적이 있었고,[105] 2010년에 왕건과 견훤의 전적지인 나

---

102) 나주시, 『나주 마한역사문화 조사·연구 및 정비계획』, 2022 참고.

103) 김종순, 「나주 읍성권역 문화유산의 복원과 활용-나주 역사문화도시 조성과 관련하여-」(목포대 대학원 석사논문), 2022 참조.

104) 『신증동국여지승람』 권35, 전라도 나주목 사묘.

105) 논문집의 제목에는 '나주목'이 들어가 있지만 고고학에서부터 근대 항일운동에 이르기까지 나주의 역사를 포괄적으로 다루고 있고, 고려시대 나주를 專論한 논문은 단

주시 공산면 '상방리 유적지'를 조사하는 과정에서 나주시와 호남사학회는 2010년 9월 15일에 '후삼국 통합시기 복사초리 공방전과 나주의 역사적 위상'이라는 주제의 학술회의를 나주시청 대회의실에서 개최하였고, 후일 발표 논문들을 모아 단행본으로 출간한 적도 있었다.[106] 이밖에 나주 팔관회 관련 학술용역을 수행하기도 하였고, 영산강에서 발견된 '나주선(羅州船)'에 관심을 기울이기도 하였으니, 이것이 그간 나주시가 공식적으로 기울인 고려시기 나주에 대한 관심의 거의 전부인 셈이다.

이러한 추세로 볼 때, 2023년 학술회의는 나주시가 주도하는 본격적인 고려시기 나주 연구의 첫 사례라 해도 과언이 아니다. 그만큼 새로 시작하는 의미가 크다. 이에 2023년 학술회의가 나주시가 나주시의 글로벌 전성기인 고려시대에 대한 지속적인 관심을 가지고, 이를 통해 나주와 영산강의 21세기 글로벌 비전을 구상하는 계기가 되기를 바라면서[107] 논고를 마무리한다.

---

1편에 불과하다(김당택, 「고려시대의 나주」).

106) 호남사학회 편, 『고려의 후삼국통합과정과 나주』, 경인문화사, 2013.

107) 이와 관련하여 나주 빛가람에 들어선 한국에너지공과대학교가 기대되는 바가 크다. 21세기 최대의 글로벌 화두는 에너지와 환경이라 할 수 있기 때문이다. 그런데 '에너지'는 현대인의 필수적인 자원이지만 한편으로 '환경' 파괴의 원인이라는 모순적 양면성을 지닌다. 그런 만큼 한국에너지공과대학교는 환경을 지키는 친환경 에너지 연구라는 글로벌 과제를 성공적으로 수행함으로써 영산강을 통해 구현한 고려시대 글로벌 나주의 위상을 재현할 수 있기를 고대하는 마음이 크다.

# 고려 태조 왕건의 나주전투와 서남해 공략

김명진

## Ⅰ. 머리말

고려 태조 왕건(高麗 太祖 王建)은 즉위 이전인 903년에 나주(羅州)를 공략하고,[1] 이를 주요 바탕 중 하나로 삼으며 통일을 완성하였다. 따라서 나주 공략은 고려의 탄생 및 통일과 관련하여 매우 중요한 전환점이 되었다. 산이 많은 한국사 영역은 육로가 불편하였다. 다행히 삼면이 바다로 둘러싸여 그 불편함을 다소 해소시킨 것이 해로였다. 해로는 육로에 비해 많은 인력과 화물을 빠르게 운반할 수 있었다. 이 점이 해로의 가장 큰 장점이었다. 특히 그 장점이 잘 드러나 있었던 곳이 나주 서남해였다.

나주, 나주 서남해는 고대부터 많은 경제적 이점을 품은 보배로운 곳이었다. 그 보배는 해로 교통의 편리함, 풍부한 식량자원, 소금, 교역으로 인한 재원, 전략적 가치 등으로 열거할 수 있다. 이러한 이점은 서로 따로 있는 것보다 연결되어야 그 가치가 더욱 높아진다 하겠다. 이 같은 장점을 먼저 발견하여 실천한 이가 장보고였음을 이미 알고 있다. 그런데 장보고의

1) 『고려사』 권1, 세가1, 태조1, 글머리.

역할을 이어받아 최종 성공한 이는 왕건이었다.

왕건의 나주 서남해 공략과 운영에 대한 여러 실상들은 이미 연구자들에 의해 조망되었다. 신라 말 고려 초의 나주 지역세력(호족)들에 대한 연구는 당시 상황에 대한 기초적 이해를 도와주었다.[2] 왕건이 나주 일대를 공략한 것은 원래 무력에 의한 것이었기에 전쟁사 측면에서 중시되었다.[3] 왕건이 나주의 오씨와 혼인하여 고려 2대 국왕인 혜종 왕무(王武)를 낳음으로 인하여 나주가 더욱 왕건의 지지 기반이 되었던 사실도 주목하였다.[4] 그리고 왕건의 건국 후 나주 경영은 어떠했는지 나주도대행대(羅州道大行臺)가 검토되었다.[5] 그런가하면 선각대사비를 분석하여 나주와 관련된 덕진포전투(전남 영암군 덕진면)를 재검토한 성과가 새로운 실상 파악에 도움을 주었다.[6]

이처럼 왕건과 나주에 대한 연구는 계속 쌓여지고 있다. 이는 그만큼 고려 통일전쟁기에 나주가 중요했다는 것이다. 나주는 고려 국왕 왕건과 후백제 국왕 견훤이 서로 차지하고자 한 '제일 중요한 전략지'였다. 따라서 왕

---

2) 문수진, 「고려건국기의 나주세력」 『성대사림』4, 성대사학회, 1987; 정청주, 「신라말·고려초의 나주호족」 『전북사학』14, 전북대학교사학회, 1991; 김갑동, 「고려시대 나주의 지방세력과 그 동향」 『한국중세사연구』11, 한국중세사학회, 2001; 「왕건과 전남 세력의 동향 -나총례, 오다련, 최지몽을 중심으로」 『도서문화』52, 국립목포대학교 도서문화연구원, 2018; 신호철, 「고려 건국기 서남해 지방세력의 동향 -나주 호족의 활동을 중심으로」 『역사와 담론』58, 호서사학회, 2011.

3) 강봉룡, 「나말여초 왕건의 서남해지방 장악과 그 배경」 『도서문화』21, 목포대학교 도서문화연구소, 2003; 신성재, 「궁예정권의 나주진출과 수군활동」 『군사』57, 2005; 「태봉과 후백제의 덕진포해전」 『군사』62, 국방부군사편찬연구소, 2007; 「궁예와 왕건과 나주」 『한국사연구』151, 한국사연구회, 2010; 「후삼국시대 나주지역의 해양전략적 가치」 『도서문화』38, 2011; 김명진, 「太祖王建의 나주 공략과 압해도 능창 제압」 『도서문화』32, 목포대학교 도서문화연구소, 2008.

4) 김명진, 「고려 혜종의 생애와 박술희」 『영남학』65, 경북대학교 영남문화연구원·퇴계연구소, 2018.

5) 박한설, 「羅州道大行臺考」 『강원사학』1, 강원대학교사학회, 1985.

6) 최연식, 「강진 무위사 선각대사비를 통해 본 궁예 행적의 재검토」 『목간과 문자』7, 한국목간학회, 2011.

건과 견훤은 이 일대에서 몇 차례 격돌하였는지, 그 이유는 무엇인지 좀 더 자세히 탐색·정리할 필요가 있다. 이를 통해 당시 나주의 중요성이 좀 더 소상히 밝혀지리라 희망해 본다. 이 글에서는 나주 치소와 연관된 전투를 모두 나주전투 범위에 포함시키고자 한다.

## II. 전투 배경

태조 왕건은 일찍부터 나주를 주목하였다. 신라는 889년(진성여왕 3)에 사벌주에서 원종과 애노의 항쟁이 일어나면서 국가의 역할을 다하지 못하였다. 신라 중앙정부의 실정이 쌓이고 착취가 더해지면서 지방민의 고통이 가중되었다. 원종과 애노의 항쟁은 지방민의 쌓인 불만의 대표적 표출이었다. 이로 인하여 전국이 중앙정부로부터 분리되었다.[7] 분열의 시대가 펼쳐진 특이한 상황이 전개되었다. 중앙의 통제로부터 멀어진 지역세력(호족)들은 각기 연고지에서 똬리를 틀고 자리 잡았다.

이처럼 지역세력들이 성장하게 된 배경을 어느 시기에서부터 찾아야 하는지 질문이 필요하다. 천년 신라의 최대 반란 사건은 김헌창의 난이었다. 김헌창은 자신의 아버지인 김주원이 왕위에 오르지 못한 것에 대한 불만이 컸었다. 여기에 더해 지방 근무만 이어진 자신의 처지도 불만의 큰 원인이 되었다. 822년에 웅진(충남 공주)에서 난을 일으킨 김헌창의 위세는 넓은 영역으로 확장되었다. 김헌창은 반란이 아닌 건국을 표방하고서 국호를 장안(長安)이라 하고 연호를 경운(慶雲)이라 하였다. 그런데 김헌창이 난을 일으킨 중심지가 옛 백제의 수도였던 웅진이었다는 점이 예사롭지 않았다. 또한 나주 서남해 일대인 무진주(武珍州, 전라도 광주)가 김헌창에 동조하도록 하였다. 하지만 그의 시도는 결국 실패하고 말았다.[8] 김헌창은 지방

---

7) 『삼국사기』 권11, 신라본기11, 진성왕 3년.
8) 『삼국사기』 권10, 신라본기10, 헌덕왕 14년 3월.

에서 건국의 씨앗을 흩뿌렸다.

828년에 역시 옛 백제지역이자 나주 서남해 일대인 청해진(전남 완도)에 장보고가 자리 잡았다.[9] 장보고는 군사적 경제적 실세로서 바다에서 크게 그 위세를 넓혔다. 하지만 장보고의 활약은 그가 암살당하면서 막을 내렸다. 장보고의 암살은 841년에 발생했다고 연구되어 알려져 있다. 그런데 김헌창과 장보고의 족적은 끝난 것이 아니라 새로운 가능성을 심어 놓았다. 김헌창은 육지에서 장보고는 바다에서 지역세력이 움틀 수 있는 자극을 주었다. 한편, 신라 말 고려 초 나주 일대 주요 지역세력은 장화왕후 오씨 집안과 나총례 등이었다.[10]

장보고가 암살되고 서남해를 혼자 장악한 이가 없는 상태에서 889년 이후에 기회가 찾아왔다. 전국이 분열되며 지역세력들이 각기 연고지에 자리 잡았는데 서남해도 예외는 없었다. 특히 이곳은 여러 이점들을 품고 있었다. 뒤에 전라도라 칭해진 곳의 남쪽 절반 아래 육지와 바다는 보고(寶庫)였다. 먼저 해상 교통이 좋았다는 점을 들 수 있다. 서해와 남해를 통해 신라 수도 금성(경주)으로 연결이 가능하고, 서해를 통해 북쪽 한강과 예성강 쪽으로도 연결이 쉬운 곳이었다. 국외교류는 바다를 통해 중국과 일본으로 연결될 수 있는 곳이기도 하였다. 이는 교역으로 인한 재원 확보도 가능하다는 것이다.

이곳은 경제적으로 국가 성장의 원천 역할을 할 수 있는 곳이었다. 먼저 부(富)의 상징이라 할 비단 유통이 성행한 곳이었다. 소금·철·풍부한 해산물 그리고 국력의 원천인 쌀을 비롯한 식량자원(군량미)이 많은 곳이었다.[11] 식량자원이 많다는 것은 인구가 많다는 것이고 이는 전쟁기에 군사

9) 『삼국사기』 권10, 신라본기10, 흥덕왕 3년 하4월.

10) 김갑동, 「왕건과 전남 세력의 동향 -나총례, 오다련, 최지몽을 중심으로」 『도서문화』 52, 국립목포대학교 도서문화연구원, 2018 참고.

11) 김명진, 「고려 혜종의 생애와 박술희」 『영남학』 65, 경북대학교 영남문화연구원·퇴계연구소, 2018, 155쪽 참고. 금성군(錦城郡)·나주(羅州)·완사천(浣紗泉) 등에 자의(字意)가 비단인 글자가 모두 포함되어 있으므로 나주가 비단과 관련된 곳이라고 생각된다.

자원이기도 하였다. 무엇보다도 이곳을 장악한다면 후백제를 남북에서 압박하는 전략적 효과가 있었다. 따라서 이 일대 육지와 바다를 장악한다면 전쟁 수행 능력이 높아지는 장점이 매우 컸었다.

그렇다면 9세기 말과 10세기 초에 패권을 다투었던 견훤·궁예·왕건 중에서 왜 왕건만이 바다의 중요성을 처음부터 알고 있었는지 궁금하다. 물론 견훤과 궁예가 바다에 대해서 무지했다고 할 수는 없다. 그러나 분명한 것은 왕건이 두 사람보다 상대적으로 바다에 대한 이해도가 높았다는 것이다.

『고려사』 〈고려세계〉에서 그 실마리가 찾아진다. 〈고려세계〉는 왕건의 조상들을 미화하며 그의 집안을 신성시하였다. 새 왕조를 창업한 이의 가계를 신성시 미화하는 것은 당연한 것이었다. 여기에 과장이 더해지는 것 또한 당연한 것이라 하겠다. 하지만 그 미화 과장하는 속에서도 실체는 찾을 수 있다.

〈고려세계〉에 처음 등장한 왕건의 조상은 호경(虎景)이다. 호경의 묘사에 백두산과 활쏘기가 등장한다. 백두산은 지리적으로 고구려 영역을 생각하게 한다. 호경이 활쏘기를 잘했다는 것은 고구려 시조 추모(주몽)를 생각하게 한다. 이는 그가 고구려 후예라는 것이다. 그리고 그 조상들 삶의 터전이 처음엔 내륙이었다는 것을 알게 해준다. 조상들이 뚜렷한 관직을 가지고 있지 않았기 때문에 그 근본은 평민이라 하겠다. 그런데 흥미로운 것은 왕건의 할아버지인 작제건 대에 이르러 집안 활동 무대가 바다로 바뀌었다.

작제건이 바다에서 활약했다는 것은 왕건의 집안에 중요한 변화가 있었다는 것이다. 장보고가 사망한 해는 841년이었다. 왕건은 877년에 태어났다.[12] 왕건이 태어나기 36년 전에 장보고가 사망했으므로 그 이전이 장보

---

한편, 말은 전쟁기라서 자산화하는 것은 유동적이었을 것이다. 만약 당시에 서남해 섬 목장에서 말을 키웠다면 기존에 있는 말은 차지할 수 있었을 것이다. 하지만 계속 기른다면 서로 상대에게 약탈당할 수 있었기에 자산화하는 데에 한계가 있었으리라 여겨진다.

12) 『고려사』 권1, 세가1, 태조1, 글머리.

고의 전성기였다. 828년에 청해진에서 본격적으로 서남해를 중심으로 국내외적으로 전성기를 펼치었던 장보고의 시대는 841년에 마감되었다. 이 시기는 작제건이 활동했던 시기와 맞물린다. 한 세대를 보통 30년이라 할 때에 정확히 작제건과 장보고는 동시대 인물이라 하겠다. 결혼 시기의 오차를 감안하더라도 이 두 인물의 활동 시기는 같은 시대라 단정된다.

이 점이 매우 중요한 부분이었다. 왕건은 작제건 때부터 이어진 집안의 친해양적 분위기로 인하여 일찍부터 바다에 대한 이해가 높았다. 그의 집안은 서서히 해양적 성격을 띠면서 경제적 여유를 갖게 되었다. 왕건의 고향 송악 일대는 신라 수도 금성으로부터 제일 먼 변방에 해당되는 곳이었다. 하지만 이곳은 해상을 통해 중국과 교류가 활발하였다. 이로 인하여 왕건은 일찍부터 외부 문물에 대한 감각을 읽힐 수 있었을 뿐만 아니라 학문도 접할 수 있었다. 또한 그는 혼란한 시절에 생존을 위한 무술도 읽히게 되었다. 이러한 부분들은 <고려세계>를 통해서 읽을 수 있는 대목들이다. 무엇보다도 왕건은 배를 부리고 뱃길을 이용하는 방법을 알았다. 이는 뒤에 그가 수군 장수로 활약하는 모습에서 발견할 수 있다.

당시 신라는 어수선한 측면이 있었지만 장보고 이래로 서남해를 기본으로 하여 중국까지 이어지는 국제 해양교류는 활발하였다. 재당 신라인의 활약은 이에 대한 증거 자료라 하겠다. 장보고 생존 시 보다는 덜했을 것으로 추정되지만 중국과의 해양교류는 여전하였다. 특히 입당구법(入唐求法) 승려들의 활동상은 해양교류의 면면을 보여주고 있는 증거이다.[13)]

따라서 이 시기 정국 주도권은 서남해를 장악한 세력에게 유리하게 되어 있었다. 이를 일찍 간파한 이가 왕건이었다. 왕건은 원래 궁예의 부하 장수였다. 왕건이 교육을 받았고, 변방이면서 바다를 잘 알았기 때문에 서남해 나주에 대한 이해도 높았던 것이다. 장보고 시대에 해양 교류는 서남해를 기본으로 하면서 사방으로 연결되는 시스템이었다. 이러한 과정 속에

13) 이유진, 「나말여초 승려들의 입당구법과 한중교류」 『석당논총』46, 동아대학교 석당학술원, 2010.

서 예성강을 통해서 서해로 연결되는 송악 일대의 해상세력들이 있었다. 이 해상 연결로를 통해서 예성강 송악 일대는 서남해와 당연히 교류가 있었을 터이다. 그 해상 교류 구조가 그리할 수밖에 없었다. 이러한 점이 과장되게 <고려세계>에 설명되어 있었다.

요컨대 9세기 말 10세기 초에 지역세력의 성장, 경제적·군사적 이점 등의 배경으로 인하여 당시 주요 정치세력들의 관심은 나주 서남해로 몰리게 되어 있었다. 특히 일찍부터 친해양적인 집안 분위기 속에서 성장한 왕건에게 이 지역은 주 관심 대상이었다.

## Ⅲ. 제1·2·3차 전투 실상

왕건은 나주와 서남해 일대를 공략하면서 두각을 나타냈다. 그에 앞서 896년에 왕건의 부(父)인 송악군 사찬(沙粲) 왕륭이 궁예에게 귀부하였는데 그때 왕건의 나이 20세였다. 이를 기회 삼아 궁예는 898년에 송악(개성)으로 근거지를 옮겼다. 궁예는 왕건에게 정기대감(精騎大監)이라는 벼슬을 주었다.[14] 왕건은 정예 기병의 지휘관으로 임명되었으니 그가 기병 출신임을 알 수 있다.

900년에 궁예는 왕건에게 광주(경기도 광주)·충주·청주·당성군(唐城郡, 경기도 화성)·괴양군(충북 괴산) 등을 점령하도록 명하였다. 왕건은 이를 충실히 해결하여 이 지역들은 모두 궁예의 세력권으로 편입되었다.[15] 더욱 자신감을 가지게 된 궁예는 901년에 나라[고려(후고려), 마진, 태봉, 이 글에서는 편의상 모두 '태봉'으로 칭함][16]를 세웠다. 그리고 1년 전인 900년에 견훤이 후백제를 완산주(전북 전주)에서 건국하였다.[17] 그런데 이때까지

14) 『고려사』 권1, 세가1, 태조1, 글머리.
15) 『고려사』 권1, 세가1, 태조1, 글머리.
16) 궁예는 국호를 901년에 고려(후고려), 904년 마진, 911년 태봉이라 하였다(김명진, 『고려 태조 왕건의 통일전쟁 연구』, 혜안, 2014, 14쪽 주3).

확실히 궁예의 세력권에 들어온 지역들이 주로 옛 고구려지역이면서 후기 신라의 북부지역이었다.

위에 열거한 지역 이외에도 901년 궁예의 세력권은 치악산 일대, 주천, 내성, 울오, 어진, 명주(강원 강릉), 저족, 성천, 부약, 금성, 철원, 승령, 임강, 인물현, 공암, 검포, 혈구, 양주, 견주 등이었다.[18] 이는 대체로 중부와 북부지역이라 하겠다. 궁예의 군사력은 이와 같이 열거한 지역 이하의 선으로 내려오지 못하고 있었다. 그리고 왕건은 기병인 육군의 역할만 하고 있었다.

태봉은 영토 확장을 위한 돌파구를 찾아야만 했다. 경상지역은 잔존 신라 및 지역세력들 때문에 남하하지 못하였다. 충청지역은 후백제와 접경을 유지했기 때문에 더 이상 남하하지 못하였다. 전통적으로 뛰어난 곡창지역인 전라지역은 후백제의 영역이거나 지역세력들의 차지였다. 이때 궁예 정권에서 찾아낸 구상은 월경(越境)이었다. 진군로는 해상에서 찾을 수 있었다. 견훤·궁예·왕건 중에서 바다와 친연성을 갖고 있었던 인물은 왕건이었다.

이 작전은 해상을 진군로로 이용하여 파병하면 승산이 있다는 것이다. 이는 태봉의 상륙작전이었다. 이에 대한 작전 구상은 누구의 머리에서 비롯되었는지 정확히 알 수 없다. 대체로 막연히 이를 왕건이 했을 것으로 판단해왔다. 바다와의 친연성은 왕건이 높았기에 이 작전은 그의 구상이었을 것이다. 이 작전을 수행한 것도 왕건이기에 더욱 그러하다. 하지만 당시 국왕은 궁예였기에 국왕의 의지를 감안하여야 할 것이다. 궁예는 스스로 전투를 지휘하며 성장한 인물이었으므로 그의 의지를 무시해서는 안 되리라 여겨진다.

903년 제1차 나주전투가 벌어졌다. 왕건의 작전 구상을 궁예가 승낙하여 첫 번째 나주전투가 결정되었다. 그 실상 기록은 다음과 같다.

---

17) 『삼국사기』 권50, 열전10, 견훤.
18) 『삼국사기』 권50, 열전10, 궁예.

**가) 천복 3년 계해(903) 3월에 (왕건은) 수군[주사(舟師)]을 거느리고 서해로부터 광주(光州) 경계에 이르러 금성군(錦城郡)을 공격하여 이를 빼앗고, 10여 군·현을 쳐서 이를 취하였다. 이에 금성군을 나주로 고치고 군사를 나누어 지키게 하고서 돌아왔다.**[19]

제1차 나주전투는 903년 3월에 벌어졌다. 이때 금성군(錦城郡)은 후백제 영역이었다.[20] 왕건의 진군 여정은 이러했을 것이다. 먼저 왕건은 송악에서 군사를 거느리고 출발하였다. 그는 정기대감이었으므로 정예 기병 지휘관이었다. 왕건은 예성강 일대 어느 곳으로 이동하였다. 따라서 송악에서 출발한 군사 대부분은 정예 기병으로 구성되었을 것으로 판단된다. 여기에 더해 그는 수군[주사(舟師)]까지 거느리고 서해로 나아갔다.

그런데 901년에 궁예가 건국하였는데 정확히 몇 월인지는 알려지지 않았다. 왕건이 903년 3월에 수군을 이끌고 서해로 나아가는 것이 가능하려면 그 준비기간을 계산해 보아야 한다. 901년 초에 건국되었다면 수군 양성 준비 기간은 최대 약 2년이고, 901년 말이면 그 준비 소요 기간은 1년 반 정도밖에 안 된다. 이 기간에 상륙작전이 가능할 정도의 수군 완비가 가능할지 의문이다.

수군의 기본 구성 요소는 전함(戰艦)과 소속 군사이다. 여기에 신라 패강진(황해도 평산)의 군사력이 지리적으로 주목된다. 이미 궁예에게 일정 정도 범위에서 접수된 패강진[21]의 군사와 군마(軍馬) 그리고 그 관할 선박들이 태봉 군사력의 주 자산 중 일부였지 않을까 한다. 그 선박들은 전함도 일부 포함되었을 가능성도 있다. 하지만 건국 초라는 점을 감안하여야 한다. 모든 선박이 전함일 수는 없었겠지만 전함이 준비되어 있었다. 909년에

---

19) 『고려사』 권1, 세가1, 태조1, 글머리, "天復三年 癸亥 三月 率舟師自西海抵光州界 攻錦城郡拔之 擊取十餘郡縣 仍改錦城爲羅州 分軍戍之而還".

20) 『고려사』 권57, 지11, 지리2, 전라도, 나주목.

21) 『삼국사기』 권50, 열전10, 궁예.

왕건은 정주(貞州, 개풍군)에서 전함을 수리하였다.[22] 909년 이전에 전함이 있었기에 이때 수리를 하는 것이 가능하였다. 따라서 903년 나주 공략 시 태봉 수군은 전함이 있었다고 판단할 수 있다. 아무튼 이 수군은 태봉의 수군 시원이자 고려 수군 시원인 것만은 분명하다 하겠다.

이후 전개된 전투 양상을 통해 적극적 해석이 더해지겠지만 왕건이 이끌고 출발한 수군은 이러했을 것이다. 왕건은 정예 기병을 주축으로 하여 편성한 군사들을 전함과 일반 선박을 섞은 선단에 싣고 서해로 나아갔다.[23] 서해에서 남으로 향한 왕건 부대의 최종 목적지는 현 전남 나주인가 여부는 『고려사』 지리지에 명확히 나와 있다. 왕건 부대는 무주(武州, 전라도 광주)를 최종 목적지로 선정하였다. 이에 대한 설명은 아래에서 하고자 한다.

남으로 내려온 태봉 수군은 영산강 하구에서 물때를 기다렸다. 태봉 수군은 최소 2개의 밀물을 이용하여 하루 만에 목표 지점에 정박하기를 희망하였다. 만약 태봉 선박이 역풍을 만나면 3개의 밀물을 이용하여야 한다.[24] 왕건은 격군(格軍)들을 독려하고 돛을 이용하여 최대한 빨리 영산강을 거슬러 올라가려 했을 터이다. 태봉 수군이 영산강 하구에 있을 적에는 후백제 측에서 알았다 하더라도 혼선이 있었을 것이다. 적의 입장에서는 태봉 수군이 압해도를 치려고 하는지 남해로 더 나아가려고 하는지 알 수 없는 상황이었다. 이는 처음 있는 경우이기 때문이다.

그런데 태봉 수군이 영산강을 거슬러 올라가면 그 의도를 명확히 파악할 수 있었다. 태봉 수군의 항해 속도가 영산강의 지리적 특성상 빠를 수가 없었다. 후백제가 이를 알았다면 충분히 이에 대한 차단을 시도할 수 있었다. 태봉 수군이 영산강을 북상하는데 주변에서 동조하는 세력이 있었음이

---

22) 『고려사』 권1, 세가1, 태조1, 글머리, 양 개평 3년 기사.

23) 이때 수군은 기병을 주축으로 편성할 필요성도 있었다. 나주 내륙에 상륙하면 기병이 전투 일선에 나서야 했기 때문이다.

24) 변남주, 『전근대 영산강 유역 포구의 역사지리적 고찰』, 목포대학교 대학원 박사학위논문, 2010, 41~42쪽 참고.

분명하다. 그래서 후백제는 이 상륙작전을 사전에 알지 못했던 것이다. 나주에서 왕건에게 도움을 준 대표 지역세력은 장화왕후 오씨 집안과 나총례 등이었다.[25] 태봉 수군은 저항을 받지 않고 영산강을 따라 북상 항해하여 상륙하는데 성공한다. 그 상륙 지점은 전통 항로와 기록을 참고할 적에 현 영산포 일대였다.[26]

왕건의 첫 번째 타격 지점은 현 나주였다. 그 지점은 좀 더 세밀히 분별하면 나주 금성산(錦城山)에 있는 금성산성(錦城山城)이었다.[27] 나주의 진산(鎭山) 금성산[28]이라는 이름은 금성(錦城)이 있는 산이라고 읽혀진다. 윤소종(尹紹宗, 1345~1393)은 금성산을 일컬어 한 척의 배로 견왕(甄王)이 귀순한 길이라 하였다.[29] 이는 뒤에 기술하겠지만 견훤의 935년 고려 귀부시 금성산으로 왔다는 뜻이다. 1270년(원종 11) 9월에 삼별초가 나주를 공격할 적에 그 목표가 금성산에 있는 성이었다.[30] 이를 통해 보더라도 나주의 주 군사 요새가 금성산에 있었음을 알 수 있게 해준다. 무엇보다도 『삼국사기』 견훤전에 이 성을 금성(錦城)이라고 명확히 하고 있다.[31] 즉, 금성은 당시 치소 또는 거점이었다.

왕건은 영산포에 상륙하여 금성(금성산성)으로 향하였다. 상륙한 태봉군은 정예기병을 앞장 세워 약 십리 거리에 있는 금성으로 내달렸을 것이다. 그리고 이를 사료 가)에서 공발(攻拔)하였다 한다. 그런데 이때 금성군은 궁예에게 귀부했다는 기록이 있는데, “금성군 사람이 후고려왕 궁예에게

25) 김명진, 「太祖王建의 나주 공략과 압해도 능창 제압」 『도서문화』32, 목포대학교 도서문화연구소, 2008; 김갑동, 「왕건과 전남 세력의 동향 -나총례, 오다련, 최지몽을 중심으로」 『도서문화』52, 국립목포대학교 도서문화연구원, 2018 참고.

26) 김명진, 「太祖王建의 나주 공략과 압해도 능창 제압」 『도서문화』32, 목포대학교 도서문화연구소, 2008, 289쪽.

27) 나주 금성산성에 대해서는, 『나주시의 문화유적』, 나주시·목포대학교박물관, 1999, 349~352쪽 참고.

28) 『신증동국여지승람』 권35, 전라도, 나주목, 산천, 금성산.

29) 『신증동국여지승람』 권35, 전라도, 나주목, 산천, 금성산 윤소종 시.

30) 『고려사절요』 권18, 원종순효대왕1, 경오 11년 9월.

31) 『삼국사기』 권50, 열전10, 견훤.

귀부하였다"이다.[32] 영산강 입구인 압해도가 태봉의 영역이 아니고 금성군 일대가 대부분 후백제 영역인 상태에서 태봉군은 상륙작전을 감행하였다.

이 상륙작전은 무모한 작전일 수도 있었는데 결행된 이유가 금성군의 지역세력이 후고려에 귀부했기에 가능하였다. 태봉군 지휘관 왕건은 큰 저항 없이 금성을 접수했으리라 판단된다. 왕건의 금성 공략은 무주를 공략하기 위한 필수 전제 전투였다. 왕건은 무주까지 공략하고자 하였으나 이는 실패하였다. "해양현은 …… (신라) 경덕왕 16년에 무주(武州)로 …… 후고려 국왕 궁예가 태조(왕건)를 정기대감으로 삼아 수군을 거느리고 무주 경계 지역까지 공격하게 하였다, 견훤의 사위인 성주(城主) 지훤(池萱)은 (성을) 굳게 지키고 항복하지 않았다."[33]

위의 『고려사』 지리지 해양현조에 이 작전의 최종 목적이 명확히 드러나 있다. 태봉군은 무주(현 전라도 광주)를 점령하고자 하였던 것이다. 제1차 나주전투는 신라 9주의 하나인 무주의 치소를 점령하여 후백제를 위아래에서 강박하고자 한 큰 전략 속에서 이루어진 전투였다. 그런데 무주의 성을 지키고 있던 견훤의 사위인 지훤이 이를 잘 막아내어 왕건은 최종 목적을 달성하지 못하였다.

왕건은 차선책으로 금성군을 공략하고 10여 개의 군현을 추가로 공략하는 성과를 올렸다. 이 10여 개의 군현은 영산강과 금성군 사이 및 일대 군현이었으리라 여겨진다. 압해도를 제외한 영산강을 거슬러 올라가서 금성군으로 이어지는 안전한 진군로를 확보하기 위한 군현이 10여 개 군현일 것으로 판단된다. 왕건은 군사를 나누어 금성군을 수비하게 한 후에 송악으로 귀환하였다.

제1차 나주전투에 투입된 태봉군의 총수는 어느 정도였을지 기록이 없다. 나주 서남해 일대로 파병된 태봉군 수가 909년에 2천 5백 명으로, 914년에 2천 명으로, 이후부터 918년 이전 어느 시기에는 3천 여 명으로 특기

---

32) 『고려사』 권57, 지11, 지리2, 전라도, 나주목.
33) 『고려사』 권57, 지11, 지리2, 전라도, 해양현.

되어 있다.[34] 따라서 제1차 나주전투에 투입된 태봉군의 총수는 약 2천 명 정도이지 아닐까 생각된다.

아무튼 무주까지 점령하지는 못하여 100% 목적 달성은 이루지 못했지만 왕건의 작전은 대성공이었다. 이로써 나주는 태봉 월경지(越境地)의 시원이자 고려 월경지의 시원이 되었다. 특히 나주는 고려(태봉)의 유일한 국외 월경지였다.

견훤의 허를 찌른 제1차 나주전투는 연속된 전투를 예고하였다. 한편 궁예는 905년에 수도를 철원으로 옮겼다.[35] 909년에 왕건은 염해현(전남 영광군 염산면)[36]에서 후백제가 오월국으로 보내는 배를 나포해 돌아왔다. 같은 해에 왕건은 정주(貞州, 개풍군)에서 전함(戰艦)을 수리하고 2,500명 군사를 이끌고 서남해로 진군하였다. 태봉 수군은 진도군과 고이도(전남 완도군 고금도)[37]를 점령하였다.[38] 태봉의 서남해 장악력이 점점 넓어졌다. 이 글에서 염해현·진도군·고이도 관련 사항은 나주전투 차수 범위에서 제외하였다. 해당 지역은 나주전투의 간접 배경은 될 수 있지만 나주 치소와 직접 관련성이 다소 떨어지기 때문이다.

제2차 나주전투는 910년에 벌어졌다. 금성이 태봉에 넘어가자 견훤은 분노하였다. 더욱이 서남해가 점점 태봉의 영역으로 변하는 것을 견훤은 좌시할 수 없었다. 910년에 후백제 견훤은 보병과 기병 3천 명을 이끌고 금성(나주성)을 포위하여 공격하였다.[39] 타격 목표 대상을 포위하여 공격을

---

34) 『고려사』 권1, 세가1, 태조1, 글머리.

35) 『삼국사기』 권50, 열전10, 궁예.

36) 김명진, 「太祖王建의 나주 공략과 압해도 능창 제압」 『도서문화』32, 목포대학교 도서문화연구소, 2008, 280쪽 주19. 한편, 염해현은 무안군 해제면 임수리라는 견해도 있다(강봉룡, 「왕건의 제해권 장악과 고려 건국 및 후삼국 통일」 『역사학연구』75, 호남사학회, 2019, 43쪽 주28). 그런데 임수리는 염산면과 가까운 곳이다.

37) 고이도(고금도) 위치 비정에 대해서는, 김명진, 「진도 명량대첩로 해역 인근 항로 및 벽파진 검토」 『진도 명량대첩로 해역 수중발굴조사 보고서』Ⅱ, 국립해양문화재연구소, 2018, 454~455쪽 참고.

38) 『고려사』 권1, 세가1, 태조1, 글머리.

39) 『삼국사기』 권50, 열전10, 견훤.

퍼붓는 전술은 견훤의 특기였다. 『동국문헌비고』에 의하면, 금성산성은 서·남·북은 지세가 험준하고 동문 밖의 일면만은 넓고 평형하여 적의 공격을 받는 곳이라 하였다.[40] 따라서 견훤은 금성을 포위하고서 동쪽을 집중 공격했을 것으로 판단된다. 그러나 금성의 태봉 군대는 후백제군의 10일 동안 이어진 공격을 막아냈다.[41] 이에 태봉 수군이 와서 후백제군을 습격하니 물러났다.[42]

이렇게 10일 동안 벌어진 제2차 나주전투는 후백제의 실패로 끝났다. 하지만 이후 상황은 흥미롭다. 태봉은 무주를 공격하려는 시도를 하지 않았다. 태봉은 금성을 방어하고 유지하는 것이 우선이었다. 후백제는 금성이 지형을 이용한 요새이고 태봉의 방어력이 뛰어나므로 다른 방법을 찾았다. 견훤은 영산강을 이용한 태봉의 보급로 및 진군로를 끊고자 하였다. 이렇게 되면 금성은 고립되므로 태봉군의 진군로를 끊고서 견훤은 금성을 공략하고자 했던 것 같다.

궁예는 911년에 금성군을 나주(羅州)로 고을 이름을 고쳤다. 당시 과시의 시대에 고을 이름도 곳곳이 주(州)라 하며 과장된 몸짓을 보였다. 나주라는 이름도 그러한 성향이 있지만 무엇보다도 신라 9주의 하나인 무주를 대신할 주(州)로서 나주가 선택되었다. 사료 가)에서는 고을 이름 변경이 903년의 일이라 기록되어 있다. 『삼국사기』 궁예전에서는 이를 911년이라 하였다.[43] 궁예는 904년에 중앙 관제를 정비한 바 있다.[44] 따라서 904년 이후 지방 관제도 정비하는 과정 속에서 911년에 나주라는 이름이 명명되었다고 판단하는 것이 자연스럽다.

---

40) 『동국문헌비고』 권27, 여지고15 관방3, 성곽3.

41) 『삼국사기』 권50, 열전10, 견훤.

42) 『삼국사기』 권12, 신라본기12, 효공왕, 14년.

43) 고을 이름을 금성군에서 나주로 변경한 시기가 911년이라는 견해는, 신호철, 『후백제 견훤정권 연구』, 서강대학교 대학원 박사학위논문, 1989, 65~66쪽; 「고려 건국기 서남해 지방세력의 동향 -나주 호족의 활동을 중심으로」 『역사와 담론』58, 호서사학회, 2011, 6쪽 참고.

44) 『삼국사기』 권50, 열전10, 궁예.

제3차 나주전투는 912년에 덕진포(전남 영암군 덕진면)에서 벌어졌다. 이 전투는 그 장소로 인하여 덕진포전투 또는 덕진포해전, 덕진포대전, 영산강대전 등 여러 이름이 붙여지기도 하였다. 이 글에서는 나주를 차지하기 위한 것이었으므로 제3차 나주전투로 이름 지어 보았다. 태봉과 후백제가 덕진포와 그 일대에서 격돌하였다. 태봉의 수군은 왕건이 이끌었고 후백제군은 국왕 견훤이 직접 지휘하였다. 이곳은 밀물 시 바다였던 곳이다. 그런데 이 전투에 태봉 국왕 궁예가 참전했는지 여부가 궁금하다. 『삼국사기』 견훤전에서는 견훤과 궁예가 싸웠다고 한다. 『고려사』 태조세가에서는 왕건이 견훤과 싸웠다고 하였다. 그런데 선각대사비의 비문을 참고하여 912년 8월에 궁예가 친정했다는 견해가 참고된다.[45]

궁예와 왕건은 덕진포에서 견훤과 격돌하였다. 이 전투는 태봉의 중요 거점이자 월경지(越境地)인 나주를 912년에 국왕 궁예가 순행하는 중에 발생했다고 생각된다. 이에 대한 정보를 입수한 견훤이 기습공격을 가한 것이다. 후백제군은 태봉군을 수륙종횡(水陸縱橫)으로 포위공격하였다. 즉, 견훤은 덕진포 일대에서 태봉군을 가운데 놓고 물과 육지에서 포위하여 가둔 것이다. 결과는 태봉군의 대승이었다.

바로 이어서 같은 해에 왕건은 압해도의 지역세력인 수달 능창을 사로잡아 수도인 철원으로 올려보냈다. 궁예는 서남해에서 가장 강한 해상세력인 능창에게 이르기를, "해적들이 모두 너를 추대하여 우두머리라 하였으나 이제 포로가 되었으니 이는 '나의 신비로운 계책' 때문이다." 하며 궁예 자신의 계책이 있었음을 드러내 보였다. 능창은 철원에서 처형되었다.[46] 압해도는 태봉의 수중으로 들어왔다. 따라서 제3차 나주전투와 능창 포획 작전 등에서 궁예의 역할이 상당했음을 알 수 있다. 압해도는 영산강의 초입에 있는 진군로 상 중요한 섬인데 이를 태봉의 영역으로 만들었으니 나주

---

45) 최연식, 「강진 무위사 선각대사비를 통해 본 궁예 행적의 재검토」 『목간과 문자』7, 한국목간학회, 2011.

46) 『고려사』 권1, 세가1, 태조1, 글머리.

서남해에 대한 태봉의 장악력은 더 튼실하게 되었다.

## Ⅳ. 제4·5차 전투와 그 후 상황

왕건은 918년 6월에 궁예를 몰아내고 건국하였는데 이후 나주는 당연히 고려의 영역이었다. 장점이 많았던 궁예는 초심을 잃고 민심도 잃으며 퇴장당했다. 새 나라 이름은 고려이고, 연호는 천수(天授)라 하였다.[47] 태봉국 시절에 나주를 장악하는 과정 속에서 실력자로 떠오른 이가 왕건이었다. 그는 이를 발판 삼아 궁예를 몰아내고 고려를 건국하는 데에 이르렀다. 제3차 나주전투 이후에 나주 서남해는 안정적으로 태봉의 영역이 되었다. 한편, 왕건은 나주에서 장화왕후 오씨를 만나 912년에 큰 아들인 무(武, 혜종)를 낳았다.[48] 왕건에게 나주가 어떠한 곳이었는지는 무의 탄생을 통해서 이해된다.

이제 왕건이 즉위한 후에 나주 서남해는 어떠했는지 살펴보자. 왕건이 즉위한 첫 해에 모반이 연속되었다. 특히 충청지역이 모반과 직간접으로 연관되었다. 왕건은 충청지역의 모반 확산을 방지하기 위해 바로 조처하였다. 918년 8월에 전(前) 시중(侍中) 김행도를 동남도초토사·지아주제군사(東南道招討使·知牙州諸軍事)로 삼아 아주(牙州, 충남 아산)로 내려보냈다.[49] 이후 후백제가 더 이상 충청지역에서 북상하는 것을 막았다.

그런데 모반은 지리적으로 떨어져 있는 나주가 일어나기 쉬웠다. 나주는 월경지이고 고려 측에서 오직 뱃길만 연결되는 곳이었기에 모반이 일어나면 제어하기 어려웠다. 나주는 모반이 일어나지 않았는데 무와 외가인 오씨 집안의 힘이 컸으리라 여겨진다. 다음 고려 국왕이 될 무의 존재는 왕

47) 『고려사』 권1, 세가1, 태조1, 원년 하6월 병진
48) 『고려사』 권1, 세가1, 혜종, 글머리.
49) 『고려사』 권1, 세가1, 태조1, 원년 8월 계해.

건과 나주를 튼실하게 엮어 놓았다. 그렇다고 왕건은 나주를 그냥 방치하지도 않았다. 왕건은 두 가지 행위를 통해서 나주를 그의 확실한 영역으로 남아 있도록 하였다.

김행도를 아주로 내려보내고 다음 달인 9월에 전(前) 시중(侍中)인 구진(具鎭)을 나주도대행대(羅州道大行臺) 시중으로 임명하여 나주로 내려보냈다.[50] 나주 지역 수장을 최고위직인 시중으로 임명하여 내려보냈다는 것은 얼마만큼 왕건이 나주를 중요시 했는지 알 수 있다. 왕건은 즉위 첫 해에 아주와 나주를 전 시중에게 맡기었다. 이는 양 지역이 매우 중요한 조처가 필요한 지역이었다는 것이다. 나주도대행대 시중 파견으로 인하여 왕건은 나주의 지역민에게 자신의 의지를 충분히 전달하였다. 이는 나주를 왕건의 확실한 영역으로 계속해서 굳히는 첫 번째 행위였다.

두 번째 행위는 무와 관련되었다. 왕건은 즉위 첫 해에 일곱 살인 무를 후계자로 정하고자 하였다.[51] 하지만 일부 반대가 있어서 3년을 기다렸다가 열 살 때인 921년(태조 4) 12월에 무를 정윤(正胤)으로 삼았다.[52] 정윤은 태자(황태자)인데 바른 혈통인 맏아들 계승자라는 뜻을 가진 단어이다.[53] 나주 오씨 후손인 무에 대한 왕건의 신임은 확고했으며 나주 지역민으로서도 영광이었다.

시중이 관리하는 나주도대행대라는 큰 이름의 격을 갖추고 다음 왕위 계승자 정윤 무의 존재가 어우러지면서 나주는 왕건의 확실한 관할 지역이 되었다. 나주는 월경지이면서도 모반이 일어나지 않았으며 오랫동안 안정적으로 고려의 영역이 되었다. 하지만 930년에 문제가 발생하였다.

**나) [935년(태조 18) 여름 4월] 왕(왕건)이 여러 장수에게 가로되, "나주 40**

---

50) 『고려사』 권1, 세가1, 태조1, 원년 9월 계사.
51) 『고려사』 권88, 열전1, 후비1, 태조 장화왕후 오씨.
52) 『고려사』 권1, 세가1, 태조1, 4년 12월 신유.
53) 김명진, 「고려 혜종의 생애와 박술희」 『영남학』65, 경북대학교 영남문화연구원·퇴계연구소, 2018, 164쪽.

여 군(郡)이 내 울타리가 되어 오랫동안 교화에 복종하였는데, 요사이 백제(후백제)에 빼앗겨 6년 동안이나[육년지간(六年之間)] 해로(海路)가 불통 되었으니 누가 능히 나를 위하여 (나주 등을) 진무하겠는가"하니, 공경들이 유금필을 천거하였다. …… 금필(유금필)이 나주로 가서 찾아 다스리게 하고 돌아오니, [왕(왕건)이] 또 예성강에 행차하여 노고를 환영하였다.[54)]

제4차 나주전투가 935년 이전에 발발했음을 사료 나)는 알려주고 있다. 935년에 6년 동안이라 하였으니 만 5년 전인 930년에 제4차 나주전투가 벌어졌다는 것이다. 927년에 왕건의 고려군은 공산동수전투(대구 팔공산 일대)에서 견훤의 후백제군에게 대패를 당하였다.[55)] 이 전투의 패배로 인하여 고려의 국세는 꺾이게 되었다. 929년 12월~930년 정월에 양군은 고창군전투(경북 안동)에서 다시 격돌하여 이번에는 왕건이 대승을 이루었다.[56)] 견훤은 고창군전투의 패배를 만회하고자 했다.

고창군전투 이후인 930년 정월부터 12월 사이 어느 때에 견훤은 나주를 공격하여 점령하였다. 후백제군은 당연히 근거리 거점인 무주에서 출발하여 나주 금성을 타격하여 성공했을 것이다. 제4차 나주전투는 육상전투였다고 판단된다. 이로 인하여 제일 타격을 받은 이는 나주가 모향(母鄕)인 무였다.

이후 934년 9월의 운주전투(충남 홍성)에서 왕건과 견훤은 또 다시 친정(親征)을 통해 격돌하였다. 이 전투에서 왕건은 대승을 거두었다.[57)] 운주전투의 영향으로 후백제는 내분이 일어났다. 935년(태조 18) 3월에 견훤의 큰 아들 신검이 아버지 견훤을 금산사에 가두고 견훤의 후계자인 넷째 아들

54) 『고려사절요』 권1, 태조신성대왕, 18년 하4월, "王謂諸將曰 羅州四十餘郡 爲我藩籬 久服風化 近爲百濟劫掠 六年之間 海路不通 誰能爲我撫之 公卿 薦庾黔弼 …… 黔弼 往羅州 經略而還 又幸禮成江 迎勞之".
55) 『고려사』 권1, 세가1, 태조1, 10년 9월.
56) 『고려사』 권1, 세가1, 태조1, 12년 12월·13년 춘정월.
57) 『고려사』 권2, 세가2, 태조2, 17년 9월 정사.

금강을 죽이고 즉위하였다.[58] '후백제판 왕자의 난'이 발발한 것이다. 왕건은 이와 같은 후백제의 혼탁한 정세를 놓치지 않았다. 사료 나)는 후백제판 왕자의 난 직후에 행해진 고려의 대처 상황을 알려주는 내용이다.

제5차 나주전투는 사료 나)의 935년 4월 전투라 하겠다. 왕건은 유금필에게 나주 탈환을 명하였다. 유금필은 예성강에서 출발하여 나주로 가서 다시 고려의 영역으로 바꾸어 놓고 돌아왔다.[59] 아마도 운주전투 패배로 인하여 후백제가 나주에 전력을 집중할 수 있는 구조를 갖지 못하고 있어서 나주가 쉽게 고려의 영역으로 돌아왔던 것 같다. 더군다나 신검의 행동으로 인하여 후백제는 어수선한 구조였다. 아이러니하게 견훤은 2달 후인 6월에 탈출하여 나주를 통해 왕건에게 귀부하였다.[60]

마침내 통일전쟁의 마지막 전투인 일리천전투(경북 구미)가 예정되었다. 936년(태조 19) 6월에 왕건은 무에게 천안부(충남 천안)에 가서 전투 준비를 하도록 했다.[61] 비록 나주가 다시 고려의 영역으로 돌아왔지만 모향의 손실로 인하여 무의 입지가 약화 되었다. 왕건은 그런 무에게 힘을 실어주고자 하였다. 무에게 마지막 전투 준비를 하게 함으로써 뒤에 무가 즉위할 적에 정당성과 권위를 가질 수 있도록 한 것이다.

936년 9월에 왕건은 천안부에 왔다가 갑자기 일리천으로 후백제 신검군을 유인하였다. 일리천전투는 왕건의 대승으로 마무리되었다.[62] 마침내 통일고려가 탄생 되었다. 나주는 월경지가 아닌 고려 내지로 변하였다. 고려 통일전쟁 기간 중에 곳곳에서 전투가 벌어졌지만 나주처럼 많은 전투가 벌어진 곳은 없었다. 그만큼 나주는 중요한 지역이었다. 지금까지 검토된 나주의 다섯 차례 전투를 표로 만들어 제시할 수 있다.

---

58) 『고려사』 권2, 세가2, 태조2, 18년 춘3월.

59) 제5차 나주전투의 고려군 진군로는 지리적 여건상 제1차 나주전투와 비슷했을 것으로 판단된다.

60) 『고려사』 권2, 세가2, 태조2, 18년 하6월.

61) 『고려사』 권2, 세가2, 태조2, 19년 하6월.

62) 『고려사』 권2, 세가2, 태조2, 19년 추9월.

〈표 1〉 나주전투 일람

| 순서 | 시기 | 주 전투 장소 | 결과 |
|---|---|---|---|
| 제1차 | 903년 3월 | 금성(錦城, 나주 금성산 금성산성) | 태봉 승(勝) |
| 제2차 | 910년 | 금성(금성산성) | 태봉 방어 성공 |
| 제3차 | 912년 | 덕진포(전남 영암군 덕진면) | 태봉 승 |
| 제4차 | 930년<br>(태조 13) | 금성(금성산성) | 후백제 승 |
| 제5차 | 935년 4월 | 금성(금성산성) | 고려 승 |

그런데 936년 9월 이후에 모든 상황이 종료되고 후백제의 모든 병력이 고려에 순종하였는가라는 질문이 요구된다. 흥미로운 내용은 다음과 같다.

**다) ① 견훤은 공직이 항복하였다는 말을 듣고 크게 분노하였다. 직달(直達), 금서(金舒)와 그의 딸을 가두어 다리 근육을 지지고 끊으니 직달이 죽었다. 백제(후백제)가 멸망한 뒤 나주에서 포로로 잡은 백제(후백제) 장군 구도(具道)의 아들 단서(端舒)와 금서(金舒)를 교환하여 부모에게 돌려보냈다.**63)

**다) ② 양수척은 태조(太祖)가 백제(후백제)를 공격할 때 제압하기 어려웠던 이들의 후손들[유종(遺種)]이다. 본디 관적(貫籍)과 부역이 없었으며, 수초(水草)를 따라 일정한 거처 없이 옮겨 다니며 사냥을 일삼고 유기(柳器)를 만들어 파는 것을 생업으로 삼았다.**64)

통일전쟁기에 충청지역은 고려와 후백제가 팽팽하게 접경을 이루는 곳이었다. 왕건은 이 접경선을 뚫고 남하하기 위해 부단한 노력을 하였다.

---

63) 『고려사』 권92, 열전5, 공직, "萱聞直降 怒甚 囚直達金舒及其女 烙斷股筋 直達死 百濟滅後 羅州以俘囚百濟將軍具道子端舒 換金舒 還於父母".

64) 『고려사』 권129, 열전42, 반역3, 최충헌, "楊水尺 太祖攻百濟時 所難制者遺種也 素無貫籍賦役 好逐水草 遷徙無常 唯事畋獵 編柳器販鬻爲業".

932(태조 15)년 6월에 매곡성(충북 보은군 회인면)의 성주(城主) 공직(?~939년 3월)이 왕건에게 귀부하였다. 충청지역의 주요 지역세력인 공직은 당시 견훤의 후백제에 속해 있었다. 그러한 공직이 왕건에게 귀부하자, 왕건은 이를 계기로 같은 해에 일모산성(양성산성, 충북 청주시 문의면)을 공략하여 고려의 영역으로 만들었다.[65]

견훤의 분노가 대단했음을 사료 다) ①에서 읽을 수 있다. 그런데 사료 다) ①에서 특이한 내용이 주목된다. 후백제가 멸망한 뒤에 나주에서 포로로 잡은 후백제 장군 구도(具道)의 아들 단서(端舒)와 공직의 아들 금서(金舒)를 교환하여 공직에게 돌려보냈다는 것이다. 후백제는 936년 9월에 멸망하고, 공직은 939년 3월에 죽었다.[66] 이 사이에 금서는 아버지 공직에게 돌아왔다.

단서(端舒)는 935년 4월의 제5차 나주전투 시 고려에 생포된 듯하다. 양측 포로 교환 장소가 나주인지 제3의 장소인지는 모호한 면이 있다. 아무튼 후백제가 멸망한 직후에 복국전쟁(復國戰爭) 또는 고려에 투항하지 않고 계속 저항한 세력이 있었던 것은 분명하다 하겠다. 공직의 아들과 교환된 단서를 통해서 단서의 아버지 구도가 강한 존재였음을 알 수 있다. 따라서 후백제의 잔여 저항세력 지도자는 장군 구도였다고 판단된다. 포로 교환에 응할 정도의 상대가 구도였으니 기록에 남아 있지 않은 일단의 후백제 잔존 저항세력이 나주 지역과 관련된 것은 분명하였다.

왕건은 일리천전투를 승리하고 견훤의 두 아들인 양검과 용검을 진주(眞州, 강원 삼척)로 유배 보냈다가 죽였다.[67] 이는 이들이 혹시라도 후백제 잔존 세력과 연결되는 것을 막고, 후백제 민(民)의 동요 등을 차단하기 위한 조처였다. 왕건은 이들을 내지 깊숙한 곳 삼척[진주(眞州)]으로 유배

65) 『고려사』 권92, 열전5, 공직; 『고려사절요』 권1, 태조신성대왕, 임진 15년 6월·기해22년 춘3월.
66) 『고려사』 권2, 세가2, 태조2, 22년 춘3월 무진.
67) 『고려사』 권2, 세가2, 태조2, 19년 추9월.

보냈다가 조용히 죽였다.[68] 그런가하면 통일전쟁이 끝났음에도 불구하고 왕건은 혈족으로 보이는 왕인적을 후진에 질자로 보냈다. 이 외교행위는 복합적 이유가 있었겠지만 후백제 잔존 저항세력과 후진이 연결되는 것을 차단하기 위한 조처일 개연성도 있었다.[69]

이 저항세력은 언제까지 존속되었는지는 알 수 없지만 추정은 가능하다. 938년 12월에 탐라국(제주도)의 태자 말로가 고려에 입조하자 왕건은 그에게 성주(星主)·왕자(王子)의 직을 주었다.[70] 나주 서남해와 뱃길로 연결된 섬나라 탐라국은 이 지역에 대한 정보를 잘 알고 있었다. 육지에서 모든 상황이 고려의 통일로 완결되자 탐라국은 왕건에게 귀부했던 것이다. 아마도 이러한 상황으로 보아 938년 12월 이전에 후백제 잔존 저항세력은 고려에 진압되었으리라 여겨진다. 후진에 질자로 갔던 왕인적도 940년에 고려로 돌아왔다.[71]

이상과 같이 후백제 멸망 후에 후백제 복국전쟁 또는 고려를 향한 저항세력이 있었던 것은 분명하다 하겠다. 이후 무장은 해제되었지만 끝내 고려에 투항하지 않고 후백제에 절개를 지킨 일단의 무리들은 양수척이 되었다고 사료 다) ②는 알려주고 있다. 936년 9월에 고려가 통일을 완성한 후에도 나주 일대(원래 나주 북쪽에서 고려와 후백제의 접경지였던 곳 일대)에서는 후백제의 여운이 남아 있었던 것이다.

## V. 맺음말

고려 태조 왕건은 903년에 나주 공략에 성공하면서 자신의 주요한 성공

---

68) 김명진, 「고려 태조대 유배형의 시원과 실상」『대구사학』151, 대구사학회, 2023, 214~219쪽.
69) 김명진, 「고려 태조 왕건의 質子政策에 대한 검토」『한국중세사연구』35, 한국중세사학회, 2013, 159~166쪽.
70) 『고려사』 권2, 세가2, 태조2, 21년 동12월.
71) 『고려사』 권2, 세가2, 태조2, 23년.

기반으로 삼았다. 나주 서남해는 풍부한 여러 이점 등을 갖추고 있어서 이미 장보고 시대부터 주목된 지역이었다. 9세기 말 10세기 초에 지역세력의 성장, 경제적·군사적 이점 등의 배경으로 인하여 당시 주요 정치세력들의 관심은 나주 서남해로 몰리게 되어 있었다. 특히 할아버지인 작제건 때부터 친해양적인 집안 분위기를 갖고 있었던 왕건에게 이 지역은 주 관심 대상이었다.

900년에 견훤이 후백제를 건국하고, 901년에는 궁예가 태봉(후고려, 고려, 마진, 태봉)을 건국하였다. 왕건 집안은 궁예에게 귀부하였고 왕건은 궁예로부터 정기대감(精騎大監)의 직을 받았다. 제1차 나주전투는 903년 3월에 태봉 수군이 후백제 영역인 금성산의 금성(錦城)을 공략한 것이었다. 이 작전의 구상은 왕건에 의한 것이었지만 최종 승낙은 국왕인 궁예가 하였으므로 궁예의 의지가 일정부분 반영된 것이다.

이때 태봉 수군은 전함(戰艦)을 어느 정도 갖추고 있었다. 당시 태봉 수군은 정예기병 위주로 편성된 군사를 선박에 싣고 가는 형태였으므로 육군과 수군의 결합체였다. 왕건은 약 2천 명 정도의 군사를 이끌고 서해와 영산강을 거쳐 나주 영산포에 상륙하였다. 이 상륙작전은 먼저 금성을 공략하고 이어서 신라 9주의 하나이자 주요 거점인 무주(武州, 전라도 광주)를 공략하고자 한 것이었다. 하지만 무주 공략은 견훤의 사위인 지훤이 잘 지키고 있어서 무산되었다. 왕건은 나주와 일대 10여 개 군현을 공략한 것으로 만족하여야 했다.

비록 100% 목적 달성은 이루지 못했지만 왕건의 작전은 대성공이었다. 이로써 나주는 태봉 월경지(越境地)의 시원이자 고려 월경지의 시원이 되었다. 특히 나주는 고려(태봉)의 유일한 국외 월경지였다. 이때 도움을 준 나주 일대 지역세력은 장화왕후 오씨 집안과 나총례 등이었다.

제2차 나주전투는 910년에 후백제 국왕 견훤이 금성을 다시 탈환하고자 공격하면서 일어났다. 금성은 수성을 잘하였으며 태봉 수군이 지원을 해와서 견훤의 시도는 무산되었다. 911년에 궁예는 금성을 고을 이름의 격을 높여 나주(羅州)로 바꾸어 주었다.

제3차 나주전투는 912년에 덕진포에서 벌어졌다. 이 전투는 태봉 국왕 궁예가 순행하는 중에 발생하였다. 이에 대한 정보를 입수한 견훤이 기습 공격을 가한 것이다. 결과는 태봉군의 대승이었다. 같은 해에 왕건은 압해도의 지역세력인 수달 능창을 사로잡아 수도인 철원으로 올려보냈다. 궁예는 서남해에서 가장 강한 해상세력인 능창을 처형시켰다. 이로써 나주 서남해에 대한 태봉의 장악력은 더 튼실하게 되었다. 궁예가 나주전투에 몇 번이나 참여했는지는 정확히 알 수 없다. 분명한 것은 제3차 나주전투에 궁예가 참전했다는 것이다.

918년 6월에 왕건은 역성혁명을 일으켜 궁예를 몰아내고 고려를 건국하였다. 나주는 계속해서 왕건에게 든든한 지원지역이었다. 특히 912년에 왕건의 뒤를 이을 혜종 무를 나주 장화왕후 오씨가 낳음으로 인하여 나주는 왕건의 큰 버팀목 중 하나가 되었다. 왕건은 즉위한 해 9월에 전 시중인 구진을 나주도대행대 시중으로 임명하여 나주로 내려보내어 나주에 대한 관심도를 더욱 집중시켰다.

제4차 나주전투는 930년에 발생되었다. 929년 12월부터 930년 정월에 벌어진 고창군전투(경북 안동)에서 왕건과 견훤이 격돌하였는데 고려가 대승을 거두었다. 이를 만회하고자 견훤은 나주를 공격하여 성공하였다. 934년 운주전투(충남 홍성)에서도 왕건과 견훤이 다시 격돌하였는데 왕건이 대승을 거두었다. 재기불능 상태에 빠진 후백제는 935년 3월에 '후백제판 왕자의 난'이 벌어지면서 큰 아들 신검이 견훤을 금산사에 가두고 왕위 계승자인 견훤의 넷째 아들 금강을 죽였다. 이러한 혼란스러운 후백제의 정세를 왕건은 놓치지 않았다.

제5차 나주전투는 935년 4월에 벌어졌다. 어수선한 후백제의 사정을 파악한 왕건은 나주를 탈환하도록 유금필에게 명을 내려 성공하였다. 그런데 견훤이 2달 후인 6월에 탈출하여 나주를 통해 왕건에게 귀부하였다. 이로 인하여 나주는 왕건에게 더욱 보배로운 지역이 되었다.

마침내 고려 통일전쟁의 마지막 전투인 일리천전투(경북 구미)가 예정되었다. 936년(태조 19) 6월에 왕건은 무에게 천안부(충남 천안)에 가서 전투 준비를 하도록 했다. 비록 나주가 다시 고려의 영역으로 돌아왔지만 모향(母鄕)의 손실로 인하여 무의 입지가 약화 되었다. 왕건은 그런 무에게 힘을 실어 주어서 뒷날 즉위할 적에 정당성과 권위를 가질 수 있도록 한 것이다.

936년 9월에 왕건은 천안부에 왔다가 갑자기 일리천으로 후백제 신검군을 유인하였다. 통일전쟁의 마지막 전투인 일리천전투는 왕건의 대승으로 마무리 되었다. 나주는 월경지가 아닌 고려 내지로 변하였다. 고려 통일전쟁 기간 중에 곳곳에서 전투가 벌어졌지만 나주처럼 많은 전투가 벌어진 곳은 없었다.

그런데 936년 9월 이후에 모든 상황이 종료되고 후백제의 모든 병력이 고려에 순종하였는지 궁금하다. 통일전쟁기에 충청지역은 고려와 후백제가 팽팽하게 접경을 이루는 곳이었다. 932(태조 15)년 6월에 매곡성(충북 보은군 회인면)의 성주 공직이 왕건에게 귀부하였다. 충청지역의 주요 지역세력인 공직은 당시 견훤의 후백제에 속해 있었다. 그러한 공직이 왕건에게 귀부하자 이를 계기로 같은 해에 왕건은 일모산성(양성산성, 충북 청주시 문의면)을 공략하여 고려의 영역으로 만들었다. 왕건은 공직을 크게 우대하였고, 견훤은 분노하였다.

그런데 후백제가 멸망한 뒤에 나주에서 포로로 잡은 후백제 장군 구도(具道)의 아들 단서(端舒)와 후백제에 포로로 남겨졌던 공직의 아들 금서(金舒)를 교환하여 공직에게 돌려보냈다는 기록이 있다. 후백제는 936년 9월에 멸망하고, 공직은 939년 3월에 죽었으므로 이 사이에 금서는 아버지 공직에게 돌아왔다.

단서(端舒)는 935년 4월의 제5차 나주전투 시 고려에 생포된 듯하다. 아무튼 후백제가 멸망한 직후에 복국전쟁(復國戰爭) 내지는 고려에 투항하지 않고 계속 저항한 세력이 있었던 것은 분명하다 하겠다. 두 사람의 교환 행위를 통해서 단서의 아버지 구도의 지위가 높았음을 알 수 있다. 따라서 후백제의 잔여 저항세력 지도자는 장군 구도였다고 판단된다.

왕건은 일리천전투를 승리하고 견훤의 두 아들인 양검과 용검을 진주(眞州, 강원 삼척)로 유배 보냈다가 죽였다. 이는 이들이 혹시라도 후백제 잔존 세력과 연결되는 것을 막고, 후백제 민(民)의 동요 등을 차단하기 위한 조처였다. 그런가하면 통일전쟁이 끝났음에도 불구하고 왕건은 혈족으로 보이는 왕인적을 후진에 질자로 보냈다. 이 외교행위는 복합적 이유가 있었겠지만 후백제 잔존 저항세력과 후진이 연결되는 것을 차단하기 위한 조처일 개연성도 있었다.

938년 12월에 탐라국(제주도)의 태자 말로가 고려에 입조하자 왕건은 그에게 성주(星主)·왕자(王子)의 직을 주었다. 육지에서 모든 상황이 고려의 통일로 완결되자 탐라국은 왕건에게 귀부했던 것이다. 아마도 938년 12월 이전에 후백제 잔존 저항세력은 고려에 의해 진압되었으리라 여겨진다.

이상과 같이 후백제 멸망 후에 후백제 복국전쟁 또는 고려를 향한 저항세력이 있었던 것은 분명하였다. 이후 무장은 해제되었지만 끝내 고려에 투항하지 않고 후백제에 절개를 지킨 일단의 무리들은 양수척이 되었다. 936년 9월에 고려가 통일을 완성한 후에도 나주 일대에서는 후백제의 여운이 남아 있었던 것이다.

# '나주 어향론(御鄕論)'과 고려 혜종에 대한 재평가

김병인

## Ⅰ. 머리말

고려시대 나주오씨의 정치적 위상은 태조 왕건과 혼인 관계를 중심으로 설명할 수 있으며, 특히 오다련의 딸인 장화왕후 오씨가 낳은 태자 무가 태조를 이어 즉위한 혜종이라는 사실에서 찾을 수 있다. 조선시대 나주의 동루(東樓)에 대해서, "혜종이 왕위를 계승하여 백성과 사직을 잘 보존하여 창업에의 도움과 수성한 공이 있어 종묘에서 백세불천(百世不遷)의 제사를 받드셨으며, 옛 고장을 돌보고 보호하여 사당을 지어 제사하였다"고 기록하고 있는 점도 같은 맥락으로 보인다.[1] 즉, 장화왕후의 아들 혜종이 고려 2대 국왕으로 즉위함으로써 나주는 어향(御鄕)의 지위를 얻게 되었으며, 현재 나주에서 왕건·장화왕후·혜종·나주오씨 등을 중요한 역사자원으로 활용하고 있다.[2]

---

1) 惠王丕承厥位, 保有民社, 有創業之助, 有持守之功, 血食大廟, 爲百世不遷之室, 乃眷戀舊邦而廟享焉(『신증동국여지승람』 권35, 나주목, 누정, 동루).

2) 현재 나주시에서는 왕건과 장화왕후의 만남 장소로 알려진 완사천을 '한국을 대표하는 러브 스토리 무대'로 소개하고 있다(https://www.naju.go.kr/tour/sights/culture). 나주시의 캐릭터는 배돌이·버들낭자·홍돌이인데, 여기에서 버들낭자는 장화왕후 오씨를

그렇다면 '나주=어향'이라는 역사성을 강조하기 위해서는 혜종에 대한 호평이 우선되어야 하는데,[3] 나주지역에서 혜종에 대한 평가는 그리 긍정적이지 않다. 왕건이 장화왕후와의 사이에서 아이를 갖고 싶지 않아서 혜종의 얼굴에 주름이 졌다는 소위 '섭주론(攝主論)'[4]의 영향을 받은 것으로 보인다. 이러한 까닭에 나주가 어향이라는 주장은, 오히려 태조의 나주대행도 설치, 현종의 나주 피난과 팔관회 개최 등과 관련하여 강조되고 있다.[5] 그러나 이는 '나주=어향'의 등식을 설명하는 보충자료는 될 수 있겠지만, 그 자체를 증명하는 논리로는 합당치 않다. 이에 향후 '나주=어향'의 지위를 강화하기 위해서는 혜종에 대한 긍정적인 평가를 통해 명실공히 '어향'의 면모를 드러내야 하지 않을까 싶다.

혜종은 고려 2대 국왕으로, 3년이 채 안 되는 짧은 재위 기간에도 불구하고, 생애 전반에 걸쳐 다양한 평가를 받는 인물이다. 혜종에 대한 평가에서 중요한 부분을 차지하는 것이 외가인 나주오씨와 관련된 부분이다. 그 요지는 혜종의 외가인 오씨가문이 '측미(側微)'하였기 때문에 왕건이 임신을

---

모티브로 삼은 것이다(https://www.naju.go.kr/www/introduction/symbol/mark). '2023 나주축제(10.20~10.29)'에서는 <왕건과 장화왕후>라는 뮤지컬 공연이 열렸다. 이러한 사례를 통해 나주시에서 왕건과 장화왕후를 역사문화자원으로 활용하고 있음을 알 수 있다. 어향과 관련된 나주의 위상에 관해서는 김당택의 「고려시대의 나주」(『나주목의 재조명』, 나주시·목포대학 박물관, 1990, 83~93면)에 잘 정리되어 있다.

3) 물론 '나주 어향론'은 장화왕후 오씨의 고향이라는 점에서 출발하였기 때문에, 태조의 왕비 장화왕후 오씨의 출신 지역이라는 배경만으로도 나주가 어향이라는 점은 명백하다. 다만 나주지역에서 혜종에 대한 평가가 부정적인 측면이 있고, 따라서 혜종의 어머니인 장화왕후를 중심으로 '나주 어향론'을 내세우는데 데에 주저하고 있으며, 태조의 나주대행도 설치나 현종의 나주 피난을 강조함으로써 이를 부각시키려는 경향이 있다. 이러한 까닭에 현종에 대한 제대로 된 평가를 통해 '나주 어향론'의 입지를 강화할 수 있을 것이라는 의미이다.

4) 太祖召幸之 以側微 不欲有娠 宣于寢席 后卽吸之 遂有娠生子 是爲惠宗 面有席紋 世謂之䙰主(『고려사』 권88, 열전1, 후비, 장화왕후 오씨).

5) 김상기, 『고려시대사』, 동국문화사, 1961, 105면 ; 김당택, 위의 글, 93면 ; 김덕진, 『전라도의 탄생 1-생활의 터전』, 도서출판 선인, 2018, 67면 ; 정청주, 「나주는 전라도의 으뜸 고을」, 나주시·무등역사연구회, 『한국사 속의 나주』, 도서출판 선인, 2018, 52면 ; 홍영의, 「고려시대 지역성과 문화권 -12목을 중심으로」, 『한국학논총』 41, 2014, 82~84면

주저하였고 후일 왕위계승에 어려움이 따랐다는 것인데, 앞서 언급한 '주름살 임금[襵主]'이라는 표현으로 상징된다. 게다가 혜종은 재위 기간이 짧았으며, 왕규의 난 이후 실정을 하다가 무력하게 병으로 세상을 떠났다. 이러한 까닭에 혜종에 대한 일반적인 평가는 '의미없는 군주' 또는 '무능력한 국왕' 정도에 머물고 있는 실정이다.

그런데 『고려사』에는 혜종에 대해서 '진용자(眞龍子)'로 여기거나, '계승지덕(繼統之德)'의 자질을 갖춘 인물로 평가하는 기록도 있다. 그리고 외가가 '측미'한 태자 무[혜종]가 별다른 문제없이 고려 왕조의 두 번째 국왕으로 즉위하였다는 사실도 언뜻 이해되지 않는다. 이에 혜종의 평가에 대한 재검토가 필요하다는 것이 본고를 서술하게 된 배경이다.[6] 태조 왕건은 29명의 부인과의 사이에 25명의 아들을 두었는데, 나주오씨의 아들 태자 무가 국왕의 유명을 받들어 왕위를 이어받았다는 사실은 '혜종이 무능력한 국왕'이라는 주장을 쉽게 수긍할 수 없게 만든다. 25명의 아들 가운데에서 별다른 문제없이 왕위 계승을 이룬 혜종을 '섭주'라는 호사가의 뒷말 때문에 무능력한 군주로 치부하는 것은 어딘지 어색하기 때문이다.

그렇다면 혜종에 대해서는 왕위 승계와 군주로서의 자질에 문제가 없었다는 평가만 있어야 하는게 자연스럽다. 그럼에도 불구하고 일부 부정적인 측면이 남아 있는 이유도 궁금하다. 이를 설명하기 위해서는, 혜종에 대한 다양한 평가와 그 배경, 그리고 흐름과 맥락을 살펴볼 필요가 있다. 구체적으로 혜종에 대한 평가를 연대기적으로 확인해보고자 한다. 이를 통해 긍정적인 평가와 부정적인 평가로 분류하여 검토하고, 그렇게 나뉘게 된 배경을 찾아볼 것이다. 이로써 고려 혜종에 대한 사료를 어떻게 봐야 하는지 그 기준점을 제시해보고자 한다. 그 결과 '나주=어향'의 논지 강화에 도움이 되었으면 한다.

---

6) 혜종의 생애와 평가에 대한 기존의 논의는 김명진의 「고려 혜종의 생애와 박술희」(『영남학』 65, 2018)를 참고하기 바란다.

## II. '나주 어향론'에 대한 인식과 추이

왕건은 918년 대신들에 의해 왕으로 추대되었다. 왕위에 오른 왕건은 나주지역을 중요시하였다. 왕건은 즉위하던 해에 장화왕후가 낳은 아들 무(武)를 태자로 삼으려 했으나, 반대파의 견제로 뜻을 이루지 못했다. 하지만 왕건은 3년 뒤에 최고 신료 박술희와 함께 개경 출신 세력들을 제치고 무를 태자로 책봉하였다. 태조가 서거하자, 태자 무는 고려의 제2대 국왕으로 즉위했다. 나주오씨 장화왕후가 낳은 혜종이 국왕의 지위에 오르자, 나주는 어향(御鄕)이라는 지위를 얻게 된 것으로 보인다.[7] 현종이 거란의 침입을 맞아 나주로 피난하였던 것도 나주와 고려왕실 사이의 깊은 인연을 의식한 것으로 보기도 한다.[8]

어향(御鄕)의 사전적 의미는 "예전에, 왕가(王家)의 본관(本貫)을 이르던 말. 선대(先代) 황후의 외가 및 친가의 본관, 왕비의 외가 및 친가의 본관 등을 통틀어 이르던 말"이다. 어향으로 지목된 곳으로는 전라도 나주목,[9] 경기도 인천,[10] 전라도 완산부(完山府),[11] 함경남도 덕원부(德源府),[12] 함흥(咸興)·영흥(永興)·문천(文川)·안변(安邊)[13] 등이 있다. 이 가운데 나주가 어향으로 불린 까닭은 '황후 친가의 본관'과 관련된다. 즉, 나주가 혜종의

7) 김덕진, 앞의 책, 67면

8) 변동명, 「고려시기의 나주 금성산신앙」, 『전남사학』 16, 2001, 46면

9) 集父老 泣且謂曰 爾州御鄕 不可隨他郡降賊(『고려사』 권103, 열전16, 김경손전).

10) 高麗顯宗九年屬樹州 肅宗朝以仁睿王后李氏之鄕陞慶源郡 仁宗又以順德王后李氏之鄕改知仁州事 恭讓王二年 陞慶源府 王初卽位 以七代御鄕陞之 且賜州戶長紅鞓(『신증동국여지승람』 권9, 경기, 인천도호부, 건치연혁).

11) 太祖元年以 御鄕陞完山留守府[『여지도서』 하, 補遺編(전라도, 완산지, 건치연혁)] 및 太祖以本府御鄕選子弟入宿衛以寵異之[『여지도서』 하, 補遺編(전라도, 완산지, 고사, 풍패기문)].

12) 太宗十三年改宜川 世宗十九年改德源爲郡二十七年以穆翼度桓四聖御鄕陞爲都護府(『여지도서』 하, 함경도, 함경남도 덕원부, 건치연혁).

13) 始以咸興永興文川安邊四邑我國寢廟所在 …… 況我四邑御鄕崇奉之地乎 …… 蓋此德源一港欲許則御鄕崇奉之地深有所未安不許則徒煩往復恐欠修好之誼(『同文彙考』 4, 附編, 通商1, 禮曹判書復答外務卿書).

어머니 장화왕후의 고향이기 때문에 어향으로 지목된 것이다. 그렇다면 나주가 어향이라는 인식은 언제부터 생겨났으며, 어떤 변화를 거쳐 오늘에 이르렀는지 살펴보도록 하자.

나주를 어향으로 여긴 사례는 『고려사』에 처음으로 등장한다.

> 김경손은 고종 24년(1237)에 전라도지휘사가 되었다. 당시 초적 이연년 형제가 원율과 담양 등 여러 군 무뢰배를 불러 모아 해양 등 주현을 치며 내려오다 김경손이 나주에 들어왔다는 소식을 듣자 나주성을 포위하였다. 적도들이 매우 많았는데 김경손이 성문에 올라가 그들을 바라보고 말하기를, "적이 비록 많지만 모두가 짚신을 신은 촌민일 뿐이다."라고 하며 즉시 별초로 삼을 만한 자를 뽑으니 30여 인이 되었다. 부로를 모아 눈물을 흘리고 또 일러 말하기를, "이 고을은 어향이니 다른 고을처럼 적에게 항복할 수 없다."라고 하니 부로가 모두 땅에 엎드려 울었다. 김경손이 출전을 독려했으나 좌우에서 말하기를, "금일의 사세가 군사는 적고 적은 많으니 청컨대 주군의 군사를 기다렸다가 오면 싸우도록 하소서."라고 하였다. 김경손이 노하여 그들을 질책하고는 가두에서 금성산신에게 제사를 지내고 손수 잔을 두 번 올리면서 말하기를, "싸움에서 이기고 헌작을 마치겠습니다."라고 하였다.[14]

김경손이 이연년 형제의 반란군에게 위축되어 있는 나주지역 부로들에게 '나주는 어향이다'고 말한 것이다. 이는 다른 고을처럼 이연년 형제의 반란군에게 쉽게 항복해서는 안된다는 점을 강조하면서 나온 이야기이다. 김경손의 말을 듣고 나주지역 부로들이 모두 땅에 엎드려 울었다는 사실에서 그들도 자신의 고장이 어향이라는 자부심을 갖고 있었던 것으로 보인다.

---

14) 二十四年 爲全羅道指揮使 時草賊李延年兄弟 嘯聚原栗·潭陽諸郡無賴之徒 擊下海陽等州縣 聞慶孫入羅州 圍州城 賊徒甚盛 慶孫登城門 望之曰 賊雖衆 皆芒屩村民耳 卽募得可爲別抄者三十餘人 集父老 泣且謂曰 爾州御鄕 不可隨他郡降賊 父老皆伏地泣 慶孫督出戰 左右曰 今日之事 兵少賊多 請待州郡兵至乃戰 慶孫怒叱之 於街頭 祭錦城山神 手奠二爵曰 戰勝 畢獻(『고려사』 권103, 열전16, 김경손전).

다만 어향을 거론하였음에도 불구하고 출전을 주저한 것으로 보아, 그 자부심의 진정성은 확인하기 어렵다. 게다가 김경손이 출전에 적극적이지 않은 지역민을 질책하고나서 금성산신에게 제사지내고 승전을 다짐한 것으로 보아 나주 지역민에게 어향에 대한 자부심보다는 금성산신의 효험이 더 강했던 것은 아닌가 싶다.[15] 금성산신앙은 나주지역의 호족이나 토착세력이 의지한 바 컸으므로 지역 부로와 별초를 동원하는데 금성산신의 가호에 의탁하는 것이 현실적으로 더 효과적이었을 것으로 여겨진다. 즉, 김경손은 금성산신앙이 나주인들에게 의미하는 바를 십분 파악하고서 그것을 이용한 것으로 보인다.[16]

이후 '나주 어향론'은 정도전(鄭道傳: 1342~1398)에 의해 부각되었다. 그는 회진현으로 유배되어 가다가 나주에 도착하여 동루(東樓)에 올라 고려 왕조와 나주의 밀접한 관계를 회고하였다.

> 나주가 주로 된 것은 국초였으며, 또 공로가 있었다. 우리 고려 태조가 삼한을 총합할 적에 군국이 차례로 평정되었는데, 오직 백제[후백제]만이 그 지방이 험원(險遠)하고 인마(人馬)가 강하며 양곡이 많은 것을 믿고서 항복하지 않았다. 이때에 나주 사람들은 역(逆)과 순(順)을 밝게 인식하고서 솔선하여 내부(內附)하였다. 태조가 백제를 취하는 데는 나주 사람들의 힘이 컸으므로 태조는 친히 이 고을에 납시어 목으로 승격시키고[(按) 천복(天復) 계해년(903)에 고려 태조가 금성을 공격하니 금성 사람들은 온 성을 들어 항복했으므로 금성을 나주라고 고쳤다. 목으로 승격한 것은 고려 현종 때의 일이다], 남쪽 여러 고을을 통솔하게 하였는데, 이는 대개 포양(褒揚)하는 뜻에서였다.

15) 나주 금성산에 친히 제사하지 않으면 그해에 반드시 질병이 있다 하여 추수한 뒤에 도내 백성들이 멀고 가까움 없이 모두 가서 제사하였는데 늙은이는 이끌고 어린이는 끌려가면서 길을 메웠다고 한다. 이를 통해 금성대왕으로 상징되는 나주 금성산이 국가의 치제 대상이면서 아울러 지역 주민들에게도 대단히 중요한 신앙 대상이 되었을 것이다(홍영의, 앞의 논문, 82면).

16) 변동명, 앞의 논문, 45면 및 68면.

> 그때 혜종은 몸소 갑주(甲胄)를 입고 태조를 전후 좌우에서 도왔다. 그래서 공로가 여러 아들 가운데서 가장 많았다[按 금성의 싸움에서 혜왕이 태조를 따라 백제를 치는 데 분용하여 먼저 올라 공이 제일이었다.]. 대업을 정하고는 왕위를 이어받아 백성과 사직을 차지하였다. 창업을 도운 일과 지수(持守)의 공로로 태묘(太廟)에서 혈식(血食)을 받는 백세불천의 사당이 되었으나, 이것은 권련(眷戀)한 옛 고을에서 묘향(廟享)을 받게 된 것이다[按 혜왕의 사당이 흥룡사(興龍寺)에 있어 그 고을 사람들이 제사지냈다]. 현종이 남으로 순행하다가 여기에 이르러서 흥복(興復)의 공훈을 이루게 되었다[현종 경술년(1010)에 거란을 피하여 남쪽으로 순행하다가 여기에 이르러 거란의 군사가 물러가니 서울로 돌아와서 나주를 목으로 승격시켰다]. 그리하여 나주에 팔관례를 내렸는데, 서울의 의식과 비할 만하였다.[17]

정도전은 고려왕조와 나주의 관계를 '후삼국 전쟁기 나주의 내부(內附) → 태자 무[혜종]의 금성 전투에서의 군공 → 목 승격(지시) → 혜종사 묘향 → 현종의 순행과 흥복의 공훈 → 목 승격 → 팔관회 개최'로 이어지는 역사적 계기성으로 파악하였다. 정도전이 '나주=어향'을 직접적으로 언급하지는 않았지만, 혜종사가 세워진 나주를 '태묘(太廟)에서 혈식(血食)을 받는 백세불천의 사당이 되고, 묘향(廟享)을 받게 된 고장'이라고 강조한 데에서 이를 짐작할 수 있다. 즉, 개경에 버금가는 고장으로서 나주를 비정한 것은 '나주=어향' 의식이 강하게 깔려 있었음을 알 수 있다.

---

17) 羅爲州始自國初 且有功 我太祖一三韓 郡國次第平 惟時百濟 恃其險遠 人馬糧穀之強且富 不卽歸命 羅人明識逆順 率先內附 太祖之取百齊 以羅人之力與有多焉 親駕是州 陞之爲牧 按天復癸亥 麗祖攻錦城 錦人擧城歸附 仍改錦城爲羅州 陞牧在顯宗時 以長南諸州 蓋所以褒之也 惠王躬擐甲胄以先後左右 功多子列 按錦城之役 惠王從太祖討百濟 奮勇先登 功爲第一 大業以定 丕承厥位 保有民社 有創業之助 有持守之功 血食大廟 爲百世不遷之室 乃眷戀舊邦而廟享焉 按惠王祠在興龍寺 州人祀之 顯王南巡至此 遂成興復之功 按顯王庚戌 避契丹南巡至州 契丹師退 乃還都 陞爲牧 賜州八關禮 以比本京(『삼봉집』 권3, 서, 登羅州東樓諭父老書). 같은 내용이 『신증동국여지승람』(권35, 나주목, 누정)에도 실려 있다.

이후 '나주=어향'과 관련하여 흥룡사와 혜종사가 자주 거론되었다. 『신증동국여지승람』의 기록에 따르면,

> 고려 태조 장화왕후 오씨의 조부는 부돈이요, 아버지는 다련군인데, 대대로 주의 목포에 살고 있었다. 다련군은 사간 연위의 딸 덕교를 아내로 맞아 장화왕후를 낳았다. 장화왕후가 일찍이 꿈을 꾸는데, 바다의 용이 품 안으로 들어왔다. 놀라 깨어 부모에게 이야기하니, 모두 이상하게 여겼다. 얼마 안 되어 태조가 수군장군으로 나주에 와 진수할 때, 목포에 배를 정박시키고 물위를 바라보니 오색의 구름이 서려 있어서 태조가 그리로 가보니 장화왕후가 빨래를 하고 있었다. 태조가 그 여자를 불러 동침하는데 미천한 신분이라고 임신을 시키지 않으려고 돗자리에 뿌렸는데 왕후가 곧 빨아들였다. 드디어 임신하여 아들을 낳으니 이가 혜종이다. 얼굴에 자리 무늬가 있으므로 세상에서는 접주[주름살 임금]라 한다. 그 자리에 큰 절을 세워 흥룡사라 하고, 앞에 있는 샘을 완사천이라 하니, 속설에 오씨가 빨래하던 샘이라 한다.[18]

라고 하여, 우리가 알고 있는 왕건과 장화왕후의 만남 그리고 혜종의 탄생 과정을 자세히 전하고 있다. 흥룡사는 혜종의 출생 이후 건립된 것으로 보인다. 흥룡사는 건립 당시부터 큰절[大寺]이었으므로, 국가에서 주지를 파견하여 관리한 것으로 보인다. 이색의 시에 보이는 백운(白雲)이라는 승려가 흥룡사에 주석(主席)한 적이 있는데, "가지산의 사찰을 떠나자마자, 혜종의 사당을 또 받들게 되었다"는 시를 썼다.[19] 승 백운은 이 사찰 저 사찰 주지를 맡고 다는 것으로 보이는데, 가지사의 뒤를 이어 바로 흥룡사의 주

---

18) 高麗太祖莊和王后 吳氏祖富伅 父多憐君 世家州之木浦 多憐君娶沙干連位女德交 生后 后嘗夢浦龍來入腹中 驚覺以語父母 共異之 未幾 太祖以水軍將軍出鎭羅州 泊舟木浦 望見洲上有五色雲氣 至則后浣布 太祖召幸之 以側微不欲有娠 宣于寢席 后卽吸之 遂有娠生子 是爲惠宗 面有席紋 世謂之襵主 於其地建大寺 曰興龍寺 前有泉名浣絲泉 諺云卽吳氏浣布之泉(『신증동국여지승람』 권35, 나주목, 불우, 흥룡사).

19) 纔離迦智寺 又奉惠宗祠(李穡, '得同甲白雲師持書來者云 今在羅州興龍寺', 『牧隱詩稿』 권31).

지를 맡아 옮겼다. 이는 국가에서 주지를 파견하는 사찰에 흥룡사가 위치하고 있었음을 알려주며, 흥룡사에는 늘상 중앙에서 주지를 파견한 것으로 짐작된다.[20]

흥룡사에는 혜종사(惠宗祠)가 있는데, 고을사람들이 이곳에서 혜종의 제사를 지냈다고 한다.[21] 흥룡사는 혜종의 출생과 관련하여 건립되었고, 그곳에 혜종의 제사를 지내는 혜종사를 세운 것으로 보아, 나주가 고려왕조의 어향으로 인식된 것으로 볼 수 있다.[22] 이는 이름을 알 수 없는 사람[無名氏]이 읊은 "앙암(仰巖) 동쪽 용이 날던 땅, 바로 거기가 어진 왕비의 옛 집터로다. 구세(九世)의 장군이 묵던 곳이요, 삼한(三韓)의 태자가 환생한 집이라네."라는 시에서도 그 흔적을 찾을 수 있다.[23] 『신증동국여지승람』에 실린 윤소종(尹紹宗: 1345~1393)의 '금성에서 혜왕 진영을 뵈옵고[謁惠王眞于錦城]'라는 시를 보면,[24]

> 철원에서 성업을 바야흐로 여니, 나주의 태자는 영특함이 있었네. 삼한을 하나로 통일하는 날, 혜종은 먼저 백제성에 오르도다. 금성산과 영산강은 왕이 되도록 기운을 북돋았고, 혜종사 사당에서는 백성들의 형편이 드러나네. 기원하건대 동정(東征)하는 군사를 돌보아, 거듭 만대에 태평을 열어 주소서.[25]

---

20) 이병희, 「고려시기 나주의 사찰과 불교문화」, 『고려 어향 나주의 재조명과 영산강』, 2023년 나주 영산강학술대회자료집, 2023, 166면.

21) 惠宗祠 在興龍寺中 州人至今祀之(『신증동국여지승람』 권35, 나주목, 사묘).

22) 김덕진, 위의 책, 69면.

23) 仰巖東畔龍飛地 正是賢妃舊所居 九世將軍經宿處 三韓太子誕生閭(『신증동국여지승람』 권35, 전라도, 나주목, 불우, 흥룡사).

24) 윤소종은 공민왕 9년(1360) 성균시에 합격했다. 이색의 문인으로, 1365년 예부시에 을과 제1인으로 대책이 가장 뛰어나 춘추수찬을 배수받았다. 우왕 5년(1379) 전교시승, 전의부령, 예문응교 등을 지내고, 1381년 모친상으로 금주(錦州: 錦山)에서 복상을 마치는 동안 남방의 학자들이 많이 와서 수학하였다. 이 시는 아마 1381년 금주에서 상복(服喪)을 마치는 동안에 나주에 내려와 혜종사에 들러 지은 듯하다.

25) 鐵原方啓聖 錦里爲儲英 一統三韓日 先登百濟城 山河扶王氣 廟貌見民情 願相東征鉞 重開萬世平(『신증동국여지승람』 권35, 전라도, 나주목, 사묘). 같은 내용의 시가 『동문선』(권10, 五言律詩)에도 실려있다.

라고 하여, 혜종사는 왕건을 도와 삼한 통일에 큰 공을 세운 혜종을 위해 세운 사당임을 강조하고 있다. 윤수종의 또 다른 시에서, "금성산은 바다 남쪽에 있으니, 태사(太姒)의 고장으로 5백 년 이어왔네. 한 척의 배로 견왕(甄王)이 귀순한 길이요, 일만 깃발 현묘(顯廟: 현종)가 출사(出師)했던 곳이라네. 흥룡사 밖에는 서기(瑞氣)가 떠 있고, 개계원(開界院) 앞에는 흰 연기가 일어나네. 성조(聖祖: 태조)의 누선(樓船)을 여기에서 맞았으니, 동정(東征)하는 오늘날 생각 그지 없어라." 하였다. '태사의 고장'에서 태사는 주나라 문왕의 왕비인데, 부인으로서 덕이 높았다고 한다. 나주 태생인 장화왕후를 일컬어 이렇게 말한 것으로 보인다.

나주를 어향으로 인식하는 분위기는 김종직(金宗直: 1431~1492)의 시에서도 드러난다.

> 김종직의 시에, "용손[왕건]이 당일에 군함을 대고서, 홀연히 아침엔 구름이 되고 저녁엔 비가 되는 선녀를 만났도다. 천년 전 박희부인[유방의 후궁으로서 5대 황제 전한문제의 생모]처럼 진실로 좋은 짝을 만나니, 지나는 사람들은 그곳을 완사천이라 하는구나.", "비단 빨던 강가가 고려 태조 처가의 고향이요, 흥룡사 안에는 그 서광이 어리었도다. 지금도 부로들은 남긴 덕을 그리워하여, 피리 불고 북 치면서 추대왕[고려 혜종]을 즐겁게 하도다."[26]

유방의 후궁으로 5대 황제 전한문제를 낳은 박희부인에 빗대어 장화왕후의 혜종 잉태와 흥룡사 사당에서 지역 부로의 혜종 제사를 노래하였다. 윤소종과 김종직은 혜종사와 관련된 시를 지어서 '왕건이 장화왕후를 통해 나주에서 잉태한 혜종'의 출생 과정을 신비롭게 설명했으며, 혜종의 군공과 군주로서의 지도력을 찬미하였다. 즉, '나주=어향'의 논지를 강화하는 데에 일조한 것이다.

---

26) 龍孫當日艤戈船 忽夢朝雲暮雨仙 千載薄姬眞合轍 行人指點浣紗泉. 濯錦江邊舅氏鄕 興龍寺裏藹祥光 至今父老懷遺德 簫鼓歡娛皺大王(『신증동국여지승람』 권35, 나주목, 제영).

한편 '나주 어향론'은 성종과 현종의 정책과 연관하여 설명되기도 한다. 고려 성종 2년(983) 나주는 12목 가운데 하나로 자리잡게 되었다. 나주가 새롭게 목이 된 것은 고려 왕실, 특별히 왕건과 긴밀하게 연결된 지역이기 때문으로 보고 있다. 즉, 나주는 군사활동을 벌였던 지역으로 왕건의 왕후 장화왕후의 고향이고 혜종의 외가가 있던 지역이기 때문에 목이 되었다는 것이다.[27] 현종은 1018년 강남도와 해양도를 합하여 전라도로 편제하였다. 그리하여 나주는 전주와 함께 전라도의 으뜸 고을이 되어 전라도를 대표하는 특별한 지위를 갖게 되었다. 현종의 나주에 대한 특별한 우대는 흥룡사와 혜종사의 건립으로 이어졌을 것으로 보는 입장도 있다. 흥룡사는 혜종의 원찰이고 혜종사는 혜종의 사당이다. 흥룡사와 혜종사의 건립은 고려 왕실의 지원없이는 이루어질 수 없었을 것이며, 혜종과 정치적으로 대립관계에 있었던 정종~광종대에 흥룡사와 혜종사가 건립되기는 어려웠을 것이라고 본다. 즉, 나주를 중시하였던 현종이 흥룡사와 혜종사의 건립을 지원하였을 것으로 보는 것이다. 이후 나주의 지방세력은 혜종사에 혜종의 소상(塑像)과 진영(眞影)을 모셔놓고 혜종을 제사지냈다. 나주지역에서 혜종에 대한 제사는 조선시대에도 이어진 것으로 보인다. 혜종의 소상과 진영은 세종 11년(1429)에 훼손되기도 하였지만, 혜종에 대한 제사는 조선 중종(1506~1544)대까지도 계속되었다. 나주의 지방세력은 흥룡사와 혜종사의 건립과 운영을 통하여, 나주가 고려 왕조의 어향이라는 자긍심을 가졌을 것이고, 나주가 어향으로 존중받기를 기대하였을 것이다.[28]

다만 이후 『여지도서』(나주목, 단묘)에는 "혜종사는 지금 못쓰게 되었다"고 기록되어 있다. 『여지도서』 단계에서는 혜종사는 폐사되었으며, 지역민이 제사를 지내지 않았음을 알 수 있다.[29] 이는 『여지도서』 단계에서는 '고

27) 정청주, 앞의 글, 52면.

28) 정청주, 위의 글, 58~59면.

29) 조선 후기에 편찬된 『나주군읍지』(1899)에도 혜종사에 대해서 "지금은 없다[今無]"고 전하고 있다(『나주군읍지』, 향교, 혜종사).

려=어향'이라는 인식이 두드러지지 않았음을 의미한다. 이와 달리 완산부와 덕원부는 『여지도서』에 '어향'으로 기록된 점과 구별된다. 또한 혜종과의 연관성을 강조한 동루에 관한 기록도 『여지도서』에는 빠져 있다. 그렇다면 『신증동국여지승람』 편찬 당시까지는 '나주=어향'이라는 인식이 남아 있었지만, 『여지도서』 제작 시기에 이르러서는 흐릿해진 것은 아닌가 추측해본다.

앞서 살핀 바와 같이 나주가 어향이라는 인식의 출발점은 혜종의 모후인 장화왕후의 고향이라는 사실에 기인한다. 그러나 현종대 피란 이후 목 설치, 팔관회 개최, 흥룡사와 혜종사 건립 이후 나주가 중요한 거점이 되었다는 점을 추가로 설명함으로써 '나주=어향'이라는 인식을 강력하게 각인시키려는 인상이 깊다. 이는 혜종에 대한 기존의 낮은 평가와 무관하지 않다. 즉, 어향의 근거가 되는 혜종에 대한 평가가 좋지 않기 때문에 현종대 이후 변화상을 덧붙여 어향 나주의 입지를 강화하려는 것으로 보인다. 이에 어향 나주의 진면목을 보여주기 위해서는 혜종에 대한 긍정적인 평가로부터 출발해야 한다. 혜종의 국왕으로서의 자질과 능력이 입증된다면, 그 자체로 '나주 어향론'은 탄력을 받을 수 있기 때문이다.

## Ⅲ. 혜종의 평가 유형과 맥락

고려왕조의 두 번째 국왕 혜종에 대한 평가는 출생과 성장, 태자 시절과 즉위 과정, 재위 기간, 죽음과 사후 등으로 시기를 구분하여 살펴볼 수 있다.

먼저 출생과 관련해서 왕건과 나주오씨[장화왕후]의 만남과 관련된 기록이 주목된다.

> …… (장화)왕후가 일찍이 나루터의 용이 뱃속으로 들어오는 꿈을 꾸었다. 놀라면서 깨어 부모에게 말하니 모두 기이하게 여겼다. 얼마 되지 않아 태조가 수군장군으로 나주에 출진하여 목포에 정박하였다. 태조가 강가를 바라보

았더니 오색의 구름 같은 기운이 서려 있었다. 그곳에 이르니 왕후가 빨래를 하고 있었는데, 태조가 불러 잠자리 시중을 들게 하였다. 측미하므로 임신시키지 않고자 하여 잠자리에 깐 돗자리에 (정액을) 뿌렸으나, 왕후가 바로 주어 담아 마침내 임신하여 아들을 낳으니 이가 바로 혜종이다. 혜종은 얼굴에 돗자리 무늬가 있었으므로 세상에서 이르기를 '주름살 임금[襵主]'이라 하였다.[30]

혜종의 출생과 관련하여 1)용 태몽, 2)모후의 오색운기(五色雲氣), 3)왕건과의 만남과 사랑, 4)'측미(側微)', 5)'주름살 임금[襵主]' 등 다양한 정보를 제공하고 있다.

성장 과정에 대해서는,

A-1) 늘 잠자리에 물을 부어 두었으며 또 큰 병에 물을 담아두고 팔 씻기를 싫어하지 않았으니 참으로 용의 아들이었다. 나이 7세에 태조가 혜종이 왕위를 이을만한 덕이 있음을 알았으나, 그 어머니의 존재가 미미하여 왕위를 물려받지 못할까 걱정하여 옷상자에 자황포를 담아 왕후에게 하사하였다. 왕후가 그것을 대광 박술희에게 보여주자 박술희가 태조의 뜻을 헤아려서 (그를) 세워 정윤(正胤)으로 삼자고 요청하였다.[31]

2) 아들 무를 책봉하여 정윤(正胤)으로 삼았는데, 정윤이란 곧 태자(太子)이다.[32]

---

30) 后嘗夢浦龍來入腹中 驚覺以語父母 共奇之 未幾 太祖以水軍將軍 出鎭羅州 泊舟木浦 望見川上 有五色雲氣 至則后浣布 太祖召幸之 以側微 不欲有娠 宣于寢席 后卽吸之 遂有娠生子 是爲惠宗 面有席紋 世謂之襵主(『고려사』 권88, 열전1, 후비1, 장화왕후 오씨).

31) 常以水灌寢席 又以大瓶貯水 洗臂不厭 眞龍子也 年七歲 太祖知有繼統之德 恐母微不得嗣位 以故笥盛柘黃袍 賜后 后示大匡朴述熙 述熙揣知其意 請立爲正胤(『고려사』 권88, 열전1, 후비1, 장화왕후 오씨).

32) 册子武爲正胤 正胤卽太子(『고려사』 권1, 태조 1년 12월 辛酉).

라고 하여 1)물을 가까이 하는 '진용자(眞龍子)', 2)어려서부터 계승지덕(繼統之德)을 갖춤, 3)태조의 신임과 걱정, 4)대광 박술희의 지원, 5)정윤의 지위 획득 등으로 나누어 설명하고 있다.

다음으로 태자 시절에 대한 평가에 대해서 살펴보도록 하자.

B-1) 태조 4년 세워서 정윤을 삼고, 후백제를 칠 때 종군케 하였는데 용맹을 떨치며 선봉에 섰으므로 공을 제일로 삼았다.[33]

2) 왕이 친히 일모산성을 정벌하고, 정윤 왕무를 보내어 북쪽 변경을 순시하게 하였다.[34] …… 다시 일모산성을 공격하여 깨뜨렸다.[35]

3) 견훤이 요청하여 말하기를, "늙은 신하가 멀리 바다를 건너 성군의 교화에 내투하였으니, 바라건대 그 위엄에 기대어 역적 아들을 베고자 할 뿐입니다."라고 하였다. 왕이 처음에는 때를 기다려서 움직이고자 하였으나 그의 간절한 요청을 가엾게 여겨 그의 의견을 따랐다. 먼저 정윤 무와 장군 (박)술희를 보내어 보병과 기병 만 명을 거느리고 천안부로 나아가게 하였다.[36]

4) 신라왕이 왕철 등과 함께 개경에 들어오자 왕은 의장을 갖추고 교외에 나가 맞이하고 위로하였으며, 태자[東宮]와 여러 신료들에게 명하여 호위하여 들어오게 하고 유화궁에 묵도록 하였다.[37]

5) 재신 염상, 왕규, 박수문 등이 곁에 모시고 앉아 있는데 왕이 말하기를, "…… 내가 병든 지 이미 20일이 지났지만 죽는 것을 돌아가는 것으로 보고 있으니 어찌 근심이 있겠는가? …… 안팎의 중요한 일 중

33) 太祖四年 立爲正胤 從討百濟 奮勇先登 功爲第一(『고려사』 권2, 혜종 총서).

34) 親征一牟山城 遣正胤武 巡北邊(『고려사』 권2, 태조 15년 秋7월 辛卯).

35) 復攻一牟山城 破之(『고려사』 권2, 태조 15년 11월).

36) 甄萱請日 老臣遠涉滄波 來投聖化 願仗威靈 以誅賊子耳 王初欲待時而動 憐其固請 乃從之 先遣正胤武 將軍述希 領步騎一萬 趣天安府(『고려사』 권2, 태조 19년 夏6월).

37) 羅王與王鐵等入開京 王備儀仗 出郊迎勞 命東宮與諸宰 從衛而入 館于柳花宮(『고려사』 권2, 태조 18년 11월 癸卯).

오랫동안 결정하지 못한 것은 그대들이 태자 무와 함께 결재한 뒤에 알리도록 하라."고 하였다.[38]

6) 혜종께서는 오랫동안 태자[東宮]로 계시면서 여러 차례 나라를 다스리고 군대를 위무하는 일을 처리하셨고, 스승을 존경하여 예우하고, 빈객과 관료들을 잘 대우하셨습니다. 이런 까닭으로 명성이 조야에 알려졌다.[39]

이상의 사료에서 정윤[태자] 무의 활동 상황과 평가에 대해서 몇 가지 중요한 사실을 전하고 있다. 1)후백제와의 전투에 종군과 군공, 2)(충북 청원) 북쪽 변경 순시, 3)일리천(구미)전투 참전,[40] 4)개경을 방문한 신라왕 호위, 5)태조 와병 중 '내외기무(內外機務)' 담당, 6)'누경감무(累經監撫)', 7)'존경사부(尊禮師傅)', 8)'선접빈료(善接賓僚)' 등이 그것이다.

한편 혜종의 즉위 과정에 대해서는,

C-1) 태조가 죽음에 임박해 (박술희에게) 군사와 나랏일을 부탁하며 유언하기를, "경이 태자(무)를 받들어 세웠으니 잘 보좌하라"고 하였다. 박술희는 한결같이 유언대로 하였다.[41]

2) 태조 26년 5월 병오 태조가 훙서하자, 유명을 받들어 즉위하였다.[42]

---

38) 宰臣廉相王規朴守文等侍坐 王曰 …… 予遘疾已歷二旬 視死如歸 有何憂也 …… 內外機務 久不決者 卿等並與太子武 裁決而後聞(『고려사』 권2, 태조 26년 5월 丁酉).

39) 惠宗 久在東宮 累經監撫 尊禮師傅 善接賓僚(『고려사』 권93, 열전6, 崔承老).

40) 윤소종은 금성산을 노래하면서, "금성산은 바다 남쪽에 있으니, 태사의 고장으로 5백 년 이어왔네. 한 척의 배로 견왕이 귀순한 길이요, 일만 깃발 현묘가 출사했던 곳이라네. 흥룡사 밖에는 서기가 떠 있고, 개계원 앞에는 흰 연기가 일어나네. 성조의 누선을 여기에서 맞았으니, 동정하는 오늘날 생각 그지 없어라[錦城山在海南邊 太姒家邦五百年 一葦甄王歸命路 萬旗顯廟誓師天 興龍寺外浮佳氣 開界院前生白煙 聖祖樓船迎此地 東征今日思悠然(『신증동국여지승람』 권35, 전라도, 나주목, 산천)]"라면서 혜종의 출병 사실을 강조한 바 있다.

41) 太祖臨薨 托以軍國事曰 卿扶立太子 善輔佐 述熙一如遺命(『고려사』 권92, 열전5, 朴述希).

42) 二十六年 五月 丙午 太祖薨 奉遺命卽位(『고려사』 권2, 혜종 총서).

3) (혜종께서) …… 처음 즉위하셨을 때 여러 사람들이 모두 기뻐하였습니다.[43)]

라고 하여, 태조의 유명과 박술희의 도움을 받아 즉위한 사실과 당시의 흔연(欣然)한 민심을 전하고 있다.

혜종의 재위 시절 기록과 평가는 『고려사』와 『고려사절요』에 모두 9건 전한다. 재위 기간이 2년 5개월로 짧기 때문에 관련 사료 또한 적을 수밖에 없었을 것이다. 재위 시절 활동을 통해 혜종에 대한 평가를 판단하거나 유추할 수 있는 사료는 없다. 다만 다음과 같은 사료를 통해 혜종의 재위 시절에 관한 몇 가지 정보를 얻을 수 있다.

D-1) 왕은 기개와 도량이 넓고 크며 지혜와 용기가 뛰어났는데, 왕규가 반역을 꾀한 뒤로부터 의심하고 꺼리는 일이 많아져 늘 갑사들로 하여금 자신을 지키게 하였다. 기쁨과 노여움이 일정치 않아[매우 변덕스러워] 여러 소인을 한꺼번에 등용하였으며, 將士에게 상을 내리는 데에 절제함이 없어서 안팎에서 탄식하고 원망하였다.[44)]

2) 처음 즉위하셨을 때는 여러 사람들이 모두 기뻐하였습니다. 그 당시 어떤 사람이 정종 형제를 참소하여 반역의 뜻을 가졌다고 말하였습니다. 혜종은 듣고도 대답하지 않으셨으며, 또한 묻지도 않으시고, 은혜로 대우함이 더욱 풍성하여 그 정종 형제를 대함이 처음과 같으셨습니다. 그러므로 사람들이 모두 그 분의 큰 도량에 감복하였습니다. 그러나 얼마 뒤 덕정을 닦지 않고 지나치게 자신의 목숨을 아껴 좌우 전후에 항상 갑사들로 뒤따르게 하셨으니, 이는 대개 사람을 의심함이 너무 심하여 군주의 체통을 크게 잃으신 것이었습니다. 더구나 상이

---

43) 及初卽位 衆擧欣然(『고려사』 권93, 열전6, 崔承老).

44) 王氣度恢弘 智勇絶倫 自王規謀逆之後 多所疑忌 常以甲士自衛 喜怒無常 群小並進 賞賜將士無節 內外嗟怨(『고려사』 권2, 혜종 총서).

장사들에게 치우쳐 은택이 고르지 못하고, 그러므로 조정의 안팎에서 원망하고 탄식하니 인심이 떠나게 되었습니다. 또한 즉위한 다음 해(필자주: 944)에 곧 불치의 병을 얻어 침상에서 오랜 세월을 지내셨습니다. 이에 조신과 현사들은 그 앞에 가까이 가지 못했고, 향리의 소인들이 항상 침실 안에 거하였습니다. 그 병이 더욱 위독해질수록 노여움이 날로 더해져서, 3년 동안 백성들은 그의 덕을 입지 못하였습니다.[45)]

이는 성종대 최승로의 평가인데, 혜종이 도량이 넓고 지혜와 용기가 뛰어났으나, 왕규의 난을 전후하여 성품이 바뀐 것으로 묘사하고 있다. 최승로는,

당시 왕이 신하의 의견을 구하자, 최승로가 상서하여 이르기를, "신은 초야에서 낳고 자라서 성품이 우매하고 학문도 부족합니다. 다행히 밝은 시절을 만나 오래 동안 외람되게도 근시(近侍)의 직을 맡았고 대대로 특별한 영예를 입었습니다. 비록 뛰어난 계책으로 시절을 바로잡을 수는 없지만, 오직 일편단심으로 나라의 은혜에 보답하도록 최선을 다할 것입니다. 가만히 살펴보건대 당 현종의 개원(開元) 연간에 사신으로 있던 오긍(吳兢)은 『정관정요(貞觀政要)』를 지어 올려, 현종에게 태종의 정치를 본받아 힘써 행할 것을 권고하고자 한 것입니다. 그것은 아마도 일의 근본이 서로 비슷하고, 한 가문에서 벗어나지 않았고 정치가 훌륭하여 모범으로 삼을 만하기 때문이었을 것입니다. 제가 살펴보니 태조께서 나라를 세우고 왕통을 물려주신 것은 곧 시조의 공이요, 여러 임금들이 왕위를 물려받아 수성(守成)한 것은 뒤 임금들의 덕입

45) 及初卽位 衆擧欣然 時有人譖定宗兄弟 謂有異圖 惠宗聞而不答 亦無所問 恩遇愈豊 待之如初 故人皆服其大度 旣而不修德政 過惜身命 左右前後 常以甲士相隨 盖爲疑人太甚 大失爲君之體 加以偏賞將士 恩澤不均 故內外怨嗟 人心攜貳 又卽位踰年 便致沉痾 牀枕之間 淹延歲月 於是 朝臣賢士 不獲近前 鄕里小人 常居臥內 厥疾彌篤 嗔恚日增 三年之間 民不見德(『고려사』 권93, 열전6, 崔承老).

니다. 시조께서 나라를 세워 자손의 행복과 경사를 열어주셨는데, 뒤 임금들은 중흥하기도 하고 침체하기도 했으니 일면 부족함을 면치 못하였습니다. 그 까닭은 정치에 치란이 있었고, 일에 선악이 있었으며, 많은 경우 시작할 때와 같이 마무리를 잘하지 못하여, 위태롭고 어지러운 지경에 이른 것이니 참으로 통탄할 일입니다. 우리 태조께서 개국한 이래로 신(臣)이 알고 있는 바는 모두 저의 마음속에 기억하고 있습니다. 이제 5대 조정에서 정치와 교화가 잘되었거나 잘못된 사적을 기록하여 본받을 만하고 경계할 만한 것을 조목별로 아뢰고자 합니다.[46]

라고 하여 태조, 혜종, 정종, 광종, 경종 등 성종 이전 다섯 국왕에 대한 평가를 상주하였다. 최승로의 평가는 대단히 직설적인 편이다. 각 국왕에 대해서 긍정적인 평가를 하면서도 문제점을 지적해 두었기 때문이다.

- 태조: 다만 건국 초기로 태평을 이룬지 얼마 되지 않아 종묘사직이 아직 아름답게 높여지지 못하였고, 예악과 문물은 오히려 부족한 것이 많았으며, 백관의 품계와 격식과 중앙과 지방의 규정과 의례가 미처 갖춰지지 못하였습니다.[47]
- 혜종: 그러나 얼마 뒤 덕정(德政)을 닦지 않고 지나치게 자신의 목숨을 아껴 좌우 전후에 항상 갑사(甲士)들로 뒤따르게 하셨으니, 이는

---

46) 時王求言 承老上書曰 臣生長草野 性稟愚暗 且無學術 幸値明時 久叨近職 累竊殊榮 雖微長策 可以匡時 猶有片心 期於報國 竊見開元史臣吳兢撰進貞觀政要 欲勸玄宗勤修大宗之政 盖以事體相近 不出一家而其政休明 可爲師範也 臣伏見太祖之創業垂統 所謂祖有功也 諸宗之嗣位守成 所謂宗有德也 祖旣有國有家 以啓子孫之福慶 宗乃或興或廢 未免一時之過愆 所以然者 政有理荒 事有善惡 多不愼終如始 至於危亂 是誠可痛也 自我太祖開國以來 臣所及知者 皆誦在臣心 今謹錄五朝政化善惡之跡 可鑑可戒者 條奏以聞(『고려사』 권93, 열전6, 崔承老).

47) 但以創業之初, 致平日淺, 宗廟社稷, 且未光崇, 禮樂文物, 猶多闕乏, 凡百官司之品式, 及諸內外之規儀, 未及修定. 忽遺弓劒, 盖國人之不幸, 寔天道之難諶, 深可惜也(『고려사』 권93, 열전6, 崔承老).

대개 사람을 의심함이 너무 심하여 군주의 체통을 크게 잃으신 것이었습니다. …… 조정의 안팎에서 원망하고 탄식하니 인심이 떠나게 되었습니다.48)

- 정종: 그러나 도참(圖讖)을 그릇되게 믿게 되어 천도(遷都)를 결정하셨습니다. 또한 천성이 굳세어 고집을 굽히지 아니하셨고, 급박하게 백성들을 징발하여 역사(役事)를 일으켜서 사람들을 수고롭게 하니, 비록 임금이 옳다고 생각해도 사람들은 진심으로 따르지 않았습니다.49)
- 광종: 그러나 …… 정사에 태만하시니, 군국(軍國)의 중요한 일은 막혀서 통하지 않았고, 마시고 먹는 잔치가 길게 이어지고 끊이지 않았습니다.50)
- 경종: 다시 정사에 태만하셨으며, 마침내 여색에 빠지게 되시고, 향악(鄕樂) 연주를 즐겨 관람하시다가 장기와 바둑으로 이어져 종일 두어도 싫증 내지 않으셨습니다.51)

최승로는 앞부분에서 해당 국왕의 치적과 장점을 소개한 다음, 뒷부분에서는 반드시 부족한 점과 문제점을 지적해 두었다. 이에 최승로의 '오조정평(五朝政評)'을 통해 당시 국왕에 대한 긍정적 평가와 부정적 평가를 어느 정도 짐작할 수 있으며, 혜종도 예외는 아니다.

다음에는 혜종의 성품을 바뀌게 한 왕규의 난과 관련된 기록을 살펴보도록 하자.

---

48) 旣而不修德政, 過惜身命, 左右前後, 常以甲士相隨, 蓋爲疑人太甚, 大失爲君之體. …… 故內外怨嗟, 人心攜貳(『고려사』 권93, 열전6, 崔承老).

49) 及乎誤信圖讖, 決議遷都. 又天性剛毅, 固執不移, 暴徵作役, 勞動人夫, 雖上慮爲然, 乃群情不服(『고려사』 권93, 열전6, 崔承老).

50) 怠於政事, 軍國要務, 壅塞不通, 酒食讌遊, 聯綿靡絶(『고려사』 권93, 열전6, 崔承老).

51) 復倦于勤, 遂至色荒, 喜觀鄕樂, 繼以博奕, 終日無厭(『고려사』 권93, 열전6, 崔承老).

> 혜종 2년 왕규는 왕의 동생 왕요[정종]와 왕소[광종]가 모반한다고 참소하였으나 혜종은 무고임을 알고 은혜로 더욱 후하게 대우하였다. 사천공봉 최지몽이 아뢰기를, "유성이 자미원을 침범하였으니 나라에 반드시 역적이 있을 것입니다."라고 했다. 혜종은 왕규가 왕요와 왕소를 모해하려는 징조라고 판단하고 장공주(長公主)를 왕소에게 시집보내어 친족관계를 강화하니 왕규가 그 음모를 실행하지 못하였다. 왕규는 또한 광주원군을 왕으로 세우고자 하였는데, 일찍이 밤에 왕이 깊이 잠든 것을 엿보고 자신의 일당을 침소에 잠입시켜 대역죄를 행하려고 하였다. 혜종이 그것을 알아차리고 한 주먹으로 쳐 죽인 후 좌우 시종들에게 끌어내게 하고는 다시 따져 묻지 않았다. 하루는 혜종이 몸이 불편하여 신덕전에 있었는데 최지몽이 또 아뢰기를, "곧 장차 변란이 있을 것이니, 때를 보아 거처를 옮기는 것이 마땅합니다."라고 하였다. 혜종이 몰래 중광전으로 거처를 옮겼는데, 왕규가 밤에 그 일당을 이끌고 벽을 뚫고 들어갔으나 침실이 이미 비어 있었다. 왕규가 최지몽을 보더니 칼을 빼어들고 욕을 하며 말하기를, "주상이 침소를 옮긴 것은 분명 네가 도모한 것이다."라고 하였다. 최지몽이 끝까지 말하지 않으니, 왕규가 이에 물러갔다. 혜종은 비록 왕규가 행한 바를 알고 있었으나, 또한 죄를 주지 않았다.[52)]

위의 기록은 『고려사』 왕규전에 실린 내용이다. 이와 함께 왕식렴전에 실린 왕규의 두 번째 반란에 대해서도 알아보도록 하자.

> 왕식렴은 삼중대광 왕평달의 아들이고, 태조의 사촌동생이다. 사람됨이 충성스럽고 용맹하고 부지런하고 조심스러웠다. 처음에 군부서사가 되었고, 여

---

52) 惠宗二年 規譖王弟堯及昭有異圖 惠宗知其誣 恩遇愈厚 司天供奉崔知夢奏 流星犯紫微 國必有賊 惠宗意 規謀害堯昭之應 乃以長公主妻昭 用强其族 規不得行其謀 規又欲立廣州院君 嘗夜伺王睡熟 遣其黨潛入臥內 將行大逆 惠宗覺之 一拳斃之 令左右曳出 不復問 一日 惠宗違豫 在神德殿 知夢又奏 近將有變 宜以時移御 惠宗潛徙重光殿 規夜率其黨 穴壁而入 寢已空矣 規見知夢 拔劒罵之曰 上之移寢 必汝謀也 知夢竟無言 規乃退 惠宗雖知規所爲 亦不罪之(『고려사』 권127, 열전5, 王式廉).

> 러 번 승진하였다. 태조는 평양이 황폐하다고 여겨 백성을 옮겨 채웠고, 왕식렴에게 가서 진정시키게 하였으며, 또 안수진과 흥덕진 등에 성을 쌓게 하였다. 공이 있어 여러 번 옮겨 좌승이 되었다. 왕식렴은 오래도록 평양을 다스렸고, 항상 사직을 지켰으며, 영토를 개척하는 것을 자신의 임무로 여겼다. 혜종이 병으로 자리에 눕자 왕규가 다른 뜻을 품었다. 정종이 몰래 왕식렴과 변란에 대응할 계획을 세웠다. 왕규가 난을 일으키자, 왕식렴이 평양에서 군대를 거느리고 들어와 지켰으므로 왕규가 감히 움직이지 못하였다. 그리하여 왕규 등 300여 명을 처형하였다. 왕이 왕식렴에게 의지하고 신뢰함이 더욱 깊어져 조서를 내려 표창하였다.[53)]

혜종 때부터 반란을 획책한 왕규가 정종대에 난을 일으켰으나 왕식렴에 의해서 제거된 사실을 전하고 있다. 다음으로 혜종의 죽음과 관련된 기록과 평가를 살펴보도록 하자.

> (혜종의) 병이 더욱 위독해질수록 노여움이 날로 더해져서, 3년 동안 백성들은 그의 덕을 입지 못하였습니다. 마침내 혜종이 돌아가시는 날에 이르러 겨우 '뜻하지 않은 재난'을 면할 수 있었으니 가히 통탄하지 않을 수 있겠습니까.[54)]

여기에서는 혜종은 병이 위독하여 덕정을 베풀지 못하였는데, 그의 죽음으로 백성들이 고통을 면하게 되었음을 전하고 있다.

---

53) 王式廉 三重大匡平達之子 太祖之從弟 爲人忠勇勤恪 初爲軍部書史 多所遷歷 太祖以平壤荒廢 徙民實之 命式廉往鎭之 又城安水興德等鎭 有功 累轉佐丞 式廉久鎭平壤 常以衛社稷 拓封疆 爲己任 惠宗寢疾 王規有異志 定宗密與式廉謀應變 及規作亂 式廉自平壤 引兵入衛 規不敢動 於是 誅規等三百餘人 王倚賴益重 下詔褒奬(『고려사』 권92, 열전40, 반역전, 王規).

54) 又卽位踰年 便致沉痾 牀枕之間 淹延歲月 於是 朝臣賢士 不獲近前 鄕里小人 常居卧內 厥疾彌篤 嗔恚日增 三年之間 民不見德 至于晏駕之日 粗得免其橫禍 可不痛哉(『고려사』 권93, 열전6, 崔承老).

지금까지 혜종에 대한 평가와 관련하여 출생과정, 성장 과정, 태자 시절, 즉위 과정, 재위 시절, 사후 등으로 구분하여 살펴보았다. 혜종은 어렸을 적부터 군주의 풍모가 있었고, 7세 때에 세자[정윤]가 된 이후부터 예비국왕으로 자질을 함양하였으며, 건장한 신체를 갖고 있었던 바, 후삼국전쟁의 과정에서 박술희와 함께 상당한 군공을 쌓은 까닭에 태조 왕건의 신임을 얻었다. 특히 태자 시절에 국가기무를 결재하였으며, 신하와 사신 접대에도 능숙하였다. 즉위한 다음에도 덕정을 쌓았으나, 왕규의 난을 겪은 다음에 의심이 많아져서 실정을 하다가 병에 걸려 재위 2년 5개월 만에 세상을 떠났다는 것이다.

이와 같은 혜종에 대한 평가는 당대의 것, 성종대 최승로의 것, 한참 후대 이제현의 것이 섞여 있는데 그 내용이 비슷한 맥락을 지니고 있다. 이 가운데 장화왕후 열전 내용과 최승로의 국왕 평가가 자세한 편이다. 열전은 다양한 자료를 종합한 내용이므로, 그 자체가 의미를 갖는다고 보인다.

혜종에 대한 평가에서 대체적으로 나타나는 "건장한 체구에 덕정을 펼친 2대 군주가 갑자기 병에 걸려 실정을 거듭하다가 죽음을 맞이했다"는 서사구조는 이후 정종과 광종이 왕이 되어야 하는 결과에 맞춘 평가와 해석으로 여겨진다. 왜냐하면 덕정을 베풀던 혜종이 왕규의 난을 겪으면서 호위를 보강하고 주변 측근들을 등용한 점이 부정적 평가의 주를 이루고 있기 때문이다. 즉, 왕규의 난을 통해 최종적으로 혜택을 입은 사람은 정종이며, 이후 곧바로 왕위를 이어받은 사람이 광종이기 때문에, 왕규의 난으로 혜종이 급변했다는 것은 혜종에 대한 비판을 위함이 아니라 정종과 광종의 즉위를 정당화하기 위함으로 보인다. 이에 다음 장에서 혜종에 대한 평가의 내용과 특징에 대해서 검토해보고자 한다.

## Ⅳ. 혜종의 평가 내용과 특징

### 1. 혜종의 출생에 대한 평가

혜종의 출생에 있어서 왕건과 나주오씨[장화왕후]와의 만남에 대한 기록에는 긍정과 부정의 평가가 어우러져 있다. 긍정적인 부분은 태몽을 통해 설명된다. 장화왕후가 왕건을 만나기 전부터 용꿈을 꾼 것이다. 『고려사』 '고려세계(高麗世系)'에는 꿈 이야기가 자주 등장한다. 주지하고 있듯이, "고려의 선대는 기록이 빠져 있어서 자세하지 않다"라는 것이 『고려사』 편찬자의 인식이었다.[55] 그럼에도 불구하고 새로운 왕조의 군주로서 왕건의 집안을 신성가문화 해야만 했다.[56]

여기에 동원된 서사 방식 가운데 하나가 꿈 이야기이다. 『고려사』 '고려세계'에는 모두 네 가지의 꿈 이야기가 나온다.[57] 첫째, 호경이 옛 부인을 잊지 못하여 밤마다 늘 '꿈같은' 교접을 한 것, 둘째 보육이 곡령에 올라가 소변을 보아 삼한의 산천이 은빛 바다로 변한 이야기, 셋째 보육의 딸 진의의 동생이 꿈 속에 오관산 꼭대기에서 소변을 보아 천하에 흘러넘친 이야기, 넷째 세조가 꿈에서 미인[몽부인]을 만나 부인으로 삼겠다고 다짐한 이야기 등이 그것이다. 이들 꿈 이야기는 5대조로부터 이어져 온 신이함으로 인해 삼한의 왕으로 태어날 왕건의 존재를 예견하고 신성화하기 위함이었다. 즉, 고려 왕실은 초월적 존재에의 가탁을 통해 권위를 높이고 궁극적으

55) 高麗之先, 史闕未詳(『고려사』, 高麗世系).

56) 고려 왕실은 "우리 신성하신 태조에 미쳐서 天命에 응하였다. 여러 나라를 통일하여 빛을 거듭하고 경사를 포개었다. 용손이 계승하여 일어나서 큰 기업이 길이 성하였다"라고 하여 왕권의 정통성과 정당성을 천명과 함께 용손이라는 신성성에서 구하였다(이정란, 「고려 왕가의 용손의식과 왕권의 변동」, 『한국사학보』 55, 2014, 12면).

57) 고려세계에 대한 구체적인 내용은 김열규의 「고려사 세가에 나타난 '신성왕권'의 의식」(『진단학보』 40, 1975)과 허인욱의 「'고려세계'에 나타나는 신라계 설화와 『편년통록』의 편찬의도」(『사총』 56, 2003)를 참고하기 바란다.

로는 왕권의 절대성을 구축하고자 했다.

왕권의 절대성을 가장 손쉽게 보장하면서도 극대화하는 방법은 혈통의 유래를 신성화하는 것이었다. 이에 고려 왕실에서는 혼인담을 통해 부계뿐만 아니라 모계의 신성성까지를 가미하였다.[58] 이러한 맥락에서 장화왕후가 왕건을 만나기 직전 용꿈을 꾼 것은 신성가문 출신 왕건과 재지세력 오씨가문의 결합을 상징하기도 하지만, 오씨가문의 딸이 신성가문의 자식을 잉태하기 위한 사전 준비단계라고 여겨진다.[59]

특히 장화왕후가 용꿈을 꾸었다는 사실 또한 『고려사』 '고려세계'에 등장하는 용 이야기 즉 '용손의식'과 맥락을 같이 한다. 『고려사』 '고려세계'에는 첫째, 작제건이 부친을 뵈러 상선을 타고 가다 만난 서해 용 이야기, 둘째 작제건과 서해 용녀와의 만남 이야기, 셋째 용녀가 송악에서 황룡으로 변한 이야기 등이 등장한다. 당시 자신의 지위나 가문의 품격을 높이는 데에 용의 존재를 개입시키는 것은 일반적이었던 것 같다. 이에 오다련의 딸이 태몽으로 용꿈을 꾸고, 오색의 기운을 띠고 있다가 왕건을 만나 사랑을 나누게 되는 장면은 왕건 가문을 신성화 하는 그것과 일치한다. 이는 나주 오씨 가문이 현실적으로 왕건의 가문에는 미치지 못하지만, 혼인을 통해 이에 준하는 가문으로 격상되는 과정을 설명함과 다름없다.

그런데 다음 단계에서 갑자기 왕건이 임신을 회피하는 일이 벌어지면서 이전까지의 서사와는 전혀 다른 방식으로 이야기가 전개된다. 갑자기 '측미'라는 표현이 등장한 것인데, 이는 전후 맥락으로 보아 어색한 부분이 많으므로 그대로 받아들이기에는 주저된다. 우선 고려 초에 '측미'라는 표현이 어떻게 사용되었는지 살펴보도록 하자.

조하기를, "개국을 도와 기이한 계략을 운용하고 세상을 뒤덮는 높은 공을

58) 이정란, 위의 논문, 13~14면

59) 이정란은 혜종의 사례에 비추어 고려 왕실의 용손의식이 고려 초부터 존재했다고 보았다(위의 논문, 17면).

세운 신하에게 모토(茅土)를 나누어 주고 높은 관작으로 포상하는 것은 여러 대에 걸친 떳떳한 법이요, 영원토록 전해오는 큰 규범이다. 짐은 '미천한 출신[側微]'으로 재주와 식견이 용렬하나, 진실로 뭇 사람의 신망에 힘입어 왕위에 올랐으니, 포학한 임금을 폐하던 때에 나에게 충신의 절개를 다한 사람에게는 마땅히 포상을 시행하여 훈공을 권장해야 할 것이다.……." 하였다.[60]

태조 왕건이 개국을 도와준 신하들에게 포상을 내리는 조서에서, 자신을 '미천한 출신[側微]'으로 표현하고 있다. 이는 훈요 10조 서문에서 순임금이나 한 고제와 마찬가지로 자신도 '기자단평(起自單平)'했다고 말한 것과도 맥락을 같이 한다. 이러한 표현은 실제로 신분이 낮다는 점을 드러내기 위함이 아니라, 새로운 군주로서의 겸손함과 스스로도 어쩔 수 없이 받아들인 천명의식을 강조한 것으로 보인다. 때문에 '측미'라는 표현만으로 나주오씨 가문이 왕건과 혼인하기 어려울 정도로 '미천한 출신'이라고 볼 수는 없을 것이다.

여기에서 나주오씨 가문에 대해서 살펴보기로 하자. 태조의 둘째 왕후인 장화왕후 오씨는  다련군의 딸이다. 그리고 다련군의 아버지는 부돈(富伅)이다. '부돈'이라는 이름의 뜻은 '부자'라는 것이다. 나주오씨의 선대는 중국에서 상인으로 흥기하여 해외무역상을 따라 신라로 건너왔다고 한다.[61] 이로 미루어, 부돈과 다련군으로 이어지는 나주오씨 가문은 해상무역에 종사하여 부자가 된 해상세력으로 생각된다.

오씨 집안은 나주[목포]에서 대대로 살았다고 하였다. 『신증동국여지승람』 나주목에 "금강진은 일명 금천, 목포, 남포라고도 한다. 곧 광탄(廣灘)의 하류인데 주의 남쪽 11리에 있다."라고 되어 있다. 『대동지지』 나주조에

---

60) 詔曰 人臣 運佐時之奇略 樹蓋世之高勳者 錫之以分茅胙土 褒之以峻秩崇班 是百代之常典 千古之宏規也 朕出自**側微** 才識庸下 誠資群望 克踐洪基 當其廢暴主之時 竭忠臣之節者 宜行賞賚 以奬勳勞(『고려사절요』 권1, 태조 원년 8월).

61) 『증보문헌비고』 49, 帝系考 10, 씨족4, 오씨.

서, "영산진은 고려시대에 남포진이라고 칭하였고, 제창진과 금강진은 함께 남쪽 10리에 있다."는 기록이 보인다. 따라서 당시 오씨 집안의 세거지인 목포는 비슷한 거리에 있는 영산포(나주시 영산동)에서 찾는 것이 자연스러울 것이다.[62]

한편 오씨의 외할아버지인 연위(連位)가 '사간(沙干)'이었던 점에 비추어, 오씨와 비슷한 정치, 경제적 배경을 가진 가문이었을 것이다. 이로써 장화왕후의 부모는 모두 집안이 태조의 선대와 마찬가지로 해상세력이었다고 할 수 있다. 결국 태조와 나주오씨 세력이 쉽게 결합할 수 있었던 까닭은, 이처럼 양쪽 집안의 선대가 해상세력을 출신 기반으로 하고 있었다는 동일한 사회·경제적 배경을 갖고 있었기 때문이다.[63] 나주의 오씨 세력이 왕건과 만나게 된 시기는 909~911년 무렵으로 짐작된다.[64] 이때 태조에게 있어서 나주오씨와의 결합은 매우 중요한 의미를 가진다. 왜냐하면 태조는 나주오씨와의 결합을 계기로 점차 나주지역을 뛰어넘어 서남 해안지역의 유력한 호족세력들과도 연결할 수 있게 되어 더욱 자신의 세력기반을 공고히 할 수 있었기 때문이다.[65] 이런 까닭에 태조는 29명의 부인 중에서 단 3명만을 왕후로 책봉함에 있어서 나주오씨 가문의 장화왕후를 포함시켰던 것이다. 특히 장화왕후는 왕건이 궁예의 휘하에 있을 때에 맞아들인 왕비로, 태조 4년 이후 정책적으로 받아들인 왕비들과는 다르다.[66] 이 점이 한편으

---

62) 김명진, 「태조왕건의 나주 공략과 압해도 능창 제압」, 『도서문화』 32, 2008, 289면.

63) 강희웅도 "목포의 모계를 통한 태자 무의 사회·경제적 배경이 태조의 배경과 동일하였으며, 따라서 태조가 태자 무를 후계자로 선택한 것은 새 왕조의 사회·경제적 기반의 일관성을 약속해주는 것이다"고 보았다(「고려 혜종조 왕위계승란의 신해석」, 『한국학보』 7, 1977, 68면).

64) 왕건이 나주를 처음 공략한 시기가 903년이었다. 『고려사』 혜종 세가에는 혜종이 912년에 출생하였다고 기록되어 있다. 임신 기간을 고려한다면 그 시기가 903년 이후부터 911년을 전후한 어느 때가 된다고 보아야 할 것이다. 왕건은 909년에 해군대장군이라는 직책을 궁예로부터 임명받았으니 수군장군으로서 장화왕후와 만났다는 사실과도 맞아 떨어진다. 이로써 왕건과 장화왕후 오씨가 처음으로 만난 시점은 909년부터 911년까지로 압축할 수 있다.

65) 신호철, 「고려 건국기 서남해 지방세력의 동향」, 『역사와 담론』 58, 2011, 10~11면.

로는 태조가 장화왕후의 소생을 후계자로 삼을 수 있는 근거가 되면서도, 다른 한편으로는 태조 4년 이후 부인으로 들어온 세력으로부터 공격을 받을 빌미가 되었을 수도 있다.

이러한 점을 감안한다면, 왕건이 나주오씨의 가문만을 따져서 '側微'하다고 했을 가능성은 희박하다고 하겠다. 그럼에도 불구하고 왕건이 '以側微不欲有娠', '恐母微不得嗣位'라는 표현에서 알 수 있듯이 장화왕후와 관련하여 '側微', '母微'라는 우려를 나타내었다. 그것이 의미하는 바는 무엇일까? 우선 태조 스스로 자신을 '側微'한 존재로 인식한 사례도 있으므로 단순히 가문의 미미함만을 뜻하지는 않다고 생각한다. 오히려 '우려'와 '걱정'의 차원에서 이해하고 싶다. 임신과 관련한 '側微'의 경우에는, 왕실 주변에서 향후 태어날 아이의 곁을 지켜줄 힘이 없을 것이라는 걱정을 나타낸 것으로 보인다. 당시 태자 무의 왕위 계승을 반대했을 법한 세력으로는 태자 무의 외가를 천한 신분으로 내세울 수 있는 신라 귀족세력일 가능성이 크다.[67] 즉, 오다련이 후삼국 전쟁에서 특별한 공로가 없는 상황에서 그의 외손자가 왕위를 물려받았을 때 주변에서 이를 지지할 세력이 없음을 뜻한 것이다.

그리고 사위와 연관된 '母微'라는 표현은 왕자 무가 태자가 되려거나 혹은 되었을 때 모후의 힘만으로는 이를 이루거나 지키기 어렵다는 의미로 사용한 표현으로 여겨진다. 왜냐하면 '母微'하기 때문에 자황포를 담은 상자를 주어서 박술희의 지원을 받도록 했기 때문이다. 두 경우 모두 태조 왕건은 장화왕후와의 사이에서 태어날 자식에게 왕위를 물려줄 뜻이 있었지만, 주변의 반대가 강하고 상대적으로 이를 지켜낼 모후의 힘이 미미하다는 점을 의식한 표현으로 판단된다. 이에 두 가지 표현 모두 후일 혜종을 후계자로 삼기 위한 미연의 방어장치로 보아야 할 것이다.

한편 혜종은 어렸을 때부터 '진용자(眞龍子)'로 인식되었다.

---

66) 김용호, 「고려 혜종대의 정국과 왕규의 난」, 전북대학교 석사학위논문, 2009, 5면
67) 강희웅, 앞의 논문, 71면

…… 늘 물을 잠자리에 부어 두었으며 또 큰 병에 물을 담아두고 팔 씻기를 싫어하지 않았으니 참으로 용의 아들[眞龍子]이었다. 나이 7세에 태조가 혜종이 왕위를 이을만한 덕이 있음을 알았으나, 그 어머니가 미천해 왕위를 물려받지 못할까 걱정하여 짐짓 옷상자에 자황포를 담아 왕후에게 하사하였다. 왕후가 그것을 대광 박술희에게 보여주었고, 박술희가 태조의 뜻을 미루어 알고 태자를 세워 정윤으로 삼자고 요청하였다.[68]

혜종은 태몽에서와 마찬가지로 태어나서도 '진용자'로 여겨졌다. 게다가 혜종은 7세 때 태조로부터 '계통지덕'을 인정받았다. 이는 앞서 태몽으로 용꿈을 꾸고 '오색운기'를 갖춘 나주오씨의 품격과 맥락을 같이 한다. 태조의 25명 아들 가운데에서 태자 무가 후계자가 되었다는 것은 '용꿈', '오색운기', '계통지덕'과 연결하여 생각하면 자연스럽다. 다만 '모후부득사위(母微不得嗣位)'라는 표현에서 '母微'가 핵심적인 요소인지, '不得嗣位'가 더 중요한 지점인지는 분명치 않다. '오색운기'에 쌓인 '진용자'로서 '계통지덕'을 갖췄는데, '不得嗣位'한다는 것은 '母微'만으로 설명할 수 없기 때문이다.[69] '不得嗣位'는 복잡한 후계 구도 속에서 파악하는 것이 더 자연스러울 것같다. 즉, 태자 무는 '진용자'로서 '계통지덕'을 갖췄으므로, 모후의 '側微'로 인해 '不得嗣位'한다는 것이 아니라, 다른 형제들과의 후계 구도가 그만큼 복잡하며, 이를 극복할 힘이 아직은 미미하다는 점을 강조한 것으로 보인다. 그 미미함을 도와주기 위해, 태조는 자황포를 주었고, 이것을 계기로 박술희의 도움을 얻어 태자 무는 정윤의 자리를 차지하게 된다.[70] 이는 '母微'라는 표현

---

68) 常以水灌寢席 又以大瓶貯水 洗臂不厭 眞龍子也 年七歲 太祖知有繼統之德 恐母微不得嗣位 以故笥盛柘黃袍 賜后 后示大匡朴述熙 述熙揣知其意 請立爲正胤(『고려사』 권88, 열전1, 후비1, 장화왕후 오씨).

69) 백강령도 장화왕후와 관련된 '측미'라는 표현은 장화왕후의 결혼시기, 타 부인들과의 상대성, 다련군의 지위, 나주의 위상 등 다양한 요소를 고려하여 판단해야 할 것으로 보았다(「고려초 혜종과 정종의 왕위계승 -박술희와 왕규의 출신배경과 역할의 재해석을 중심으로」, 『진단학보』 82, 1996, 89~90면).

70) 혜종과 박술희의 관계에 대해서는 다음과 같은 논문이 참고된다.

이 가문이나 신분을 뜻하는 것이 아니라, 현실적인 정치환경 또는 역학관계에서 파생된 것으로 보아야 할 것이다.

## 2. 혜종의 왕위계승권자로서의 평가

혜종은 912년에 태어났으므로, 그가 7세가 된 해는 918년(태조 1)이었다. 즉, 태조는 즉위하자마자 큰아들 무를 정윤으로 책봉하려 하였다. 그러나 그 뜻을 이루지 못했다. 앞서 살핀 바와 같이 무가 7세가 되자, 태조가 다시 무를 태자로 책봉하려 하였지만 그의 어머니 나주오씨 부인이 측미하여 책봉되지 못할까 두려워하였다고 하였다. 태조가 즉위하자마자 바로 자신의 큰 아들 무를 태자로 책봉하려 한 것은 그만큼 무를 태자로 책봉하려는 의지가 확고하였음을 뜻한다. 그런데 무를 태자로 세우는 데에는 성공하지 못했다. 무는 3년이 지난 뒤인 태조 4년(921) 12월에 정윤으로 책봉되었다.[71] 당시 무를 태자로 책봉하지 못한 까닭은 무의 태자 책봉에 극력 반대하는 세력이 보다 강력했기 때문일 것이다. 아울러 무를 태자로 책봉하려는 세력이 미약했을 것임을 짐작케 한다. 무의 태자 책봉에 적극적으로 반대한 세력은 박질영(朴質榮)·김행파(金行波)·박수경(朴守卿) 등 패서지역의 호족들이었다. 당시 패서지역 호족들은 서경 건설에 적극적으로 참여하여 서경

김명진, 「고려 혜종의 생애와 박술희」, 『영남학』 65, 2018.
한정수, 「고려 초 왕규의 난에 대한 재검토」, 『역사와 실학』 62, 2017.
김용호, 「고려 혜종대의 정국과 왕규의 난」, 전북대학교 석사학위논문, 2009.
백강령, 「고려초 혜종과 정종의 왕위계승」, 『진단학보』 82, 1996.
황선영, 「고려 혜종대의 정변과 정종의 왕위계승」, 『고려초기 광종연구』, 동아대학교 출판부, 1988.
이종욱, 「고려초 940년대의 왕위계승전과 그 정치적 성격」, 『고려광종연구』, 일조각, 1981.
강희웅, 「고려 혜종조 왕위계승란의 신해석」, 『한국학보』 7, 1977.
하현강, 「고려 혜종조의 정변」, 『사학연구』 20, 1968.

71) 册子武爲正胤, 正胤卽太子(『고려사』 권1, 세가1 태조 4년 12월 辛酉).

을 새로운 근거지로 삼아 자신들의 세력을 확장시키고 이로써 정치적 영향력을 확대시켜 나가고 있었다. 이로써 패서지역 호족은 고려 왕조 내에서 매우 강력한 정치세력으로 성장해 있었다.

이러한 정치 상황으로 인하여 태조는 자신의 큰아들 무의 태자 책봉을 추진하기 위하여 치밀하게 계획을 세워나갔다. 이에 태조는 낡은 상자에 왕위를 상징하는 자황포(柘黃袍)를 넣어서 장화왕후 오씨에 전달했고, 장화왕후 오씨는 그것을 박술희에게 보여주었다. 이를 받아 본 박술희가 태조의 진심을 파악하고 장자 무를 태자로 책봉할 것을 청한 것이다. 당시 무의 태자 책봉은 상당히 중요한 정치적 함의가 내재되어 있었다. 무의 태자 책봉을 지지하는 세력이 미약하였고, 그 이유는 외면적으로는 무의 어머니 오씨가 '측미하다'는 것이었다. 이는 혜종을 뒷받침할 군사력이나 측근세력과 같은 현실적인 능력이 미약했음을 의미한다. 이로 인해 장화왕후 오씨의 가문은 무의 태자 책봉을 충분히 후원하지 못하였던 것이다. 이에 태조 왕건은 무를 도와줄 세력을 따로 선정하여 육성하였다. 그러한 세력으로 맨 먼저 뽑힌 인물이 박술희였다.

후일 박술희는 현종 18년(1027) 혜종묘에 배향되었다.

> 태묘에 배알하고 선왕과 선후의 존호를 더 올려주었다. 배현경·홍유·복지겸·신숭겸·유금필·최응을 태조묘에, 박술희와 김견술을 혜종묘에, 왕식렴을 정종묘에, 유신성과 서필을 광종묘에, 최지몽과 박양유를 경종묘에, 최승로·최량·이지백·서희·이몽유를 성종묘에, 한언공·김승조·최숙을 목종묘에 배향하였고 유형 이하의 죄수를 사면하였다.72)

박술희가 태조의 뜻을 받들어 장자 무를 태자로 책봉할 것을 요청한 것

---

72) 謁大廟 加上先王先后尊號 以裵玄慶洪儒卜智謙申崇謙庾黔弼崔凝配享太祖 朴述希金堅術配惠宗 王式廉配定宗 劉新成徐弼配光宗 崔知夢朴良柔配景宗 崔承老崔亮李知白徐熙李夢游配成宗 韓彦恭金承祚崔肅配穆宗 赦流以下(『고려사』 권5, 현종 18년 4월 壬午).

으로 보아, 그가 무의 태자 책봉 이전부터 나주오씨와 긴밀한 관계가 있었을 가능성을 어느 정도 짐작할 수 있다. 이러한 양자의 관계는 왕건에 의하여 매개되었을 가능성이 크다. 박술희와 나주오씨가 연결된 이유는 두 사람 모두 같은 이해관계를 가지고 있었음을 뜻한다. 즉, 두 사람 모두 동일한 서해안의 해상세력 출신으로서 해상무역으로 부를 축적하여 유력한 호족으로 성장하였다. 또한 양자의 출신지는 혜성군과 나주이다. 이곳은 모두 해상활동의 중심지이자 군사적 요충지로서 후백제와 태봉 및 고려 사이에서 격렬한 쟁탈전이 벌어지고 있던 지역이었다. 따라서 박술희와 나주오씨 세력은 해상세력으로서의 이해관계를 확대하고 그 근거지를 후백제의 공격으로부터 보호하기 위하여 긴밀하게 결합하였다고 생각된다. 이러한 양자의 협력관계는 박술희의 죽음 때까지 계속되었던 것으로 보인다.[73)]

그렇다면 태자 무는 어떻게 후계자가 될 수 있었을까? 혜종은 "후백제를 칠 때 종군하여 용맹을 떨치며 선봉에 섰으므로 공이 제일로 되었다."라고 기록되었다.[74)] 고려가 918년에 건국되어 936년에 통일되었으니, 혜종의 나이 7세부터 24세까지에 해당한다. 고려가 후백제에 타격을 입힌 전투가 929~930년의 고창전투이므로, 이때 태자 무가 참전했다면 20세 전후에 해당한다. 혜종이 태자 시절 20세 전후에 후백제와의 전투에 참여하여 큰 공을 세웠을 가능성은 충분하다고 하겠다.

혜종의 휘를 '무(武)'라고 한 것에서 보이듯이 후삼국 통일전쟁에서 용맹하게 선봉에 서서 그 공이 일등으로 평가되었다.[75)] 실제 태자 무는 20세인 태조 15년(932) 북쪽 변경을 순시한 적이 있으며, 24세인 태조 19년(936) 후

---

73) 김당택도 왕건이 나주를 중시한 것은 해상세력과의 연대, 남중국 유학 이후 귀국한 선승들과의 긴밀한 유대관계에서 그 연원을 찾았다(앞의 글, 86~90면).

74) 從討百濟 奮勇先登 功爲第一(『고려사』 권2, 혜종 총서).

75) 한정수는 "혜종의 왕으로서의 자질에 대한, '氣度恢弘 智勇絶倫'(『고려사』 권2, 혜종 2년 9월)이라는 사신의 평가는 상투적 표현이라고도 할 수 있으나 적어도 군주로서의 품성이나 자질 등은 모자람은 없었던 데에 대한 평가라 할 수 있다"고 보았다(「고려초 왕규의 난에 대한 재검토」, 『역사와 실학』 62, 2017, 21면).

백제를 공략하기 위하여 박술희와 함께 출정하였다.

E-1) 왕이 친히 일모산성을 정벌하고, 정윤 왕무를 보내 북쪽 변경을 순시하게 하였다.[76] …… 다시 일모산성을 공격하여 깨뜨렸다.[77]

2) 견훤이 요청하여 말하기를, "늙은 신하가 멀리 바다를 건너 성군의 교화에 내투(來投)하였으니, 바라건대 그 위엄에 기대어 역적 아들을 베고자 할 뿐입니다."라고 하였다. 왕은 처음엔 때를 기다려서 움직이고자 하였으나 그의 간절한 요청을 불쌍히 여겨 그의 의견을 따랐다. 먼저 정윤 왕무와 장군 박술희를 보내 보병과 기병 10,000명을 거느리고 천안부로 나아가게 하였다.[78]

태자 무는 태조 15년(932) 20세 때 태조가 정벌한 일모산성 일대를 순시하였다. 그리고 얼마 되지 않아 일모산성을 공격하여 깨뜨렸다는 기록이 있는데, 이때에도 태자 무가 전투에 참여했을 가능성이 크다. 그리고 태조 19년(936) 24세 때 후백제를 정벌하기 위하여 측근 박술희와 함께 만 명의 군사를 데리고 출정하였다. 이후 전투 상황에 대한 자세한 기록은 없지만, 후백제가 멸망하게 된 결정적인 전투였기 때문에 태자 무의 군공도 적지 않았을 것으로 짐작된다. 태자 무의 군공 관련 내용은 1년 뒤 태조의 죽음과 함께 그의 즉위의 정당화 하는 기록이라고 이해할 수 있겠다. 태자 무가 태조의 유명으로 즉위하였는데, 그 배경으로 태자 무의 군공을 설명하는 것으로 보이기 때문이다. 물론 태자 무가 왕위를 계승하게 된 것은 군공 때문만은 아니었다.

태자 무는 태조 말년에 국정을 담당하기도 하였다.

---

76) 秋七月 辛卯 親征一牟山城 遣正胤武 巡北邊(『고려사』 권2, 태조 15년 7월 辛卯).

77) 復攻一牟山城 破之(『고려사』 권2, 태조 15년 11월).

78) 甄萱請曰 老臣遠涉滄波 來投聖化 願仗威靈 以誅賊子耳 王初欲待時而動 憐其固請 乃從之 先遣正胤武 將軍述希 領步騎一萬 趣天安府(『고려사』 권2, 태조 19년 夏6월).

재신 염상, 왕규, 박수문 등이 곁에 모시고 앉아 있는데 왕이 말하기를, "…… 내가 병든 지 이미 20일이 지났지만 죽는 것을 자연으로 돌아가는 것과 같이 보니 어찌 근심함이 있겠는가? …… 안팎의 중요한 일 중 오랫동안 결정하지 못한 것은 그대들이 태자 무와 함께 결재한 뒤에 알리도록 하라."고 하였다.[79)]

태자 무는 태조가 와병 중에 부왕의 명을 받아 '내외기무(內外機務)'를 맡아 처리하였다. 혜종이 태자시절부터 국정 수행능력을 보여줬다는 사실은 최승로의 '오조정적평(五朝政積評)'에 잘 나타나 있다. 최승로는 혜종에 대해서,

혜종께서는 오랫동안 태자로 계시면서 여러 차례 나라를 다스리고 군대를 위무하는 일을 처리하셨고, 스승을 존경하여 예우하고, 빈객과 관료들을 잘 대우하셨습니다. 이런 까닭으로 명성이 조야에 알려져, 처음 즉위하셨을 때는 여러 사람들이 모두 기뻐하였습니다.[80)]

라는 긍정적 평가를 남겼다. 혜종의 태자 시절 업적은 '누경감무(累經監撫)'라는 표현으로 압축되어 있다. "여러 차례 '감무'를 행했다"는 것이다. '감무'는 '감국무군(監國撫軍)'의 준말인데, "세자가 임금을 도와서 국사를 감독하고 군사를 위무하던 일. 곧 세자의 직무"를 말한다. '누경감무'는 "여러 차례 나라를 다스리고 군대를 위무하는 일을 처리하였다"는 뜻으로 이해된다. 이는 앞서 태조의 와병 기간 중 '재신들과 함께 국가 중대사를 결재한 일'을 뜻할 것이다. 그렇다면 혜종은 태자 시절부터 군공이 뛰어났으며 국

79) 宰臣廉相王規朴守文等侍坐 王曰 …… 予遘疾已歷二旬 視死如歸 有何憂也 …… 內外機務 久不決者 卿等並與太子武 裁決而後聞(『고려사』 권2, 태조 26년 5월 丁酉).
80) 惠宗 久在東宮 累經監撫 尊禮師傅 善接賓僚 由是 令名聞於朝野(『고려사』 권93, 열전6, 崔承老).

정 수행능력도 출중했다고 보아야 할 것이다.

혜종은 태자 시절 '존예사부(尊禮師傅)'와 '선접빈료(善接賓僚)'했다는 평가도 받았다. "스승을 존경하여 예우하였으며, 빈객과 관리들을 잘 대우하였다"는 것이다. 이러한 태자 시절 업적으로 인해 "조야에 명성이 알려졌다"고 한다. 이 또한 혜종이 군주로서 성품을 지녔음을 의미한다. 최승로의 평가에 따르면 혜종의 즉위는 그의 군주로서의 자질과 능력에 바탕을 두고 있으며, 이는 태조가 직접 겪고 경험하면서 쌓인 신뢰로부터 나온 것이다.

혜종은 태조의 장자로서 왕위에 올랐다.[81] 태조는 무가 장자로서 왕위를 계승할 자격이 있다고 판단하여 즉위하자마자 다음 왕위 계승자로 책봉하고자 하였다.[82] 이에 태조는 혜종에게 왕위계승권자로서 여러 경험을 쌓도록 하였다. 먼저 혜종은 북쪽 변경을 살피거나 후백제 토벌에 참여하게 하는 등 군사적 임무를 맡았다. 그리고 태조 말년에는 재신들과 함께 국정을 처리하는 경험을 쌓도록 하였다. 혜종이 이렇게 왕위계승권자로서 경험을 축적한 결과 그의 즉위는 "좋은 명성이 조야에 알려져서 여러 사람이 기뻐했다"는 평가를 받을 수 있었다.

그러나 태조는 혜종이 맏아들임에도 불구하고 그의 어머니가 미천했기 때문에 그가 왕위를 잇지 못할까 걱정하였다. 이는 혜종을 지지할 수 있는 외척세력이 부족했기 때문이었다. 이에 태조는 혜종이 10세가 되던 해에 박술희에게 혜종을 정윤으로 세우도록 요청하게 하고, 박술희에게 유명을 남겨 혜종을 끝까지 보필하게 하는 등 혜종의 지지세력을 만들어 주고자 하였다. 이후 혜종은 박술희의 도움으로 나주세력, 충남 당진에 해당하는 혜성군세력, 광주세력, 진천세력, 청주세력, 경주세력 등 다양한 세력을 구축하게 되었다.[83] 그 결과 태조의 유명을 받들어 즉위할 수 있었던 것이다.

---

81) 惠宗 …… 太祖長子母曰莊和王后吳氏 …… 二十六年 五月 丙午 太祖薨 奉遺命卽位(『고려사』 권2, 혜종 총서).

82) 年七歲 太祖知有繼統之德(『고려사』 권88, 열전1, 후비1, 장화왕후 오씨).

83) 한정수, 앞의 논문. 23~24면

이상에서 확인했듯이 태조는 맏아들인 혜종이 왕위에 오를 만한 자질을 갖추었다고 판단하고 그를 왕위계승권자로 결정하였다. 이후 왕위계승권자로서 경험을 쌓게 함으로써 자질을 더 갖춰나가게 했고, 그를 지지할 세력을 만들어 줌으로써 안정적으로 왕위를 계승하도록 하였다. 태조가 말년에 남긴 훈요 3조에는 혜종에게 왕위를 전하는 과정에서 염두에 두었던 왕위계승의 원리가 반영되었고, 혜종 역시 그러한 원리에 따라 왕위를 계승하였던 것이다.[84)]

## 3. 왕규의 난과 혜종의 치적 평가

이제 마지막으로 왕규의 난과 관련하여 혜종에 대한 평가가 차지하는 의미를 찾아보도록 하자. 혜종에 대한 고려시대 또 다른 평가로는 이제현의 찬을 들 수 있다.

> 이제현이 찬하기를, "우부(羽父)가 환공(桓公)을 죽이라고 청한 것은 장차 태재(太宰)의 자리를 얻고자 한 것이었다. 은공(隱公)이 들어주지 않았지만 또한 그를 징벌하지도 않았다가 끝내 위씨(蔿氏)의 화를 입기에 이르렀다. 왕규(王規)가 왕의 두 아우를 참소한 것도 또한 우보와 같은 의도였다. 혜종은 그의 죄를 다스리지 않고 도리어 가까이에 있게 하였으니, 소매 속에 칼날을 숨기고 벽을 넘어 온 자객의 음모를 면한 것만도 다행이라고 하겠다. 당시는 태조가 세상을 떠난 지가 얼마 되지 않아서, 왕규가 옳지 못한 방법으로 사람들의 마음을 얻음이 이미 후한을 찬탈한 조비(曹丕)나 위나라를 찬탈한 사마염(司馬炎)과 같았는데도 그를 내치거나 죽이지 않은 것은 어째서인가. 아아, 소인을 멀리 하기가 어려움이 이와 같으니, 경계하지 않을 수 있겠는가."라고 하였다.[85)]

---

84) 오경석, 「고려전기 왕위계승 양상과 그 원리 -훈요 3조를 중심으로」, 성균관대학교 석사학위논문, 2019, 9~10면.

이제현은 고려 말에 활동한 정치인이며 학자인데, 혜종의 잘못을 비판하기보다는 “(왕규의) 죄를 다스리지 않고 도리어 가까이에 있게 한” 사실을 안타까워하였다. 앞서 살핀 최승로의 인식과는 사뭇 다른 평가라 할 수 있다. 최승로는 혜종이 왕규의 반란 조짐을 알고도 묵인한 것에 대하여, “모든 사람이 큰 도량에 감복하였습니다.”라고 평가하였다. 그러면서도 자신의 신변을 보호하려는 혜종의 조치에 대해서는 “덕정을 닦지 않고 지나치게 자신의 목숨을 아껴 좌우 전후에 항상 갑사들로 뒤따르게 하셨으니, 이는 대개 사람을 의심함이 너무 심하여 군주의 체통을 크게 잃으신 것”이라고 비난하였다. 최승로의 혜종에 대한 평가는 상당히 모순적이다. 즉, 최승로는 정종에서 광종으로 이어진 왕위계승을 정당하다고 보고 있기 때문에,[86] 이러한 계기를 마련해 준 혜종의 초기 조치에 대해서는 큰 도량 운운하다가, 혜종의 왕권 강화와 관련된는 시위군 보강과 장사 포상에 대해서는 체통을 잃었다고 비난한 것이다. 그런데 최승로와 달리 이제현은 당시 혜종이 왕규를 내치지 않은 것을 ‘소인을 멀리하지 못함’에 비교하여 경계했어야 할 일로 규정한 것이다. 때문에 혜종이 왕규의 난 이후 실정을 했다는 혜종 총서의 기록이나 최승로의 평가를 그대로 수용하기에는 문제가 있다.[87]

이에 혜종에 대한 평가는 태몽에서부터 성장 과정, 태자 시절과 즉위 과

85) 李齊賢贊日 羽父請弑桓公 將以求太宰 隱公不聽 亦不討之 終致蔿氏之禍 王規之譖兩王弟 亦羽父之意也 惠宗不致之罪 顧使居左右 其免於袖刃壁人之謀 可謂幸也 時 去太祖棄代甫耳 規之不義 而得衆 已能如漢魏之曹馬耶 其未有以竄殛之 何也 嗚呼 小人之難遠也 如此 其可不戒哉(『고려사절요』 권2, 혜종 2년 9월).

86) 강희웅도 “『고려사』에 기록된 유교사가들의 해석은 왕자 요(堯:정종)와 소(昭:광종)를 왕위 계승의 정통을 보호하고 외척의 발호에서 종사를 구출한 옹호자로 묘사했으며, 당시 내란의 모든 책임을 역적으로 규정한 왕규에게 씌우려 했다”고 보았다(앞의 논문, 64면).

87) 이처럼 혜종에 대한 평가가 복합적인 까닭은 당대에 혜종을 진용자로 추종했던 세력이 존재했던 반면, 그의 정통성을 폄훼하고자 했던 경쟁자도 존재했던 사실을 반영한 것으로 여겨진다.

정에 대한 평가에서 압축적으로 제시된 '진용자'와 '계통지덕'을 갖춘 군주로서의 자질과 위상이 온당한 것으로 수용되어야 할 것이다. 예종 11년에 바쳐진 혜종 왕무의 찬가에서는,

> 정성(正聲) 소성지곡(紹聖之曲)
> 진실로 저 선왕(先王)께서는 항상 위풍당당하시어
> 흉악한 무리를 제거하시고 삼한(三韓)을 평정하셨네.
> 높고 높구나. 크고 뚜렷하게 이룬 덕이여.
> 자손이 제향을 올려 망극한 은혜를 보답하고자 하네.
> 중성(中聲)
> 용기와 지혜가 뛰어나서 조종(祖宗)의 공을 도우셨도다.
> 굳은 깃발 밑에 삼한이 하나로 모였네.
> 길이 그 상서로움을 드러내어 여러 임금을 비추시네.
> 때 맞춰 엄숙하게 제사하니 효도하는 후손에게 경사 생기리라.[88]

라고 하여, 후삼국 통일에 공로를 추숭하였다.[89] 여기에서도 혜종이 후삼국 통일에 공헌하고 군주로서의 자질을 갖춘 것은 인정되고 있다.

945년 혜종은 비록 사후이기는 하지만 후진으로부터 책봉을 받았다. 그때 칙서의 내용을 살펴보면, "선친의 유언과 관리들의 추대와 요청으로 권지국사(權知國事)의 일을 맡은 것을 잘 알았다. 귀국에 경사가 거듭되고 마음으로 충효(忠孝)를 행하여 일찍부터 일을 잘 처리할 재능이 있다는 명성

---

88) 正聲紹聖之曲 諒彼先王 時惟桓桓 肆除兇殘 鼎定三韓 巍巍乎其 丕顯成德 子孫享之 欲報罔極 中聲 勇智傑然 翼扶祖功 虔麾之下 三韓率同 長發其祥 光于列聖 禋嚴以時 孝孫之慶(『고려사』 권70, 지24, 악1, 아악, 태묘 악장, 혜종 제2실).

89) 공민왕 12년에 만들어진 새 악장에서도, "하늘이 우리나라를 만드셨으니 혹시라도 조회하러 오지 않겠는가? 태조의 좌우에서 궁시(弓矢)를 경영하셨네. 종묘에서 덕을 살펴보니 영령(英靈)께서는 위엄 있고 씩씩하시도다. 전쟁을 평정하고 태평을 여셨으니 영원히 황제의 성명(聖明)을 우러르네[天造我家 或不來庭 左右太祖 弓矢經營 觀德在廟 凜然英靈 濟屯開泰 永仰皇明(『고려사』 권70, 지24, 악1, 아악, 태묘 악장, 혜종 제2실).

을 날렸으며, 선대의 위업을 이은 훌륭한 자손이라는 칭송이 현저하였다. 마땅히 전통을 올바르게 계승하고 여론에 깊이 부합하여, 부왕이 아들을 알아보는 선견지명을 보여주고 후손이 가문을 잘 이어나가는 아름다움을 이루도록 하라."고 하여,[90] 역시 혜종의 국왕으로서의 능력을 평가하였다. 또한 조서에서 "문무의 재능을 아울러 갖추었다."고 한 데에서도,[91] 당시 국내의 평가와 거의 일치하고 있음을 알 수 있다.

아울러 혜종은 건국에 대한 공로로 태조와 같이 불천지주(不遷之主)로 인식되고 있었다.[92] 이에 인종 2년(1124) 4월에 혜종의 신주를 순릉(順陵)으로 옮기고 예종을 태묘에 모신 데 대하여, "혜종은 공적이 있는 분으로 철회하는 것이 부당한데도 철회하였으니 예법에 어긋난다"는 비판을 받았다.[93] 이에 의종 때 또다시 불천지주로서 혜종의 신주도 부묘되었다.[94] 또한 고종이 태묘의 혜종실에 올린 책문에는 "(혜종이) 몸소 갑옷을 두르시고 태조께서 왕업의 어려움을 이루도록 도우셨으며, 우러러 임금의 자리에 오르시니 민심이 따라와 귀의하였습니다"라고 하였다.[95] 이처럼 혜종은 숙종대 한 차례를 제외하면 고려시대 전 기간 동안 태묘(太廟)에 봉안되었다.[96] 이는 태조-혜종으로 이어지는 고려 왕실의 정통 계보가 후대까지 의심없이 받아들여졌다는 방증이라 할 수 있다.[97] 즉, 혜종의 군주로서의 위상에 대

---

90) 以先臣遺命, 及官吏推請, 權知國事事, 具悉. 圭茅積慶, 忠孝因心, 早彰幹蠱之名, 顯著象賢之譽. 雅當嗣習, 深契物情, 見先臣知子之明, 成後嗣克家之美.(『고려사』 권2, 혜종 2년).

91) 文武兼全(『고려사』 권2, 혜종 2년).

92) 遷惠宗神主于順陵 祔睿宗于大廟 時 人議曰 惠宗有功德於民 當爲不遷之主 遷之非禮也(『고려사절요』 권9, 인종 2년 4월).

93) 惠宗 有功德 不宜毁而毁之 皆非禮(『고려사』 권61, 지15, 예3, 길례대사, 제릉, 인종 2년 7월).

94) 毅宗時 禘祫 太祖東向 惠文睿 並南向爲昭 顯順宣肅仁 並北向爲穆 四時臘享朔望寒食並室內南向(『고려사』 권61, 지15, 예3, 길례대사, 제릉).

95) 第二惠宗室册云 躬擐甲冑 助成王業之艱難 望極雲霄 率致民心之傾附(『고려사』 권22, 고종 2년 10월 乙未).

96) 김철웅, 「고려시대 太廟와 原廟의 운영」, 『국사관논총』 106, 2005.

97) 임지원, 「<나주 '어향(御鄕)'의 탄생과 혜종에 대한 재평가>에 대한 토론문」, 『고려 어향 나주의 재조명과 영산강』, 2023년 나주 영산강학술대회자료집, 2023, 82면.

한 평가는 당대에서부터 후대에 이르기까지 크게 달라지지 않았음을 알 수 있다.

## V. 맺음말

지금까지 '나주 어향론'과 혜종의 평가에 대해서 살펴보았다. 이를 요약함으로써 맺음말에 대신하고자 한다.

나주가 어향이라는 인식의 출발점은 혜종의 모후인 장화왕후의 고향이라는 사실에 기인한다. 그러나 현종대 피란 이후 목 설치, 팔관회 개최, 흥룡사와 혜종사 건립 이후 나주가 중요한 거점이 되었다는 점을 추가로 설명함으로써 '나주=어향'이라는 인식을 강력하게 각인시키려는 인상이 깊다. 이는 혜종에 대한 기존의 낮은 평가와 무관하지 않다. 즉, 어향의 근거가 되는 혜종에 대한 평가가 좋지 않기 때문에 현종대 이후 변화상을 덧붙여 어향 나주의 입지를 강화하려는 것으로 보인다. 이에 어향 나주의 진면목을 보여주기 위해서는 혜종에 대한 긍정적인 평가로부터 출발해야 한다. 혜종의 국왕으로서의 자질과 능력이 입증된다면, 그 자체로 '나주 어향론'은 탄력을 받을 수 있기 때문이다.

고려왕조의 두 번째 국왕인 혜종에 대한 평가와 관련하여 출생과정, 성장 과정, 태자 시절, 즉위 과정, 재위 시절, 사후 등으로 구분하여 살펴보았다. 이에 따르면 혜종은 어렸을 적부터 군주의 풍모가 있었고, 7세 때에 세자[정윤]가 된 이후부터 예비국왕으로 자질을 함양하였으며, 건장한 신체를 갖고 있었던 바, 후삼국전쟁의 과정에서 박술희와 함께 상당한 군공을 쌓은 까닭에 태조 왕건의 신임을 얻었다. 특히 태자 시절에 국가기무를 결재하였으며, 신하와 사신 접대에도 능숙하였다. 즉위한 다음에도 덕정을 쌓았으나, 왕규의 난을 겪은 다음에 의심이 많아져서 실정을 하다가 병에 걸려 재위 2년 5개월 만에 세상을 떠났다는 것이다.

혜종에 대한 평가에서 대체적으로 나타나는 "건장한 체구에 덕정을 펼친 2대 군주가 갑자기 병에 걸려 실정을 거듭하다가 죽음을 맞이했다"는 서사구조는 이후 정종과 광종이 왕이 되어야 하는 결과에 맞춘 평가와 해석으로 여겨진다. 왜냐하면 덕정을 베풀던 혜종이 왕규의 난을 겪으면서 호위를 보강하고 주변 측근들을 등용한 점이 부정적 평가의 주를 이루고 있기 때문이다. 즉, 왕규의 난을 통해 최종적으로 혜택을 입은 사람은 정종이며, 이후 곧바로 왕위를 이어받은 사람이 광종이기 때문에, 왕규의 난으로 혜종이 급변했다는 것은 혜종에 대한 비판을 위함이 아니라 정종과 광종의 즉위를 정당화하기 위함으로 보인다.

장화왕후가 왕건을 만나기 직전 용꿈을 꾼 것은 신성가문 출신 왕건과 재지세력 오씨가문의 결합을 상징하기도 하지만, 오씨가문의 딸이 신성가문의 자식을 잉태하기 위한 사전 준비단계였다. 임신과 관련한 '側微'의 경우에는, 왕실 주변에서 향후 태어날 아이의 곁을 지켜줄 힘이 없을 것이라는 걱정을 나타낸 것으로 보인다. 당시 태자 무의 왕위 계승을 반대했을 법한 세력으로는 무의 외가를 천한 신분으로 내세울 수 있는 신라 귀족세력일 가능성이 크다. 즉, 오다련이 후삼국 전쟁에서 특별한 공로가 없는 상황에서 그의 외손자가 왕위를 물려받았을 때 주변에서 이를 지지할 세력이 없음을 뜻한 것이다. 그리고 사위와 연관된 '母微'라는 표현은 왕자 무가 태자가 되려거나 혹은 되었을 때 모후의 힘만으로는 이를 이루거나 지키기 어렵다는 의미로 사용한 표현으로 여겨진다. 왜냐하면 '母微'하기 때문에 자황포를 담은 상자를 주어서 박술희의 지원을 받도록 했기 때문이다. 두 경우 모두 태조 왕건은 장화왕후와의 사이에서 태어날 자식에게 왕위를 물려줄 뜻이 있었지만, 주변의 반대가 강하고 상대적으로 이를 지켜낼 모후의 힘이 미미하다는 점을 의식한 표현으로 판단된다. 이에 두 가지 표현 모두 후일 혜종을 후계자로 삼기 위한 미연의 방어장치로 보아야 할 것이다.

태자 무는 '진용자(眞龍子)'로서 '계통지덕(繼統之德)'을 갖췄으므로, 모후의 '側微'로 인해 '不得嗣位'한다는 것이 아니라, 다른 형제들과의 후계 구도가 그만큼 복잡하며, 이를 극복할 힘이 아직은 미미하다는 점을 강조한 것으로 보인다. 그 미미함을 도와주기 위해, 태조는 자황포를 주었고, 이것을 계기로 박술희의 도움을 얻어 태자 무는 정윤의 자리를 차지하게 된다. 이는 '母微'라는 표현이 가문이나 신분을 뜻하는 것이 아니라, 현실적인 정치 환경 또는 역학관계에서 파생된 것으로 보아야 할 것이다.

태조는 맏아들인 혜종이 왕위에 오를 만한 자질을 갖추었다고 판단하고 그를 왕위계승권자로 결정하였다. 이후 왕위계승권자로서 경험을 쌓게 함으로써 자질을 더 갖춰나가게 했고, 그를 지지할 세력을 만들어 줌으로써 안정적으로 왕위를 계승하도록 하였다. 태조가 말년에 남긴 훈요 3조에는 혜종에게 왕위를 전하는 과정에서 염두에 두었던 왕위계승의 원리가 반영되었고, 혜종 역시 그러한 원리에 따라 왕위를 계승하였다.

최승로는 정종에서 광종으로 이어진 왕위계승을 정당하다고 보고 있기 때문에, 이러한 계기를 마련해준 혜종의 초기 조치에 대해서는 큰 도량 운운하다가, 시위군 보강과 장사 포상에 대해서는 체통을 잃었다고 비난한 것이다. 그런데 이제현은 당시 혜종이 왕규를 내치지 않은 것을 '소인을 멀리하지 못함'에 비교하여 경계했어야 할 일로 규정한 것이다. 때문에 혜종이 왕규의 난 이후 실정을 했다는 혜종 총서의 기록이나 최승로의 평가는 그대로 수용하기에는 문제가 있다고 판단된다.

결론적으로 혜종에 대한 평가는 태몽에서부터 성장 과정, 태자 시절과 즉위 과정에 대한 평가에서 압축적으로 제시된 '진용자'와 '계통지덕'을 갖춘 군주로서의 자질과 위상은 온당한 것으로 수용되어야 할 것이다. 때문에 혜종은 숙종대 한 차례를 제외하면 고려시대 전 기간 동안 태묘에 봉안되었다. 이는 태조-혜종으로 이어지는 고려 왕실의 정통 계보가 후대까지 의심없이 받아들여졌다는 방증이라 할 수 있다. 즉, 혜종의 군주로서의 위상에 대한 평가는 당대에서부터 후대에 이르기까지 크게 달라지지 않았음을 알 수 있다. 이에 '나주 어향론'은 나주가 혜종의 모친 장화왕후의 출생지라는 점에서 당연한 사실이지만, 혜종에 대한 부정적인 평가 때문에 이를 내세우기를 주저할 필요가 없어진 셈이다.

# 고려시기 '나주목영역'의 구조와 나주목의 위상

박종진

## Ⅰ. 머리말

이 글은 고려시기 나주목의 성립과 위상을 지방제도의 성립과 변화 속에서 정리한 것이다. 한국 중세의 지방통치는 중앙집권적인 지방제도인 군현제도를 토대로 하여 이루어졌다. 한국사에서 군현제도가 틀을 갖춘 것은 신라가 삼국을 통일한 이후이다. 신라는 삼국통일 후인 685년(신문왕 5) '9주 5소경제(九州五小京制)' 혹은 '주군현제도(州郡縣制度)'로 불리는 지방제도를 정비하였고,[1] 그 70여 년 후인 757년(경덕왕 16)에 군현의 명칭을 한자식 이름으로 개편하였다. 고려 건국 직후의 지방제도는 신라 후기의 '주군현제도'를 토대로 편성되었다.

---

1) 이글에서는 신라후기 이후의 지방제도의 변천 과정을 일관성 있게 서술하기 위해서 시기별 지방제도의 명칭을 다음과 같이 구분하여 사용하였다. 즉 통일신라시기의 지방제도는 '9주 5소경제' 혹은 '州郡縣制度'로, 고려 성종 14년의 지방제도는 '10도제' 혹은 '州縣制度'로, 고려 현종 9년의 제도는 '主縣屬縣制度'로 구분하여 사용하였다. 또 연관된 용어로 '주군현제도' 때의 지방통치단위는 '州領縣單位' 혹은 '郡領縣單位'로 쓰고, '주현제도' 때의 지방통치단위는 '州縣單位', '주현속현제도' 때의 지방통치단위는 '主縣屬縣單位'로 사용하였다.

고려시기 지방제도의 기본 틀은 고려 건국 이후 크고 작은 몇 차례의 개편 끝에 1018년(고려 현종 9)에 정해졌다. 고려 현종 9년에 정해진 고려시기 지방제도는 하나의 주현(主縣)과 그에 속한 몇 개의 속현(屬縣)이 하나의 지방통치단위인 '주현속현단위'로 묶여서 지방통치의 중심이 되는 제도라는 점에서 '주현속현제도(主縣屬縣制度)'라고 할 수 있다.[2)]

1018년 고려의 지방제도의 기본 틀이 '주현속현제도'로 마무리될 때 나주목은 나주목과 22개의 속현으로 편성된 '나주목지역'의 주현이 되었을 뿐 아니라 57개의 단위 군현으로 편성된 '나주목영역'(지금의 전라남도)의 대표 군현인 계수관(界首官)이 되었다.[3)] 이 위상은 고려말까지 바뀌지 않았을 뿐 아니라 조선 건국 이후에도 그대로 이어졌다.[4)]

이글에서는 고려시기 지방제도에 대한 연구성과[5)]와 고려시기의 전라남도에 대한 연구성과[6)]를 토대로 고려시기 나주목의 성립과정, '나주목영역'의 구조와 변화, 나주목의 위상을 정리하였다.

---

2) 그렇지만 일반 행정구역이라 할 수 있는 개성부 및 5도와 달리 북쪽의 양계영역은 일부를 제외하고는 '주현속현제도'로 운영되지 않았다.

3) 이 글에서는 '영역'과 '지역'의 범위를 구분하여 사용하였다. 이 글에서 '영역'은 고려시기 계수관이 관할하는 영군현과 그 속현을 포함하는 범위 곧 '계수관영역'을 의미하고, '지역'은 主縣(계수관과 영현 포함)과 그 속현을 포함하는 '주현속현단위'의 범위를 말한다. 아울러 신라후기 9주의 지리적 범위도 '영역'을 사용하였다.

4) 나주목의 위상은 조선 중기 일시적으로 금성현으로 잠시 강등된 것을 빼고는 조선시기에도 그대로 유지되었다. 1896년 전국을 13도로 나누고 각 도에 관찰사를 파견할 때 광주에 전라남도의 관찰부를 설치하면서 나주는 오랫동안 유지하여 온 이 지역 대표 고을의 위상을 잃게 되었다.

5) 고려시기 지방제도 연구 성과 전체에 대한 최근 정리로는 다음 글들이 있다. 박종진, 「서장 고려시기 지방제도 연구 성과 정리」『고려시기 지방제도 연구』 서울대학교출판연구원, 2017; 윤경진, 「고려 지방제도 연구동향」『고려 지방제도 성립사』 서울대학교출판연구원, 2022.

6) 고려시기 전라도와 나주에 대한 연구 성과는 다음 글을 참고하였다. 서금석, 「전라도 지역 고려시대사 연구 현황과 과제」『한국중세사연구』 58, 2019; 강봉룡 외 『해양강국 고려와 전남』 민속원, 2019.

## Ⅱ. 고려시기 지방제도의 성립과 나주목

한국사에서 군현제도를 토대로 한 지방제도가 틀을 갖춘 685년(신라 신문왕 5)부터 1018년 나주목이 계수관이 될 때까지의 과정을 따라가 보자. 685년 신라는 '9주 5소경제' 혹은 '주군현제도'로 불리는 지방제도를 정비하였고, 그 70여 년 후인 757년(경덕왕 16)에 군현의 이름을 한자로 고쳤다. 『삼국사기』와 『고려사』 지리지에 따르면 나주의 신라 경덕왕 때의 이름은 금산군(錦山郡)이었고, 금산군은 본래 백제의 발라군(發羅郡)이었으며, 금산군은 신라후기 '무주영역(무진주영역)'의 군(郡)으로, 회진현(會津縣)·철야현(鐵冶縣)·여황현(艅艎縣)을 영현(領縣)으로 거느렸다.

『고려사』 지리지 기록에 따르면 금산군은 신라말 후백제 견훤의 땅이 되었다가 얼마 후 궁예 밑에 있던 왕건의 공으로 후고려(후고구려)의 땅이 된 후 이름을 나주로 고쳤다.[7] 관련 기록이 『고려사』 세가에도 있는데, 그 기록에는 903년 3월 왕건이 "수군[舟師]을 거느리고 서해(西海)부터 광주(光州) 경계까지 가서 금성군(錦城郡)을 공격하여 함락시키고 10여 군현을 공격하여 차지하고 이어서 금성을 고쳐서 나주라 하고 군사를 나누어서 지키게 한 뒤 돌아왔다."[8]고 하여, 나주의 이전 이름을 『삼국사기』와 『고려사』 지리지의 금산군과 다른 금성(군)으로 기록하였다.[9]

---

7) 『高麗史』 권57, 지리2, 羅州.

8) 『고려사』 권1, 세가, 태조1, 天復三年癸亥 三月 "率舟師, 自西海抵光州界, 攻錦城郡拔之, 擊取十餘郡縣. 仍改錦城爲羅州, 分軍戍之而還 …". 『삼국사기』(권50, 열전10, 弓裔)에는 『고려사』와 달리 금성군이 나주가 된 시기를 911년으로 기록하였다. 금성군이 나주가 된 시기를 911년으로 본 연구로는 다음 글이 있다. 신호철, 「高麗 건국기 西南海 지방세력의 동향-나주 호족의 활동을 중심으로」 『역사와 담론』 58, 2011; 김명진, 「고려 태조 왕건의 나주전투와 서남해 공략」 『한국중세사연구』 77, 2024.

9) 『삼국사기』 지리지와 『고려사』 지리지를 제외하고는 나주를 금산군으로 기록한 자료는 없다. 반면 『고려사』 지리지에 나주목의 별호를 금성으로 기록한 것을 포함하여 금성산신, 錦城君 봉작 사례에서 보듯이 금성은 이후 나주의 다른 이름으로 계속 사용되었다. 더 이상의 관련 자료가 없기 때문에 지리지 자료가 오류인지 아니면 금산군이 757년 이후에 금성군으로 이름이 바뀐 것인지 알 수 없다. 필자는 조심스럽기는

앞에서 본 것처럼 나주는 후고구려[태봉] 때 금성군을 고친 것으로[10] 이것은 군(郡)에서 주(州)로 위상이 높아진 것을 의미한다. 한편 903년 금성군이 왕건에게 항복하고 이 지역의 유력자인 오다련(吳多憐)이 왕건과 특별한 관계를 맺은 것과 달리 무주(武州, 지금의 광주광역시)는 견훤의 사위였던 성주 지훤(池萱)이 굳게 지켜 항복하지 않았다.[11] 따라서 이때 신라 후기 이래 '무주영역'의 대표 군현인 무주는 후백제의 영역을 유지하였다. 그 때문에 궁예는 금성군을 나주로 승격시켜서 이 영역의 대표 군현으로 삼은 것으로 생각한다. 이러한 나주의 위상은 고려 건국 이후에도 그대로 유지되었다. 고려 건국 후 태조는 정치적·군사적 목적에 따라서 부분적으로 지방제도를 개편하였지만, 기본적으로는 건국 이전의 지방제도, 특히 군현제에 토대를 둔 신라 후기의 '주군현제도'를 바탕으로 지방제도를 운영하였다. 그것은 고려정부가 중앙집권적인 지방통치를 지향하였기 때문이다.[12] 따라서 나주 역시 고려 건국 후 건국 이전의 이름을 그대로 가지고 신라후기 금산군이었을 때 영현으로 거느렸던 회진현(會津縣)·철야현(鐵冶縣)·여황현(艅艎縣)과의 영속관계도 그대로 유지하였을 것으로 생각한다.[13]

따라서 고려 건국 직후에는 후백제의 무주와 고려의 나주 두 고을 모두 지금의 전라남도 지역에서 중요한 위상을 유지하고 있었을 것이다. 그렇지

---

하지만 『삼국사기』와 『고려사』 지리지의 금산군을 자료의 오류로 보기보다는 757년 이후 금산군의 이름이 금성군으로 바뀌었거나 금산군과 금성군을 함께 사용하였을 가능성이 있다고 생각한다. 『新增東國輿地勝覽』에서는 금성을 금산의 다른 이름으로 처리하였다(『신증동국여지승람』 권35, 전라도, 나주목, "新羅改錦山郡. 一云錦城").

10) 금성군을 나주로 이름을 바꾼 국가는 『고려사』를 따를 경우 후고구려가 되고 『삼국사기』를 따를 경우 태봉이 된다.

11) 『고려사』 권57, 지리2, 전라도, 海陽縣.

12) 박종진, 앞 책, 2017, 35~40쪽 참고. 이글의 고려시기 지방제도에 대한 서술은 필자의 이 책을 토대로 하였다.

13) 고려 건국 다음 해인 919년 고려는 수도를 철원에서 송악으로 옮기면서 開州를 설치하였다. 이때는 이전의 영속관계를 개편하여 송악군은 개주가 되었고, 송악군의 영현이었던 江陰縣과 松林縣, 개성현과 그 영현이었던 德水縣과 臨津縣이 개주의 영현이 되었다(박종진, 앞 책, 2017, 215쪽 참고).

만 이러한 고려 건국 초기의 나주와 무주의 위상은 고려가 후삼국을 통일한 후에는 정리될 필요가 있었다. 고려의 후삼국 통일 후 고려의 지방제도 개편과 관련하여 처음 등장하는 중요한 내용이 940년(태조 23) 주부군현(州府郡縣)의 이름을 고친 것이다. 이것은 단순히 군현의 이름을 바꾼 것이 아니라 고려 영토 안의 단위 군현과 그 위상을 확정한 것이다. 따라서 이때 나주는 주(州)의 위상을 유지한 채 고려의 단위 군현으로 확정되었다. 반면 무주는 광주(光州)로 이름이 바뀌었다.[14] 이때는 고려의 지방제도가 전면적으로 개편되지 않았기 때문에 제도적으로는 나주와 광주 두 지역은 모두 같은 주의 위상을 유지하였을 것이지만 실질적인 위상은 나주가 광주보다 더 높았을 것이다.

고려 광종 이후 왕권이 안정되면서 고려의 국가운영에 필요한 중요한 제도가 하나둘씩 갖추어졌고, 특히 성종 즉위 이후 본격적으로 고려의 제도가 정비되기 시작하였다. 중앙 정치제도의 기본 틀이 중국 당나라 제도인 3성 6부제를 토대로 정해진 983년(성종 2)에는 지방제도 운영에서도 의미 있는 변화가 나타났다. 983년 2월 12목(牧)을 설치하고 12목에 처음으로 중앙에서 지방관을 파견하였다. 이때 목이 설치된 곳은 양주(楊州)·황주(黃州)·해주(海州)·충주(忠州)·청주(淸州)·공주(公州)·전주(全州)·나주(羅州)·승주(昇州)·상주(尙州)·진주(晉州)·광주(廣州)로 보는 것이 일반적이다.[15] 이때 목이 된 12 지역은 대체로 이전 시기부터 지방통치의 중심지였는데,[16] 나주는 12목에 포함되었지만, 광주(光州)는 빠졌다. 이것은 이때 제

---

14) 이것은 武가 당시 태조의 후계자인 正胤 무의 이름과 같아서 그것을 피하기 위한 것으로 생각한다.

15) 변태섭, 「高麗前期의 外官制-地方機構의 行政體系-」 『韓國史硏究』 2, 1968(『高麗政治制度史硏究』 一潮閣, 1971). 변태섭은 『高麗史』 지리지에서 확인되는 8목(廣州·淸州·忠州·公州·晉州·尙州·海州·黃州)과 성종 14년 절도사가 설치된 4곳(楊州·全州·羅州·昇州)을 12목으로 보았다. 이후 대부분의 연구자들은 이 의견을 따르고 있다. 다만 윤경진은 양주와 승주 대신 경주와 金州를 12목에 포함시켰다(윤경진, 「고려 界首官의 제도적 연원과 성립과정-9州·12牧과의 연결성을 중심으로-」 『韓國文化』 36, 2005).

16) 12목 중 公州·全州·尙州·晉州·廣州는 신라 후기 9주였고, 忠州·淸州는 소경이었으며,

도적으로 나주가 현재 전라남도 지역의 대표 군현이 된 것을 의미한다. 그리고 이때 정해진 나주와 광주의 위상은 이후 고려시기 지방제도 개편에서도 그대로 이어졌다.[17]

983년 12목 설치 이후 전면적인 지방제도 개편은 995년(성종 14)에 이루어졌다. '10도제' 혹은 '주현제도(州縣制度)'로 불리는 성종 14년의 지방제도는 건국 이후 고려가 추구해왔던 중앙집권적인 지방제도로 개편하는 과정에서 이루어졌다. 이때는 군현 사이의 영속관계가 전면적으로 개편되었고 많은 단위 군현에 지방관이 파견되었다.[18] 이때 지금의 전라남도에는 해양도(海陽道)가 설치되었다. 그 때 해양도의 주요 고을은 나주, 광주, 정주(靜州/영광군), 승주(昇州/승평군), 패주(貝州/보성군), 담주(潭州/담양군), 낭주(朗州/영암군) 등이었다.[19] 995년 해양도가 설치될 때 나주에는 절도사[鎭海軍節度使]가 파견된 반면 광주에는 그보다 위상이 낮은 자사(刺史)가 파견되었다.[20]

성종 14년(995)에 개편된 제도는 고려의 지방제도로 정착하지 못하였다. 1005년(목종 8) 3월 절도사와 도호부사·방어사·현령만 남기고 도단련사(都團練使)·단련사(團練使)·자사 등 성종 14년에 새로 설치되었던 지방관이 모두 폐지되었고,[21] 이어서 1012년(현종 3)에는 12주 절도사마저 혁파되고 절

---

楊州·黃州·海州·羅州·昇州는 郡이었다.

17) 12목은 중앙에서 지방을 직접 통치하는 데 큰 역할을 했다고 보기보다는 지방통치의 중심도시로서 지방 군현에 대한 감찰 기능을 했을 것이다. 성종 2년에 12목을 설치하고 전임 지방관을 파견한 것은 의미가 크지만 파견 지역이 12곳에 불과하였다는 사실은 그 기능이 제한적이었다는 것을 말한다. 아울러 이때 이루어진 향리제도 개정은 12목 설치와 함께 고려 지방제도 개편의 시작이자 토대가 되었다(박종진, 앞 책, 2017, 41~44쪽).

18) 박종진, 앞 책, 2017, 44~58쪽.

19) 成宗十四年 … "羅州·光州·靜州·昇州·貝州·潭州·朗州等州縣 爲海陽道"(『고려사』 권57, 지리2, 전라도).

20) 이때 나주와 昇州(승평군)에는 節度使, 朗州(영암군)에는 都護府, 潭州(담양군)에는 都團練使, 貝州(보성군)와 광주에는 刺史가 파견되었다.

21) 『高麗史節要』 卷2, 穆宗 8年 3月.

도사 대신 도호(都護)와 안무사(安撫使)를 두게 되면서[22] 성종 14년 지방제도의 핵심인 '주현제도'는 사실상 혁파되었다. 이어서 1018년(현종 9) 2월 안무사마저 폐지하고 전국에 4 도호(都護), 8 목, 56 지군사(知郡事), 28 진장(鎭將), 20 현령(縣令)을 설치함으로써 새로운 지방제도인 '주현속현제도'가 성립하였다.[23] 비록 성종 14년의 지방제도는 오래 지속되지 못하고 역사의 무대에서 사라졌지만 성종 14년의 지방제도 개편과 운영의 역사적 경험은 이후 지방제도 개편에 영향을 주었다.

현종 9년 새로운 지방제도인 '주현속현제도'가 성립된 이후 몇 차례 부분적인 개편이 있었지만 고려 말까지 '주현속현제도'의 기본 틀은 바뀌지 않았다. 1018년(현종 9) 성립된 고려의 지방제도는 '주현속현단위'를 편성하고 그 중심 군현인 주현에 지방관을 파견하는 제도라는 점에서 '주현속현제도'라고 할 수 있다. 이 제도는 이전의 군현 사이의 영속관계를 개편하고 그 중심 군현인 주현에 지방관을 파견하여 중앙집권적인 지방제도를 지향하였다는 점에서 성종 14년의 '주현제도'와 연결된다.[24]

1018년에 성립한 고려의 지방제도는 모든 단위 군현에 외관 곧 수령을 파견하지 않고 외관을 파견한 주현을 중심으로 '주현속현단위'를 편성하여 주현에 파견된 외관이 주현뿐 아니라 속현까지도 효과적으로 지배하는 것이었다. 아울러 1018년에 성립한 고려의 지방제도 곧 '주현속현제도'의 토대는 독립된 영역을 가진 단위 군현이었다. 주현이든 속현이든 단위 군현에는 토착적인 기반을 가진 향리(鄕吏)들이 읍사(邑司)를 중심으로 지방지배의 실무를 담당하였다. 국가에서는 이들의 존재를 인정하였으며, 이들의 경

---

22) 『高麗史節要』 卷3, 顯宗 3年 正月. 이때 75安撫使를 설치한 것으로 기록되어 있지만, 선행연구에서 지적하였듯이(변태섭, 앞 논문, 1968), 75안무사는 7안무사로 보는 것이 자연스럽다.

23) 성종 14년의 10도 역시 현종 9년 '주현속현제도'가 성립할 때 일부 도가 '계수관영역'으로 재편성되면서 사실상 해체되었고, 그 이후에는 시간 차이를 두고 5도로 재편성되었다.

24) 또한 두 제도는 신라후기부터 운영하여 온 지방제도의 역사적 경험을 상당 부분 이어받았다는 점에서 공통점이 있다. 박종진, 앞 책, 2017, 58~65쪽 참고.

제기반으로 공해전(公廨田) 등을 지급하였다. 국가에서는 단위 군현을 토대로 양전(量田)과 호구조사, 조세 징수와 감면, 구휼 등 경제시책을 실시하였다. 이런 점에서 고려시기 단위 군현은 모두 본질적으로 대등한 위상을 가졌다. 다만 단위 군현의 크기에 따라 향리의 정원이 달랐고 읍사의 경제기반으로 지급된 공해전의 규모도 달랐다.

983년(성종 2) 향리 제도가 개정되었고, 1018년에는 각 군현의 향리의 정원이 정해졌다.[25] 그때 단위 군현의 규모를 정(丁)의 수에 따라 나누고 그 기준에 따라 주부군현(州府郡縣)에 속한 향리의 정원을 정했다. 그 규정에 따르면 가장 위상이 높은 1,000 정 이상 주부군현의 향리 정원은 모두 84명이었고, 가장 규모가 작은 단위 군현에도 29명의 향리가 정원으로 정해졌다.[26] 계수관이었던 나주목 향리의 정원은 모두 84명이었을 것이다. 즉 나주목에는 호장(戶長) 8명, 부호장(副戶長) 4명, 병정(兵正)·부병정(副兵正) 각 2명, 창정(倉正)·부창정(副倉正) 각 2명, 사(史) 20명, 병사(兵史)·창사(倉史) 각 10명, 공수사(公須史)·식록사(食祿史) 각 6명, 객사사(客舍史)·약점사(藥店史)·사옥사(司獄史) 각 4명씩 모두 84명의 향리가 정원으로 규정되었다. 또 983년(성종 2) 정해진 공해전 지급 규정에 따르면 1000 정 이상의 주부군현에는 공수전(公須田) 300결이 정해졌다. 공수전은 각 군현의 운영비, 곧 외관청(外官廳)과 읍사의 운영을 위해서 지급된 것이다.[27] 이 규정에 따르면 나주목에는 공수전 300결이 공해전으로 지급되었을 것이다.

1018년에 성립한 고려의 지방제도인 '주현속현제도'에서 지방지배의 중심축은 주현과 속현에 있었고, 그 운영의 주인공은 외관[수령]과 향리였다.

---

25) 『고려사』 권75, 선거3, 銓注, 鄕職.

26) 『고려사』 권 75, 선거3, 전주, 향직. 이 자료에서 100丁 이하의 東西諸防禦使·鎭將·縣令官이 파견된 고을의 향리 정원 중 기록에 없는 食祿史를 사료상 누락으로 볼 경우, 제일 규모가 작은 고을 향리의 정원은 식록사 2명을 포함하여 31명이 된다. 千寬宇, 「閑人考-高麗初期 地方統制에 대한 一考察-」『社會科學』 2, 1958(『近世朝鮮史硏究』 일조각, 1979) 참고.

27) 안병우, 『高麗前期의 財政構造』 서울대학교출판부, 2002.

각 군현에서 공적인 실무를 담당한 것은 향리였다. 군현의 실무 중 조세 징수와 관련된 일이 향리들이 담당한 일 중 가장 중요하고 힘든 일이었다. 향리는 조세의 징수와 감면뿐 아니라 납부에도 관여하였다. 군현에서 향리를 통제하고 감독하는 것은 외관[수령]이었으며, 그 중에서 조세 징수와 전곡 관리 등을 감독하는 것은 매우 중요한 일이었다. 고려시기 지방지배는 주현과 속현의 관계를 중심축으로 하여 이루어졌지만, 주현을 통한 속현의 지배에는 어려움이 많았다. 하나의 주현이 많은 수의 속현을 관할하였기 때문이다. 고려시기에는 이 어려움을 보완할 여러 장치를 가지고 있었는데, 그 중의 하나가 주현에 복수의 외관[屬官]을 파견한 것이다.[28] 고려시기에는 조선시기와 달리 주현에 복수의 외관을 파견하였다. 문종 때 정한 제도에 따르면 목에는 대도호부와 같은 수의 관원이 파견되어서 나주목에는 사(牧使) 1명(3품 이상), 부사 1명(4품 이상), 판관(判官) 1명(6품 이상), 사록겸장서기(司錄兼掌書記) 1명(7품 이상), 법조(法曹) 1명(8품 이상), 의사(醫師) 1명(9품), 문사(文師) 1명(9품) 등 모두 7명의 외관이 규정되어 있다. 나주목에 파견된 외관은 나주목의 향리들이 나주목에 정해진 조세를 징수하여 중앙에 납부하는 일에 책임을 졌을 뿐 아니라 나주목 속현들의 조세 납부를 맡은 속현의 향리를 통제하고 감독하는 일도 하였다. 아울러 고려시기에는 '주현속현제도'를 효과적으로 운영하기 위한 보완 장치로 계수관과 안찰사(按察使)가 있었다. 고려는 현종 9년 '주현속현제도'를 중심으로 지방제도를 정비하면서 몇 개의 '주현속현단위'를 묶어서 '계수관영역'을 편성하고, 경·목·도호부 등 대읍을 계수관으로 삼아 지방지배의 중심으로 활용하였다. 이어서 5도를 설치하고 도에 정기적으로 안찰사를 파견하여 수령을 감찰하는 일 등을 맡겼다.[29]

1018년 고려의 지방제도의 기본 틀이 정해질 때 나주목은 나주목과 22

---

28) 이에 대해서는 다음 연구가 있다. 박종기, 「제4장 지방 지배기구- 속관제와 속관」『고려의 지방사회』 푸른역사, 2002, 247~302쪽.

29) 박종진, 앞 책, 2017.

개의 속현으로 편성된 '나주목지역'의 주현이 되었을 뿐아니라 57개의 단위 군현으로 편성된 '나주목영역'(지금의 전라남도)의 대표 군현인 계수관이 되었다. 아울러 '나주목영역'은 '전주목영역'과 합하여 전라도를 구성하였다.

1018년 '나주목영역'의 대표 군현인 계수관이 된 나주목은 고려말, 더 나아가서 조선시기까지 전라도의 계수관 위상을 유지하였다. 반면 신라후기 '무주영역'의 대표 군현이었던 무주는 태조 23년 광주로 개칭된 이후, 성종 14년 무주 자사(刺史)가 되었고, 1018년에는 나주목의 속현이 되었다가 고려 중기 어느 시점에 해양현령이 파견되었다. 두 고을의 읍호와 위상의 변화를 정리한 것이 〈표 1〉이다.

〈표 1〉 고려시기 나주와 광주의 읍호 변천

| 시기 | 羅州의 읍호 | 光州의 읍호 |
|---|---|---|
| 신라 주군현제도 | 錦山郡(武州의 領郡) | 武州(9주의 하나) |
| 903년 | 羅州(후고구려) | 武州(후백제) |
| 940년<br>(태조 23) | 羅州 | 光州 |
| 983년<br>(성종 2) | 羅州牧(12목의 하나) | 光州 |
| 995년<br>(성종 14) | 鎭海軍節度使 | 光州刺史 |
| 1018년<br>(현종 9) | 羅州牧(界首官) | 光州(羅州牧의 屬縣) |
| 1018년 이후 | 羅州牧 | 光州監務(양원준묘지명)<br>海陽縣令(『고려사』 지리지)<br>고종 46년 知翼州事,<br>後 光州牧<br>충선왕 2년 化平府<br>공민왕 11년 茂珍府<br>공민왕 22년 광주목 |

## Ⅲ. '나주목영역'의 구조와 변화

### 1. 현종 9년 '나주목영역'의 구조와 '나주목지역'의 구성

『고려사』 지리지를 기준으로 보면 고려시기 전라도는 '전주목영역'과 '나주목영역'이라는 2개의 '계수관영역'으로 구성되었고, '나주목영역'에는 <표 2>에서 보는 것처럼 현종 9년을 기준으로 '나주목지역', '영광군지역', '영암군지역', '보성군지역', '승평군지역' 등 등 5개의 '주현속현단위'가 속해있었다.[30] '나주목지역'은 주현인 나주목과 무안군(務安郡), 압해군(壓海郡)[31], 담양군(潭陽郡), 곡성군(谷城郡), 낙안군(樂安郡), 남평군(南平郡), 철야현, 회진현, 반남현(潘南縣), 안로현(安老縣), 복룡현(伏龍縣), 원율현(原栗縣), 여황현, 창평현(昌平縣), 장산현(長山縣), 진원현(珍原縣), 화순현(和順縣), 광주(光州, 海陽縣)[32], 진도현(珍島縣)[33], 가흥현(嘉興縣), 임회현(臨淮縣),

30) 『고려사』 지리지에는 위 5개의 군현 외에도 장흥부, 해양현, 진도현, 능성현, 탐라현이 나주목의 영현[主縣]으로 정리되어 있지만, 이 글 뒤에서 정리한대로 현종 9년 당시 장흥부는 영암군의 속현이었던 정안현이었고, 진도현과 능성현은 나주목의 속현이었으며, 탐라현의 경우 숙종 10년에 비로소 군이 설치되었다가 의종 때 현령관이 된 지역이다. 또 『고려사』 지리지에 주현으로 기록된 해양현(무주=광주)은 1120년(예종 15)에 광주감무의 용례가 있기 때문에 (「梁元俊墓誌銘」(金龍善 編著 『第5版 高麗墓誌銘集成』 한림대학교 출판부, 2012)), 현종 9년에는 나주의 속현이었고, 읍호도 光州였다고 보는 것이 자연스럽다. 윤경진도 현종 9년의 읍호를 광주로 보고 있다(윤경진, 앞 책, 여유당, 2012).

31) 필자는 이전 글(박종진, 앞 책, 2017)에서는 압해군을 영광군의 속현으로 정리하였는데, 이글에서는 나주목의 속현으로 수정하였다. 『고려사』 지리지에 영광군의 속현으로 정리된 압해군은 고려초에 나주의 속현이었다가 뒤에 (영광군의) 속현이 된 것으로 기록되어 있어 현종 9년 당시의 주현 속현 관계가 분명하지 않다. 따라서 연구자에 따라 현종 9년부터 압해군을 나주의 속현으로 보기도 하고(정요근, 「고려~조선전기 전라도 서남해상 島嶼 지역의 군현 편제와 그 변화」 『도서문화』39, 2012), 영광군의 속현이었다가 나중에 나주 속현이 된 것으로 보기도 한다(윤경진, 「고려 인종 21년 縣令 增置와 영속관계 개편」 『사림』 4, 2012). 필자는 압해군은 현종 9년에는 나주목의 속현이었다가 인종 21년 진도현에 현령이 파견되면서 영광군의 속현으로 옮겨갔다고 생각한다.

능성현(陵城縣) 등 22개의 속현으로 편성되었고, '영광군지역'은 주현인 영광군과 장성군(長城郡), 삼계현(森溪縣), 육창현(陸昌縣), 해제현(海際縣), 모평현(牟平縣), 함풍현(咸豊縣), 임치현(臨淄縣), 장사현(長沙縣), 무송현(茂松縣) 등 9개의 속현으로 편성되었으며,[34] '영암군지역'은 주현인 영암군과 황원군(黃原郡), 도강군(道康郡), 곤미현(昆湄縣), 해남현(海南縣), 죽산현(竹山縣), 정안현(定安縣), 수령현(遂寧縣), 탐진현(耽津縣) 등 8개의 속현으로 편성되었고,[35] '보성군지역'은 주현인 보성군과 동복현(同福縣), 복성현(福成縣), 조양현(兆陽縣), 남양현(南陽縣), 옥과현(玉果縣), 태강현(泰江縣), 두원현(荳原縣), 회령현(會寧縣), 장택현(長澤縣) 등 9개의 속현으로 편성되었으며,[36] '승평군지역'은 주현인 승평군과 부유현(富有縣), 돌산현(突山縣), 여수현(麗水縣), 조양현(光陽縣) 등 4개의 속현으로 편성되었다. 현종 9년 고려의 지방제도가 성립할 때 '나주목영역'은 나주목, 영광군, 영암군, 보성군, 승평군 등 5개의 주현과 52개의 속현을 포함한 모두 57개의 단위 군현으로 구성되었다.

---

32) 주 30) 참고.

33) 『고려사』 지리지에는 진도현을 주현으로 기록하고 가흥현과 임회현을 그 속현으로 기록하였지만, 1018년 고려의 지방제도가 성립될 당시 진도 3현은 모두 나주목의 속현이었고, 진도현이 주현이 된 것은 그 이후인 1143년(인종 21)이었다(박종진, 앞 책, 2017, 241쪽 참고). 윤경진은 진도현은 현종 9년 이래 현령관이었다고 보았다(윤경진, 앞 논문, 2012).

34) 『고려사』 지리지에 영광군의 속현으로 기록된 압해군은 현종 9년 나주목의 속현이었다. 주 31) 참고.

35) 『고려사』 지리지에 장흥부와 그 속현으로 기록된 정안현, 수령현, 탐진현은 현종 9년 영암군의 속현이었다.

36) 『고려사』 지리지에 장흥부의 속현으로 기록된 회령현과 장택현은 현종 9년 보성군의 속현이었다.

37) 그림: 김지영. 원도: 정요근 제공. 두 분에게 감사한다. 지도에 음영으로 처리된 고창현과 구례현은 신라후기 '무주영역'에 포함되었던 단위 군현 중 고려시기 '나주목영역'에 포함되지 않고 '전주목영역'으로 이속된 곳이다.

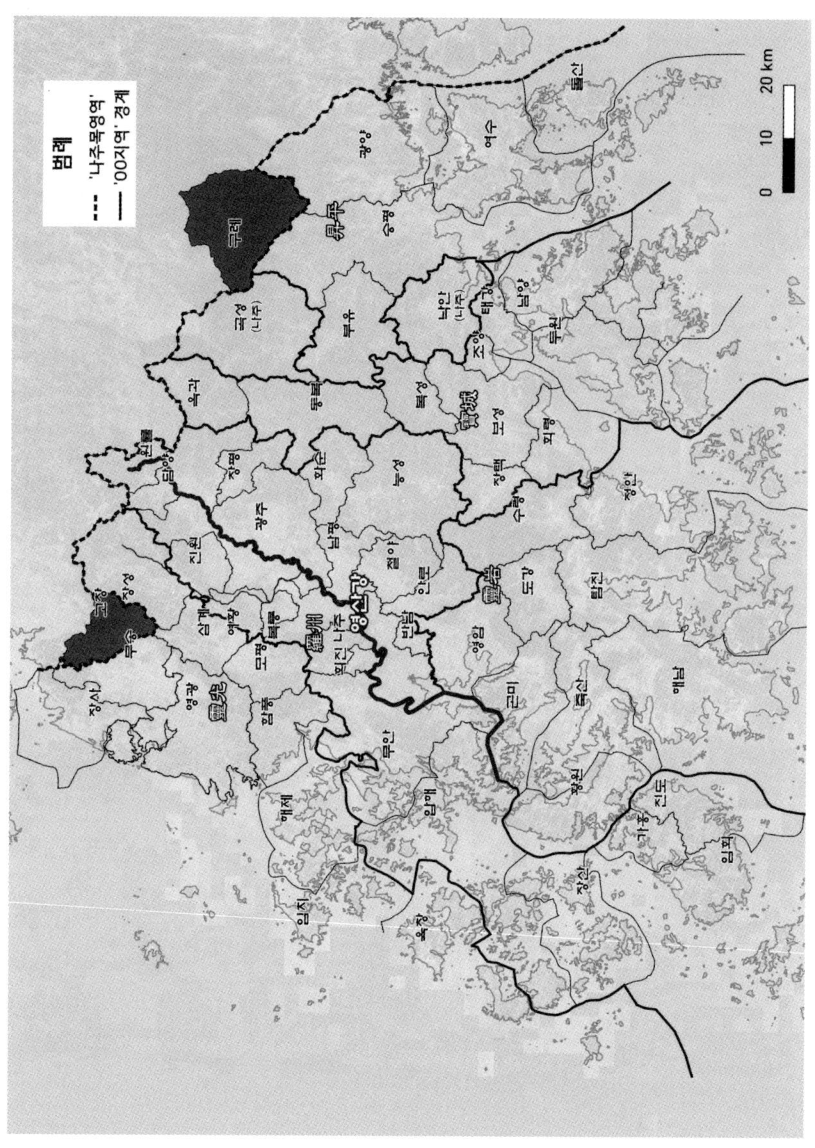


〈지도 1〉 고려시기 '나주목영역'(현종 9년 기준)[37]

아울러 1018년의 '나주목영역'은 신라후기 '무주영역'의 구성과 거의 같다. <표 2>에서 보듯이 신라후기 '무주영역'은 1개의 주, 15개의 군, 43개의 영현 등 모두 59개의 단위 군현으로 구성되었고, '나주목영역'은 5개의 주현과 52개의 속현 등 모두 57개의 단위 군현으로 구성되었다. 신라후기 '무주영역'에 속했던 고창현(高敞縣)과 구례현(求禮縣)만이 1018년 '전주목영역'으로 이속되고, 나머지 57개의 단위 군현은 모두 '나주목영역'으로 편성되었다. 고창현은 고부군의 속현으로 편성되었고, 구례현은 남원부의 속현으로 편성되었다.[38]

38) 『고려사』 권57, 지리2, 전라도. 신라후기 '무주영역'은 고려 성종 14년의 10도 중 하나인 해양도를 거쳐 1018년 '나주목영역'으로 개편되었을 것이지만, 성종 14년 해양도의 전체 구성을 확인할 수 있는 자료는 없다. 『고려사』 지리지에는 "成宗十四年 … 羅州·光州·靜州·昇州·貝州·潭州·朗州等州縣 爲海陽道"로 기록되어 있다.

〈표 2〉 '무주영역'과 '나주목영역'

<table>
<tr><th colspan="2">'무주영역'(신라후기 경덕왕 16년 기준)</th><th colspan="2">'나주목영역'(고려 현종 9년 기준)</th></tr>
<tr><th>州郡<br>(고려 현종 9년)</th><th>領縣(고려 현종 9년)</th><th>주현</th><th>속현(수)</th></tr>
<tr><td>武州<br>(海陽縣)</td><td>玄雄縣(南平郡),<br>龍山縣(伏龍縣),<br>祈陽縣(昌平縣)</td><td rowspan="3">나주목</td><td rowspan="3">務安郡, 潭陽郡, 谷城郡,<br>樂安郡, 南平郡, 壓海郡,<br>鐵冶縣, 會津縣, 潘南縣,<br>安老縣, 伏龍縣, 原栗縣,<br>艅艎縣, 昌平縣, 長山縣,<br>珍原縣, 和順縣, 海陽縣,<br>珍島縣, 嘉興縣, 臨淮縣,<br>陵城縣(22개)</td></tr>
<tr><td>分嶺郡<br>(樂安郡)</td><td>忠烈縣(南陽縣), 兆陽縣,<br>薑原縣(荳原縣),<br>栢舟縣(泰江縣)</td></tr>
<tr><td>寶城郡</td><td>代勞縣(會寧縣),<br>季水縣(長澤縣),<br>烏兒縣(定安縣),<br>馬邑縣(遂寧縣)</td></tr>
<tr><td>秋成郡<br>(潭陽郡)</td><td>玉果縣, 栗原縣(原栗縣)</td><td rowspan="4">靈光郡</td><td rowspan="4">長城郡, 森溪縣, 陸昌縣,<br>海際縣, 牟平縣, 咸豊縣,<br>臨淄縣, 長沙縣, 茂松縣(9개)</td></tr>
<tr><td>靈巖郡</td><td>0</td></tr>
<tr><td>潘南郡</td><td>野老縣(安老縣), 昆湄縣</td></tr>
<tr><td>岬城郡<br>(長城郡)</td><td>珍原縣, 森溪縣</td></tr>
<tr><td>武靈郡<br>(靈光郡)</td><td>長沙縣, 高敞縣*, 茂松縣</td><td rowspan="3">靈岩郡</td><td rowspan="3">黃原郡, 道康郡, 昆湄縣,<br>海南縣, 竹山縣, 定安縣,<br>遂寧縣, 耽津縣(8개)</td></tr>
<tr><td>昇平郡</td><td>海邑縣(麗水縣),<br>晞陽縣(光陽縣),<br>廬山懸(突山縣)</td></tr>
<tr><td>谷城郡</td><td>富有縣, 求禮縣*, 同福縣</td></tr>
<tr><td>綾城郡</td><td>富里縣(福城縣),<br>汝湄縣(和順縣)</td><td rowspan="3">寶城郡</td><td rowspan="3">同福縣, 福成縣, 兆陽縣,<br>南陽縣, 玉果縣, 泰江縣,<br>荳原縣, 會寧縣, 長澤縣(9개)</td></tr>
<tr><td>錦山郡<br>(羅州牧)</td><td>會津縣, 鐵冶縣, 艅艎縣</td></tr>
<tr><td>陽武郡<br>(道康郡)</td><td>固安縣(竹山縣), 耽津縣,<br>浸溟縣(海南縣), 黃原縣</td></tr>
<tr><td>務安郡</td><td>咸豐縣, 多岐縣(牟平縣),<br>海際縣, 珍島縣</td><td rowspan="3">昇平郡</td><td rowspan="3">富有縣, 突山縣, 麗水縣,<br>光陽縣(4개)</td></tr>
<tr><td>牢山郡<br>(嘉興縣)</td><td>瞻耽縣(臨淮縣)</td></tr>
<tr><td>壓海郡</td><td>碣島縣(六昌縣),<br>鹽海縣(臨淄縣),<br>安波縣(長山縣)</td></tr>
<tr><td>단위군현 수</td><td>16+43=59</td><td>단위 군현수</td><td>5+52=57</td></tr>
</table>

* 밑줄 친 고창현과 구례현은 고려시기에 '전주목영역'으로 이속된 군현이다.

'나주목영역'을 신라후기 '무주영역'과 비교하면서 그 특징을 정리하면 다음과 같다.

가장 큰 변화는 신라후기 군(금산군)이었던 나주목이 '나주목영역'의 대표 군현인 계수관이 되고 신라후기 '무주영역'의 대표 군현이었던 무주 곧 광주가 나주목의 속현이 된 것이다. 물론 이 군현의 위상 변화는 이때 처음 나타난 것은 아니고 앞에서 정리한 대로 이미 고려 건국 직전에 바뀌었던 두 단위 군현의 위상이 1018년 지방제도 성립과 함께 제도화된 것이다. 1개의 '주영현단위(州領縣單位)'와 15개의 '군영현단위(郡領縣單位)'로 묶였던 '무주영역'이 5개의 '주현속현단위'로 묶이면서 '주현속현단위'의 규모는 신라후기의 '군영현단위'의 규모보다 커졌다.[39] 또 8개의 단위 군현의 읍치를 섬에 둔 것도 '나주목영역'이 가진 특징 중의 하나이다. 장산현은 장산도, 육창현은 자은도, 임치현은 임자도, 압해군은 압해도, 진도현·가흥현·임회현은 진도, 돌산현은 돌산도에 읍치가 있었다. 물론 이것은 크고 작은 섬이 많은 지역 특징 때문이었다.[40] 특히 나주목과 22개의 속현으로 구성된 '나주목지역'은 지리적 범위도 넓었을 뿐 아니라 속현의 위치가 나주목과 멀리 떨어진 곳도 많아서 '나주목지역'은 효과적인 지방통치단위가 되기 어려웠다. '나주목영역'에 포함된 57개의 단위 군현 중 23개의 단위 군현으로 '나주목지역'을 편성한 것은 정치적으로 나주목을 배려한 결과라고 생각한다.

'나주목지역'은 주현인 나주목과 22개의 속현으로 구성되었다. 그 구성을 〈표 2〉와 〈지도 1〉을 보면서 살펴보자. 먼저 신라후기 '무주영현단위'와 '금산군영현단위'에 속했던 8개의 단위 군현은 1018년에 모두 '나주목지역'으로 편성되었다. 무주(고려 광주)와 그 영현이었던 남평군(신라 후기 玄

39) 고려시기 '주현속현단위'에 속한 평균 단위군현의 수가 신라후기 '군영현단위'보다 커진 것이 1018년 고려 지방제도의 특징 중의 하나이다. 박종진, 앞 책, 2017, 58~65쪽.

40) 1018년을 기준으로 '진주목영역'의 남해군·난포현·평산현은 남해도에, 거제현·아주현·명진현·송변현은 거제도에 읍치가 있었고, '양주영역'의 강화현·하음현·진강현은 강화도, 교동현은 교동도에 읍치가 있었으며, '해주영역'의 백령진은 백령도에 읍치가 있었다. 이후 제주도에 탐라군(탐라현)이 설치되었다.

雄縣)·복룡현(신라 후기 龍山縣)·창평현(신라 후기 祈陽縣), 나주목(신라 후기 금산군)과 그 영현이었던 회진현·철야현·여황현 등 8개의 단위 군현은 모두 '나주목지역'의 중심부에 자리하였다. 『삼국사기』 지리지에 따르면 나주목 서쪽의 무안군은 신라 후기 함풍현(咸豐縣)·모평현(신라후기 多岐縣)·해제현·진도현과 함께 '무안군영현단위'로 묶여 있었는데,[41] 1018년에 그 중 함풍현·모평현·해제현은 영광군의 속현으로 편성되고, 무안군과 진도현은 나주목 속현으로 편성되었다. 또 무안군 서남쪽의 압해군은 신라후기에 육창현(신라후기 碣島縣)·임치현(신라후기 鹽海縣)·장산현(신라후기 安波縣)과 함께 '압해군영현단위'로 묶여 있었는데, 압해군과 그 남쪽의 장산현은 나주목의 속현이 되고 그 서쪽의 임치현과 육창현은 영광군의 속현이 되었다.[42] 또 『삼국사기』 지리지에 '뇌산군영현단위'로 기록된 가흥현(신라후기 牢山郡)과 임회현(신라후기 瞻耽縣)은 모두 나주목의 속현이 되었다.[43] 나주목 남쪽의 반남현(신라후기 반남군)은 안로현(신라후기 野老縣)·곤미현과 함께 '반남군영현단위'로 묶여 있었는데, 반남현과 안로현은 나주목의 속현이 되고 곤미현은 영암군의 속현이 되었다. 신라후기에 '갑성군영현단위'로 묶여 있었던 장성군(신라후기 岬城郡)·진원현·삼계현 중 진원현은 나주목의 속현이 되고, 그 서쪽의 장성군과 삼계현은 영광군의 속현으로 편성되었다. 신라후기에 '추성군영현단위'로 묶여 있었던 담양군(신라후기 秋成郡)과 원율현(신라후기 栗原縣)은 나주목의 속현이 되었고 그 동쪽의 옥과현은 보성군의 속현이 되었다. 또 '능성군영현단위'로 묶여 있

---

41) 진도현을 무안군의 영현으로 기록하고, 임회현을 뇌산군(고려시기 가흥현)의 영현으로 기록한 『삼국사기』 지리지의 내용을 오류로 보는 연구성과가 있다(윤경진, 앞 책, 2012, 158쪽; 정요근, 「고려 조선전기 전라도 서남해상 島嶼 지역의 郡縣 편제와 그 변화」 『島嶼文化』 39, 2012). 즉 신라 후기에 진도현은 무안군의 영현이 아니라 신라 후기에도 진도에 있던 3개의 군현인 진도군, 뇌산현, 임회현이 하나의 군영현단위로 묶여 있었을 것으로 보는 것이다. 필자도 이에 동의하지만, <표 2>는 『삼국사기』 지리지를 토대로 작성하였다.

42) 주 31) 참고.

43) 신라후기 '진도3현'의 영속관계에 대해서는 주 41) 참고.

었던 능성현(신라후기 綾城郡)과 화순현(신라후기 汝湄縣)은 나주목의 속현이 되었고, 복성현(신라후기 富里縣)은 보성군의 속현이 되었다.

한편 『고려사』 지리지에 나주목의 속현으로 기록된 곡성군과 낙안군의 위치가 '보성군지역' 동쪽에 있는 것은 현종 9년 '나주목지역'의 부자연스러운 구성이다.(〈지도 1〉 참고). 신라후기 '곡성군영현단위'를 구성했던 곡성군·부유현·구례현·동복현 중 구례현은 '전주목영역'에 속한 남원부의 속현이 되었고, 동복현은 보성군의 속현이 되었으며, 부유현은 승평군의 속현이 된 반면 곡성군만 나주목의 속현이 되었다. 또 신라후기에 '분령군영현단위'로 묶여 있었던 낙안군(신라후기 分嶺郡)·남양현(신라후기 忠列縣)·조양현·두원현·태강현(신라후기 栢舟縣) 중 낙안군만 나주 속현이 되었고, 다른 4개는 모두 보성군의 속현이 되었다. 이와 같이 신라후기 2개의 '군영현단위'에 속했던 단위군현 중 곡성군과 낙안군만 나주목의 속현이 되었고, 그 위치는 모두 나주목의 속현으로는 자연스럽지 않다.44)

나주목을 주현으로 하여 편성된 '나주목지역'은 나주목과 22개의 속현으로 편성된 지리적으로 아주 넓은 지방통치 단위였다. 23개의 단위 군현으로 구성된 '나주목지역'은 1018년 편성된 '주현속현단위' 중 25개의 단위군현으로 구성되었던 '상주목지역' 다음으로 많은 단위 군현으로 구성되었다. 또 압해군, 장산현, 진도현, 가흥현, 임회현 등 섬에 읍치가 있는 다수의 단위 군현을 포함하고 있어서 효과적인 지방통치단위가 되기 어려웠다. 신라후기 '무주영역'의 대표 군현이었던 무주 곧 광주를 나주목의 속현으로 편성한 것도 '나주목지역'의 커다란 특징이라고 할 수 있다. 또 속현으로 편성된 곡성군과 낙안군은 '보성군지역' 동쪽에 있어 그 위치가 자연스럽지 않다. 그에 따라 '나주목지역'은 다른 '주현속현단위' 보다 상대적으로 하나의 지방통치의 단위로 운영하기에는 큰 어려움이 있었을 것이다. 따라서 멀지

44) 따라서 이 부분에 대한 『고려사』 지리지 기록에 오류가 있을 가능성도 있다. 그렇지만 이를 확인할 수 있는 다른 자료도 없다. 따라서 이글에서는 『고려사』 지리지를 토대로 논지를 전개하였다.

않은 시기에 변화가 나타난 것은 자연스러운 현상으로 볼 수 있다.

## 2. '나주목영역'의 변화

앞에서 정리한 대로 나주목을 계수관으로 한 '나주목영역'의 구조는 몇 가지 특징이 있었다. 나주목이 주현인 '나주목지역'은 나주목과 22개의 속현으로 편성된 지리적으로 아주 넓은 지방통치단위였고, 압해군, 장산현, 진도현, 가흥현, 임회현 등 섬에 읍치가 있는 다수의 단위 군현을 포함하고 있어서 효과적인 지방통치단위가 되기 어려웠다. 또 신라후기 '무주영역'의 대표 군현이었던 무주[광주]를 나주목의 속현으로 편성한 것도 '나주목영역'의 커다란 특징이라고 할 수 있다. 1018년 이후 '나주목영역'에서는 적지 않은 변화가 나타났다. <표 3>과 <지도 2>를 보면서 그 변화 내용을 정리하여 보자.[45]

두드러진 변화는 1018년 당시 속현이었던 군현 가운데 여러 곳에 현령관 이상의 외관과 감무가 파견된 것이다. 차례로 정리하면 다음과 같다.

첫째로 고려 중기 이후 현령 이상의 외관이 파견되어 나타난 변화를 살펴보자. 먼저 『고려사』 지리지에서 확인할 수 있는 '나주목영역'의 변화는 1018년 지방제도가 성립할 때 영암군의 속현이었던 정안현이 장흥부로 승격하여 새로운 '주현속현단위'를 구성한 것이다. 정안현은 1106년(예종 1)에 감무가 파견되었다가[46] 인종 때 인종의 왕후인 공예태후(恭睿太后) 임씨(任氏)의 고향이라고 해서 지장흥부사(知長興府使)로 승격하여 새로운 '주현속현단위'인 '장흥부지역'을 구성하였다. 『고려사』 지리지에는 1018년 때 영암군의 속현이었던 수령현·탐진현, 보성군의 속현이었던 회령현·장택현이 장흥부의 속현으로 기록되어 있다. 즉 '장흥부지역'은 주현인 장흥부와

45) 이글에서는 고려 중기인 명종 2년까지의 변화만 정리하였다. 고려말의 지방제도 개편은 고려 중기의 변화와는 그 의미가 다르다고 생각하기 때문이다.

46) 『고려사』 권12, 예종 1년 4월 庚寅.

4개의 속현으로 구성되었다.[47] 장흥부가 주현이 된 정확한 시기를 자료에서 확인할 수는 없지만 여러 지역에 현령관 이상이 파견된 1143년(인종 21)에 '장흥부지역'이 성립하였을 가능성이 높다.[48]

〈표 3〉 '나주목영역의 변화'(명종 2년 기준)

| 계수관 | 주현 | 속현 | 속현 수 |
|---|---|---|---|
| 羅州牧 | 羅州牧 | <u>務安郡</u>*, <u>潭陽郡</u>, <u>谷城郡</u>, <u>樂安郡</u>, <u>南平郡</u>, 鐵冶縣, 會津縣, 潘南縣, 安老縣, 伏龍縣, 原栗縣, 艅艎縣, 昌平縣, 長山縣, <u>珍原縣</u> | 15(9)** |
| | 靈光郡 | <u>長城郡</u>, 森溪縣, 陸昌縣, 海際縣, 牟平縣, <u>咸豊縣</u>, 臨淄縣, 長沙縣, 茂松縣, 壓海郡 | 10(8) |
| | 靈岩郡 | 黃原郡, <u>道康郡</u>, 昆湄縣, 海南縣, 竹山縣 | 5(4) |
| | 寶城郡 | 同福縣, 福成縣, 兆陽縣, 南陽縣, <u>玉果縣</u>, 泰江縣, <u>荳原縣</u> | 7(5) |
| | 昇平郡 | 富有縣, 突山縣, 麗水縣, 光陽縣 | 4 |
| | 長興府 | 遂寧縣, 會寧縣, 長澤縣, 耽津縣 | 4 |
| | 海陽縣(光州) | | 0 |
| | 珍島縣 | 嘉興縣, 臨淮縣 | 2 |
| | 陵城縣 | 和順縣 | 1 |
| | 耽羅縣 | 0 | 0 |
| 합 | 11 | | 48(37) |

* 밑줄 친 군현은 명종 2년까지 감무가 파견된 곳이다.
** 속현 수 중 ()안의 숫자는 명종 2년까지 감무가 파견된 군현을 제외한 실질적인 속현의 수이다.

---

47) 이후 장흥부는 1265년(원종 6) 懷州牧이 되었다가, 1310년(충선 2) 다시 장흥부가 되었다(『고려사』 권57, 지리2, 전라도, 장흥부).

48) 인종 때 장흥부로 승격되었다는 『고려사』 지리지의 기록을 오류로 보고, 정안현이 장흥부가 된 것은 의종 때로 본 연구가 있다(윤경진, 「고려 숙종~의종대 태후 관향 승격의 의미」 『국학연구』 13, 2008).

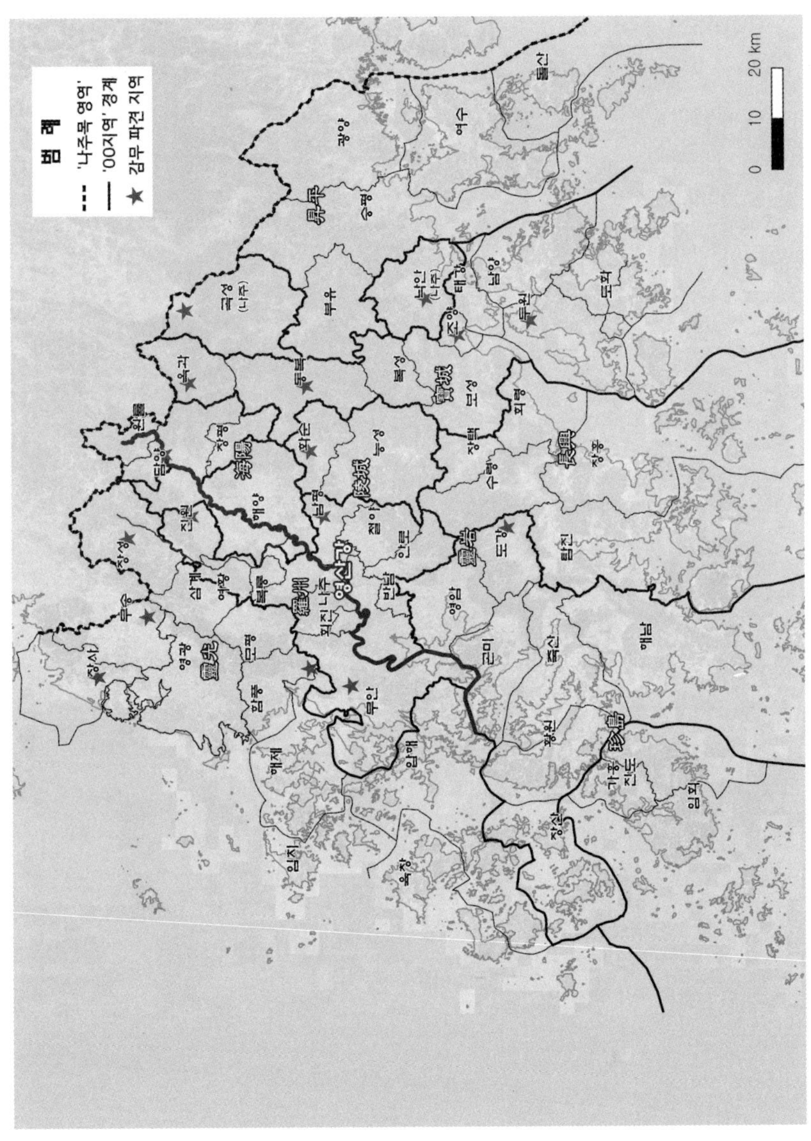

〈지도 2〉 고려시기 '나주목영역'의 변화(명종 2년 기준)[49]

49) 그림: 김지영. 원도: 정요근 제공. 두 분에게 감사한다.

또 1018년에 나주목의 속현이었던 진도현에 현령을 파견하고, 가흥현과 임회현을 이속하여 '진도현지역'을 만든 것도 중요한 변화로 볼 수 있다. 『고려사』 지리지에는 진도현을 주현으로 기록하고 가흥현과 임회현을 그 속현으로 기록하였지만, 1018년 고려의 지방제도가 성립될 당시 진도 3현은 모두 나주목의 속현이었고, 진도현이 주현이 된 것은 그 이후인 1143년(인종 21)이었다.[50] 이때 진도현에 현령이 파견되어 새로운 '주현속현단위'가 만들어지면서 1018년에 나주목의 속현이었던 압해군도 영광군의 속현으로 이속된 것으로 생각한다. 이때 진도 3현이 독립하고, 압해군이 영광군의 속현이 되면서 이후 '나주목지역'의 단위 군현 중 섬에 읍치를 둔 것으로는 장산현만 남게 되었다. 아울러 『고려사』 지리지에는 인종 21년에 능성현에 현령이 파견된 것으로 기록되어 있다.[51] 『고려사』 지리지에는 신라후기 능성군의 영현이었던 화순현이 고려 시기에 나주목의 속현이 되었다가 뒤에 다시 능성현에 속하게 되었다고 기록되어 있는데, 화순현이 다시 능성현의 속현이 된 것은 인종 21년 능성현에 현령이 설치된 때라고 생각한다.

한편 『고려사』 지리지에 주현으로 정리된 해양현은 1018년 나주목의 속현이었다가 광주감무의 용례가 있는 1120년 이후 현령이 파견되어 주현이 된 것으로 보이지만 그 시기를 확인하기 어렵다. 관련된 기록으로 『고려사』 식화지 인종 때의 외관 녹봉기록에 해양현령과 해양현위가 포함된 것이 있다. 이 기록에 대해서는 논란이 적지 않지만[52], 해양현에 현령이 파견된 때도 인종 21년이었을 가능성은 높다.[53]

---

50) 박종진, 앞 책, 2017, 241~257쪽 참고.

51) 『고려사』 권57, 지리2, 전라도, 능성현.

52) 현재 인종 때의 외관록 기록에 대해서는 1178년(명종 8)에서 1197년 사이의 내용을 반영한 것으로 추정한 견해(濱中昇, 「《高麗史》食貨志外官祿條の批判」 『朝鮮歷史論集 上』 龍溪書舍, 1979), 1198년(신종 원)에서 1199년으로 본 견해(北村秀人, 「高麗時代の漕倉制について」 위와 같은 책), 문종조 규정과 인종조 규정 모두 명종대 작성한 자료를 토대로 재정리한 것으로 본 견해(윤경진, 「『高麗史』 식화지 외관록 규정의 기준 시점과 성립 배경」 『역사와 현실』 78, 2010)가 있다.

53) 『고려사』에 해양현의 용례는 지리지와 인종 때 정했다는 외관록 기록을 제외하고는

인종 21년 지방제도 개편으로 '나주목영역'에는 적지 않은 변화가 나타났다. '장흥부지역', '진도현지역', '능성현지역'이 새로 생겼고, 광주 곧 해양현에 현령이 파견되면서 이전 '주현속현단위'의 구성도 변하였다. 인종 21년을 기준으로 나주목의 속현은 진도현, 임회현, 가흥현, 광주(해양현), 능성현, 화순현, 압해군 등 7개가 줄어서 15개가 되었고, 영암군의 속현은 3개가 줄었으며, 보성군의 속현은 2개가 줄었다.[54] 반면에 영광군의 속현은 1개가 늘었다. 아울러 인종 21년에는 보성군의 속현인 두원현에 감무가 파견되었고, 그 이전인 1088년(선종 5)에 보성군에 속했던 타주부곡(他州部曲)은 도화현(道化縣)이 되었으며,[55] 1104년(숙종 10)에 탐라군이 고려의 군현에 편입되었다.[56] 이에 따라 인종 21년까지 '나주목영역'의 단위 군현의 수는 57개에서 59개로 늘었고, '주현속현단위'는 5개에서 8개로 늘었으며, 외관이 파견된 군현도 나주목, 영광군, 영암군, 보성군 승평군 등 5개에서 장흥부, 진도현, 능성현, 해양현, 두원감무까지 모두 10곳이 되었다.[57] 인종 21년 '나주목영역'에서는 외관 파견 군현이 늘었고, 그와 함께 속현 이속이 이루어지면서 '주현속현단위'의 규모가 작아졌다. 특히 이러한 변화가 현종 9년 '나주목영역'의 '주현속현단위' 중 가장 규모가 컸던 '나주목지역'을 중심으로 이루어진 것에서 인종 21년 '나주목영역'에서 이루어진 변화는 '주현속

---

충렬왕 초에 경상도 도지휘사였던 金連이 海陽縣人이었다는 기록(권107, 김연) 밖에 없다. 반면 光州의 용례는 지리지의 기록 외에도 비교적 많은 용례가 찾아진다. 아울러 앞에서 정리한 것처럼 해양현령이 설치되기 전까지 지금 광주광역시의 읍호는 광주였을 것으로 생각한다.

54) 인종 21년 두원현에 감무가 파견되면서 보성군의 실질적인 속현은 6개가 되었다.

55) 『세종실록』 지리지에는 타주부곡이 도화현이 된 때가 명종 27년으로 되어 있다. 윤경진은 도화현 외에는 명종대 이전에 승격 사례가 없다는 것을 토대로 타주부곡이 도화현이 된 시기는 명종 27년일 가능성이 높다고 보았다(윤경진, 『高麗史 地理志의 分析과 補正』 여유당, 2012).

56) 탐라군과 도화현의 주현속현관계는 확인하기 어렵다. 탐라군은 의종 때 현령관이 되었다. 명종 2년을 기준으로 주현속현관계가 확인되지 않는 도화현은 〈표 3〉에 포함하지 않았다.

57) 이후의 사례로 1350년(충정왕 2) 여수현에 현령이 파견되었다.

현단위'의 규모를 합리적으로 조정하여 현종 9년에 성립한 '주현속현제도'가 가진 문제점을 보완하는 흐름에서 이루어졌다는 것을 알 수 있다.

둘째, 고려중기이후 '나주목영역'의 속현 여러 곳에 감무가 파견된 것도 커다란 변화였다. 특히 <표 4>에서 보는 것처럼 명종 2년에는 '나주목영역'의 속현 10곳에 감무가 파견되어 '나주목영역'의 구성에 적지 않은 변화가 나타났다. 먼저 그 추이를 살피고 감무 파견이 가진 의미에 대해서 정리하겠다.

『고려사』 지리지에 따르면 1143(인종 21)에 보성군의 속현이었던 두원현에 감무가 파견되었고, 1172년(명종2)에는 나주목의 속현이었던 무안군·담양군·곡성군·낙안군·남평군·진원현과 영광군의 속현이었던 장성군·함풍현, 영암군의 속현이었던 도강군, 보성군의 속현이었던 옥과현에 감무가 파견되었으며, 고려말인 1390년(공양 2)에 화순현에 감무가 파견되었다.[58] 또 시기가 분명하지 않은 사례도 있다. 『고려사』에 따르면 영광군의 속현이었던 장사현과 보성군의 속현이었던 조양현에 분명하지 않은 시기에 감무가 파견되었다. 또 보성군의 속현이었던 동복현은 승려 조염(祖琰)의 고향이어서 감무로 승격되었다는 기록이 『고려사』 지리지에 있다.[59] 또 『고려사』 지리지에서는 확인되지 않지만 「양원준묘지명」에서 1120년(예종 15)에 양원준이 광주감무가 된 것이 확인된다.[60]

58) 『고려사』 권57, 지리2, 전라도.

59) 위와 같음. 조염에 대한 기록은 더 이상 찾아지지 않기 때문에 동복현에 감무가 파견된 시기는 확인할 수 없다.

60) 「梁元俊墓誌銘」(金龍善 編著 『第5版 高麗墓誌銘集成』 한림대학교 출판부, 2012). 光州에 감무가 처음 파견된 시기는 전국적으로 감무가 처음 파견된 예종 1년으로 생각한다.

〈표 4〉 '나주목영역'의 감무 파견 군현

| 감무 파견시기 | 감무 파견 군현 | 합계 |
|---|---|---|
| 예종 | 광주* | 1 |
| 1143년(인종 21) | 두원현(보성군 속현) | 1 |
| 1172년(명종 2) | 무안군·담양군·곡성군·낙안군·남평군·진원현(이상 나주목 속현),<br>장성군·함풍현(영광군 속현),<br>도강군(영암군 속현),<br>옥과현(보성군 속현) | 10 |
| 1285년(충렬왕 11) | 고흥현 신설 후 감무 파견 | 1 |
| 1390년(공양 2) | 화순현(능성현 속현) | 1 |
| 시기 불명 | 장사현(영광군 속현, 무송현 겸.)<br>조양현(보성군 속현)<br>동복현(보성군 속현) | 3(4)** |
| 전체 수 | | 17(18) |

* 광주에는 예종 때 감무가 파견되었지만 인종 21년 해양현이 되어 현령이 파견되었다.
** ()안의 숫자는 장사현 감무가 겸했다는 무송현도 포함한 수이다.

〈표 4〉에서 보듯이 고려시기 '나주목영역' 안에서 감무가 파견된 군현은 모두 17곳이다.61) 이 글에서는 고려중기 이후 지방제도 개편의 흐름을 이해하기 위해서 명종 2년까지 '나주목영역'에 감무가 파견된 12 지역 중심으로 살펴보겠다. 먼저 명종 2년에 10개의 군현에 감무가 파견된 사실이 주목된다.62) 그 중에서도 '나주목지역'에 가장 많은 7개의 단위 군현에 감무가 파견되었다.63) 현종 9년 고려시기 지방제도가 성립할 때 주현인 나주목과 22개의 속현으로 구성되었던 '나주목지역'은 인종 21년의 지방제도 개편으로 나주목과 15개의 속현으로 축소되었는데, 명종 2년에 나주목의 속현

61) 장사현의 감무가 겸임한 무송현도 포함하면 18곳이 된다.
62) 명종 2년까지 '나주목영역'에 파견된 감무가 명종 2년에 집중된 것은 예종 1년에는 유망지역을 중심으로 감무가 파견되었고, 인종 21년에는 현령 이상의 외관이 파견된 지역이 포함되면서 감무 파견이 상대적으로 적었기 때문이라고 생각한다. 인종 21년에 감무가 파견된 군현의 수는 모두 7곳이었다.
63) 이것은 예종 때 파견된 광주감무도 포함한 수치이다. 이후 광주에는 해양현령이 파견되었다.

7곳에 감무가 파견되어 '나주목지역'의 실질적인 속현은 8개만 남게 되었다.

인종 21년의 지방제도의 개편과 명종 2년의 감무 파견 추이를 살펴보면 고려정부가 '주현속현제도'를 유지하면서도 현종 9년 편성된 '주현속현단위'를 합리적으로 조정하려는 의지를 읽을 수 있다.64) 이러한 지방제도 개편의 방향은 감무가 파견된 군현의 위치를 통해서도 어느 정도 짐작할 수 있다. 먼저 곡성군과 낙안군은 현종 9년 나주목의 속현으로 편성되었지만 그 위치가 '보성군지역' 동쪽에 있어서 '나주목지역'에서 보면 일종의 비지(飛地)였던 곳이다. 즉 곡성군과 낙안군은 처음부터 '나주목지역'에 편성된 것이 자연스럽지 않은 곳이었다. 또 곡성군과 낙안군 말고도 명종 2년 '나주목지역'에서 감무가 파견된 곳은 주현인 나주목에서 상대적으로 멀리 떨어진 곳이었다. 무안군의 위치는 '나주목지역'의 서쪽 끝이었고, 담양군과 진원현은 북쪽 끝이었으며, 남평군은 동쪽 끝에 있었다.65) 다른 '주현속현단위'에서도 그 추세를 읽을 수 있다. '영광군지역'의 동북쪽 끝에 있던 장성군과 남쪽 끝에 있던 함풍현도 이때 감무가 파견되었고, 영암군지역의 동쪽 도강군66)과 '보성군지역'의 북쪽 끝에 있던 옥과현도 이때 감무가 파견되었다. 고려중기 '나주목영역'의 감무 파견 사례를 보면 속현이 많은 '나주목지역'과 주현에서 상대적으로 멀리 떨어진 곳에 감무 파견이 집중되었다는 것을 알 수 있다.67) 이런 점에서 명종 2년의 감무 파견은 인종 21년의 지방제도 개편에 이어 '주현속현단위'를 합리적으로 조정하려는 방향에서 이루어졌다고 생각한다.68)

---

64) 인종 21년 현령 파견에 대해서는 다음 글을 참고하였다. 박종진, 앞 책, 2017, 241~257쪽; 윤경진, 「고려 인종 21년 縣令 增置와 영속관계 개편」『사림』 4, 2012.

65) 남평군은 현종 9년에는 '나주목지역'의 동쪽 끝이 아니었지만, 인종 21년에 그 동쪽의 능성현과 화순현이 새로운 '주현속현단위'를 구성하면서 그 이후 남평군은 '나주목지역'의 동쪽 끝이 되었다.

66) 도강군은 현종 9년에는 '영암군지역'의 중심에 가까웠지만, 인종 21년 '장흥부지역'이 새로 생기면서 동쪽의 장택현, 수령현, 정안현이 '장흥부지역'으로 편성되면서 동쪽 끝이 되었다.

67) 인종 21년 감무가 파견된 두원현 역시 '보성군지역'의 남쪽 끝이었다.

또 명종 2년 감무가 파견된 군현 10곳 중 7곳의 읍호가 군(郡)이었던 것도 주목된다. 예종 때 광주에 감무가 파견된 것을 포함해서 '나주목영역'의 속현 중 명종 2년까지 감무가 파견되지 않은 주와 군은 압해군(영광군 속현)과 황원군(영암군 속현)뿐이다. 주와 군은 신라후기 지방통치의 중심지였다는 것을 생각하면 명종 2년에 감무를 파견하면서 군을 우선한 것은 예전 지방통치의 중심지에 대한 배려도 있었다고 생각한다.[69)]

고려시기 감무는 현종 9년 주현속현제도가 성립한 이후 속현에 파견된 현령보다 낮은 지방관으로 예종·명종·공양왕 때에 집중적으로 파견되었다. 고려시기 감무 파견의 의미에 대해서는 서로 다른 의견이 있지만[70)] 감무에 대한 평가는 임시 지방관이라는 평가에서 현령보다 지위는 낮지만 주현과 행정적으로 대등한 독립 외관의 파견이라는 평가로 바뀌고 있다.[71)] 고려중기 이후의 지방제도 개편의 흐름 속에서 감무 파견의 의미를 강조하는 것이다.

예종 때, 명종 때, 공양왕 때 고려 전 지역에 감무 파견이 집중된 배경을 똑같이 판단할 수는 없지만 고려중기 '나주목영역' 의 감무 파견 사례 특히

---

68) 이러한 필자의 판단은 '나주목영역'이라는 제한된 지역을 대상으로 한 분석 결과라는 한계를 가지고 있다.

69) 예종 때 광주에 감무를 파견하고, 이어서 인종 21년에 해양현령을 둔 것도 무주 곧 광주를 나주목의 속현으로 편성했던 것에 대한 부담을 덜려는 의도도 있었을 것으로 생각한다.

70) 감무에 대한 연구성과는 주 5)의 연구성과 및 고려시기 지방제도 연구사와 다음 논문에서 확인할 수 있다. 최은규, 「고려시대 감무의 운영과 그 특징-임명 사례의 분석을 중심으로」 『역사와 현실』 118, 2020.

71) 정요근, 「고려후기~조선전기 수령 중심 군현 편제의 전개와 연속성」 『역사비평』 120, 2017(『고려에서 조선으로』 역사비평사, 2019); 정요근, 「12~15세기 지방제도 개편의 전개와 그 역사적 의미-양광도 지역의 고을 연혁 분석을 중심으로-」 『한국중세사연구』 57, 2019; 정요근, 「고려중~후기 수령관의 증치와 고을 읍격 및 관격 변화의 역사상-경상도와 전라도 지역의 분석을 중심으로」 『역사와 현실』 120, 2021; 정요근, 「수령관 신설 고을 분석을 통한 여말선초 지방제도 개편의 역사성 고찰-전라·충청·경기·황해 4개 도를 중심으로-」 『한국문화』 102, 2023; 정요근, 「경상도 지역의 사례를 통해 분석한 여말선초 수령관(守令官) 신설의 역사적 의미」 『한국중세사연구』 76, 2024.

명종 2년 '나주목영역' 안의 감무 파견 사례를 보면 명종 때의 감무 파견을 무인집정자가 자기 세력을 지방에 파견하기 위해서 실시한 정치적인 것으로만 보기는 어렵다고 생각한다. '나주목영역'이라는 제한된 지역의 분석이라는 한계는 있지만, 고려중기 감무 파견은 현종 9년에 성립한 '주현속현제도'의 기본 틀을 유지하면서 인종 21년 지방제도 개편에 이어 고려시기 지방제도를 합리적으로개혁하려는 방향에서 이루어졌다고 생각한다.

한편 명종 2년 이후 '나주목영역'에 새로 들어온 군현과 부곡에서 승격한 단위 군현이 있다. 1285년(충렬왕 11)에 고이부곡(高伊部曲)은 고흥현, 1310년(충선 2)에 식촌부곡(食村部曲)은 풍안현이 되었고,[72] 1350년(충정왕 2)에는 승평군의 속현이었던 여수현에 현령이 파견되었다.[73]

## Ⅳ. 나주목의 위상과 기능

1018년 고려의 지방제도가 '주현속현제도'로 성립할 때 나주목은 나주목과 22개의 속현으로 구성된 '나주목지역'의 주현이었을 뿐 아니라 '나주목지역', '영광군지역', '영암군지역', '보성군지역', '승평군지역' 등 등 5개의 '주현속현단위'로 구성된 '나주목영역'의 계수관이기도 하였다. 나주목은 독립적인 영역과 읍사를 가진 단위 군현이면서 '나주목지역'의 주현이었으며, 동시에 '나주목영역'의 계수관이었다. 따라서 나주목은 5개의 '주현속현단위'로 구성된 '나주목영역' 지배의 중심이었다. 고려시기 계수관이었던 나주목의 위상과 기능을 살필 수 있는 직접적인 자료는 많지 않다. 따라서 이글에서는 고려시기 계수관 일반에 대한 정리를 바탕으로 계수관 나주목의 위상과 기능에 대해서 서술하였다.[74]

---

72) 『고려사』권57, 지리2, 전라도, 寶城郡.
73) 『고려사』권57, 지리2, 전라도, 昇平郡, 麗水縣.
74) 이 절의 서술은 필자의 다음 글을 토대로 정리하였다(박종진, 앞 책, 2017, 92~113쪽).

고려시기 계수관은 영역을 대표하는 기능과 영역 안의 군현을 지휘·감독하는 기능을 수행하였다.[75] 나주목은 다른 영역의 계수관과 마찬가지로 '나주목영역'을 대표하여 팔관회 등 국가기념일에 중앙으로 축하 사절을 보냈으며, 제사 등 국가의 주요 행사를 개최하였고, 영역에 들어온 왕의 행차나 외국 사신을 접대하였다. 영역 대표라는 계수관의 위상은 고려말까지 크게 변하지 않았다. 고려초 계수관은 군현의 사법행정을 감독하기도 하였지만 고려 중기 이후 도(道)와 안찰사 등의 기능이 정비되면서 계수관은 향공(鄕貢)을 뽑아서 중앙에 올리는 일을 제외하고는 영역 안의 군현을 지휘·감독하는 일은 거의 하지 않게 되었다. 그렇지만 계수관은 많은 인구와 넓은 토지, 관원과 시설을 갖춘 영역의 대읍으로서 여러 측면에서 '계수관영역'의 중심지 역할을 하였다.

먼저 나주목을 비롯하여 고려시기 계수관을 묘사한 글을 살펴보자. 고려말 정도전은 「유부로서(諭父老書)」에서 "(나주는) 산천이 뛰어나고 인물이 번성한 남방에서 제일 큰 고을이었다."고 하였고,[76] 조선초에 서거정(徐居正)은 벽오헌(碧梧軒) 「중신기(重新記)」에서 "나주는 전라도에서 가장 큰 고을이다. 땅이 넓고 백성과 물자가 번성하다. 땅이 바닷가에 있어서 벼가 많이 나고 물산이 풍성하여 전라도의 조세가 모이고 사방의 상인들이 모인다."고 하였다.[77] 또 다른 계수관인 전주에 대해서 이규보는 "인물이 번창하고 가옥이 즐비하며 옛 나라의 풍모가 있다"고 하였고[78], 이숭인(李崇仁)은 "청주(淸州)는 동남의 중심지로서 그 땅이 넓고 백성이 많아서 일이 복잡하다"고 하였으며,[79] 안축(安軸)은 "상주(尙州)는 팔방으로 통한 거리에

75) 위와 같음.

76) 『신증동국여지승람』 권35, 全羅道, 羅州牧, 樓亭, 東樓. "山川之勝 人物之富庶 南方一巨鎭也"

77) 『신증동국여지승람』 권35, 全羅道, 羅州牧, 宮室, 碧梧軒. "徐居正重新記 羅於全羅最鉅 境壤綿曠 民物繁阜 地又瀕海 有秔稻之饒 物產之富 乃一道租賦之會要 四方商旅之走集也"

78) 『東國李相國全集』 卷23, 「南行月日記」

79) 『東文選』 卷88, 「送李慕之赴淸州牧詩序」

있어서 역마를 타고 사명을 받든 자가 오지 않는 날이 없었다"고 하였다.[80] 양주(楊州) 곧 고려의 한양부(漢陽府)는 토지가 평탄하고 생산이 풍부하고 시가가 번화한 것이 다른 주에 비길 것이 아니라는 『고려사』 기록도 있다.[81] 이런 점에서 계수관은 고려시기 지방통치의 중심지였다고 할 수 있다.[82] 나주목 역시 다른 계수관과 마찬가지로 많은 인구와 넓은 토지, 관원과 시설을 갖춘 '나주목영역'의 중심지였다.

또 나주목은 '나주목영역'의 교통 중심지이기도 하였다. 고려시기 육상교통의 근간인 22역도(驛道)는 중앙과 지방 군현을 연결하는 교통로였지만, 동시에 지방 군현 사이를 연결하는 교통로이기도 하였다.[83] 22역도는 각 역도가 위치한 지형이나 지역의 특징에 따라 그 편성 원칙이 달랐기 때문에 그 편성 원칙을 일반화하여 정리하기는 어렵다. 다만 개경 남쪽의 역로 편성을 보면 대체로 계수관을 비롯한 대읍 중심으로 편성되어 있었다.[84] 즉 개경 남쪽의 역로는 계수관과 계수관에 속한 주요 영군현(領郡縣) 곧 주현을 중심으로 편성되었다.

이러한 편성에 따라 계수관은 자연스럽게 교통의 중심지가 되었다. 당시 역로 편성의 구체적인 특징을 승나주도(昇羅州道)에 속한 역을 중심으로 살펴보자. 승나주도는 고려시기 '나주목영역'의 교통로인데, 승나주도에

---

80) 『謹齋集』 卷2, 「尙州客官重營記」

81) 『高麗史』 卷71, 樂, 俗樂, 楊州.

82) 공민왕 11년 백문보가 水車의 제작 보급을 주장하면서 그 일을 계수관에게 맡기자고 한 것도(『高麗史』 卷79, 食貨2, 農桑) 계수관이 지방통치 중심지의 위상을 가졌기 때문이다.

83) 『高麗史』 卷82, 兵2, 站驛. 22역도에 대한 대표적인 연구성과로는 다음이 있다. 정요근, 「高麗前期 驛制의 整備와 22驛道」 『韓國史論』 45, 2001; 鄭枖根, 『高麗·朝鮮初의 驛路網과 驛制 硏究』 서울대학교 박사학위논문, 2008; 한정훈, 「고려전기 驛道의 형성과 기능」 『한국중세사연구』 12, 2002; 한정훈, 『고려시대 교통운수사 연구』 혜안 2013.

84) 예를 들어 충청주도는 계수관인 청주목, 산남도는 진주목, 평구도는 충주목 영역의 군현을 중심으로 편성되었으며, 전주목 영역의 군현들은 대체로 전공주도와 남원도, 상주목 영역의 군현들은 상주도와 경산부도, 동경유수관(경주목) 영역의 군현들은 경주도와 金州道로 편성되었다.

는 모두 30개의 역이 소속되어 있었다.[85] 여기에 속한 역은 모두 '나주목영역' 안의 군현에 위치하였다. 즉 나주목에 창암역(青巖驛), 나주목의 속현인 광주에 선엄역(仙嚴驛)과 경양역(敬陽驛) 2개, 담양군에 덕기역(德奇驛), 무안군에 경신역(慶新驛)·청연역(清淵驛)·용계역(龍溪驛) 등 3개, 남평현에 광리역(廣里驛), 능성현에 인물역(仁物驛), 진원현에 영신역(永新驛), 철야현에 오림역(烏林驛), 화순현에 가림역(嘉林驛)이 있었다. 또 나주목의 영현인 영광군에 녹사역(綠沙驛), 영광군의 속현인 장성군에 단엄역(丹嚴驛), 무송현에 청송역(青松驛), 함풍현에 가풍역(街豐驛), 모평현에 덕수역(德樹驛)이 있었고, 영암군에 영보역(永保驛), 영암군의 속현인 도강군에 통곡역(通谷驛), 해남현에 녹산역(淥山驛), 수령현에 벽산역(碧山驛), 죽산현에 별진역(別珍驛), 황원현에 남리역(南里驛), 복성현에 군지역(軍知驛)이 있었으며, 보성군에 가신역(嘉新驛), 보성군의 속현인 조양현에 파청역(波清驛)이 있었고, 승주 곧 승평군에 율양역(栗陽驛), 승평군의 속현인 광양현에 익신역(益新驛)과 섬거역(蟾居驛)이 있었다. 기록 순서도 나주목과 나주목 속현의 역을 기록한 후 영광군, 영암군, 보성군, 승주로 되어 있다.[86] 이것은 승나주도의 중심이 나주목이었지만 동시에 몇 개의 주현들이 '승나주도'의 중간 중심지 역할을 하였고, 동시에 역로를 편성할 때 '주현속현제도'가 기본이 되었다는 사실을 알려주고 있다.[87]

---

85) 『高麗史』 卷82, 兵2, 站驛 "昇羅州道掌三十 青嚴(羅州), 仙嚴·敬陽(光州), 德奇(潭陽), 慶新·清淵·龍溪(務安), 廣里(南平), 仁物(綾城), 永新(珍原), 烏林(鐵冶), 嘉林(和順), 綠沙(靈光), 丹嚴(長成), 青松(茂松), 街豐(咸豐), 德樹(牟平), 永保(靈嵒), 通谷(道康), 淥山(海南), 碧山(遂寧), 別珍(竹山), 南里(黃原), 軍知(福成), 嘉新(寶城), 波清(兆陽), 樂新(樂安), 益新·蟾居(光陽), 栗陽(昇州)".

86) '승나주도'에 속한 역의 기록 순서에 예외가 하나 있다. 나주목의 속현인 낙안군에 있던 낙신역이 보성군의 속현인 조양현에 있던 파청역 뒤에 기록된 것이다. 이것은 낙안군이 보성군 동쪽에 있었던 것과 관련이 있다고 생각한다.

87) 이러한 점은 상주도가 상주목과 안동부, 경산부도가 상주목과 경산부, 경주도가 경주와 예주, 金州道가 金州와 밀성군 중심으로 편성된 것에서 더 분명하게 드러난다. 즉 경상도의 역로는 모두 계수관과 그 주변의 主縣을 중심으로 편성되었다.

중앙에서 지방에 관리가 파견될 경우 그 파견 대상 지역에 따라 다르겠지만 대체로 이들은 일단 파견 지역의 중심지인 계수관이나 주현에 도착한 후 이곳으로부터 최종 목적지인 소속 군현으로 이동하거나 아니면 그 수령에게 왕명을 전달하였을 것이기 때문에 계수관을 비롯한 대읍에는 앞의 인용문에서 확인할 수 있듯이 중앙의 관리가 자주 왕래하였을 것이다. 또 이런 역로는 중앙의 관리가 지방에 내려와서 맡은 일을 처리할 때도 이용되었지만, 계수관이나 주현의 관리가 주변의 군현에 왕래할 때도 교통로로 이용되었을 것이다. 따라서 계수관과 주변의 대읍은 자연스럽게 교통 중심지가 되었다. '나주목영역'에 설치된 역의 위치를 볼 때 역은 '나주목영역'과 다른 영역을 연결하는 기능보다는 나주목과 나주목을 둘러싼 주변 군현을 연결하는 기능이 더 컸다고 생각한다.

또 나주목은 '나주목영역'의 경제 중심지였다. 계수관은 자체 인구도 많은 대읍이었을 뿐 아니라 교통의 중심지였기 때문에 상대적으로 유동 인구도 많았다. 따라서 계수관이 '계수관영역'의 경제 중심지가 된 것은 자연스러운 일이다.[88] 이와 관련하여 고려시기 계수관에 상평창(常平倉)이 설치되어 물가조절을 담당한 것과 계수관에서 도량형 관리를 맡은 것이 주목된다. 모든 군현에 설치된 의창(義倉)과 달리 상평창은 993년(성종 12) 2월 양경(개경과 서경)과 12목에만 설치되었으며, 주군창(州郡倉)에 보관된 상평창 곡식은 계수관의 관리[界官員]가 관리하도록 하였다.[89] 또 1046년(정종 12)에는 매년 봄과 가을에 저울[秤]을 비롯한 도량형을 공평하게 교정하게 하였는데, 그 일을 지방에서는 동경·서경·4도호부·8목에서 맡도록 하였다.[90] 특히 청주에서 발견된 사뇌사(思惱寺) 청동유두(青銅油斗)의 명문을 통하여 당시 사뇌사에서 쓰는 유두를 계수관인 청주 목관이 검인하였다는

88) 앞에서 인용한 서거정의 글은 조선초기에 나주가 이 지역 경제 중심지였음을 말하고 있다.

89) 『高麗史』 卷80, 食貨3, 賑恤, 常平義倉, 成宗 12年 2月.

90) 『高麗史』 卷83, 刑法1, 職制, 靖宗 12년 "判 每年春秋 平校公私秤·斛·斗·升·平木·長木 外官則令東西京·四都護·八牧 掌之."

사실을 확인할 수 있다.[91] 이런 사실을 통하여 고려시기에 경·목·도호부 등 대읍을 중심으로 상업이 상당히 발달하였을 가능성을 짐작할 수 있다. 이렇듯 계수관은 많은 인구와 편리한 교통, 물자의 축적 등을 배경으로 상업이 발달하여 지방경제의 중심지로 발전하였다. 이것이 국가에서 상평창을 설치하여 물가를 조절하고 도량형 관리를 계수관에 맡긴 배경이라고 생각한다.

계수관은 교육·문화의 중심지이기도 하였다. 이들 '계수관영역'은 신라 이래로 지방 정치의 중심지로서 고급 문화가 발달하였다. 이런 배경에서 청주목에는 지방관이 파견되기 이전에 이미 학교가 있었다.[92] 지방관이 파견된 얼마 후인 987년(성종 6) 8월에는 12 주목(州牧)에 경학박사와 의학박사를 파견하였으며,[93] 989년 4월에는 가르치는 일을 게을리하지 않은 태학조교(大學助教) 송승연(宋承演)과 남해도(南海道) 나주목 경학박사 전보인(全輔仁)을 표창하였다.[94] 또 1003년(목종 6) 1월에는 교를 내려 3경과 10도에서 생도를 열심히 가르친 박사·사장(師長)을 중앙에 보고하게 하였다.[95] 이렇게 고려 초부터 계수관을 중심으로 유교 교육을 진흥시키는 정책을 폈는데, 이러한 배경에서 계수관은 지방의 인재를 뽑아서 중앙에 추천하는 일[鄕貢選上]을 주관하였다고 생각한다.[96] 이와 관련된 것으로 계수관에서는 책을 간행하여 보급하기도 하였다. 경주·충주·전주·진주 등 계수관에서 의학서·역사서·유학서 등의 책을 간행하였으며, 개인 문집을 간행하기도 하였다.[97] 또한 계수관 지역의 절에서 책을 출판하거나 책을 보관

91) 국립청주박물관, 1999『고려공예전』. 조선 초에도 계수관에서 지방의 도량형 관리를 맡았다(『太宗實錄』 卷15, 太宗 8年 3月 庚午).

92) 金光洙, 1972「羅末麗初期의 地方學校 問題」『韓國史硏究』 7.

93)『高麗史』 卷74, 選擧2, 學校, 國學.

94) 위와 같음. 이 기록에 보이는 南海道는 어디를 가리키는지 알 수 없다.

95) 위와 같음.

96)『高麗史』 卷73, 選擧1, 科目, 科擧, 顯宗 15年 12月; 睿宗 5年 9月.

97) 1042년(정종 8) 2월 동경부유수 崔顥 등이 왕명을 받들어『前漢書』,『後漢書』 및『唐書』를 새로 간행하여 바쳤고(『高麗史』 卷6, 靖宗 8年 2月 己亥), 1058년(문종 12) 9월에는

한 사례도[98] 있다. 이러한 것은 계수관이 교육·문화의 중심지로 성장한 것과 관련이 있다.

고려시기 나주목은 많은 인구와 넓은 토지, 많은 관원과 시설을 가진 계수관으로서 교통, 경제활동, 교육·문화 등에서 지방통치의 중심지 역할을 하였다. 즉 나주목은 고려시기 지방통치의 중심지였을 뿐 아니라 주변 군현의 생활과 문화의 중심지로서 지역사회에서 나름의 큰 위상을 가졌다고 할 수 있다. 아울러 나주목은 고려 중기이후에도 '나주목영역'을 대표하는 계수관의 위상을 유지하였다.

## Ⅴ. 맺음말

이 글은 고려시기 나주목의 성립과 위상을 지방제도의 성립과 변화 속에서 정리한 것이다. 한국 중세의 지방통치는 중앙집권적인 지방제도인 군현제도를 토대로 하여 이루어졌다. 고려시기 지방제도의 기본 틀은 고려 건국 이후 몇 차례의 변천 끝에 1018년(현종 9)에 정해졌다. 고려 현종 9년에 정해진 지방제도는 하나의 주현(主縣)과 몇 개의 속현(屬縣)이 하나의 지방통치단위인 '주현속현단위'로 묶여서 지방통치의 중심이 되는 제도라는 점에서 '주현속현제도(主縣屬縣制度)'라고 정의할 수 있다. '주현속현제도'를 통한 지방지배의 중심은 주현과 속현으로 편성된 '주현속현단위'였고, 그 운영의 주인공은 지방관(수령)과 향리였다. 아울러 고려시기에는 '주현속현제도'를 효과적으로 운영하기 위한 대표적인 보완 장치로 계수관(界首官)과 안찰사(按察使)가 있었다.

---

충주목이 새로 조성한 『黃帝八十一難經』과 『川玉集』 등 의학서 99板을 진상하였다(『高麗史』 卷8, 文宗 12年 9月 己巳). 또 이규보는 전주부에서 12國史를 출판하였으며(『新增東國輿地勝覽』 卷33, 全州府, 祠廟, 城隍祠, 李奎報夢驗記), 1354년(공민왕 3) 진주목에서는 『졸고천백』을 간행하였다(『拙藁千百』 刊行記).

98) 『高麗史』 卷134, 禑王 7年 7月.

고려시기 나주목은 나주목과 22개의 속현으로 편성된 '나주목지역'의 주현이었을 뿐 아니라 57개의 단위 군현으로 편성된 '나주목영역'(지금의 전라남도)의 대표 군현인 계수관이기도 하였다. 고려시기 '나주목영역'은 '나주목지역', '승평군지역', '영광군지역', '영암군지역', '보성군지역'으로 구성되었다. 나주목을 계수관으로 한 '나주목영역'은 몇 가지 특징이 있었다. 특히 나주목이 주현인 '나주목지역'은 나주목과 22개의 속현으로 편성된 지리적으로 아주 넓은 지방통치단위였고, 압해군, 장산현, 진도현, 가흥현, 임회현 등 섬에 읍치가 있는 다수의 단위 군현을 포함하고 있어서 효과적인 지방통치단위가 되기 어려웠다.

1018년 이후 '나주목영역'에서는 적지 않은 변화가 나타났다. 인종 21년 지방제도 개편으로 '나주목영역'에는 장흥부, 진도현, 능성현 등 외관 파견 군현이 늘었고, 고려 중기 이후 여러 곳에 감무가 파견되었다. 그와 함께 속현 이속이 이루어지면서 '나주목영역' 안의 '주현속현단위'의 규모가 전반적으로 작아졌다. 특히 이러한 변화가 현종 9년 '나주목영역'의 '주현속현단위' 중 가장 규모가 컸던 '나주목지역'을 중심으로 이루어진 것도 확인된다. 고려 중기이후 '나주목영역'에서 이루어진 변화에서 현종 9년에 성립한 '주현속현제도'의 기본 틀을 유지하면서 지방제도를 합리적으로 개혁하려는 방향을 확인할 수 있다.

고려시기 '나주목영역'의 대표 군현이었던 나주목은 많은 인구와 넓은 토지, 관원과 시설을 갖춘 대읍으로서, 지방통치·교통·경제활동·교육·문화의 중심지였다.

# 고려시대 나주의 산천과 제의

김아네스

## Ⅰ. 머리말

이 글은 고려시대 나주지역[1]의 산천제(山川祭) 설행 양상과 그 의미를 밝히는 데 목적이 있다. 산천제는 악해독(嶽海瀆), 명산대천(名山大川) 등에 깃든 신을 숭배하여 제사하는 것을 말한다.[2] 『고려사』 지리지에 따르면, 나주목의 금성산(錦城山)에 신사(神祠)가 있었다. 이는 산신을 모시는 신사가 있어 금성산에 제사하였음을 보여준다. 금성산은 나주를 지키는 진산(鎭山)이다. 통일신라시기 나주는 금산군(錦山郡) 또는 금성군(錦城郡)이라 불리었다. 고을의 이름인 금산, 금성은 금성산에서 비롯한 것으로 판단된다. 금성산은 나주의 상징이며 고을의 수호신이었다.

금성산이 가지는 상징성으로 말미암아 나주의 산천제에 관한 연구는 금성산 신앙과 제사를 중심으로 이루어졌다.[3] 지금까지의 연구는 다음의 두

---

1) 나주지역의 공간적 범주는 『고려사』 지리지의 나주목을 기본으로 할 것이다. 나주목과 그 속군현 및 인근 영군현 등을 포괄하여 말할 때에는 계수관 나주 또는 광역 나주권, 나주 중심의 광역권이라 하겠다.

2) 이 글에서는 '산천'을 산천제의 대상이 되는 嶽海瀆, 名山大川, 巖, 峰, 江, 津 등을 아울러 가리키는 용어로 사용하고자 한다.

3) 임형, 「금성산제에 대한 일고찰」, 『향토문화』 15, 1996 ; 김갑동, 「고려시대 나주의 지방세력과 그 동향」, 『한국중세사연구』 11, 2001(『고려의 토속신앙』, 혜안, 2017) ; 변동

가지 방향에 초점을 맞추어 진행되었다. 첫째 금성산 신앙을 나주 팔관회(八關會)의 개최와 연계하여 보았다. 고려왕조의 팔관회는 산악신앙과 관련이 깊었다. 현종 때 나주에서 팔관회가 개설되고, 이를 계기로 금성산신의 위상이 높아진 것으로 파악하였다.[4] 둘째 금성산 신앙을 나주 토착세력의 사회적 성장과 관련하여 살폈다. 산악신앙은 그 산악이 소재한 고을의 토착세력과 긴밀한 관계를 맺고 있었다. 충렬왕 때 금성산신을 정녕공(定寧公)으로 봉작한 일을 나주 토착세력의 사회적 성장 및 광주·전남지역 내 토착세력 사이의 주도권 경쟁의 산물로 이해하였다.[5] 이러한 연구를 통해 나주 금성산 산신제가 고려 사회에서 높은 위상을 차지하고, 고려 후기 나주 토착세력의 정치적 성장과 중앙 진출에 따라서 금성산 신앙이 조정으로부터 우대받았음을 알 수 있었다.

그런데 고려시대 나주에서 거행된 산천제에는 금성산 제사만 있었을까. 나주지역은 영산강이 흐르고 서남쪽으로 바다가 있어 수륙 결절지에 해당한다. 따라서 산신에 대한 숭배와 아울러 수신(水神)에 대한 제사가 거행되었을 것으로 추정된다. 조선 초기 지리지를 보면, 나주에서 남해(南海)와 앙암용진(仰巖龍津)에 대한 제사를 지냈다. 조선 초기 기록에 보이는 산천제는 오랜 종교적 경험을 바탕으로 고려 사회에서 숭배하던 명산대천에 관한 것이 대부분이다. 따라서 나주의 산천제에 관한 연구는 산신과 수신에 관한 의례를 아울러 살피는 일이 필요하다.

---

명, 「고려후기의 금성산신과 무등산신」, 『남도문화연구』 7, 2001(『한국중세의 지역사회연구』, 학연문화사, 2002) ; 변동명, 「고려시기의 나주 금성산신앙」, 『전남사학』 16, 2001(『한국 전통시기의 산신·성황신과 지역사회』, 전남대학교출판부, 2013) ; 변동명, 「나주 팔관회와 금성산신앙」, 『해양문화연구』 9, 2013 ; 임형, 「무등산제와 금성산제의 역사와 특징」, 『향토문화』 38, 2019.

4) 변동명, 「고려시기의 나주 금성산신앙」, 2001: 『한국 전통시기의 산신·성황신과 지역사회』, 2013, 66~86쪽 ; 변동명, 「나주 팔관회와 금성산신앙」, 『해양문화연구』 9, 2013.

5) 변동명, 「고려후기의 금성산신과 무등산신」, 2001: 『한국중세의 지역사회연구』, 학연문화사, 2002 ; 변동명, 「고려시기의 나주 금성산신앙」, 2001: 『한국 전통시기의 산신·성황신과 지역사회』, 2013, 86~97쪽.

이와 더불어 의례의 관점에서 나주 산천에 대한 제사를 살펴보는 일도 필요하다. 산천제는 제사의 주체가 다양하였다. 고려에서는 산천에 대한 제사권을 국왕이 독점하지 않았다. 같은 산천신을 모신 신사에서 나라 제사, 고을 제사, 민간 의례 등이 베풀어졌다.[6] 제의의 종류에 따라 제사 목적이나 의식 절차, 신격에 대한 인식에 차이가 있었다. 이에 관해서도 검토가 이루어져야 할 것이다.

고려시대 나주의 산천제에 관한 직접적 자료는 많지 않다. 현종 때 남해신 승격, 충렬왕 때 금성산의 봉작과 금성신당의 무당 등에 관한 단편적 기록만이 전할 따름이다. 이에 사료를 면밀하게 분석하고 지역에 전하는 설화를 자료로 활용하고자 한다. 또한 고려시대 다른 지역 사회의 산천제에 관한 연구 성과를 바탕으로[7] 금성산을 비롯한 나주의 명산대천과 제사의례에 관하여 종합적으로 고찰할 것이다. 국가와 고을, 백성의 산천에 대한 숭배라는 큰 테두리 안에서 고려시대 나주의 산천제 구성과 설행 양상을 조명하고자 한다. 그럼으로써 나주의 산천제가 가지는 특성과 의미가 드러나기를 기대한다.

---

6) 이 글에서는 제사의 주체를 기준으로 국왕이 주재하는 國祭를 나라 제사 또는 국가 제사라 하고, 군현의 지방관이나 향리가 주재하는 것을 고을 제사, 일반 백성이 개인적으로 제사하는 것을 민간 의례라고 부르고자 한다.

7) 고려시대 산천제에 관하여는 산천제 정비, 산천의 봉작, 산천제의 목적, 명산대천의 구성과 편제, 산천제의 등에 관한 여러 연구가 이루어졌다. 특히 지역 사회와 산천제에 관하여는 주3에 소개한 논고와 더불어 다음의 연구가 대표적이다. 변동명, 「고려후기의 무등산신앙과 광주」, 『동아연구』 38, 2000 ; 강은경, 「고려시대 지방사회의 제의와 공동체 의식」, 『한국사상사학』 21, 2003 ; 강은경, 「고려시대의 국가, 지역 차원 제의와 개인적 신앙」, 『동방학지』 129, 2005 ; 김아네스, 「고려시대 산신 숭배와 지리산」, 『역사학연구』 33, 2008 ; 변동명, 「전통시기의 감악산 숭배와 산신 설인귀」, 『역사학연구』 42, 2011 ; 변동명, 『한국 전통시기의 산신·성황신과 지역사회』, 전남대학교출판부, 2013 ; 김아네스, 「고려시대 제사유적과 산천제-월출산 유적과 부안 죽막동 유적을 중심으로-」, 『한국사연구』 175, 2016 ; 김갑동, 『고려의 토속신앙』, 혜안, 2017 ; 김효섭, 「고려시대 사묘신앙의 편제·관리와 당대인들의 인식」, 『역사학보』 257, 2023.

## Ⅱ. 나주의 산천 제장과 고려왕실

나주의 명산대천과 제장에 관해서는 지리지의 기록을 통해 살필 수 있다. 『고려사』 지리지에는 각 고을의 연혁 뒤에 명소(名所)를 수록하였다. 조선 초 『세종실록지리지』와 『(신증)동국여지승람』에서는 각 지역의 명산대천 및 사묘(祠廟)를 밝혀 실었다.

> A-1. 금성산(錦城山)〈산에 신사가 있다〉과 남포진(南浦津)이 있다.[8)]
>
> -2. 명산 … 금성산은 나주에 있는데, 제례는 지리산과 같다. … 대천으로 남포진이 나주에 있다. …[9)]
>
> -3. ①금성산〈주의 북쪽 5리에 있는데 진산이다〉. … ②앙암(仰巖)〈금강 남안에 있다. 혹 노자암이라고도 한다. 그 밑에는 물이 깊어 헤아릴 수 없는데 속설에 용이 있다고 한다. 바위 밑에 구멍이 있는데 조수가 밀려갔을 때는 보인다. … ③해(海)〈주의 서남쪽 70여 리에 있다〉. ④금강진(錦江津)〈일명 금천(錦川), 목포(木浦)이며, 혹은 남포(南浦)라고도 한다. 곧 광탄의 하류인데 주의 남쪽 11리에 있다〉.[10)]

A-1과 2의 지리지에서는 나주의 명산대천으로 금성산과 남포진을 소개하였다. 금성산은 나주의 진산이며 고을 북쪽 5리에 위치하였다(A-3의 ①). 남포진은 나주를 흐르는 남포강(南浦江)[11)] 즉 영산강의 중류에 위치하였다. A-3의 ④에서는 이곳을 금강진이라 칭하고 금천, 목포, 또는 남포라고

---

8) 『고려사』 권57, 지리지2, 전라도, 나주목, "有錦城山〈山有神祠〉 南浦津."

9) 『세종실록지리지』, 전라도, "名山曰 … 錦城山在羅州 祭例與智異山同 … 大川曰 南浦津在羅州…"

10) 『(신증)동국여지승람』 권35, 전라도, 나주목, 산천, "錦城山〈在州北五里 鎭山〉 … 仰巖〈在錦江南岸 或云鸕鶿巖 其下水深莫測 俗云有龍 巖底有穴 潮退則見〉 … 海〈在州西南七十餘里〉 錦江津〈一名錦川 一名木浦 或云南浦 卽廣灘下流 在州南十一里〉."

11) 南浦江은 흑산도 사람들이 뭍에 나와 남포강변에 임시로 터를 잡으며 영산현이라 불렀다는 기록에서 확인할 수 있다(『고려사』 권57, 지리지2, 전라도, 나주목, 黑山島).

도 하며 고을 남쪽 11리에 있다고 하였다. 같은 대천을 남포진 또는 남포, 목포, 금강진, 금천 등으로 불렀다.[12] 『(신증)동국여지승람』 나주목의 산천에서는 금성산과 금강진 외에도 여러 산, 봉, 암 및 해, 진, 탄, 천, 포, 도, 지 등을 수록하였다.[13] 그중 A-3에 제시한 ②앙암(仰巖)과 ④해(海)가 주목된다. 앙암은 금강 즉 남포강의 남쪽 기슭에 있는 바위이다. 남포강의 남안에 앙암이 있고 건너편 강변에 남포진이 있었다. 오늘날 회진에서 영산포 쪽으로 영산강을 따라 올라가면 깎아지른 절벽 바위가 나타나는데, 이것이 앙암이다. 바위 아래 수심이 깊어 용이 산다는 속설이 있었다. 바위 밑 동굴은 조수가 밀려나가면 보인다고 하였는데, 이는 앙암 부근까지 바닷물이 들어왔음을 말해준다. 또한 나주 고을의 서남쪽 70여 리에 바다가 있다고 하였다.

예로부터 각지의 산천은 사람들이 섬기는 대상이었다. 고을을 대표하는 명산대천은 신령이 깃든 성스러운 장소로 숭배되었다. 금성산에는 신사가 있었다(A-1). 나주에는 금성산 밖에도 남해와 앙암용진에 제장이 설치되어 있었다.

---

12) 나주를 흐르는 영산강 본류의 명칭 변화에 관해서는 변남주, 『영산강 뱃길과 포구 연구』, 민속원, 2012, 28~37쪽 참조.

13) 나주지역의 산천(『(신증)동국여지승람』 권35, 전라도, 나주목, 산천)

| 山(山, 峰, 巖) | 川(海, 津, 灘, 川, 浦, 島, 池) |
|---|---|
| 錦城山, 德龍山, 宰臣山, 侍郎山, 雙溪山, 涌珍山, 都野山, 月井峯, 狀元峯, 仰巖, 伏巖, | 海, 錦江津, 廣灘, 亭子川, 松只川, 長成川, 鶴橋川, 鵲川, 古幕浦 |
| | 八尒島, 安昌島, 河衣島, 笞介島, 都草島, 者乙島, 只佐島, 愁致島, 沙致島, 大也島, 小智島, 半月島, 朴只島, 高下島, 多里島, 沙邑島, 壓海島, 松島, 仇瑟島, 牛幕島, 蘇文島, 牛開島, 加難島, 飛尒島, 智島, 長山島, 慈恩島, 巖墮島, 新蔬島, 黑山島 牛十橋池, 崇教池, 板梯池 |
| (신증)謌謠山 | (신증)紅衣島, 可佳島 |

B-1. 진산은 금성이다. 남해신사당(南海神祠堂)<주의 남쪽에 있다. 제례는 평사(平祀)로 봄·가을에 향축을 내려서 제사지낸다.> 앙암용진(仰巖龍津)<주의 관원이 제사지낸다.> 남포진<주의 남쪽에 있는데, 배가 다닌다.>[14)]

-2. ①남해 신사(南海神祠)<주의 남쪽 45리에 있다. 사전에 중사(中祀)로 등재되었고 춘추로 향과 축문을 내려 제사를 지낸다.> ②금성산사(錦城山祠)<사전에 소사(小祀)로 기재되었다.…> … ③용진단(龍津壇)<금강 북안에 있다. 앙암과 마주보고 있는데, 본 고을에서 제사지낸다.>[15)]

B군 기록에서 보듯이 조선 초기 나주에서는 금성산, 남해, 앙암용진에 대한 제사가 베풀어졌다. 첫째 금성산 제사는 신사 즉 금성산사에서 지냈다. 그 제사는 조선의 사전(祀典)에 소사로 기재되었다(B-2의 ②). 고려에서도 국가 제사로 받들어졌는데, 충렬왕 때 금성산신을 정녕공에 봉작한 사실[16)]에서 보듯 나라에서 산신을 예우하며 치제하였다. 조선 태조가 금성산을 호국백(護國伯)에 봉하고,[17)] 태종 때 산천의 사전 제도를 정비하면서 소사의 하나로 편제하였다.[18)] 세종 때에는 1437년(세종 19) 악해독과 산천의 단묘와 신패 제도를 상정할 때[19)] 나주 금성산의 묘 위판을 '금성산지신(錦城山之神)'이라 써서 소재관이 제사하도록 정하였다.[20)] 이는 고려 때 신사

14) 『세종실록지리지』, 전라도, 나주목, "鎭山 錦城 南海神祠堂<在州南 祭例平祀 春秋降香祝祭之> 仰巖龍津<州官行祭> 南浦津<在州南 有舟楫>." 사료에 보이는 남해신에 대한 '平祀'는 別祀와 달리 정기적으로 지내는 常祀를 뜻하는 것으로 보인다.

15) 『(신증)동국여지승람』 권35, 전라도, 나주목, 사묘, "南海神祠<在州南四十五里 祀典載中祀 春秋降香祝致祭> 錦城山祠<祀典載小祀…> … 龍津壇<在錦江北岸 與仰巖相對本邑致祭>."

16) 『고려사』 권105, 열전18, 정가신, 충렬왕 3년.

17) 『태조실록』 권3, 태조 2년 1월 21일 정묘.

18) 『태종실록』 권28, 태종 14년 8월 21일 신유.

19) 1435년(세종 17) 3월에 충청·전라·경상도 산천단묘순심별감으로 예조정랑 김전이 와서 금성사당, 남해당소, 앙암용진의 제소를 살폈다(『금성일기』, 선덕10년 3월 18일 시행).

에 신상을 설치하고 제사하던 관행을 철폐하려는 의도였다.[21]

둘째 남해 제사는 남해 신사 즉 남해신사당에서 올렸다. 신사는 나주 치소의 남쪽 45리에 있고, 그 제사는 조선의 중사로 등재되었다(B-2의 ①). 고려에서도 사전에 실어 남해에 치제하였는데, 현종이 남해 용신을 사전에서 승격시키도록 하였다.[22] 조선왕조에서는 1414년(태종 14)에 악해독을 중사로, 여러 산천을 소사로 편제하면서 전라도 남해를 사전에 등재하였다.[23] 세종 때 신사에 '남해지신(南海之神)'이라 신패를 써서 제사하게 하였다. 나주에 소재한 남해 신사는 고려 때의 신사를 계승한 것으로 헤아려진다.

셋째 앙암용진 제사는 조선 초기 나주의 관원이 지내는 고을 관행제였다(B-1). 제장은 금강 즉 남포강 북안의 용진단이었다(B-2의 ③). 앙암용진은 용신이 깃든 앙암 부근 남포강변을 이른다. 그 용신은 남포강을 주재하는 신령이라 할 수 있다. 이 제사는 태종이 산천제를 정비할 때 사전에 편제되지 못하였다. 1429년(세종 11) 예조에서 산천의 기암과 용혈 등 영험한 곳에서 제사지내는 예에 관해 건의하였다.[24] 이에 따라 나라의 사전에 들지 못했지만, 국고의 미곡으로 치제할 대상을 정하였다. 그중 나주의 앙암용진이 포함되면서 이때부터 앙암용진의 제사를 나주의 관행제로 지냈다. 그 전까지 앙암용진 제사는 민간의 제사로 베풀어졌다. 본래 제사하는 곳이 강물로 백 보 가량 막혀서, 물에 잠기면 제사를 지낼 수 없었다. 1437년(세종 19) 예조에서 앙암용진의 제소를 "높은 언덕으로 옮겨서 배설"하기를 청하였다.[25] 그 뒤 제소를 옮겨 앙암을 마주보는 남포강 건너편 북안에 용

---

20) 『세종실록』 권76, 세종 19년 3월 13일 계묘.

21) 조선 초기 산천제의 변화에 관해서는 다음과 같은 연구를 참고할 수 있다. 박호원, 「고려의 산신신앙」, 『민속학연구』 2, 1995: 『한국 마을신앙의 탄생』, 민속원, 2013 ; 이욱, 「조선전기의 산천제」, 『종교학연구』 17, 1998 ; 김철웅, 「조선전기의 길례와 잡사」, 『한국중세의 길례와 잡사』, 경인문화사, 2007 ; 최종석, 「조선초기 종교 심성의 전환과 신사 혁신」, 『민족문화연구』 88, 2020.

22) 『고려사절요』 권3, 현종 16년 5월.

23) 『태종실록』 권28, 태종 14년 8월 21일 신유.

24) 『세종실록』 권46, 세종 11년 11월 계축.

진단을 설치하였다. 배가 드나드는 남포진 부근 강변에 제단을 마련하여 제사한 것으로 여겨진다.

이상에서 살펴본 금성산, 남해, 앙암용진은 고려시대 나주의 산천 제장이었다. 통일신라시기 나주의 산천은 나라의 사전에 실리지 못하였다. 고려 때에 이르러 왕실과 인근 고을에까지 영험한 산천으로 알려졌다. 나주의 명산대천이 고려왕실과 깊은 연관을 맺기 시작한 것은 왕건의 나주 경략에 의해서였다. 왕건은 나주 북쪽 금성산 및 고을 남쪽에 위치한 목포 즉 남포진과 남해 등지에서 활약하였다.

일찍이 903년 3월에 왕건이 금성군 등 10여 고을을 장악하였다.[26] 서해로부터 광주 지경에 이르러 금성군을 함락하였다. 바다로부터 영산강을 거슬러 금성군 즉 나주에 진출하였다. 909년 해군대장군이 된 왕건이 나주 일대로 다시 와서 오월국에 보내는 후백제 배를 노획하였다.[27] 이듬해(910년) 견훤이 보병과 기병 3,000명을 거느리고 금성(錦城) 즉 나주성을 공격하고 열흘 동안 포위를 풀지 않았다. 궁예가 수군을 보내 습격하여 견훤 군이 물러갔다.[28] 여기서 금성, 나주성은 금성산성(錦城山城)을 가리킨다. 후백제 병사가 함락하지 못한 것에서 알 수 있듯이 금성산성은 고을을 방어하는 중심이었다. 『세종실록지리지』에 금성산 석성의 둘레가 1,095보이며 샘이 5개가 있어 겨울이나 여름에 마르지 않고 못, 군창이 있다고 하였다.[29] 『만기요람』에 따르면 나주 금성산성은 서, 남, 북쪽 삼면의 지세가 험준하고 동문 밖 한 면만 넓고 평탄하였다.[30] 성중에 우물이 다섯이 있고, 동쪽 노적봉과 북쪽 정녕봉 줄기가 골짜기를 이루어 군병을 숨겨둘 만하다고 하였다. 후대의 기록이지만 금성산이 물이 풍부하고 병사를 숨겨두기에 적절하

25) 『세종실록』 권76, 세종 19년 3월 13일 계묘.
26) 『고려사』 권1, 세가, 태조 총서, 천복 3년 3월.
27) 『고려사』 권1, 세가, 태조 총서, 양 개평 3년.
28) 『삼국사기』 권50, 열전10, 견훤, 개평 4년 ; 『삼국사기』 권12, 신라본기, 효공왕 14년.
29) 『세종실록지리지』, 전라도, 나주목, 금성산 석성.
30) 『만기요람』, 군정편4, 관방, 전라도, 체찰사 이항복의 계.

여 방어에 유리한 지형임을 알 수 있다. 나주 지역민들은 고을의 수호신으로 금성산을 숭배하였을 것이다. 나주에 진출한 왕건도 금성산을 진산으로 받드는 민간의 신앙을 잘 알고 있었을 것이다.

왕건이 나주 일대를 공략하는 데 도움을 준 지역 세력가들이 있었다.[31] 장화왕후 오씨의 아버지 다련군(多憐君)이나 삼한공신 나총례(羅聰禮) 등이 대표적이다. 이 중 오씨 집안은 주의 목포에 대대로 살았다.[32] 나주 목포는 앞에서 보았듯이 고을 남쪽의 남포진으로 오늘날 영산포 근처이다.[33] 이 시기 목포 즉 남포진에는 배가 드나들었다. 장화왕후가 왕건을 만나기 전에 '포룡(浦龍)'이 뱃속으로 들어오는 꿈을 꾸었다. 얼마 뒤 왕건이 수군장군으로 목포에 정박하였다. 천상(川上)을 보니 오색구름이 서려 있어, 그곳에 이르러 빨래하는 왕후를 만나 사랑하였다. 왕후의 꿈에 나타난 '포룡'은 목포의 용, 목포로부터 온 용이다. 꿈속 용은 장차 왕위에 오를 왕건, 또는 나주 목포를 관장하는 용신을 상징한다.[34] 꿈 이야기는 고려왕실을 용신과 연결시켜 신성화하려는 상징 조작으로 해석할 수 있다. 그 바탕에는 나주 지역민의 용신에 대한 신앙이 있었을 것이다. 목포의 용신은 곧 남포강을 주재하는 앙암용진의 신령이다. 앙암 밑은 강물이 소용돌이치며 깊은 소(沼)를 만들어, 영산강 즉 남포강을 다니는 배들이 자주 침몰하였다고 한다.[35] 나주에서 배를 이용하는 사람들은 용신에게 치제하였을 것이다. 장

---

31) 왕건이 나주 일대를 정벌하는 데 지역 세력가들의 협력이 컸다는 점은 신호철, 「후삼국-고려초기 나주 호족의 활동」, 호남사학회 편, 『고려의 후삼국통합과정과 나주』, 경인문화사, 2013, 113~114쪽 참조.

32) 『고려사』 권88, 열전1, 태조 후비, 장화왕후 오씨.

33) 장화왕후가 세거한 나주 목포의 위치에 관해서는 김명진, 「나주 서남해지역 공략과 압해도 장악」, 『고려 태조 왕건의 통일전쟁 연구』, 혜안, 2014, 103~104쪽 주52 참조.

34) 장화왕후 열전에서는 혜종이 늘 물을 잠자리에 두며 큰 병에 담아두고 씻기를 싫어하지 않으니, 참으로 '龍子'라 하였다. 여기서 용은 혜종의 아버지 왕건, 또는 물을 관장하는 용신이라 할 수 있다. 둘을 아울러 용신과 같은 신성한 존재로서 태조 왕건이라 볼 수도 있다.

35) 나주시, 나주문화관광, 관광지, 자연관광, 생태관광, 앙암바위(https://www.naju.go.kr/tour/sights/nature/ecology?mode=view&idx=305)

화왕후의 조상은 중국과의 무역을 통하여 부를 쌓은 해상세력이었다.[36] 나주 목포의 해상 세력가로서 오씨 집안은 앙암용진 제사를 주도하였을 가능성이 높다. 장화왕후와 인연을 맺은 왕건은 앙암용진 즉 남포강 용신에 대한 숭배를 익히 알았을 것이다.

912년 왕건은 덕진포 해전에서 나주 남쪽 바다를 둘러싸고 견훤과 맞섰다. 왕건이 전함을 이끌고 나주 포구에 이르니, 견훤이 목포에서 덕진포(德眞浦)까지 전함을 잇달아 늘어놓았다.[37] 태봉의 영향력 아래 있던 나주 일대를 둘러싼 전투가 벌어졌다. 덕진포의 위치에 관해서는 영암 덕진면 일대 또는 무안군 몽탄면 부근으로 보는 설이 있다. 문헌기록에 전하지는 않지만 무안 몽탄(夢灘) 일대에서 왕건이 견훤 군을 깨뜨렸다는 설화가 주목된다. 몽탄 설화에 따르면 왕건이 견훤과 싸우면서 몽탄강 부근에서 포위되었는데 그날 밤 꿈에 강의 신이 나타나 '강물이 빠졌으니 빨리 피하라'고 하였다. 왕건이 군사를 이끌고 피한 뒤 견훤 군을 격파하였다. 몽탄의 지명이 왕건의 꿈에서 비롯하였다는 것이다.[38] 영산강이 바다와 연결되던 시기에는 몽탄강에 바닷물이 들고났다. 설화 속 강의 신은 바닷물이 들면 곧 해신(海神)이라 할 수 있다. 비슷한 맥락의 영암 시종면에 전하는 왕건을 살린 남해 용 설화도 있다. 남해포(南海浦)에서 왕건이 하룻밤 진을 치고, 견훤은 야간 급습을 위해 인근 야산에서 잠복하였다. 왕건이 꿈을 꾸었는데 바다 용을 탄 백발노인이 나타나 당장 바다를 건너라고 경고하였다. 왕건이 일어나 군사를 이끌고 배를 탔는데 무언가 끌어당기는 것처럼 강한 물살에 배가 떠내려갔다. 견훤 군사들이 뒤늦게 왕건의 막사를 장악하지만

---

36) 송악의 왕건 가문과 나주 오씨 집안 등이 해상세력이라는 점은 여러 연구에서 지적되었다. 신호철, 「후삼국·고려초기 나주 호족의 활동」, 『고려의 후삼국통합과정과 나주』, 2013, 117~118쪽과 주20.

37) 『고려사』 권1, 세가, 태조 총서.

38) 박종오, 「영산강 유역의 왕건 관련 설화」, 호남사학회 편, 『고려의 후삼국통합과정과 나주』, 경인문화사, 2013, 219~222쪽. 몽탄강은 무안군 몽탄면과 나주군 동강면을 연결하는 영산강 하류이다. 예전 몽탄진 하류는 삼포만 바다와 연결되었다(변남주, 『영산강 뱃길과 포구 연구』, 민속원, 2012, 189쪽).

왕건 군은 떠난 뒤였다. 왕건이 꿈에 나타난 바다 용신의 말에 따라 남해포에서 견훤의 공격을 피했다는 내용이다.[39] 설화 속 몽탄진과 남해포는 바다로 이어져 있다.[40] 몽탄진은 나주 서남쪽 60리에 위치하며 그 하류는 삼포만 바다와 연결되었다.[41] 남해포는 나주 남쪽 영산강 지류인 삼포천변이다. 오늘날 영암군 시종면 옥야리 포구로 남해 신사가 있던 곳이다.[42] 나주 남쪽 바다에서 왕건이 해신의 음조로 견훤 군을 무찌르거나 또는 견훤의 공격을 피했다는 설화가 나주, 무안, 영암 등지에 퍼져 있었다. 왕건의 나주 경략과 남해신에 대한 숭배는 밀접하게 연관되어 있었다.

이처럼 고려가 세워지기 전부터 나주 지역민은 금성산, 남포강, 남해 등에 깃든 신령을 숭배하였다. 금성산은 산악의 요새로 방어에 유리한 지형을 갖추었다. 남포강의 앙암 밑에는 수심이 깊어지는 소(沼)가 있었다. 나주 남해와 연결된 영산강, 삼포천 등은 밀물과 썰물이 들고나는 감조 하천이었다. 사람들은 산악과 하천의 독특한 지형에 신령이 깃들어 있다고 믿었다. 특히 바닷물이 하천 하구로 밀려와 상류로 역류하면서 하천 바닥의

---

39) 영암문화원, 열람실 데이터베이스, 영암설화, 시종면, 왕건을 살린 남해용(http://yccdb.kr/bbs/board.php?bo_table=yaoldstory&wr_id=403). 또 다른 계통의 설화로 '현종과 남해 신' 설화가 있다. 현종이 나주로 피난 와 남해포에서 잠을 자는데 그날 밤 백발의 수신이 등장하여 몽탄으로 피신하라는 암시를 주어, 적으로부터 위험을 피하였다. 그 뒤 왕이 자신을 도와준 꿈속 백발 수신을 위해 이곳에 당을 짓고 제사를 지내게 하였다는 것이다(이영문·김승근, 『영암 남해사지』, 목포대학교박물관·영암군, 2000, 17쪽). 본래 왕건과 몽탄 설화를 뒷날 나주에 피난한 현종과 몽탄 설화로 변형하여 전승한 것이다. 또한 왕이 남해포에서 꿈을 꾸는 부분은 영암 시종면 설화와 비슷하다. 여러 계통의 설화에 나타난 공통된 내용은 왕건이 남해에서 견훤과 싸우며 용신의 도움을 받았다는 것이다.

40) 왕건의 전투와 용신 관련 설화가 전승되는 두 지역은 후백제의 전함이 배치된 목포, 덕진포와 관련이 있을 것이다. 최근 목포와 덕진포를 각각 남해포와 무안 몽탄의 덕포로 추정한 연구가 나와서 위치 비정에 참조할 수 있다(한정훈, 「고려·조선 초기 나주지역 수군 기지의 역할과 변천」, 『역사학연구』 93, 2024, 50쪽).

41) 『(신증)동국여지승람』 권35, 전라도, 나주목, 진도, 몽탄진

42) 이 지역은 고려와 조선시대 나주 관할이었다. 1895년(고종 32)에 행정구역을 개편하면서 영암군에 편입되었다(이영문·김승근, 『영암 남해사지』, 2000, 10쪽).

흙탕물이 일어나면 용신이 나타난 것으로 여겼다. 사람들은 그 장소에서 일어난 극적 사건이나 왕건과 같은 주요 인물의 행적을 신령의 음조와 관련하여 인식하였다. 지형이나 자연 현상, 지정학적 요인은 종교적 심성을 형성하는 일과 연결되어 있었다. 후삼국시기 나주의 요충인 금성산, 수상 교류의 중심인 남포강 및 남해에 대한 민간의 자발적 신앙이 형성되어 있었다. 나주 지역민의 숭배와 의례는 왕건을 통해 고려왕실과 연관을 맺게 되었다.

## Ⅲ. 나주 산천의 사전 등재와 나라 제사

이 장에서는 나주의 산천에 대한 국가적 차원의 숭배와 의례를 살펴보고자 한다. 고려에서는 나주 금성산과 남해를 국가 제장으로 삼았다. 그 이전까지 나주의 산천은 민간에서 숭배하는 대상이었다. 신라의 사전에는 나주지역의 산천이 기재되지 않았다. 남해 제사가 사전에 있었으나 그 제장은 동래군(東萊郡)에 자리하였다.[43] 고려에 이르러 나주 남쪽으로 남해 제장을 옮겼다.

고려에서 금성산 및 남해를 사전에 등재한 시기는 언제였을까. 고려 초기 산천제 정비 과정 중 태조대, 성종대, 현종 때의 세 시기가 주목된다. 먼저 태조는 산천에 대한 숭배를 중시하고 국정에 활용하였다.[44] 훈요에서 왕은 "삼한 산천의 은밀한 도움에 힘입어 대업을 이루었다."라고 하였다.[45]

---

43) 신라의 남해 제장은 居漆山郡 兄邊에 있었다(『삼국사기』 권32, 잡지1, 제사). 거칠산군은 신라 경덕왕 때부터 東萊郡이라 칭하였다(『고려사』 권57, 지리지2, 경상도, 울주 속 동래현).

44) 태조가 산천 숭배를 민심을 안정시키고 국정에 활용하였으리라는 점은 박호원, 「고려의 산신신앙」, 『민속학연구』 2, 1995: 『한국 마을신앙의 탄생』, 민속원, 2013, 126~130쪽 ; 김아네스, 「고려시대 개경 일대 명산대천과 국가 제장」, 『역사와 경계』 82, 2012, 22~23쪽.

45) 『고려사』 권2, 세가, 태조 26년 4월, 훈요 제5조.

왕조를 개창하고 통일을 이룬 것이 산천신의 음우에 따른 것임을 밝혔다. 후삼국을 통일하는 과정에서 각지의 산천에 제사하고 신령의 도움을 기원했음을 짐작할 수 있다. 또한 팔관회를 시행할 것을 당부하면서 "팔관은 하늘의 신령 및 오악(五嶽), 명산, 대천, 용신을 섬기는 것이다."라고 하였다.[46] 오악이나 명산대천 등은 훈요 제5조의 삼한 산천을 좀 더 구체적으로 표현한 것이다. 신라에서 경주를 중심으로 삼산·오악 등을 정한 것처럼 태조는 개경을 중심으로 오악과 명산대천을 편성하였을 것이다.[47] 나주의 금성산과 남해도 고려왕실의 성립과 통일에 음조(陰助)한 신격으로 팔관회의 숭배 대상이었을 가능성이 높다.

앞 장에서 보았듯이 건국 이전부터 태조는 나주와 특별한 관계를 맺고 나주의 세력가와 손잡았다.[48] 나주의 산천 제장은 왕건의 활동 무대였다. 덕진포 전투에서 견훤 군을 무찌른 행적은 산천신의 음우로 믿어졌을 것이다. 게다가 나주지역은 후삼국 통일에 크게 기여하였다. 930년(태조 13)부터 6년여 동안 나주 40여 군현이 후백제의 영향력 아래 놓여 고려조정과 해상교통이 끊어졌다. 935년(태조 18) 4월에 유금필(庾黔弼)이 가서 나주를 공략하였다.[49] 그 뒤 금산사에 유폐된 견훤이 절에서 탈출하여 6월에 나주를 거쳐 고려로 귀부하였다. 태조는 유금필 장군 등을 보내 바닷길로 견훤을 맞았다.[50] 견훤의 투항으로 후삼국 통일은 눈앞의 일이 되었다. 태조는

46) 『고려사』 권2, 세가, 태조 26년 4월, 훈요 제6조.

47) 한정수, 「고려 태조대 팔관회 설행과 그 의미」, 『대동문화연구』 86, 2014. 220쪽. 이 논문에서는 오악, 명산대천으로 개경의 송악, 구룡산, 박연, 개태사가 있는 천호산 등이 있었을 것으로 보았다.

48) 나주지역이 고려의 건국과 후삼국을 통일하는 데 기여한 점에 관해서는 다음의 연구가 대표적이다. 변동명, 「고려왕조와 나주」, 『한국중세의 지역사회연구』, 학연문화사, 2002 ; 신호철, 「후삼국-고려초기 나주 호족의 활동」, 『고려의 후삼국통합과정과 나주』, 경인문화사, 2013 ; 문안식, 「궁예정권의 서남지역 경략과 토착세력의 동향」, 『백산학보』 96, 2013 ; 강봉룡, 「왕건의 제해권 장악과 고려 건국 및 후삼국 통일」, 『역사학연구』 75, 2019.

49) 『고려사절요』 권1, 태조 18년 4월. 태조 즉위 이후 고려의 나주 서남해지역 공략에 관해서는 김명진, 『고려 태조 왕건의 통일전쟁 연구』, 혜안, 2014, 135~145쪽 참조.

나주를 상징하는 금성산 및 남쪽 바다를 나라와 왕실의 대업을 돕는 산천으로 우대하였을 것이다.

팔관회 외에 산천 제사를 설행하는 일도 있었다. 최승로는 982년(성종 1)에 올린 상서에서 향관(享官)을 통한 산악 제사 등의 번거로움이 과도하다고 비판하였다. 법식과 달리 별도로 올리는 기도와 제사를 폐지할 것을 건의하였다.[51] 고려 초 왕실에서 제관을 보내어 산천에 바치는 제사가 많았음을 알 수 있다. 국가적 차원에서 산천제를 설행하였지만 산천 제사에 대한 법식을 제대로 운영하지 못한 것으로 여겨진다.

성종 때 산천제를 본격적으로 정비하였다. 987년(성종 6)에 왕은 팔관회를 중지하고, 990년(성종 9) 9월에 교서를 내려 산천 제사를 산정(刪定)할 것임을 밝혔다.[52] 교서에 따르면 왕은 서경을 순행하면서 ①관문과 하천[關河]의 평탄함과 험난함을 살피고, ②백성의 편안함과 위태함을 알아보고자 하였다. 그리고 ③윤목(尹牧), 즉 지방관의 숫자를 조정하며 ④산천 제사를 깎거나 정하려 하였다. 여기서 ③지방관의 조정은 ②백성의 안위와 연결되며, ④산천 제사의 편제는 ①국경의 관문·하천의 형세와 관련이 있을 것이다. 후에 산하를 순시하고 산천제를 올리는 일은 왕을 대신하여 제고사(祭告使)가 거행하며, 지방을 감찰하는 일은 안찰사(按察使)가 시행한다. 왕은 산하로 상징되는 통치영역에 대한 제사 및 지방 백성을 살피는 제도를 정비하고자 하였다. 성종은 산천 제사를 산정하는 데 국경 요새인 산악이나 하천의 지형을 헤아렸다. 각지의 요충이나 수상 교통의 중심 등을 사전에 등록하였을 것이다.[53] 이 점에서 광역 나주권의 요충인 금성산,[54] 수운의

---

50) 『고려사』 권2, 세가, 태조 18년 6월.

51) 『고려사』 권93, 열전6, 최승로, 상서 ; 『고려사절요』 권2, 성종 원년 6월, 최승로 상서 제21조.

52) 『고려사』 권3, 세가, 성종 9년 9월 기묘 교.

53) 개경 일대 명천대산의 제장 가운데 전략적 요충, 교통의 중심이 많다는 점은 김아네스, 「고려시대 개경 일대 명산대천과 국가 제장」, 『역사와 경계』 82, 2012, 34~36쪽.

54) 금성산이 성종 때 사전에 등재되었으리라는 점은 변동명, 「고려시기의 나주 금성산신앙」, 2001: 『한국 전통시기의 산신·성황신과 지역사회』, 2013, 57~60쪽에 있다. 이 연

중심인 나주 남해가 사전에 등재되었을 것이다. 종교적 측면에서 사전에 등재되는 산천은 나라를 진호(鎭護)하는 영험한 신기의 거소였다. 신의 영험에 대한 신앙은 산천의 자연적 형세, 지정학적 요인과 밀접하게 연결되어 있었다.

남해 제사는 다음의 기록을 근거로 현종 때 비로소 사전에 등재된 것으로 해석되기도 하였다.[55]

> C-1. 해양도 정안현에서 산호수를 재차 진상하므로 남해신의 사전을 승격시켰다.[56]
>
> -2. 해양도 정안현에서 재차 산호수를 진상하였으니, 남해 용신을 마땅히 사전에서 승격하여 그 현묘한 공을 표창하라.[57]

C군 기록은 1025년(현종 16) 5월에 왕이 남해 용신을 사전에서 승격시키는 내용이다[陞祀典]. 이는 남해신을 처음 사전에 등재한 것이라 풀이하기 어렵다. 의종 때 봉주의 휴류암연(鵂鶹岩淵)을 '비로소 사전에 등재하였다[始載祀典]'는 기록이나,[58] 인종 때 새 궁궐의 주산을 '차례를 헤아려 사전에 등재하라[秩載祀典]'는 기사[59] 등에 있듯이 어떤 산천을 사전에 등록하는 일은 '재사전(載祀典)'이라 표현하였다.[60] 남해신은 1025년 이전에 이미

---

구에서는 왕건과 나주호족의 결합이 사전 등재의 주요한 요인이라 보았다.

55) 강은경, 「고려시대의 국가, 지역 차원 제의와 개인적 신앙」, 『동방학지』 129, 2005, 146쪽 ; 김철웅, 『한국중세의 길례와 잡사』, 2007, 59쪽 ; 김효섭, 「고려시대 사묘신앙의 편제·관리와 당대인들의 인식」, 『역사학보』 257, 2023, 151쪽 등이 있다.

56) 『고려사』 권63, 예지5, 길례 잡사, 현종 16년 5월, "以海陽道定安縣 再進珊瑚樹 陞南海神祀典".

57) 『고려사절요』 권3, 현종 16년 5월의 교, "海陽道定安縣再進珊瑚樹 其南海龍神 宜陞祀典 以獎玄功."

58) 『고려사』 권99, 열전12, 함유일.

59) 『고려사』 권16, 세가, 인종 7년 3월 경인의 조.

60) 『고려사』, 『고려사절요』를 보면 사전에 등재한 제사, 사전에 등재한 산천을 가리킬 때 '載祀典者'라 표기하였다.

사전에 등재되고, 현종이 그 제사의 격(格)을 높인 것으로 보인다. 직접적 계기는 정안현에서 산호수를 거듭 진상한 일이었다. 산호수는 나뭇가지 모양의 산호를 뜻한다. 사람들은 남해에서 얻은 진귀한 보물인 산호를 통해 용신이 성스러움을 드러낸 것이라 믿었을 것이다. 왕은 남해 제사의 위상을 높여서 용신의 드러나지 않는 공훈을 표창하였다.

사전에서 승격의 구체적 의미는 무엇일까. 현종은 송악을 거란 군을 물리친 영험이 있다고 하여 '숭(崇)'이라 봉하고 제사하였다.[61] 나라를 위해 영험을 보인 신기에 가호(加號)하거나[62] 보사(報祀)를 바치게 한 사례가 있었다.[63] 남해신에게 봉작을 내려 신의 위상을 높이거나[64] 나라 제사에서 예우하는 조치를 더하지 않았을까 한다. 따라서 현종 때 사전에서 승격시키기 전, 성종 때 산천 사전에 남해신이 등재되었을 것이다.

---

61) 『고려도경』 권17, 사우, 崧山廟.

62) 예컨대 1236년(고종 23) 9월에 온수군 향리 등이 성문을 열고 몽골군을 대파하자 온수군 성황신이 은밀히 도운 공이 있다고 하여 존호를 더해 주었다(『고려사』 권23, 세가, 고종 23년 9월 정사).

63) 『고려사』 권63, 예지5, 길례 잡사, 현종 2년 2월.

64) 사전에 등재된 산천신과 성황신에게 신호와 봉작을 내린 것에 관해서는 김철웅, 『한국중세의 길례와 잡사』, 2007, 102~123쪽 ; 김기덕, 「고려시대 성황신에 대한 봉작과 순창의 <성황대신사적> 현판의 분석」, 한국종교사연구회 편, 『성황당과 성황제』, 민속원, 1998 참조. 그런데 사전에 등재한 신들 사이에 위상 차이가 없다고 보는 견해가 있다(김효섭, 「고려시대 사묘신앙의 편제·관리와 당대인들의 인식」, 2023, 156~157쪽). 그 근거로 신기에 대한 작호를 일괄적으로 사여하고, 신에게 바친 제문에 작호가 아닌 大王을 칭했다는 점을 들었다. 하지만 국왕이 신에게 봉작할 때 영험을 보인 개별 산신이나 성황신에게 내리기도 하였다. 국왕이 순행하며 경유한 산천에만 가호하기도 하였다. 이를 보면 국왕이 신기의 작호를 한데 묶어 내리기도 하고, 개별 산천을 대상으로 부여하기도 하였다. 따라서 개별 산천신의 신호와 위계가 동일하지 않을 것이다. 또한 제문에 보이는 대왕은 신격을 높여 부르는 존칭으로 여겨진다(신종원, 「<성황대신사적기>와 대왕신앙」, 『성황당과 성황제』, 1998, 298~304쪽). 여러 신을 두루 대왕으로 칭하였다고 하더라도 신호에 위계가 없다는 근거가 되기에는 충분하지 않다. 게다가 순창 성황당 현판에 보이는 충렬왕의 王旨에서 '송악을 으뜸으로 하여[松岳爲首] 국내의 명산대천의 작위를 가봉하라'고 한 점이 주목된다. 이는 고려의 명산대천 가운데 송악의 위계를 제일로 삼았던 것이라 볼 수 있다. 이를 충렬왕 때부터 나타난 변동으로 볼 수도 있지만, 이 점에 관해서는 좀 더 논의가 이루어져야 할 것이다.

남해신의 제장은 C군을 보면 정안현(定安縣)이라 생각할 수 있다. 그런데 같은 해(1025) 11월에 보성군에서도 산호수를 바쳤다.[65] 또 2년 뒤 영광군에서도 기이한 산호수를 바쳤다.[66] 정안현, 보성군, 영광군은 성종 때 나주 중심의 남해도(南海道), 해양도(海陽道)에 속한 고을이며[67] 바다를 접하고 있다. 조선 초기 남해 신사는 나주에 있었다. 세조 때 양성지는 개성을 기준으로 동해, 남해, 서해의 신사를 정한 것을 비판하였다.[68] 고려에서 개경 정남쪽 방면의 나주에 남해 제장을 정했던 것이다.[69] 앞 장에서 본 왕건의 덕진포 전투의 승리는 나주 남해에서 벌어졌다. 설화에 있듯이 남해 용신이 왕건을 음조했다는 종교적 심성, 개경의 남쪽이라는 지리적 위치, 바다와 하천이 만나는 수운의 중심이라는 점 등이 나주에 남해 신사를 설치한 배경이었을 것이다. 현종에게 산호를 올린 정안현, 보성군, 영광군 등 인근 군현에서도 남해 용신에게 고을 제사를 지냈을 것이다.

앞에서 금성산이 태조 때 팔관회 의례의 대상이며, 성종 때 사전에 등록된 것으로 보았다. 성종은 통치권역 안 산천에 대한 제사권을 국왕 중심으로 편제하고자 하였다. 왕이 제사 대상을 선정하는 데 지역의 정치적 위상도 영향을 미쳤을 것이다. 나주는 고려 초 지방 행정의 중심지로 부상하였

---

65) 『고려사』 권54, 오행지2, 목, 현종 16년 11월 갑신.

66) 『고려사』 권5, 세가, 현종 18년 7월 경자. 영광에서 진상한 산호수가 남해신과 관련이 있는지 의문을 가질 수 있다. 오늘날 영광이 서해에 면해 있기 때문이다. 조선 태종 때 경상도 영덕현 오포 등지의 바닷물이 검게 흐려지자 남해신에게 기양제를 지냈다(『태종실록』 태종 15년 4월 신묘24일). 동해에 접한 영덕현의 바다를 남해신이 관할하는 영역이라 여긴 것으로 보인다. 아마도 수도 남쪽 일정 지역의 바다를 남해신이 관장한다고 생각한 것이 아닐까 한다.

67) 南海道는 989년(성종 8) 남해도 나주목의 경학박사에 관한 기사(『고려사』 권74, 선거지2, 성종 8년 4월)에 나타난다. 나주목을 중심으로 인근 고을을 순찰하는 광역권 명칭이다. 海陽道는 995년(성종 14)에 정한 10도의 하나로 나주 중심의 광역권을 가리킨다.

68) 『세조실록』 권3, 세조 2년 3월 28일 정유, 집현전 직제학 양성지의 상소.

69) 필자는 고려 전기 남해 제장을 정안현에 설치하였다가 고려 말 나주로 옮긴 것으로 보았다(김아네스, 「고려시대 명산대천과 제장-신라에서 고려로 산천제의 변화를 중심으로-」, 『역사학연구』 50, 2013, 83쪽). 이를 수정하여 고려 초기부터 나주 남해에 국가 제장을 설치한 것으로 파악하고자 한다.

다. 신라 말 고을 명칭이 금성군에서 나주로 바뀌면서 고을의 위상이 높아졌다. 통일신라시기 무주가 관할하던 광역권이 고려 초 나주 계수관을 중심으로 재편되었다. 983년(성종 2) 12주목(州牧)을 설치하면서 나주에도 주목이 파견되었다. 산천제를 정비하는 990년 무렵 나주는 지방 행정의 중심지 가운데 하나였다. 왕은 산천신을 통해 강역 안 요새인 산악과 하천 등을 지키려 한 것이 아닐까 한다. 특히 산악, 산성은 그 자체로 지역을 진호하는 기능을 가졌다. 나라와 고을을 방비하기 위해 설치한 산성이나 피난처의 기능을 한 산악 신사는 산신이 성스러움을 드러내기 쉬운 장소였다.[70] 영험한 신령이 자리한 곳이라는 종교적 심성, 광역 나주권의 요충으로서 지정학적 중요성 등을 고려하여 나주의 진산 금성산을 사전에 기재한 것이라 볼 수 있다.[71]

현종 때 나주의 산천은 왕실의 주목을 받았다. 거란 군이 침입하자 1011년(현종 2) 정월에 현종이 남쪽으로 내려와 13일부터 21일까지 나주에 머물렀기 때문이다. 현종이 나주에 있는 동안 금성산성에 군사를 주둔시켰다.[72] 금성산 방어에 국왕의 안위가 달려 있었다. 남해 신사가 있던 영암군 시종면에는 현종과 남해신에 관한 설화가 전해진다.[73] 그에 따르면 태조를 구한 용신의 이야기에 감복한 현종이 남해포를 방문하여 태조가 꿈 꾼 자리에 제단을 차리고 정월 보름에 남해신에게 제사를 올렸다. 나주에 피신

---

70) 예컨대 1256년(고종 43) 몽골 군이 충주산성을 공격했을 때 관리와 노약자들이 月嶽神祠로 피신하였는데 홀연히 구름과 안개가 끼더니 비바람과 천둥번개가 몰아쳤다. 몽골 군은 신령이 돕는 것이라고 여겨 공격하지 않고 물러났다(『고려사』 권24, 세가, 고종 43년 4월 경인). 사람들은 월악신령이 신이함을 드러낸 것으로 인식하였을 것이다.

71) 고려에서는 통일신라의 사전에 오르지 못한 개경과 그 북쪽의 산천을 국가 제장으로 편성하였다. 고려 초 정치행정의 중심지가 변하면서 국가 제장에도 변동이 있었다. 개경 송악과 함께 지방행정의 중심지로 부상한 서해도 황주목, 안서도호부 해주목의 산천도 사전에 등재되었다. 고려에서 신설한 국가 제장에 관해서는 김아네스, 「고려시대 명산대천과 제장」, 『역사학연구』 50, 2013, 105~107쪽 참조.

72) 후대의 기록이지만 『만기요람』, 군정편4, 관방, 전라도, 이항복의 계, 나주 금성산성.

73) 영암문화원, 열람실 데이터베이스, 영암설화, 시종면, 왕건의 혼을 찾은 현종(http://yccdb.kr/bbs/board.php?bo_table=yaoldstory&wr_id=404).

한 자신의 처지를 용왕 신에게 말하고 개성을 점령한 오랑캐를 물리쳐 줄 것을 빌었는데, 그 청에 응답하듯 거란족이 퇴각하기 시작하였다. 이후 현종이 개성으로 돌아가 남해 용신에게 꼬박꼬박 제사를 지냈다는 것이다. 현종 때 거란 군의 침입을 막아낸 산천과 신사에 관한 여러 기록이 남아있다.[74] 국가적 위기 상황에서 당시 사람들은 거란 군이 퇴각하여 왕실의 안녕을 지킨 것을 남해신의 숨은 공으로 생각했을 것이다.

또한 현종은 나주에 이르러 홍복의 공훈을 이룬 것에 대한 보답으로 팔관례를 하사하였다.[75] 지역민을 위해 팔관례를 개최하게 한 것처럼 산천신에게도 은사를 베풀지 않았을까. 국가적 차원에서 산천을 숭배하는 방식에

---

74) 예를 들면 서경의 신사에 회오리바람이 갑자기 일어 거란의 군사와 말이 모두 넘어졌다는 기사(『고려사』 권4, 세가, 현종 원년 12월 계해), 송악에 거란이 침입하자 산신이 소나무 수만 그루로 변해 사람 소리를 내니 적군이 후퇴하였다는 기록(『고려도경』 권17, 사우, 崧山廟), 거란 군이 장단에 이르렀는데 눈보라가 휘몰아치며 감악 신사에 마치 깃발을 든 군사와 말이 있는 것처럼 보여 거란 병사가 전진하지 못했다는 기사 등이 있다(『고려사』 권63, 예지5, 길례 잡사, 현종 2년 2월).

75) 정도전이 우왕 때 유배 가던 중 나주 동루에 올라 쓴 글에 나주 팔관회에 관한 내용이 실려 있다(『삼봉집』 권3, 서, 羅州 東樓에 올라 父老에게 효유하는 글 ; 『(신증)동국여지승람』 권35, 전라도, 나주목, 누정, 동루). 나주 팔관회는 금성산 신앙과 관련하여 연구가 이루어졌다(주4 참조). 기존 연구에서는 나주 팔관회 개최 장소로 금성산 신당에 주목하였다. 『(신증)동국여지승람』에 금성산 사당이 다섯 곳이 있다고 기록되어 있다(권35, 전라도, 나주목, 사묘). 이들 다섯 사당 운영을 팔관회 개최와 밀접한 관계가 있는 것으로 풀이하였다. 첫째 國祭祠(하실사 남쪽)와 禰祖堂(주성 안)이 팔관회를 개최한 장소이고, 둘째 금성산 산신제를 지내는 사당이 본래 한 곳이다가 上室祠(산꼭대기), 中室祠(산허리), 下室祠(산기슭) 등 세 곳으로 늘었으며, 셋째 나주 팔관회가 폐지되고 그 제례의식 일부가 금성산 신앙으로 흡수되어 국제사와 예조당도 산신당이 된 것으로 추정하였다. 나주 팔관회를 개최하면서 금성산의 위상이 높아졌고, 팔관회를 폐지한 뒤에도 다섯 사당을 중심으로 한 금성산 신앙 또는 산신제의 위상은 흔들림 없이 유지되거나 오히려 확산된 것으로 해석하였다. 그런데 금성산의 다섯 산신당이 고려 전기의 것인지는 의문이다. 조선 초기 지리지의 기록인 만큼 '국제사'는 조선의 국가 제사를 위한 사당일 가능성이 높다. 나머지 산신당은 민간신앙의 확산으로 만들어진 민간의 산신당이라 볼 수 있다. 이와 관련하여 조선 성종 때 전라도관찰사 김종직이 금성산에는 나라에서 제사하는 사우 외에 사사로이 설치된 신사가 대여섯 곳이나 된다고 아뢴 기록을 참조할 수 있다(『성종실록』 권204, 성종 18년 6월 20일 무자).

는 제사와 가호(加號)가 있었다. 목종 때부터 국왕이 순행을 마치면 사면령을 내리고 산천신기에 훈호를 덧붙였다.[76] 현종의 나주 피난도 남쪽 지방에 대한 순행이라 할 수 있다. 나주 행차 이후 현종은 나주의 산천에 가호하고 제사를 지내도록 하였을 것이다. C-1과 2에서 현종이 남해 용신을 승격시킨 일도 당시 사람들에게는 신의 영험을 나라에서 포상한 일로 받아들여졌을 것이다. 전란을 겪으면서 현종은 산천의 영험과 이적을 중시한 것으로 여겨진다. 왕이 나주에 머무는 동안 나주의 명산대천은 왕실의 안녕을 음조한 신령으로 우대되었을 것이다.

이제 나주 금성산과 남해에 대한 국가 제사에 관해 알아보자. 사전에 등재한 산천신에게는 해마다 2월과 8월 즉 춘추로 치제하였다. 이념상 국왕이 산천에 대한 제사권을 가졌다. 왕은 외산제고사(外山祭告使)를 10여 도에 파견하였다. 이 규례는 성종이 산천 사전제도를 정비하면서 마련된 것으로 헤아려진다. 1064년(문종 18) 사절의 파견이 잦아짐에 따라 역로가 피폐해지는 폐단이 일어났다. 이에 대한 대책으로 양계에서는 감창사가, 패서도에서는 안찰사가 제고사의 직무를 겸임하게 하였다. 그 밖의 남부지역에는 계속하여 제고사를 보냈다.[77] 나주도제고사(羅州道祭告使)로는 1077년(문종 31) 8월에 활동한 대부소경 이당감(李唐鑑)이 있다.[78] 그가 활동한 나주도는 계수관 나주의 광역권을 가리킨다.[79] 나주도에는 나주목과 그 속

---

76) 목종이 즉위하여 사면령을 내리면서 국내의 신기에게 훈호를 덧붙여주도록 하였다[加勳號](『고려사』 권3, 세가, 목종 즉위년 12월). 또한 鎬京 즉 서경을 순행한 뒤 사면령을 내리고 기로를 대접했으며 산천신기에 훈호를 덧붙이게 하였다(『고려사』 권3, 세가, 목종 7년 11월 갑인 ; 목종 10년 10월 무신). 성종 때 제사를 정비하면서 산천신에 대한 봉호가 이루어졌고, 목종이 훈호를 덧붙인 것으로 보인다. 이후 여러 왕이 즉위하거나 순행 의례를 마치고 산천신에게 勳號, 爵號, 德護, 功號 등을 덧붙였다.

77) 『고려사』 권8, 세가, 문종 18년 2월 계유의 제.

78) 『고려사』 권9, 세가, 문종 31년 8월 신묘.

79) 문종 때 제고사 파견 단위와 관련하여 1087년(선종 4) 12월에 出推使를 파견한 기록이 참조된다. 이를 보면 시어사 최사열을 全州道·晋州道·羅州道에, 상서병부원외랑 이위를 慶州道와 尙州道에, 합문지후 윤관을 廣州道·忠州道·淸州道에 보냈다(『고려사』 권10, 세가, 선종 4년 12월 기묘). 봉명사신을 파견한 단위로 전주도, 나주도 등이 있었

군현 및 영현에 속하는 영암·영광·보성·승평과 그 속군현 등이 포함되었다. 나주도제고사는 나주의 남해, 금성산을 비롯하여 광주의 무등산, 영암의 월출산 등에 나라 제사를 봉행하였을 것이다.

제고사는 향과 축문을 갖추어 유교식 제의 형식을 빌려 치제하였다.[80] 분향(焚香)과 영신(迎神) 후 배례(拜禮)를 거쳐 주찬(酒饌)을 올리고 축문을 읽는 절차가 중심을 이루었을 것으로 여겨진다.[81] 이규보가 쓴 「용왕에 비는 축문」을 보면 변화무궁한 용왕의 덕을 기리고, 태방 기운이 발생하는 가을철에 제수를 진설하니 신령이 흠향하시어 화협한 기운을 이끌어 주기를 바랐다.[82] 남해신에 대한 가을 제사에서도 이와 비슷한 내용의 축문을 썼을 것이다. 의종 때 등주의 성황 신사에서 국가 제사를 거행하던 삭방도 감창사가 신에게 배(拜)를 올리지 않고 읍(揖)을 하였다는 이유로 파면되었다.[83] 이는 제사 절차와 예규를 마련하여 신령을 엄격히 섬겼음을 보여준다. 고려 말 봉명사신으로 제고사를 파견하는 일이 사라졌다. 각 도의 안렴사가 제고사의 직무를 겸임하였다.[84] 국왕이 순행을 통해 나라 안 산천신에

---

다. 또한 1198년(신종 1) 사천감 李寅甫가 慶州道祭告使로 산천을 돌며 제사하였다(『보한집』 권하). 여기서 제고사가 활동한 경주도는 광역 경주권이라 할 수 있겠다.

80) 제고사는 축문을 쓰는 祝史와 함께 해당 지역에 내려갔다. 명종 때 과거에 급제한 吳世才가 경주도제고사의 축사가 되어 외가인 경주로 내려간 사례가 있다(『동국이상국전집』 권37, 애사·제문, 吳德全 선생 애사).

81) 국가와 고을의 공공 산천제가 유교식 제사 형식으로 치러졌을 것이라는 점은 김아네스, 「고려시대 제사유적과 산천제-월출산 유적과 부안 죽막동 유적을 중심으로-」, 『한국사연구』 175, 100쪽.

82) 『고려사』 권40, 석도·소·제축, 龍王에게 비는 축문〈여러 곳에 통용한다〉.

83) 『고려사』 권99, 열전12, 함유일.

84) 『목은문고』 권9, 서, 慶尙道按廉으로 부임하는 李持平을 전송하는 시의 서문. 이 서문에서는 언제부터 안렴사가 제고사를 겸임하였는지 밝히지 않았다. 1298년 정월에 충선왕이 즉위 교서에서 "옛 제도에 사신을 파견하는 것은 按廉·祭告·馬場뿐이었다."라고 밝혔다. 이때까지 안렴사와 제고사를 각기 파견한 것을 알 수 있다. 교서에서는 근래에 변고가 많아 매사에 별감, 장교, 하전 등을 보내니 주군에서 지원하는 일이 힘들고 역마가 피폐한 점을 지적하였다(『고려사』 권84, 형법지1, 직제, 충선왕 즉위년 정월 하교). 여러 봉명사신의 파견에 따른 문제를 줄이기 위해 그 뒤 어느 시점에 안렴사에게 제고사의 업무를 겸임하게 한 것이라 여겨진다. 이색이 위의 서문을 쓴 시기

게 제사하고 백성을 살피던 책무를 안렴사가 대행한 것이다. 나주의 산천에 대한 나라 제사도 전라도안렴사가 설행하는 방식으로 바뀌었을 것이다.

나라에서 명산대천을 사전에 등재하여 정기적으로 제사한 목적은 무엇이었을까. 신종 때 경주 동악[토함산]과 서악[선도산]에 올린 제문에서 이를 밝혔다.[85] 매년 춘추로 바치는 나라 제사는 신령이 나라를 호위하며, 복리를 가져오기를 바라서였다. 평상시 산천신기를 섬김으로써 신령이 재난을 막고 나라를 지켜주기를 기원한 것이다. 종교적 관점에서 나라 제사는 나라를 호위할 만한 영험한 신기를 섬기는 의식이다. 정치적 측면에서는 국왕이 나라를 재난으로부터 지키고 복리를 얻기 위한 상징적 통치 행위라고 할 수 있다.

남해와 금성산에 대한 국가 제사도 신령의 영험으로 나라를 지키고 재난을 막으려는 목적에서 설행되었다. 1277년(충렬왕 3) 왕이 금성산신을 정녕공(定寧公)에 봉하였다.[86] 삼별초 군을 정벌할 때 금성산신이 음조한 징험이 있다는 이유에서였다. 평상시 금성산에는 정기적으로 나라 제사가 행해졌고, 그 신은 병란으로부터 나라를 지키는 신통력을 발휘할 것으로 여겨졌다.

나라 제사를 거행한 남해 신사는 바다와 영산강 주변지역을 바라볼 수 있는 구릉 정상부에 위치하였다.[87] 남해 용신이 깃든 바다를 향한 곳에 신사를 마련하였다. 금성산 신사는 산 정상에 있었을 것으로 여겨진다. 송악,

---

는 1387년(우왕 13)일 가능성이 높다. 그해 추동에 李龜가 경상도안렴사로 파견되었다(『경상도선생안』 상(증보판), 한국국학진흥원, 2005, 298쪽). 서문에서 이색은 경상도안렴사로 부임하는 감찰사 지평 이군을 '나의 동년'이라 하였다. 1353년(공민왕 2) 이색이 과거에 급제할 때 동년으로 李玖가 있었다(『등과록전편』, 공민왕조 계사). 이름의 한자를 달리 썼지만 발음이 같아 동일 인물일 것으로 추정된다. 그렇다면 충선왕 때부터 늦어도 우왕대 말 사이에 제고사의 파견이 중단된 것으로 볼 수 있다.

85) 『동국이상국집』 권38, 도량재·초·소·제문, 경주 東·西兩岳에 올리는 제문.

86) 『고려사』 권63, 예지5, 길례 잡사, 충렬왕 3년 5월 ; 『고려사』 권105, 열전18, 정가신, 충렬왕 3년 ; 『고려사절요』 권19, 충렬왕 3년 5월.

87) 이영문·김승근, 『영암 남해사지』, 목포대학교박물관·영암군, 2000, 11쪽.

감악, 백마산, 경주 동악, 월출산 등 여러 산악의 신사가 산정에 있었다.[88] 하늘과 가까운 산마루에 신이 깃든 것이라 믿었기 때문일 것이다. 이러한 신사에서는 나라 제사뿐만 아니라 고을이나 백성의 제사도 이루어졌다.

## Ⅳ. 나주 산천의 고을 제사와 민간 의례

이 장에서는 제고사가 거행한 나라 제사 외에 나주의 산천에 대한 숭배와 의례를 살펴보고자 한다. 금성산과 남해에 대한 제사는 고을 단위 또는 개인 차원에서도 베풀어졌다. 고을 단위의 제사로는 나주의 지방관이나 향리들이 주재한 것이 있었다. 일반 백성이 산천신에게 개인의 복리를 구하기도 하였다. 이러한 고을 제사의 설행과 기능, 민간에서의 금성산 신앙 확산과 변화 양상에 관하여 알아볼 것이다.

각 지방관은 군현에 재난이 닥치면 고을을 주관하는 신에게 제사하였다. 고을마다 지역민은 해당 지역을 지키고 보호하는 신령이 있다고 믿었다. 고종 때 이규보는 계양부사로 재직하면서 고을에 가뭄이 들자 성황에게 비를 빌었다. 그 제문을 보면 고을을 주관하는 자는 신이며, 가뭄으로 백성이 굶주리면 신도 제사를 받지 못할 것이라 하였다.[89] 또한 "대왕이 이 땅의 것을 먹은 지 오래인데, 모른 척하고 구휼하지 않는다면 어디에 목숨을 의탁하겠습니까."라고 하며, 비를 내려 땅을 적시게 하는 것을 신의 직무라고 하였다.[90] 계양의 백성은 예전부터 성황신에게 제사하였다. 그 지

---

88) 고려시대 산악의 신사가 대체로 산 정상에 입지하였을 것이라는 점은 김아네스, 「고려시대 제사유적과 산천제-월출산 유적과 부안 죽막동 유적을 중심으로-」, 『한국사연구』 175, 2016, 92~93쪽 참조. 『고려도경』에는 송악 신사가 멀어서 관원이 산중턱에 酒饌을 차려 望拜한다는 기록이 있다(권19, 사우, 숭산묘). 산정의 신사에서 나라 제사를 올리는 것이 원칙이며, 정상에 오르기 어려운 사정이면 망사를 올리기도 하였을 것이다.
89) 『동국이상국집』 권37, 애사·제문, 桂陽에서 城隍에게 비를 비는 제문.
90) 『동국이상국집』 권37, 애사·제문, 또 城隍에게 비를 비는 제문.

방관은 기우제를 지내 신이 고을의 가뭄을 해소해 줄 것을 빌었다.[91] 고려시대의 기록은 없으나, 조선시대 나주목사가 금성산과 남해 신사에서 기우제를 지냈다.[92] 고려시대에도 나주에 위기가 발생하면 지방관이 제사를 바쳤을 것이다.

고종 때 전라도지휘사가 나주에서 금성산신에게 제사하였다. 1237년(고종 24) 이연년(李延年) 등 백제 부흥을 표방한 세력이 나주성을 포위하였다.[93] 이연년 형제는 담양 원율현에서 시작하여 해양(海陽) 즉 광주 등지를 점거하였다. 조정에서는 김경손(金慶孫)을 전라도지휘사로 삼아 나주로 보냈다.[94] 그러자 이연년 세력은 많은 병력으로 나주성 즉 금성산성을 에워쌌다. 김경손은 별초 30여 명을 뽑아 대적하려 하였다. 이연년 세력에 비해 김경손이 이끄는 병사는 열세였다. 별초나 지역민들은 전투에 나서기를 꺼렸다.

> 〈김경손이〉 부로(父老)를 모아 눈물을 흘리고 일러 말하였다. "이 고을은 어향(御鄕)이니 다른 고을처럼 적에게 항복할 수 없다." 부로들이 모두 땅에 엎드려 울었다. 김경손이 출전을 독려했으나 좌우에서 말하기를, "금일의 사세가 군사는 적고 적은 많으니, 주군의 군사를 기다렸다가 오면 싸우기를 청합니다."라고 하였다. 김경손이 노하여 그들을 질책하고는 가두(街頭)에서 금성산신에게 제사를 지내고 손수 잔을 두 번 올리면서 말하기를, "싸움에서 이

---

91) 계양부 성황신은 고을이 위기에 처했을 때 지역에서 의지한 대상으로, 그 지역을 책임지는 특정 신으로 인식되었다(강은경, 「고려시대의 국가, 지역 차원 제의와 개인적 신앙」, 『동방학지』 129, 2005, 154쪽).

92) 1628년(인조 6) 4월에 가뭄으로 파종도 할 수 없는 사정이므로 나주목사 張維가 기우제를 지냈다. 4월 17일에 금성산에 제사하고, 영험이 나타나지 않자 4월 23일에 남해 신사에서 기우제를 올렸다(『계곡집』 권9, 제문, 錦城山 기우 제문과 南海祠 기우 제문).

93) 이연년 세력과 백제부흥운동 전개에 관해서는 변동명, 「고려 무인정권기의 백제부흥운동과 이연년」, 『남도문화연구』 6, 1997: 『한국중세의 지역사회연구』, 학연문화사, 2002, 59~65쪽 참조.

94) 『고려사절요』 권16, 고종 24년 봄 ; 『고려사』 권103, 열전16, 김경손, 고종 24년.

기고 헌작(獻酌)을 마치겠습니다."라고 하였다.[95]

이 기록에 있듯이 김경손은 나주가 혜종 임금의 고향인 어향이라는 점을 내세워 전투에 나서기를 독려하였다. 하지만 지역민이 움직이지 않았다. 그러자 김경손이 가두에서 금성산신에게 제사를 바쳤다. 초헌과 아헌을 올리고, 장차 승리하면 다시 제사하여 마지막 잔을 올릴 것을 약속하였다. 사람들이 다니는 길머리에서 올린 제사에는 많은 지역민들이 참여하였을 것이다. 김경손은 산신제를 거행하여, 자신도 지역민과 다름없이 금성산을 숭배한다는 점을 과시하였다.[96] 산신이 도울 것이라는 점을 내세우며 사람들이 싸우도록 격려하였을 것이다. 제사는 지역민의 마음을 움직인 것으로 보인다. 마침내 김경손은 적군을 진압하는 데 성공하였다. 이를 나주 사람들은 금성산신이 응험을 보인 것이라 여겼을 것이다.

원종 때에 나주 지역민은 삼별초 군과 맞서 싸웠다. 1270년(원종 11) 9월에 삼별초가 진도에 웅거하며 세력이 커지자 나주부사는 상황을 관망하기만 하였다. 나주의 상호장(上戶長) 정리려(鄭之呂)와 같은 세력가들이 나서 결전을 촉구하였다. 이들은 사록(司錄) 김응덕(金應德)과 함께 수성(守城)을 결의하였다. 나주의 관민이 금성산에 입보하여 대항전을 펼쳤다. 삼별초 군이 성을 포위하고 공격하자 사졸들이 일주일 동안 성을 지켜 끝내 함락당하지 않았다.[97] 이 일은 나주의 세력가를 중심으로 지역민이 금성산

---

95) 『고려사』 권103, 열전16, 김경손, 고종 24년, "集父老 泣且謂曰 爾州御鄕 不可隨他郡降賊 父老皆伏地泣 慶孫督出戰 左右曰 今日之事 兵少賊多 請待州郡兵至乃戰 慶孫怒叱之於街頭 祭錦城山神 手奠二爵曰 戰勝 畢獻."

96) 김경손이 나주지역민과 자신이 일체임을 과시하여, 지역민들의 자발적 협조를 쉽게 끌어내려 하였을 것이라는 해석이 주목된다(민현구, 「고려중기 삼국부흥운동의 역사적 의미」, 『한국사시민강좌』 5, 1989, 99쪽 ; 변동명, 「무인정권시기의 백제부흥운동과 이연년」, 『한국중세의 지역사회연구』, 학연문화사, 2002, 64~65쪽).

97) 『고려사』 권103, 열전16, 김응덕 ; 『고려사절요』 권18, 원종 11년 9월. 삼별초가 나주지역을 확보하기 위해 벌인 전투에 관해서는 윤용혁, 「삼별초 진도정부의 수립과 전개」, 『고려 삼별초의 대몽항쟁』, 일지사, 2000, 176~180쪽 ; 윤용혁, 「고려 삼별초의 항전과

에 입보하여 싸운 일이었다. 지세가 험준하고 물이 풍부하여 수성전에 유리한 금성산성의 조건을 잘 활용했던 것이다.98) 이때 관리와 향리, 지역민은 금성산에 제사하여, 고을의 무사 안녕을 기원하였을 것이다. 일찍이 현종 때 거란 군이 서경성을 포위하였을 때 통군녹사 조원 등이 신사에서 제사하고 지역민과 성을 지켰다. 며칠 뒤 서경 신사에서 회오리바람이 일어 거란의 군사와 말이 쓰러지는 이적이 일어난 일이 있었다.99) 이와 마찬가지로 나주 관민은 제사를 통해 공동체 의식을 높이고 서로 힘을 모아 성을 지키며, 산신의 영험을 기대하였을 것이다. 삼별초 군을 막아낸 뒤 나주 사람들은 산신의 공력에 대한 신앙을 좀 더 두텁게 하였을 것이다.

몇 년 뒤 1277년(충렬왕 3)에 왕은 금성산신을 정녕공(定寧公)에 봉하였다.100)

> 충렬왕 3년(1277) … 나주 사람이 칭하기를, "금성산신이 무당에게 내려 '진도와 탐라의 정벌은 내가 실제로 힘을 사용하였는데, 장군과 군사들은 상을 내리면서 나에게는 녹(祿)을 주지 않으니 어찌 된 일인가? 반드시 나를 정녕공(定寧公)으로 봉하시오.'라 말하였다."라고 했다. 정가신이 그 말에 미혹되어 왕에게 정녕공으로 봉하자고 아뢰고, 또 그 고을에서 녹미(祿米) 5석을 거두어 그 신사에 해마다 돌아가게 하였다.101)

---

진도」, 『도서문화』 37, 2011, 90~91쪽 참조.

98) 윤용혁, 앞의 책, 2000, 178쪽 주30.

99) 『고려사』 권94, 열전7, 지채문 ; 『고려사절요』 권3, 현종 원년 12월 기미와 계해.

100) 삼별초의 난을 진압한 것은 1273년(원종 14)이었다. 같은 해 광주의 무등산신에게 작호가 내려졌다. 나주 지역민들은 1277년에야 금성산신에 대한 봉작을 요구하였다. 그 까닭은 나주지역이 광주에 비해 차별 대우를 많았다는 불만, 광주·전남 권역에서 주도권을 유지하려는 나주 사람들의 의도 때문이라는 연구가 있다(변동명, 「고려후기의 무등산신앙과 광주」, 『동아연구』 38, 2000 ; 변동명, 「고려시기의 나주 금성산신앙」, 『전남사학』 16, 2001: 『한국 전통시기의 산신·성황신과 지역사회』, 전남대학교출판부, 2013, 88~94쪽).

101) 『고려사』 권105, 열전18, 정가신, "忠烈三年 … 羅州人稱 錦城山神 降于巫言 珍島·耽羅之征 我實有力 賞將士而不我祿 何耶 必封我定寧公 可臣惑其言 諷王 封定寧公 且輟

이 기록을 통해 금성산신을 봉작한 배경과 과정을 알 수 있다. 첫째 나주 사람들이 삼별초를 정벌하는 데 공력을 쓴 금성산신을 봉작할 것을 요구하였다. 무당이 전한 산신의 말은 나주의 세력가와 지역민의 소망을 반영한 것이라 할 수 있다.[102] 둘째 정가신이 왕을 설득하여 산신에 대한 봉호(封號)가 이루어졌다. 정가신은 나주 사람으로, 출신 지역민의 바람을 이루는 데 앞장섰다. 셋째 나주 관아에서 해마다 신사에 녹미를 지급하였다. 녹미는 신사에 모신 정녕공 즉 금성산신에게 내린 것이었다. 산신제를 지낼 때 그 녹미를 비용으로 썼을 것이다. 금성산신에 대한 봉작과 녹미의 지급으로 금성산 제사의 위상이 좀 더 높아졌을 것이다. 이는 제사를 주관한 세력의 지위를 강화하는 일과도 관련이 있었을 것이다.[103]

나주에서 금성산에 대한 고을 제사는 상호장 정지려를 비롯한 향리층이 주도한 것으로 헤아려진다.[104] 그들은 예전부터 나주의 산천신에게 정기적으로 제사했을 것이다. 앞에서 본 것처럼 계양의 백성은 고을을 관장하는 성황신에게 제사한 지 오래였다. 선종대 무렵 정목(鄭穆)이 금주 수령으로 부임했을 때, 고을 내에서 제사해야 할 신령이 거의 백여 위에 이르렀다고 한다.[105] 고을마다 서로 다른 산천이나 성황 등을 숭배하였다. 평상시 각

---

其邑祿米五石 歲歸其祠."

102) 변동명, 「고려시기의 나주 금성산신앙」, 2001: 『한국 전통시기의 산신·성황신과 지역사회』, 전남대학교출판부, 2013, 87쪽. 삼별초와 전투가 끝나고 왕이 사록 김응덕에게 7품을 주고, 나주 사람 김서 등에게는 攝伍尉를 내리며 또 미곡을 하사하였다(『고려사』 권103, 열전16, 김응덕 ; 『고려사절요』 권18, 원종 11년 9월). 그들 밖에 금성산성을 지켜낸 지역민은 공로를 인정받지 못하였다. 나주의 세력가와 지역민은 지역에 대한 포상이 충분하지 못한 것이라 생각한 듯하다.

103) 금성산신을 정녕공에 봉한 일을 나주 정씨가 주도하였고, 봉작이 이루어짐으로써 나주에서 정씨의 위상이 높아졌으리라고 본 연구가 있다(박호원, 『한국 마을신앙의 탄생』, 민속원, 2013, 168~169쪽 ; 김갑동, 『고려의 토속신앙』, 혜안, 2017, 219~220쪽).

104) 고려시대 지방사회에서 향리 조직이 주관하는 제사에 관하여는 강은경, 「고려시대 지방사회의 제의와 공동체 의식」, 『한국사상사학』 21, 2003, 83~86쪽 ; 김갑동, 『고려의 토속신앙』, 혜안, 2017, 118쪽 참조.

105) 「鄭穆 묘지명」(1105, 숙종 10), 김용선 편, 『고려묘지명집성』(제5판), 한림대학교출판부, 2012, 36쪽.

고을의 신령에게 안녕을 빌고, 고을에 재난이 생기면 다시 제사하여 가호를 빌었다. Ⅱ장에 있듯이 나주 지역민은 금성산신, 남포강변의 앙암용진과 남해의 용신 등을 섬겼다. 나주 남포진에서 배로 바다를 오가는 사람들은 용신 제사를 지냈을 것이다. 앞에서 후삼국시기 장화왕후 오씨 집안이 목포 즉 남포진에 살면서 앙암에 깃든 남포강의 신에 대한 제사를 주도한 것으로 보았다. 오씨 등 나주의 향리들이 지역민과 함께 앙암용진 제사를 이어갔을 것이다. 진(津)의 제사에 관해서는 이규보가 쓴 제문이 남아 있다.[106] 임진(臨津)·사평(沙平)의 용왕에게 곡진한 도움을 주어, 풍랑의 진동을 거두고 물길을 편리하게 건너도록 도움을 바랐다. 앙암용진이나 남해 용신에고을 제사를 지내서 수운을 이용하는 나주 사람들의 안전을 기원하였을 것이다. 이들 제사와 더불어 나주 향리와 백성들은 금성산에 대한 제사를 중요시하였다.

금성산은 나주를 지키고 방어하는 산이다. 그 제사는 대표적인 고을 제사로 설행되었다. 조선 초기 나주 사람들은 해마다 봄과 가을에 금성산에 제사를 지냈다(뒤의 D-2). 나라의 정기 제사와 같이 봄·가을에 주기적으로 치제하는 관행이 고려 때부터 있었을 것이다. 각 고을에는 향리층이 주도하는 제의가 있었다. 전주에서는 아리(衙吏)들이 매월 초하루에 주찬을 갖추어 성황에게 제사하는 것이 관례였다.[107] 나주의 토성(土姓)으로 이루어진 향리층이 주재하고 지역민이 참여하는 제사가 행해진 것으로 보인다. 그 제사를 거행한 장소는 금성산 신사이었을 것이다.

등주의 성황 신사에 관한 시를 보면 신사 중앙에 좌정한 신령을 위해 두 종류의 제의가 베풀어졌다. "시골의 풍속은 퉁소와 북으로 날마다 신을 맞이하고 보내며, 나라의 제전(祭典)에는 부절과 깃발이 때맞추어 오고 가네."[108] 하나는 지역에서 퉁소와 북으로 신에게 올리는 고을 제사이다. 다

106) 『동국이상국전집』 권38, 도량재초·소·제문, 臨津과 沙平을 통행하며 龍王에게 바치는 제문.

107) 『동국이상국전집』 권37, 애사·제문, 祭神文<全州에서 城隍에게 제사 지내는 치고문>.

른 하나는 나라 제사로 임금의 부절과 깃발이 때마다 오가는 의례이다.109) 의종 때 등주 성황신은 무당에게 내려 국가의 화복을 맞추었고, 나라 제사를 올리는 대상이었다.110) 이와 더불어 고을에서는 음악으로 신을 즐겁게 하는 제사를 지냈다. 금성산 신사에서 향리 등이 산신에게 주찬을 올리고 가무를 베푸는 제사를 주재하며, 지역민이 더불어 참여하였을 것이다. 충렬왕 때부터 금성산 신사에 지급된 녹미는 고을 제사를 설행하는 데 썼을 것이다.

이와 같이 나주의 고을 제사는 금성산을 중심으로 이루어졌다. 금성산성에서 이연년 세력을 격퇴한 일, 삼별초 군을 막아낸 사건 등이 산신에 대한 신화를 만들었을 것이다. 신화 속 금성산신은 나주의 땅을 지키고 백성을 보호하는 신통력을 보였을 것이다. 이규보가 남긴 몇몇 제문을 보면 고려시대 사람들은 고을의 신이 백성의 제사를 먹고 살아가며, 고을이 무너지고 사람들이 없어지면 제사가 없어져 신이 기댈 곳이 없어질 것이라 생각하였다.111) 지역민은 제사로써 고을의 신을 숭배하고, 그 신은 고을을 지켜주는 것이다. 금성산에 대한 고을 제사에는 같은 신을 숭배하는 나주 지역민이 함께 자리하였다. 그 제사는 나주 사람들을 화합하게 하는 지역 공동체의 종교적 구심으로 기능하였다고 볼 수 있다.

때로 백성이 개인적 차원에서 금성산 신사를 찾기도 하였을 것이다. 개경의 송악, 장단의 감악에서는 민간의 제의가 성행하였다. 『고려도경』을 보면 재난이나 질병이 생길 때 백성들이 송악 신사를 찾아 옷이나 말을 바쳐 기도하였다.112) 나주의 백성들도 산신에 봉헌하며 은혜를 구하였을 것이

---

108) 『(신증)동국여지승람』 권49, 함경도, 안변도호부, 사묘, 성황사, 金克己의 詩.

109) 등주 성황신에 대한 제사가 국가 제사와 鄕風의 고을 제사로 이원화되었으리라는 점은 박경안, 「고려시대 무(巫)의 종교적 역할과 분화」, 『동방학지』 184, 2018, 95쪽 참조.

110) 『고려사』 권99, 열전12, 함유일.

111) 『동국이상국전집』 권37, 애사·제문, 桂陽에서 城隍에게 비를 비는 제문 ; 권38, 도량·재초·소·제문, 경주 東·西兩岳에 올리는 제문.

112) 『고려도경』 권17, 사우, 숭산묘.

다. 백성들은 복을 비는 과정에서 산신에게 직접 응답을 듣기 위해서 무당을 통하였을 것이다.

금성산 신사를 비롯하여 송악, 경주 서악, 등주 성황 신사 등에는 무격이 있었다.[113] 무격은 신사에서 가무와 연희로 신을 받들며 신과 소통하였다. 1277년(충렬왕 3)에 정녕공의 봉작을 요구한 강신무, 충렬왕 초 장성현 출신의 무당(D-1) 등이 금성산신의 말을 전하였다. 신사의 무당은 백성을 위한 의례뿐 아니라 고을 제사에서도 가무와 연희를 신에게 바치는 역할을 한 것으로 여겨진다.

민간의 금성산에 대한 숭배는 점차 나주를 넘어 인근 고을까지 확산되었다.

> D-1. 충렬왕 초반 … 장성현의 한 여자가 말하기를, "금성대왕(錦城大王)께서 나에게 내려와 말하였다. '네가 금성신당의 무당이 되지 않는다면 반드시 네 부모가 죽임을 당할 것이다.' 내가 두려워하여 그를 따랐다." 그 여자는 또 같은 현에 사는 사람인 공윤구(孔允丘)와 사통하였는데 신의 말을 지어내어 말하기를, "내가 장차 상국(上國)에 가려는데 반드시 공윤구를 동반하여 가겠다."라고 하니, 나주의 관아에서 역마를 내주었다. 하루는 우리(郵吏)가 도병마사에게 급히 보고하기를, "금성대왕이 옵니다."라고 하니, 놀라며 괴이하게 여겼다. 나주 사람으로 조정에 벼슬하는 사람이 있어 그 신이함을 갖추어 왕에게 풍간하므로, 왕이 의논하기를 그를 맞아 접대하고 지나가는 주현의 수령은 모두 공복을 입고 교외에서 맞이하며 음식 마련과 역마에 오직 삼가도록 하였다. 공주(公州)에 이르러 심양(沈諹)이 기다리지 않자, 무당이 화를 내며 신의 말로 전하기를, "나는 반드시 심양에게 화를 입힐 것이다."라고 하고, 물러나와 일신역(日新驛)에서 묵었다. 밤에 심양

113) 신사에 소속한 무격을 '神祠의 堂巫'로 범주화한 논문이 있다(박경안, 「고려시대 무(巫)의 종교적 역할과 분화」, 『동방학지』 184, 2018, 94~99쪽).

이 사람을 시켜 몰래 살피니 여자가 공윤구와 함께 자고 있으므로 드디어 체포하여 국문하자 모두 자백하였다.[114]

-2. 세상에서 이르기를, "신사의 신이 영험하여 제사를 받들지 않으면 재앙이 닥친다고 한다. 해마다 봄·가을이 되면 나주 사람뿐만 아니라 전라도 사람들이 와서 제사를 지내는 이의 왕래가 끊이지 않고 붐볐다. 남녀가 뒤섞여 산에 가득 차 노천에서 자므로 남녀가 서로 간통하여 부녀를 잃는 자가 많았다."라고 한다. 매일 밤 기생 4명이 사당 안에 윤번으로 숙직했는데, 성종 10년에 예조에서 명하여 금하게 하였다.[115]

D-1을 보면 장성현 출신의 한 여자가 금성산신을 모시는 무당이 되었다. 장성현은 영광군의 속현으로, 계수관 나주의 광역권에 속하는 고을이다. 금성산 신앙이 나주뿐만 아니라 전라도 남부 일대에 퍼졌음을 알 수 있다. 이 무당은 산신의 말을 빌려 금성산신이 상국(上國)[116]에 가고자 한다면서 나주 관아에서 역마를 받았다. 관아에서 역마를 내 준 것은 무녀가 금성산 신사에 소속되었기 때문일 것이다. 국가 제사를 위한 신사 소속의 무당이 상경하는 일을 공무에 준하는 것으로 여긴 것이 아닐까 한다. 이 무당의 등장에 우리(郵吏)는 도병마사에게 보고하고, 나주 출신 관리는 신령의 신이함을 국왕에게 말하고, 왕은 공식적으로 맞으려 하였다. 이 사건은 무

---

114) 『고려사』 권106, 열전19, 심양, "忠烈初 … 有長城縣女言 錦城大王降我云 爾不爲錦城神堂巫 必殺爾父母 我懼而從之 女又與縣人孔允丘通 作神語曰 我將往上國 必伴孔允丘行 羅州官給傳馬 一日郵吏急報都兵馬使曰 錦城大王來矣 使驚怪 有羅人仕于朝者具神異諷王 議欲迎待 所過州縣守 皆公服郊迓 廚傳惟謹 至公州 諹不待 巫怒傳神語曰 我必禍諹 退寓日新驛 夜諹使人覘之 女與允丘宿 遂捕鞫之 俱伏."

115) 『(신증)동국여지승람』 권35, 전라도, 나주목, 사묘, 錦城山祠, "俗謂祠神有靈 不祭則災 每春秋非獨州人 一道之人往祭者絡繹闐咽 男女混揉 蔽山露宿 因而相竊 多失其婦女 每夜娼妓四人輪直祠中 成宗十年 命禮曹禁之."

116) 여기서 上國은 개경 또는 원나라로 풀이할 수 있다. 무당이 나주 관아의 역마를 타고 개경으로 상경하는 것으로 여겨진다. 이규보의 제문에서 개경을 上國이라 표현한 용례가 있다(『동국이상국전집』 권38, 도량재초·소·제문, 경주 東·西兩岳에 올리는 제문).

당의 사기극이었다. 하지만 산신의 신통력을 신앙하는 사람들은 금성산신이 무당의 몸을 빌려 나주에서 개경으로까지 옮겨가려 한 것이라 믿었을 것이다. 신의 이동은 신앙권의 확산을 표상한다. 위 기록에서 금성산신은 무당의 부모를 죽게 할 것이라 위협하고, 심양에게 화를 입힐 것이라 한다. 인간의 생명을 빼앗고, 재앙을 입힐 수 있는 인격신으로 표현되었다. 금성산에 대한 민간의 신앙권이 나주로부터 다른 군현으로까지 넓혀지면서 신의 성격도 변화하였다. 나주 사람들에게 금성산은 고을을 지키고 보호하는 신령이었다. 이제 그 신은 인간의 수명을 관장하고, 신령을 섬기지 않는 사람에게 화를 미치는 신격으로 믿어졌다.

D-2에 있듯이 조선 초기 나주 금성산에는 제사를 지내려는 전라도 사람들이 모여들었다. 산신은 영험하여 제사를 지내지 않는 사람에게 재앙을 내리는 존재로 알려졌다. 고려 후기부터 금성산신에 대한 신앙권이 확대되고 조선 초기에까지 민간 의례가 성행하였다. 1478년(성종 9) 10월에 예조에서 전라도 백성이 금성산 제사에 가서 음행을 저지르는 폐단을 지적하였다.[117] 사람들은 금성산에 직접 제사하지 않으면 그해에 반드시 질병에 걸린다고 여겼다고 한다. 전라도민의 제사는 개인의 재앙을 막으려는 신앙에서 비롯하였다. 또한 제주도로 가는 사람들이 광주 무등산 신사와 나주 금성산 신사에 제사를 지냈다.[118] 신의 도움으로 큰 바다를 순조롭게 건너기를 기원하였다. 금성산신은 인간사에 두루 관여하는 신격으로 인식되면서 그에 대한 민간의 제사가 끊이지 않았다.

## V. 맺음말

지금까지 고려시대 나주지역 산천의 사전 등재와 제사 설행 양상에 관

---

117) 『성종실록』 권97, 성종 9년 10월 13일 신축.
118) 『표해록』 권1, 무신년(1488, 성종 19) 윤정월 14일.

하여 검토하였다. 나주의 산천 제장으로는 금성산, 남해, 앙암용진 등이 있었다. 고려시대 이전부터 지역민들은 고을의 진산인 금성산, 남포강변의 앙암용진 및 남해의 신에게 제사를 지냈다. 왕건이 나주를 경략하면서 이들 제사는 고려왕실의 관심을 받았다.

태조는 팔관회에서 오악, 명산대천, 용신 등을 섬기며 금성산과 남해를 왕조의 성립과 후삼국 통일에 기여한 신으로 숭배하였다. 성종대 산천 제사를 정비할 때 나주의 남해와 금성산이 고려의 사전에 등재되었다. 현종은 나주로 피난한 뒤 남해와 금성산을 왕실의 안녕을 도운 신령으로 우대하였다. 남해 신사와 금성산 신사에서는 해마다 나주도제고사를 파견하여 춘추로 나라 제사를 봉행하였다. 국가 제사는 국왕이 산천신을 받들어 국난 극복을 기원하는 상징적 통치 행위였다. 금성산은 삼별초를 물리치는 데 음조한 공으로 충렬왕 때 정녕공에 봉해져 예우를 받았다.

또한 나주의 지방관과 향리 등이 지역의 재난을 물리치고 안녕을 비는 고을 제사를 설행하였다. 고종 때 이연년 세력이 나주를 침공할 때, 원종 때 삼별초 군이 금성산을 포위 공격할 때 나주에 파견된 관리와 나주의 향리, 백성이 더불어 금성산신에게 제사하여 가호를 빌었다. 평상시 향리와 일반 백성이 해마다 봄·가을로 금성산에 제사를 바쳤다. 이러한 제사는 향리 등 지역 세력가와 지역민이 화합하는 지역 공동체의 종교적 구심점으로 기능하였다. 나주 금성산과 남해는 조선시대에도 사전에 등재되어 나라 제사를 올렸고, 금성산에 대한 민간의 숭배는 나주를 넘어 전라도지역으로 확산되었다.

이처럼 고려시대에 이르러 비로소 나주지역에는 국가 제사를 거행하는 산천 제장이 마련되었다. 통일신라시기까지 민간에서 숭배하던 산천신을 태조 때부터 국가 차원에서 섬기기 시작하였으며, 성종 때에는 나주 남해와 금성산이 사전에 등재되었다. 왕건이 나주에 진출한 것을 계기로 나주의 위상이 높아지고, 금성산과 나주 남해에 국가 제사를 위한 신사가 설치되었다. 산천에 대한 민간의 신앙이 고려 초기 나라 제사로 편제된 점에 나주 산천제의 역사적 의미가 크다.

전라도지역의 국가 산천 제장으로는 지리산(남원), 남해(나주), 금성산(나주), 무등산(광주), 월출산(영암) 마이산(진안), 덕유산(주계) 등이 있었다. 국가 제장이 마련된 군현이 많지 않았으며, 특히 나주처럼 산신제와 수신제를 위한 제장을 모두 갖춘 고을은 찾아보기 어렵다. 고려 사회의 산천 제장 체계 내에서 나주는 국가 제사의 대상인 명산과 대천이 소재한 매우 중요한 지역이었다. 고려시대 나주 산천제의 전통은 조선 초기 국가 제사와 민간의 의례로 계승되었다. 나주 남해와 금성산은 조선왕조에서도 계속하여 국가 제장이 되었고, 금성산에 대한 민간의 신앙은 나주를 넘어 전라도지역으로 확산되며, 그 제사가 성행하였다.

# 고려·조선 초기 나주지역 수군 기지의 역할과 변천

한정운

## Ⅰ. 머리말

수많은 문화유산을 간직한 전남 나주는 다른 지역에 비해 유독 고려시대의 그것이 풍부하다. 그런데도 지금까지 한국사 학계와 지역사회에서 고대와 조선시대 그리고 근대의 나주에 관해 꾸준한 연구와 관심을 보였던 것에 비해, 고려시대의 나주는 상대적으로 크게 주목받지 못하였다. 이러한 분위기 속에서 필자는 수년 전에 나주의 해양 지향성에 주목하여 '해항도시, 나주'라는 논문을 작성한 적이 있다.[1] 그때 '나주 목포'를 해운 물류의 거점, 수군 전진기지 그리고 해외 교류의 창구 등으로 표현하였다.

이 글은 '해항도시, 나주' 논문의 후속 연구로 나주의 수군 전진기지로서의 면모를 상세히 살피고 역사적 의미를 부여하는 것에 목적을 두고 기획하였다. 선행의 나주지역사 연구에서 나주의 수군 거점으로서의 위상을 다룬 성과가 몇 편 있지만, 대부분이 후삼국시기 왕건과 견훤의 싸움에 한정하여 다루었기 때문에[2] 고려시대 나주의 수군 거점으로서의 위상과 이후

1) 한정훈, 「고려시대 '해항도시' 나주에 관한 시론」 『해양도시문화교섭학』 19, 한국해양대 국제해양문제연구소, 2018.

고려말·조선 초기로의 전승 관계를 파악하기에는 많은 어려움이 뒤따른다.

그래서 본 연구에서는 고려시대 '나주지역'[3]에서 전개한 수군 활동을 통해 수군 거점의 역할을 살펴보고, 그러한 역할이 조선 초기에 어떻게 변화·전승되는지를 함께 다루어 볼 것이다. 주요 연구내용인 고려말·조선 초기 왜구 방어체계의 정비와 수군진의 이설에 관한 내용을 Ⅲ장과 Ⅳ장에서 다룰 것이고, 그 앞서 Ⅱ장에서 그것의 역사적 배경을 간략히 소개하고자 한다. 즉 Ⅱ장은 13세기 이전 영산강유역과 서남해역에서 전개한 수군 활동과 거점에 관한 내용으로 구성하였다. 그리고 선행연구에서 크게 주목하지 않았던 14세기 중·후반 나주지역 왜구의 침입과 대응에 관해서는 Ⅲ장에서 별도로 살펴보고자 한다. 그런 다음 Ⅳ장에서 고려 말 나주지역의 왜구 방어시설이 조선 초기 수군진으로 전환하는 과정에 관해 알아볼 것이다.

이상의 내용을 통해 나주지역에 설치된 수군 기지의 역할이 무엇이었는지, 그리고 그러한 역할을 수행하기 위해 상황에 따라 수군 기지의 위치가 바뀌는 점도 주의 깊게 살펴볼 것이다. 나주지역 수군 기지가 조선시대 전라우수영으로 연결되는 만큼, 해당 내용이 조선시대 다른 수군진의 전사(前史)를 이해하는 데에도 도움이 될 것으로 기대한다.

## Ⅱ. 고려시대 수군 활동과 거점

고려왕조는 건국 이래로 군사지휘체계 속에서 도서 연해지역을 지키고

2) 주요한 연구논문을 소개하면 다음과 같다. 강봉룡, 「後百濟 甄萱과 海上勢力 -王建과 海上爭覇를 중심으로-」『歷史敎育』 83(2002); 신성재, 「후삼국시대 나주지역의 해양전략적 가치」『도서문화』 38(목포대 도서문화연구원, 2011); 호남사학회, 『고려의 후삼국 통합과정과 나주』(경인문화사, 2013); 김명진, 「서해를 넘어 나주로 간 왕건」『복현사림』 34(경북사학회, 2016); 송영대, 「後三國時代의 水軍 운용과 주요 水戰 및 水路 활용 검토」『韓國古代史探究』 38(2021).

3) 연구의 공간적 범위인 '나주지역'은 고려시대 나주목과 직할 속군현인 무안군·반남현을 비롯한 주변의 영산강 중·하류 지역을 의미한다.

해상에서의 작전을 수행하는 수군 활동을 활발히 전개하였다. 성종 14년(995)에 10도(道)를 정하면서 나주를 진해군절도사(鎭海軍節度使)로 삼고 승주(昇州) 일대까지 포괄하여 해양도(海陽道)로 편성하였다.[4] 이를 통해 진해군이라는 군대가 주둔한 나주가 전남지역 도서 연해의 제해권을 관할하는 중심 고을이었음을 짐작할 수 있다.

이 장에서는 고려시대 나주지역에서의 수군 활동을 살피며 수군 거점에 관해서도 알아보려 한다. 주요한 수군활동으로 ①후삼국 통일전쟁시기 왕건과 견훤의 쟁투(爭鬪) 과정, ②대몽항쟁시기 삼별초세력을 물리치는 과정, ③공민왕 23년(1374) 탐라 목호(牧胡)의 난을 진압하는 군사활동 그리고 ④14세기 중·후반 왜구의 방어와 토벌 등을 꼽을 수 있다.

30년 이상 전개된 후삼국 통일전쟁에서 최고의 사건은 단연 후고구려가 일찍이 나주 일대를 공취(攻取)한 것이다. 903년에 후고구려의 왕건은 수군을 이끌고 서해로부터 영산강을 거슬러 들어가 금성군(錦城郡; 나주)을 함락시키고 10여 고을을 점령하였다.[5] 이때 후고구려는 금성을 나주(羅州)로 고치고 군사를 배치하여 지키게 하였다. 이후 왕건과 견훤은 나주와 무진주(武珍州=광주)를 사이에 두고 일진일퇴의 공방을 계속하였다. 912년에 이르러 견훤은 전라도 서남부지역에서의 전세를 뒤집기 위해 이전의 육상공격과 달리, 앞서 왕건이 구사했던 작전과 같이 영산내해를 통한 상륙작전을 감행하였다. 이것이 잘 알려진 '영산강 해전'(혹은 덕진포 해전)이다.[6] 견훤은 목포(木浦)부터 덕진포(德眞浦)까지 전함이 잇달아 늘어져 있을 정도의 대규모 군대를 직접 거느리고 출정하였다. 이에 왕건은 수적 열세에도 영산강의 조수와 바람을 이용한 화공(火攻)의 전술로 맞서 견훤이 작은 배를 타고 달아나는 대승을 거두었다. 이 해전과 관련하여 나주·무안지역

---

4) 『고려사』 권57, 지리2 나주목.
5) 『고려사』 권1, 태조 총서 천복 3년.
6) 관련 연구성과는 앞서 각주 2)에서 소개한 것 이외에 다음의 연구도 참고된다(강봉룡, 「왕건의 제해권 장악과 고려 건국 및 후삼국 통일」 『歷史學硏究』 75(2019)).

에는 파군교(破軍橋) 이야기나 왕건에게 '상서로운 꿈을 선사한 여울'인 몽탄(夢灘)이라는 지명 등이 전한다.[7)]

당시 견훤 수군의 규모를 언급하면서 제시된 '목포'와 '덕진포'가 어디인지에 관해 많은 연구가 있었다. '목포'를 나주 영산포 일원으로 보는 다수의 의견[8)] 이외에 오늘날의 목포시로 보기도 한다. '덕진포'는 영암 덕진나루 혹은 무안 덕포로 보는 견해가 팽팽하다. 필자는 목포를 기존의 두 곳을 벗어나 오늘날의 영암군 남해신사가 있는 시종면 옥야리에 있던 포구로 보려 한다. 『고려사』 권79, 식화2, 조운 내용 중 성종대 60개 포구 일람에서 확인되는 ©남해포(南海浦; 通義郡 소재)의 전호(前號)가 목포(木浦)였기 때문이다. 성종대의 이전 명칭이니 신라 하대~고려 태조대의 명칭일 가능성이 크고, 전근대시기 목포(木浦)라는 지명은 '중요한 통로[길목]상에 위치한 포구'라는 보통명사와 같은 의미가 강하다. 이런 점을 고려하면, 견훤 수군의 전함 끝자락이 위치하였던 목포는 영산강 지류인 삼포천변의 ©남해포였을 것이다.[9)]

그리고 견훤군 전함의 선두가 위치했던 덕진포는 오늘날의 목포나 영암 덕진포보다 무안군 몽탄면의 Ⓑ덕포(德浦; 무안군 몽탄면 사창리 덕암마을)일 것이다. 마찬가지로 『고려사』 조운조 60개 포구 일람에 성종대 명칭인 덕포(德浦)의 전호(前號)가 덕진포(德津浦)였다. 신라 하대~고려 태조대에 덕진포, 성종대에 덕포, 조선 전기에 덕보포(德甫浦)[10)]로 불린 것이다. 이렇게 왕건 군대와 영산강 대전을 펼쳤던 견훤군 전함이 서로 잇닿았던 지점은 무안군 몽탄면의 Ⓑ덕진포에서 영암군 시종면의 ©목포였다. 이렇게

---

7) 박종오, 「영산강 유역의 왕건 관련 설화」 『고려의 후삼국통합과정과 나주』(호남사학회 편, 경인문화사, 2013).

8) 하지만 견훤의 전함이 있던 목포를 영산포 일대의 나주 목포로 본다면 '왕건이 나주 포구에 이르렀을 때 견훤 전함이 목포~덕진포에 잇닿았다.'라는 해당 사료의 내용은 이해하기 어렵게 된다.

9) 이하 본문에 여러 차례 언급하는 주요 포구와 수군 기지(Ⓐ~Ⓕ)의 위치는 Ⅱ장 끝에 제시한 〈그림 1〉을 통해 확인할 수 있다.

10) 『신증동국여지승람』 권36, 무안군 산천.

이해하면 '왕건이 나주 포구에 이르렀다.'라거나 '나주 관내의 여러 고을이 우리와 멀리 떨어져 있다.[羅州管內諸郡 與我阻隔]'는 해당 기록의 내용과 부합한다. 이처럼 군사 전략 거점인 나주는 고려 건국 이전의 903년과 912년에 왕건과 함께 고려시대사의 전면에 등장하였다.

나주의 그러한 면모는 13세기 초반 민란의 진압과 대몽항쟁시기에도 빛을 발하였다. 고종 24년(1237)에 담양지역에서 봉기한 이연년 형제를 나주성에서 제압하였고, 고종 43년(1256)에 몽골군이 압해도 침공을 준비하면서 차라대(車羅大)가 주도한 군선 70척의 조선(造船)공사와 무안 다경포 방면에서의 압해도 침공작전 그리고 이후 몽골과의 강화 회담 때도 나주는 중요한 군사 거점이었다.[11]

그리고 원종 12년(1271)에는 여몽연합군이 나주를 거점으로 진도 삼별초 진압 작전을 감행하였다. 원종은 김방경(金方慶)과 같은 토적사(討賊使)·추토사(追討使) 등의 관리를 나주로 파견하였고, 그곳에서 몽골의 흔도(忻都) 등과 함께 진도 삼별초의 토벌을 논의하였다. 진압 사령관으로 나주에 부임해 온 김방경은 진도 공략에 필요한 전함, 병력 및 병기, 군량을 준비하였다. 전함의 경우는 반남현(潘南縣, 나주시 반남면) 또는 곤미현(昆湄縣, 영암군 학산면 일원)에서 건조한 것으로 추정되고, 중앙과 진도 주변에서 동원한 전함의 최대치가 400척 정도에 이르렀다.[12] 1270년 10월에 이르러 여몽 연합군이 진도를 마주 보는 삼견원(三堅院; 해남군 황산면 옥동리 삼지원)에 진을 쳤고, 여러 차례의 실패 이후 1271년 5월 15일에 함대가 삼견원에서 출진하여 명량(鳴梁) 바다를 건너 진도의 출입 포구인 벽파진(碧波津)으로 마지막 공격을 단행하였다. 나주를 중심으로 전개한 여몽연합군의 진도 진압 작전에서 나주 ©반남현 포구와 해남 삼견원이 주요 작전 거

11) 몽골군의 압해도 전투에 관해서는 선행 연구가 참고된다(윤용혁, 『고려대몽항쟁사연구』(일지사, 1991), 321~324쪽).

12) 김명진, 「고려·몽고 연합군의 진도 삼별초 공략 과정 검토」 『해양문화재』 13(국립해양문화재연구소, 2020), 19~20쪽.

점으로 활용된 것이다.

이어서 제주로 피신한 삼별초의 약탈을 방어하면서 조운선을 보호하는 활동도 진도 삼별초의 진압 때와 마찬가지로 나주를 중심으로 이루어졌다. 제주도 공략을 결의한 원종 14년(1273) 4월 9일에 160척의 함선에 나누어 탄 여몽연합군 10,000여 명이 반남현을 출발하였다.[13] 진도 삼별초를 정벌할 때 전함을 건조한 곳으로 추정되는 반남현은 이렇듯 탐라 삼별초를 정벌할 때는 출항 포구로 활용되었다. 영산강 지류인 삼포강변에 위치한 ⓒ반남현 포구는 앞서 언급한 성종대 남해포 즉, 신라말·고려초에 목포(木浦)로 불린 포구였다. 이렇게 이해한 이유는 10,000여 명의 병력이 승선할 정도의 병선이 정박할 포구라면 삼포강을 거슬러 올라간 지점보다 ⓒ남해포가 있는 삼포강과 영산강 본류가 만나는 지점일 가능성이 크기 때문이다. 선행 연구에 따르면 오늘날의 몽탄대교 아래부터 바다로 인식하였기에,[14] 그 아래에 있던 반남현 포구에서 바다로 진출하는 것은 어렵지 않았다. 그런 만큼 반남현 포구는 목포로 불리면서 고려시대 나주의 외항(外港)으로 활용 가치가 높았을 것이다. 물론, 이렇게 영산강을 따라 내려온 지점에 대규모의 전함이 정박하기 위해서는 연해의 안보(安保) 상황이 일정 정도 보장되어야 했다. 이와 관련하여 이 장 말미에서 한 번 더 서술할 것이다.

진도 삼별초의 나주 공략 저지와 진도·탐라 삼별초 토벌과정에서 김응덕·정지려·진자화·나유 등을 비롯한 나주사람들은 직접적인 무공(武功)뿐 아니라 병력의 징발과 병기·군량의 조달에 많은 도움을 주었다. 그러한 정황은 충렬왕 3년(1277)에 정가신(鄭可臣)이 나주 금성산신에게 작호(爵號)의 하사와 산신제 설행(設行) 지원을 요청한 사실에서 확인할 수 있다. 정가신은 금성산신 무당의 말을 빌려 진도와 탐라 정벌에 장군과 군사보다

---

13) 『고려사』 권104, 열전17 김방경. 나주에서 시작한 제주 삼별초의 진압 과정은 다음의 글이 참고된다(강병현, 「몽골침입기 고려 수군의 항쟁」(한국교원대 석사학위논문, 2016)).
14) 변남주, 『영산강 뱃길과 포구 연구』(민속원, 2012), 14~16쪽·171쪽; 한정훈, 앞의 논문(2018), 83쪽.

금성산신이 실제로 힘을 많이 썼다고 주장하였다. 그 의미는 관군보다 금성산신으로 상징되는 나주지역 향리를 비롯한 지역민들의 군사 지원활동이 컸고, 그에 대한 보상을 요구한 것이라 이해된다.15) 이러한 내용만 보더라도 삼별초 진압 작전에서 나주의 군사 거점으로의 역할을 짐작할 수 있다.

한편 나주의 해양 거점으로서의 위상은 원간섭기 탐라와의 교류 활동을 떠올리면 더욱 명확해진다. 『고려사』에 명기하듯이, 나주는 해남·탐진현과 함께 탐라로 향하는 공식적인 항로의 항해 기점이었다.16) 나주에서 출항하여 무안 대굴포·영암 화무지와도·해남 어란량을 거쳐서 7일 밤낮을 꼬박 가서 추자도에 이른다고 하였다. 제주도는 12세기 중반에 고려의 지방행정 체계로 들어와 나주목 계수관 내의 주현(主縣)인 탐라현으로 편성되었다. 나주목과 탐라현의 관계는 일반적인 계수관과 주현 고을간의 그것과 동일하였고, 그 통로가 바닷길이라는 차이가 있었다. 이러한 지방지배체계가 유지되던 가운데 원간섭기에는 제주에 탐라총관부(耽羅摠管府)라는 원나라의 직할 관청이 설치되어 상호간의 교류가 더욱 활발해졌다. 이에 따라 나주 계수관의 위상도 높아졌다. 나주와 제주를 오고 간 지방관뿐 아니라 특별 명령을 수행하는 경차관이나 별감의 왕래도 빈번하였다. 특히 탐라총관부의 말 진상 문제와 대명(對明) 외교가 부상하는 1360·70년대에 나주를 중심으로 하는 해상 교류활동이 더욱 증가하였다.

1368년 남경(南京)에서 건국한 명나라는 바닷길을 통해 고려로 사신을 보낼 때 나주를 통해 입국하여 개경으로 향하였기 때문에 대중국 외교관계에서 나주의 위상은 더욱 중요해졌다. 1368년 11월 공민왕과 명 태조의 사신 왕래를 시작으로 해마다 나주에 명나라 사신이 왕래하였는데, 탐라의 말 진상 문제가 주요한 관심사였다. 명나라 남경과 나주간의 사신 왕래가

---

15) 『고려사』 권105, 열전18 정가신. 변동명, 「高麗時期의 羅州 錦城山信仰」 『全南史學』 16 (호남사학회, 2001).

16) 『고려사』 권57, 지리2 전라도 탐라현. 나주~탐라의 항해 활동과 경로에 관해서는 다음의 연구가 참고된다(변남주, 「조선시대 제주행 '官海路'에서 출항포구의 변화」 『韓國學論叢』 50(국민대 한국학연구소, 2018)).

늘어남에 따라 나주~제주간 해상 왕래도 증가하였다. 이러한 정황은 나주목의 관찬 기록인 『금성일기』에서도 확인되는데, 특히 1372년과 1374년 나주~탐라의 입·출항 기록이 빈번하였다.[17] 하지만 이러한 왕래를 통한 협의에도 불구하고 탐라 말의 진상 문제가 해결되지 않자, 결국 고려 정부는 공민왕 23년(1374) 8월 15일에 도통사 최영과 부원수 나세 등이 지휘하는 군대가 탐라의 친원(親元) 성향의 목호(牧胡)를 진압하기 위해 출항하였다.

이때 나주의 수군 전진기지로서의 면모가 한 번 더 확인되었다. 당시는 다음 장에서 살피듯이, 왜구의 약탈이 극성을 부리던 시기였기 때문에 탐라로의 대규모 군사작전이 쉽지 않은 상황이었다. 단적으로 1374년 4월에 왜구의 배 350척이 경상도 합포(合浦)를 노략질하여 군영의 병선을 불태우고 사졸 5,000여 명을 죽이는 일이 벌어졌다.[18] 이런 상황임에도 삼도도통사 최영 등이 전함 314척과 사졸 25,600명을 거느리고 8월에 나주 영산(榮山)에서 열병식을 거행하고, 8월 15일에 제주도로 출항한 것이다. 이 정도 규모의 수군 열병식이 이루어진 Ⓐ나주의 영산포구는 당시 최대의 군항(軍港)이라 말해도 손색이 없을 것이다. 이듬해인 1375년에 회진현(會津縣)으로 유배 가던 정도전이 나주 동루(東樓)에 올라 1년 전의 출병을 떠올렸는지 나주를 일컬어 '남방 제일의 거진(巨鎭)'이라고 읊기도 하였다.[19]

1374년 탐라 정벌을 위해 여러 도(道)에서 동원되어 집결한 전함과 병력이 위와 같이 대규모인 것은 공민왕대 수군조직 정비의 결과라고 말할 수 있다. 당시에 여러 도에서 동원된 전함이 Ⓐ나주 영산포구에 집결한 것은 100여 년 전인 1273년에 탐라 삼별초 정벌군이 Ⓒ반남 포구에서 출항한 것과 차이가 있다. 이것은 100여 년 사이에 항해나 정박의 여건이 달라졌기보

17) 1372년에 4월 진헌사 오계남의 제주~나주~상경(上京), 8월 제주안렴사 이하생의 제주~나주~상경, 12월 어마진헌사 김갑우의 나주 방문, 1374년 5월과 7월에 어마사 한방언과 어마감독사 홍사우의 개경~나주 도착 등. 상세한 내용은 다음의 글이 참고된다(변남주, 앞의 책(2012), 233~234쪽; 위의 논문(2018)).

18) 『고려사』 권44, 공민왕 23년 4월.

19) 『삼봉집』 권3, 書, 登羅州東樓 諭父老書.

다는, 13세기 중반 삼별초보다 14세기 중·후반의 왜구가 연해나 강기슭으로의 침입 가능성이 높았기 때문에 반남 포구보다 깊숙한 지점의 Ⓐ나주 영산포구가 전함의 정박처로 안전하였을 것이다. 이러한 나주 목포(영산포구)는 해상에서 쳐들어오는 해적으로부터 안전이 확보되었을 것이다. 하지만 Ⅳ장에서 언급하듯이 조선 초기의 나주 목포는 해양으로 나아가 왜구에 즉시 대응하기에 용이하지 않았고, 당시에 해양방어 역량이 강화되면서 수군 기지가 점차 영산강 하류 방향으로 남하하는 경향을 보이게 된다. 해당 내용은 Ⅳ장에서 조선 초기 영산강변 수군 기지의 이설(移設) 과정을 통해 확인할 수 있을 것이다.

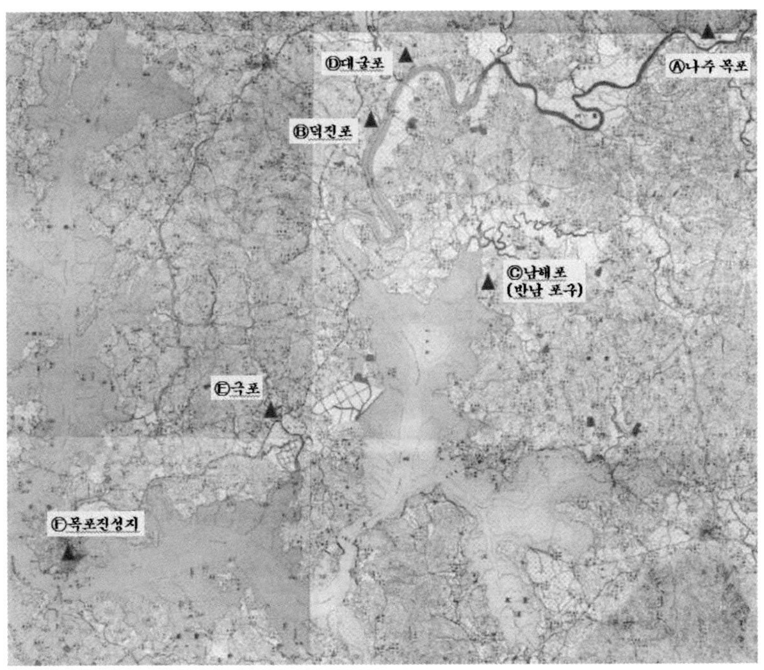


〈그림 1〉 고려·조선 초기 영산강유역 주요 포구 및 수군 기지

## Ⅲ. 고려말 왜구 방어체계의 정비

이 장에서는 나주지역의 주요한 수군 활동 중 하나인 고려 말엽 왜구 침입에 대한 대응 양상을 살펴보고자 한다. 해당 내용을 앞선 Ⅱ장과 별도로 다루는 이유는 그동안 소홀히 다룬 주제일 뿐 아니라, 여말선초 수군진의 설치과정에 관해 또 다른 논의를 제공하기 때문이다.

### 1. 왜구 침입과 대응 양상

왜구의 약탈이 본격화하는 1350년 경인년 왜구 이전 시기에 영산강을 품은 바다를 뜻하는 '영산내해(榮山內海)'의 연안 고을에서 왜구의 침입은 거의 확인되지 않는다. 그나마 가까운 지역의 왜구 침공 사례로 충숙왕 10년(1323) 6월 군산도(群山島)에서 조운선 약탈, 충정왕 2년(1350) 진도(珍島) 침략과 그해 6월 장흥부 안양향(安壤鄕; 장흥군 안양면 일대)의 노략질 정도이다.[20] 이후 왜구가 해남현을 침략한 공민왕 8년(1359)에 전라도추포부사 김횡(金鋐)이 보약도(甫若島)에서 왜선을 격파하였다.[21] 이 시기를 즈음하여 왜구의 약탈행위가 나주지역에까지 이르렀을 것으로 추정한다. 왜냐하면 『고려사』 김횡 열전에 "공민왕 때에 왜구가 나주를 노략질하자 김횡이 목포(木浦) 사람들을 거느리고 왜적을 격퇴하였다."라는 기록이 전하기 때문이다.[22] 나주를 노략질한 '공민왕 때'는 김횡 열전에서 이후에 이어지는 1361년 홍건적의 개경 함락과 김횡이 전라도 포왜사가 된 이전의 내용이므로, 왜구가 해남현과 보약도에 출몰한 1359년 즈음으로 예상된다. 왜구가 영산강을 거슬러 올라가 나주를 노략질하려 했지만, 김횡과 목포사람들

---

20) 『고려사』 권35, 충숙왕 10년 6월 27일·7월 10일; 권57, 지리2 전라도 진도현; 권37, 충정왕 2년 6월 18일.

21) 『고려사』 권39, 공민왕 8년 2월 29일·5월 26일. 보약도는 완도군에 있는 보길도 또는 조약도로 비정된다.

22) 『고려사』 권125, 열전38 간신 김횡.

이 물리쳐 실패한 것이다. 앞 장에서 몇 차례 언급했던 나주 목포사람들의 해상 전투력은 이때에도 명성을 이어갔다. 이러한 내용을 통해 볼 때 1359년 이전까지 전남 서남부지역 왜구의 약탈 범위는 도서·연해지역에 국한되었고, 영산내해와 영산강 중류의 나주까지는 미치지 못한 것으로 판단된다.

선행의 연구에서는 공민왕 21년(1372)부터 우왕 14년(1388)까지 왜구의 침입이 가장 많고 대략 우왕 재위 시기와 일치하는 것으로 이해한다. 이 시기를 왜구 침탈의 극성기로, 그 이전의 1350년~1371년을 초기로 구분한다.[23] 그래도 침탈 초기에서 공민왕대가 되면 전라도 도서 연해지역을 침입한 왜구에 대한 군사적 대응이 이루어졌다. 공민왕 1년(1352) 7월에 전라도도순문사가 왜선 2척을 나포하였고, 1354년 6월에는 전라도만호를 파견하여 왜구를 붙잡았다.[24]

이처럼 1350년대 왜구의 전라도 해역에서의 노략질에 대해 고려 조정이 적극적으로 대응한 이유는 국가재정 수입에서 막대한 비중을 차지하는 조운활동의 중단을 막기 위함이었다. 단적으로 공민왕 4년(1355) 4월에 왜구가 전라도 조운선 200여 척을 노략질한 대사건이 발생하였다.[25] 이렇게 전라도의 조운이 원활하지 않아 실제로 공민왕 6·7년에는 관리의 녹봉(祿俸)을 지급하지 못하는 상황에까지 이르렀다.[26] 이에 고려 조정은 크게 두 가지 방향에서 왜구 대응책을 추진하였다. 하나는 왜구의 침략에 쉽게 노출되어 있던 연해에 위치한 조창(漕倉)을 비롯한 창고를 내륙으로 옮기는 것이었다. 이것은 공민왕 7년(1358) 4월에 임피 진성창(鎭城倉)이 노략질당하자 전라도진변사(全羅道鎭邊使) 고용현(高用賢)의 요청에 따라 이루어진 조치였다.[27] 다른 조치는 병선이 조운선을 호위하는 것이었다. 같은 해 7월

---

23) 이영, 「고려 말 왜구의 허상과 실상」 『대구사학』 91(2008), 85~94쪽: 이도원, 「고려말 왜구침입기(1350~1392) 지방 정책 연구」(명지대 석사학위논문, 2014), 10~11쪽.

24) 『고려사』 권38, 공민왕 1년 7월 2일·3년 6월 21일.

25) 『고려사절요』 권26, 공민왕 4년 4월.

26) 『고려사』 권80, 식화3 녹봉 공민왕 6년·7년.

27) 『고려사』 권39, 공민왕 7년 4월 29일. 『고려사』 기록에서 왜구에 피해를 본 연해 창고

에 왜적이 부안 안흥창(安興倉)이 위치한 줄포만의 검모포(黔毛浦)에 침략하여 전라도의 조운선을 불태웠다. 이에 조정에서는 한인(漢人) 장인보(張仁甫) 등 6인을 도강(都綱)으로 임명하여 각각 당선(唐船) 1척과 무장 군사 150인으로 전라도 조운선을 호위하도록 하는 대책을 내놓았다.[28]

위의 1358년 임피 진성창과 부안 안흥창의 약탈 사례를 참고하면, 전라도내 다른 조창의 상황도 미루어 짐작할 수 있다. 위의 두 조창과 같이 연해에 위치한 영광 부용창과 순천 해룡창의 경우도 왜구의 침입을 피해 내륙으로의 이전 논의가 있었을 것이다. 그에 반해 영산강변에 위치하였던 나주 해릉창과 영암 장흥창은 왜구의 약탈에 쉬게 노출되지 않아 내륙으로의 이동을 고민할 필요는 없었을 것이다. 이러한 조창의 이동과 상관없이 조창에서 출항한 조운선의 항운 활동을 호위하는 것은 매우 중요한 일이었다. 그런 만큼 때로는 행정구역이나 위수(衛戍) 해역을 구분하지 않았다. 공민왕 13년(1364) 3월에는 왜구에 막혀 통행하지 못하던 전라도의 조운선을 구출하기 위해 경기좌·우도 병마사를 보내어 조운선을 호위토록 명하였고, 반대로 같은 해 4월에는 전라도도순어사 김횡이 조운선으로 양광도의 내포(內浦)에 가서 왜구와 싸우기도 하였다.[29]

이러한 전라도 조운선의 호위활동을 비롯하여 조운선·조창뿐 아니라 왜구로부터 지역민을 지키기 위해 공민왕·우왕대에는 전라도에 안렴사와 같은 지방행정관뿐 아니라 임시 군관의 파견이 활발하였다. 앞서 언급한 전라도도순문사(1352년), 전라도만호(1354년), 전라도진변사(1358년)를 비롯하여 『금성일기』에서 확인되는, 나주로 파견된 왜인추포사(倭人追捕使)·녹전감송사(祿轉監送使)·찰방 겸 점군사(點軍使)·조전사(助戰使)·왜적체복사(倭賊體覆使)·당선수리별감 그리고 해도만호(海道萬戶) 등이 여기에 해당한다.

---

를 내륙으로 옮기도록 주도한 전라도진변사 고용현은 『금성일기』에 따르면 같은 해 6월에 도순문사로 나주에 왔다. 그럼에도 나주의 조창(해릉창)은 상대적으로 안전한 지점에 있었기 때문에 이동하지 않았다.

28) 『고려사』 권39, 공민왕 7년 7월 26일.

29) 『고려사』 권40, 공민왕 13년 3월 22일·4월 4일.

이들 임시 관원의 주요 파견 및 순회 지역이 바로 나주였다. 1374년 탐라 목호(牧胡)의 난 진압을 위해 대규모의 수군이 집결한 수군 전진기지였던 나주는 이러한 외관과 군관의 활동 거점이었다. 이 때문에 1372년부터 왜구의 약탈이 급증하여 남해 연안의 경상도와 전라도의 상황이 악화하였지만, 나주를 비롯한 영산강유역은 왜구로 인한 피해가 크지 않았다.

물론 공민왕 21년(1372)부터 전남 서남부지역에서도 이전에 볼 수 없었던 왜구의 약탈이 확인된다. 1372년 3월에 왜구가 장흥·탐진·도강을, 1377년(우왕 3)에 영광·함풍 등의 연해지역을 각각 노략질하였을 뿐 아니라,[30] 우왕대에 이르러서는 왜구가 영산강을 거슬러 올라와 약탈하였다. 우왕 2년(1376) 7월에 왜적의 배 20여 척이 전라도 원수(元帥)의 군영(軍營)을 공격하였고 Ⓐ영산(榮山)에 침입하여 고려의 전함을 불태웠다. 결국, 전라도 원수 유영(柳濚)이 영암에서 이들을 물리쳤다.[31] 이때 관아와 마을이 불에 타고 노략질의 피해가 컸던 나주에는 전함이 배치된 군영이 위치하였다. 수군 활동을 지휘하던 나주에 있던 전라도원수영의 존재와 규모는 앞 장에서 언급한 1374년 탐라 목호 진압군의 열병식 장면을 통해 유추할 수 있다. 이후 왜구의 영산강변 침략 사례는 한동안 확인되지 않다가 우왕 7년(1381)에 반남현이 노략질당하였지만, 원수 지용기 등이 전투를 벌여 물리쳤다.[32] 이 기록이 고려시대 영산강변 왜구 침략의 마지막 사례이다.

통상적으로 영산강 연안 고을이 왜구의 주요한 약탈 지역이었을 것으로 이해한다. 해당 지역이 개경으로 향하는 남해에서 서해를 잇는 연안 항로상에 위치하면서 왜구의 주요한 공격 대상인 미곡 집산처인 조창(漕倉)이 두 곳이나 있고, 수로를 통해 내륙으로의 이동이 쉬워 왜구의 약탈이 많았을 것으로 예상한다. 하지만 정작 문헌 기록에서 왜구가 영산강변의 고을을 약탈한 사례는 앞의 3건(나주·반남·영암)밖에 확인되지 않는다. 고을별

30) 『고려사』 권43, 공민왕 21년 3월 16일; 권133, 열전46, 우왕 3년 9월.

31) 『고려사』 권133, 열전46, 우왕 2년 7월 미상.

32) 『고려사절요』 권31, 우왕 7년 10월.

왜구의 침입 횟수를 분석한 선행 연구[33]에 따르면, 10회 이상 침입받은 고을 대부분은 경상도의 고을이고, 전라도 고을 중에서는 순천 11회, 전주 7회, 해양현(광주) 5회가 빈번한 편이었다. 영산강변 고을인 나주·반남·영암은 1회에 그치고 있다. 이들 고을에 비해 보성·장흥·낙안(이상 4회)과 영광·도강(이상 2회) 등 연해 고을의 침입 횟수가 상대적으로 많았다. 전남지역만 놓고 보면, 왜구의 침입 빈도는 남해안-서해안-영산강 유역 고을 순이었다. 이처럼 다른 지역에 비해 영산강유역 고을에 왜구의 피해가 적었던 것은 지리적 입지와 함께 공민왕 말엽부터 강화된 수군력이 나주에 집결하여 왜구에 대한 적극적인 군사적 대응의 결과로 볼 수 있다.

앞 장에서 언급한 1374년 최영의 지휘 아래 탐라 목호(牧胡)를 진압하기 위해 나주에서 출항하였던 수군 활동은 당시 나주 수군사령부의 규모와 위상을 잘 보여준다. 그리고 2년 뒤의 1376년 왜구의 나주 침공 내용을 통해 나주에 전라도 원수 군영(軍營)과 전함이 정박한 군항(軍港) 시설이 마련되어 있음도 확인할 수 있었다. 나주 목포에는 배 타기에 익숙하여 수전(水戰)을 잘하는 정예 수군이 많았는데, 우왕 6년(1380)에는 중앙의 수군력 강화 조치에 따라 이들을 선발하여 양광도의 교동현과 강화현에 나뉘어 배치하였다.[34] 이러한 수군 병력, 전함 그리고 군항 시설을 갖추었던 나주 군영의 수군 활동은 '나주지역'을 넘어 전라도와 서해 연안 곳곳에서 이루어졌다.

## 2. 수군 기지의 추가 설치

고려말 왜구 침입의 대응책 중 하나인 수군만호부의 설치 시점에 관한 논의가 진행되는 가운데, 근래에는 우왕 9년(1383)에 설치된 것으로 보는 견해가 우세하다.[35] 이때의 수군만호부는 조창이 위치하였던 포구와 원간

---

33) 박종기, 「고려 말 왜구와 지방사회」 『한국중세사연구』 24(2008), 175~187쪽.
34) 『태종실록』 권3, 태종 2년 2월 5일; 『세종실록지리지』 권148, 경기 강화도호부.
35) 이강욱, 「공민왕 21년(1372) 이후 水軍체계의 재검토」 『군사』 82(국방부 군사편찬연구

섭기 연해 방어기지였던 수소(戍所)에 설치된 것으로 추정한다. 조창인 해릉창(海陵倉)이 있고 수군활동이 활발하였던 계수관 고을인 나주에도 당연히 수군만호부가 설치되었을 것이다. 나주에 있던 수군만호부의 존재와 활동 범위는 아래의 내용에서 확인할 수 있다. 우왕 9년(1383) 5월에 전함 47척을 거느리고 Ⓐ나주 목포에 머물던 해도원수(海道元帥) 정지(鄭地) 장군이 경상도 연해에 대선 120척의 왜구가 침공했다는 소식을 듣고 바로 출항하여 남해 관음포(觀音浦)에서 왜구를 크게 물리쳤다.[36]

이처럼 서남해의 해방(海防)체제를 정비하는 상황 속에서 나주의 국내·외 군사전략상의 중요성을 확인할 수 있는 내용이 우왕 13년(1387) 명나라 홍무제(洪武帝)가 내린 성지(聖旨)에서도 확인된다.[37] 성지의 주요 내용은 고려와 명나라의 탐라를 둘러싼 외교전을 일단락하면서 명나라가 고려의 탐라에 대한 관리 권한을 승인하는 것이었다. 홍무제가 그간의 상황을 설명하면서 "나주와 탐라가 이전부터 대치하였다."고나 "나주 일대에 총총히 성(城)을 쌓고 군함을 많이 만들어 왜구가 침해하지 못하게 하라." 등 나주를 탐라의 관리뿐 아니라 왜구 방어를 위한 전진기지로 활용할 것을 요구하고 있다. 홍무제는 공민왕대 탐라 목호의 난을 진압할 때 나주가 군사 거점의 임무를 수행하였음을 인지하였고, 이러한 경험을 통해 나주의 지정학적 중요성을 적극적으로 활용할 것을 주문한 것이다.

공민왕대에 이어 우왕대는 수군력 강화를 통해 재위 후반기에 방어를 넘어 왜구를 격퇴하는 성과를 거두기 시작하였고, 이에 따라 연해지역에서 적지 않은 변화가 감지되었다. 공양왕대는 조전성(漕轉城) 수축에서 알 수 있듯이 조운제의 복구를 시도하였다. 공양왕 원년(1389)에 전라도도관찰사 노숭(盧嵩)은 왜구 방어는 물론, 백성의 수역(輸役)을 줄이면서 조운 업무를 원활히 하기 위해 물가의 높은 언덕에 방어용 성벽을 갖춘 조전성을 마

---

소, 2012), 21~36쪽.

36) 『고려사절요』 권32, 우왕 9년 5월.

37) 『고려사』 권136, 열전49 우왕 13년 5월.

련하였다. 그중 하나가 해릉창의 전통을 이어받은 나주 영산성(榮山城)으로 조선시대에 영산창(榮山倉)이 되었다. 나주 영산성이 수축되어 조운의 집약성을 강화한 영산강유역은 조운활동에 활기를 되찾았다. 이렇게 조운제의 복구가 가능했던 것은 조전성인 영산성의 수축과 함께 나주에 있던 수군만호부에서 조운선의 호송을 비롯한 조운 지원활동이 이루어졌기 때문이었다.

이러한 조전성의 수축과 함께, 공양왕대 왜구 대응책으로 눈에 띄는 것은 재위 2년(1390)에 양광도·전라도·경상도의 해도(海道)와 연해 각처 모두에 만호(萬戶)를 둔 것이다.[38] 앞서 언급했듯이 우왕 9년(1383)에 전통적인 군사 거점에 수군만호부를 설치한 이후, 공양왕 2년에는 보강하는 차원에서 증설한 것이다. 이때 마련한 수군만호부 체계가 건국 이후 조선왕조 수군진 편성의 토대가 되었다.

그런데 이듬해 공양왕 3년(1391)에는 기존의 군사운영조직인 만호(萬戶) 체계와 별도로 군사 방어 태세를 강화하여 지역사회의 안정을 도모하기 위해 지방 관원을 두었다. 산간 고을인 운봉현에 '아용곡 권농병마사(勸農兵馬使)'를 두었고, 금강유역의 여양현(礪良縣; 익산시 여산면 일대)의 감무(監務)가 낭산현과 공촌피제권농사(公村皮堤勸農使)를 겸직하였다. 그리고 신창현(新昌縣; 충남 아산시 신창면)에서도 장포(獐浦)에 성을 쌓아 조운활동을 하면서 처음으로 만호(萬戶)를 두고 감무(監務)를 겸직하도록 했다.[39]

신창현 장포에 쌓은 이 성은 앞서 언급한 나주 영산성과 같은 조전성(漕轉城)으로 이전에 조창이 없던 포구에 새로이 조성한 조운 거점이었다. 왜구의 약탈로부터 조운활동을 보호하기 위해 조전성을 수축하면서 수군만호를 둔 것이다. 이처럼 공양왕대는 공촌피제 권농사와 장평·갑향 권농사[40]

---

38) 『고려사』 권45, 공양왕 2년 1월 23일.

39) 『고려사』 권57, 지리2 전라도 남원부 운봉현·전주목 여양현; 권 56, 지리1 양광도 천안부 신창현.

40) 공양왕 3년에 창평현령이 장평부곡과 갑향의 권농사를 겸하였다(『고려사』 권57, 전라도 나주목 창평현).

처럼 지역민들이 생업에 종사할 수 있는 환경을 마련하기 위해 권농사를 두거나 왜구를 방어하여 지방사회의 안정을 도모하기 위해 방어사를 파견하였다.[41] 이러한 권농과 방어의 임무를 수행한 권농방어사를 아래의 사료와 같이 나주 인근의 무안군과 함풍현에 두었다. 이들 권농방어사가 관할한 방어영(防禦營)은 기존의 수군만호부에 더해 추가로 설치된 군사 기지의 성격을 지녔다.

> * 무안군(務安郡) … 성종 10년(991)에 다시 지금 이름으로 부르고, 〈나주목에〉 내속(來屬)하였다. 명종 2년(1172)에 감무(監務)를 두었다. 공양왕 3년(1391)에 성산극포권농방어사(城山極浦勸農防禦使)를 겸하였다.
> * 함풍현(咸豐縣) … 고려에 이르러 〈영광군에〉 내속(來屬)하였다. 명종 2년(1172)에 감무(監務)를 두었다. 공양왕 3년(1391)에 영풍다경해제권농방어사(永豊多景海際勸農防禦使)를 겸하였다.
>
> (이상 『고려사』 권57, 지리2 나주목·영광군)

공양왕 3년(1391)에 무안군 감무가 성산·극포 권농방어사(城山極浦勸農防禦使)를, 함풍현 감무가 영풍·다경·해제 권농방어사(永豊多景海際勸農防禦使)를 각각 겸직하였다. 군사방어 및 권농 활동이 필요한 두 지역의 감무에게 권농방어사의 직책을 맡긴 것이다. 각각의 권농방어사 앞에 붙은 성산·극포와 영풍·다경·해제는 권농방어사가 관할하는 영역을 의미한다. 오늘날 무안군 삼향읍 일대인 성산과 극포는 영산강변에 위치한 나주의 월경지(越境地)였고, 영풍·다경·해제도 서해안에 위치한 나주와 영광의 월경지였다.[42]

---

41) 박종기, 앞의 논문(2008), 195~199쪽.

42) 『세종실록지리지』 나주목 무안현·함평현. 고려·조선시대 전남지역 월경지 현황과 변천에 관해서는 다음의 연구가 참고된다(정요근, 「전남 지역의 고려~조선시대 越境地 분석」 『한국문화』 63(서울대학교 규장각한국학연구원, 2013)).

무안군 삼향읍에는 고려시대에 나주의 월경지인 극포(極浦)·임성(任城)·군산(群山) 부곡이 있었다. 권농방어사 앞에 붙은 성산(城山)은 임성(任城)과 군산(群山)을 합친 지명일 것이다. 임성부곡(삼향읍 임성리)·군산부곡(삼향읍 왕산리·유교리 일대)[43]·극포부곡(삼향읍 맥포리)의 존재로 인해 오늘날 이 지역에 삼향(三鄕)이라는 지명이 남아있다. 이들 부곡지역은 고려 전기에 무안군과 함께 나주목의 직할 지역이었는데, 위의 사료와 같이 명종 2년(1172)에 무안군 감무가 파견되면서 나주목에서 분리되어 월경지가 되었다. 그러다가 공양왕 3년에 무안군 감무가 이들 지역의 권농방어사를 겸직하면서 무안군의 영내로 편입된 것이다. 성산·극포 권농방어사는 해당 지역의 저습지 개간이나 제방 축조 등을 통해 권농을 위한 환경 조성에 힘쓰면서 왜구를 물리치는 임무를 수행하였다. 또한 권농방어사는 나주 영산성에서 출항한 조운선의 호송활동도 병행하였을 것이다. 그런데 이들 부곡(임성·군산·극포)이 『세종실록지리지』 나주목에서 다시 확인되는 것을 보면, 조선 초기에 다시 나주 월경지로 환원된 것으로 이해된다. 조선 전기에 세 개의 부곡을 합쳐서 나주 삼향리로, 조선 후기에는 나주 삼향면으로 삼았다.[44]

영풍·다경·해제 권농방어사는 영풍향(永豐鄕; 함평군 함평읍 자풍리), 다경부곡(多慶部曲; 무안군 운남면·현경면 일대) 그리고 해제현(海際縣; 무안군 해제면 일대)을 관할 영역으로 삼았다. 영풍향과 다경부곡은 위의 사료와 같이 명종 연간에 함풍현에 감무를 파견하면서 나주의 월경지가 되었다. 그리고 해제현은 영광군의 월경지로 존속하였다. 이들 행정구역은 1391년에 서해 연안지역을 안정시키기 위해 함풍현 감무가 권농방어사의 직책을 겸하면서 함풍현의 관할 아래에 놓이게 되었다.[45] 영풍·다경·해제 권농

43) 군산부곡의 위치는 군산봉수의 존재(『신증동국여지승람』 권3, 나주목 봉수)와 위치를 통해 유추할 수 있다.

44) "세 부곡은 지금은 합하여 삼향리(三鄕里)가 되었다."(『신증동국여지승람』 권35, 나주목 고적).

45) 이와 관련하여 『세종실록지리지』 나주목 함평현에 다음의 기사가 전한다. "영풍과 다

방어사도 앞의 경우와 마찬가지로 연해 저습지 개간 등의 권농활동을 하면서 연근해 및 도서지역의 왜구 방어활동을 수행하였다.

고려와 조선시대 대부분 시기 동안 나주의 월경지였던 임성·군산·극포부곡의 삼향지역은 나주에 노동력이나 공납품과 같은 경제적 이익을 제공하였다. 삼향지역은 전복·숭어·낙지·김 등의 해산물과 죽전(竹箭) 등이 토산물로 알려져 있다.[46] 나주목으로 수납된 이들 물품은 지방 재정에 큰 도움이 되었는데, 특히 삼향의 죽전(竹箭)은 천하에 소문날 만큼 유명하였다고 하니 공양왕대에 설치한 권농방어영(勸農防禦營)에서도 긴요하게 활용되었을 것이다. 함풍현의 감무가 겸직한 권농방어사의 관할지역(다경부곡·영풍향·해제현)의 경우는 운남·해제반도와 함평만에 분포하는 입지가 참고된다. 연해지역의 일반적인 물산인 어염(魚鹽)의 이익과 함께 조선시대에 목장이 유명하였던 것을 참고하면[47] 목마장의 이점이 공양왕대 설치한 권농방어영에 유리하게 작용하였을 것으로 짐작된다.

관할영역에서 생산한 이러한 물산은 권농방어영 운영의 물적 기반이 되었고, 이와 함께 삼향의 세 부곡과 다경부곡·영풍향의 부곡민(部曲民)을 비롯한 지역민은 인적 자원으로 활용되었을 것이다. 권농방어사는 해제현민과 함께 부곡민(部曲民)의 노동력을 부릴 수 있는 권한을 부여받았을 것이다. 이렇게 노동력을 확보한 권농방어사는 왜구의 침입을 방어하면서, 권농(勸農)이라는 목적에 맞게 황폐해진 농지를 일구거나 연안 저습지 등을 개간하여 농업생산을 위한 토대를 마련하였다. 이렇게 개간한 토지를 통해

---

경이 예전에는 나주에 속하였는데, 태조 원년(1392) 임신에 또한 부근이라 하여 (함평현에) 내속시켰다."

46) "전복·숭어·은어·오징어·낙지·굴·김·황각(黃角)·비자(榧子)·표고·죽전(竹箭)이 삼향리에서 난다."(『신증동국여지승람』 권35, 나주목 토산). 이 중에서 죽전의 경우는 김종직이 남긴 시(詩)에 '삼향의 죽전(竹箭)이 천하에 소문이 났다.'라는 구절이 전한다(『신증동국여지승람』 권35, 나주목 제영).

47) 다경포만호진과 해제현의 해제곶(海際串)에 목장이 있었다. 이러한 목장의 존재를 고려 말까지 소급 가능한지는 공민왕대에 목장을 섬에 옮겨 설치하였다는 기록(『고려사』 권78, 식화1 전제 경리)이 참고된다.

확충된 재정은 전함의 건조 등 방어영(防禦營)의 수군력 강화에도 도움이 되었다.

이처럼 공양왕 3년(1391) 나주 월경지에 추가 설치한 두 곳의 방어영은 조선왕조에 들어서 전라우도의 주요한 수군진영으로 변모하였다. 즉 성산·극포 권농방어영은 조선 초기 목포진(木浦鎭)의 연원이 되었고, 영풍·다경·해제 권농방어영은 임치진(臨淄鎭; 해제면)과 다경포진(多慶浦鎭)으로 변모하였다. 이 내용에 관해서는 다음 장에서 상세히 살펴보도록 한다.

## Ⅳ. 조선 초기 수군진의 설치와 이설

조선 초기 나주를 포함하는 전라우도의 수군진 편제는 아래의 〈표 1〉과 같이 『세종실록지리지』에서 확인된다. 조선시대 무안현 대굴포(大堀浦; 함평군 학교면 곡창리)에 있던 ①전라수군 처치사영은 전라좌·우도 소재 15개 수군진을 관할하는 수군 본부였다. 원래 옥구(沃溝; 전북 군산시)에 있었던 수영(水營)이 제해권 장악에 효과적이지 않다는 이유로 태종 8년(1408) 12월에 해도(海島)의 중앙에 위치한 대굴포로 옮겨 온 것이다.[48] 이것은 Ⅱ·Ⅲ장에서 살폈던 1374년 최영장군의 수군 열병식이 열리고 1383년 정지장군의 주요 활동 무대였던 Ⓐ나주 목포(木浦)의 수군 기지로서의 면모가 20여 년이 지난 시점에 영산강변의 Ⓓ대굴포로 옮겨온 것이었다. 고려시대 수군 전진기지의 역할을 다했던 나주 목포가 지고 무안 대굴포가 새로운 수군활동의 요충지로 부상한 것이다. 또한, 영산강유역에 수군 기지가 있었던 고려시대의 전통이 복원된 것이다. 태종대의 이러한 변동에 이어 세종대에는 수군 기지가 영산강을 따라 더 내려가 무안군 삼향읍을 거쳐 오늘날의 목포시 만호동의 Ⓕ목포만호진에 이르게 된다. 이러한 일련의 과정을 공양왕대 성산·극포 권농방어사영을 염두에 두면서 자세히 살펴보기

48) 『태종실록』 권16, 8년 12월 24일.

로 한다.

〈표 1〉 조선 초기 전라우도 수군진 현황

| 전라수군 처치사영 | 전라우도 도만호 선박처 | 전라우도 만호영 |
|---|---|---|
| ①수군처치사영<br>(무안현 대굴포) | ②우도도만호영<br>(함평현 서 원곶) | ③목포 만호진(무안현 남)<br>④다경포 만호진(무안현 서 와포)<br>⑤법성포 만호진(영광군 북)<br>⑥검모포 만호진(부안현 남 웅연)<br>⑦군산 만호진(옥구현 북 진포) |

태종 8년(1408)에 대굴포로 옮긴 전라수군 처치사영(전라도 수군본부)의 예하에는 2곳의 수군 도만호가 편제되었는데, 그중 하나가 〈표 1〉의 ②전라우도 도만호영이고, 그 예하에 5개의 만호진이 편성되었다. 〈표 1〉의 ①수군처치사영(대굴포)과 ③목포만호진은 영산강 연안에, 나머지 ②우도 도만호영과 ④다경포·⑤법성포·⑥검모포·⑦군산 만호진은 서해 연안에 각각 위치하였다.

이 중 ②우도 도만호영(함평 원곶)과 ④다경포만호진(무안)은 앞 장에서 언급한 '영풍·다경·해제 권농방어영'에 연원을 둔 수군 기지였다. 공양왕대~세종대 해당 자료가 많지 않아 상세한 전승 관계는 추적이 쉽지 않지만, 일단 지명을 통해 유추해 보면, ④다경포만호진(무안군 운남면 성내리)은 기존의 영풍·다경·해제 권농방어영에서 분리하여 다경부곡이 관할하던 인적·물적 자원과 군영 시설을 근간으로 하여 새로 설치되었을 것이다. 그리고 ②우도 도만호영도 '영풍·다경·해제 권농방어영'에서 다경을 제외한 영풍·해제지역의 수군시설과 관련이 있다. 도만호영이 있던 함평 원곶(垣串)은 해제현으로 알려져 있고, 이곳에 있던 만호진은 도만호영이 되기 전에 임치(臨淄)만호진(무안군 해제면 임수리)이었기 때문에[49] 권농방어영의 일부

49) 임치만호의 존재뿐 아니라 임치만호의 병선이 원곶(垣串)에 정박하였음이 확인된다(『세종실록』 권17, 4년 8월 13일; 권27, 7년 2월 25일). 또한 해당 기사의 "우도(右道)

시설과 운영 기반이 임치만호진의 토대가 되었음을 짐작할 수 있다. 이렇게 본다면 공양왕 3년(1391)에 해제반도와 함평만 일대 연해지역의 안정을 위해 설치한 영풍·다경·해제 권농방어영이 조선 초기 ④다경포만호진과 ②우도 도만호진의 전신인 임치만호진으로 전승되었다고 말할 수 있다. 이들 수군진은 조선왕조의 전통적인 수군진체제가 유지되던 19세기 후반까지 서남해 연해의 방어시설로 존속하였다.

이와 마찬가지로 영산강변에 위치하였던 ③목포만호진도 공양왕 3년에 설치한 성산·극포 권농방어영과 관련이 깊다. 위의 서해안 방어영과 다른 점은 진영의 이설(移設)이 확인된다는 것이다. 이와 관련하여 태종·세종대 목포만호진의 위치와 이설에 관해서는 여러 견해와 논의가 있기에 해당 사료를 시간순으로 상세히 살펴볼 필요가 있다.

전라수영이 옥구현에서 무안 대굴포로 이동한 태종 8년(1408)에 영산강변에 있던 성산·극포 권농방어영에도 변화가 있었을 것이다. 추측건대, 성산·극포 방어영에 있던 인적·물적 기반 일부가 전라수영의 대굴포로 이동하였고, 이와 함께 방어영의 시설 등 운영 기반을 바탕으로 하여 그 자리에 ③목포만호진이 설치되었을 가능성이 있다. 전라수영의 대굴포로의 이동은 영산강을 통해 바다와 섬[海島]에 대한 관리를 강화하는 조치였기에 목포만호진은 최초에는 아래에 설명하는 바와 같이 영산강변의 Ⓔ극포(極浦; 무안군 삼향읍 맥포리 극배마을) 일대에 위치하였을 가능성이 있다.

그런데 극포에 있던 목포만호진은 세종대에 다시 다른 장소로 옮겨 갔다. 그 시기를 전라도 각 포구 병선의 이박(移泊) 조치가 있었던 세종 7년(1425)[50]으로 볼 수 있지만, 그때보다 세종 14년(1432)일 것으로 추측한다. 세종 11년(1429)에 전라수영인 대굴포가 병선이 정박하는 곳이 깊고 포구도 좁고 멀어서 변란 대처에 어려움이 있었기에 소속 병선을 난량(蘭梁)으로

검모포(黔毛浦)의 도만호(都萬戶)"라는 내용을 통해 세종 7년에는 전라우도 도만호영이 임치만호가 있던 함평 원곶이 아니라 부안의 검모포에 위치하였음을 알 수 있다.

50) 『세종실록』 권27, 7년 2월 25일.

이박(移泊)하자는 논의가 있었다.[51] 이어서 세종 14년(1432) 8월에 총제(摠制) 이각(李恪)이 대굴포의 불리한 입지 조건을 상세히 언급하면서 목포(木浦)와 같은 군사 요해지로 옮길 것을 상소하였다.[52] 이 내용이 받아들여져 그해 10월에 전라수영을 대굴포에서 목포로 옮겨 설치하였다.

세종 14년(1432) 8월 이각의 상소문 내용을 통해 몇 가지 내용을 확인할 수 있다. ㉮당시 전라수영이 있던 대굴포의 입지 조건이 병선 출입과 변란의 대응에 적절하지 않았다. ㉯목포만호진이 대굴포에 비해 유리한 지점에 위치하였다. ㉰이각이 목포만호진이 입지한 지점보다 해문(海門)에 더 가까운 목포(木浦)를 포함한 도내 요충지 중 한 곳으로 만호를 옮길 것을 건의하였다. 또 ㉰내용을 통해 ㉱'목포만호진'과 '목포'가 동일한 지점이 아님을 짐작할 수 있다. 목포는 다경포(多慶浦)·주이포(周伊浦)와 같이 전함의 출입이 편리하였다고 하니 오늘날의 목포시 만호동일 가능성이 크다. 그렇다면, 당시에 목포만호진이 위치한 지점은 대굴포와 목포시 만호동 사이의 어느 지점일 것이다. 8월의 상소 두 달 뒤인 10월 20일에 무안 대굴포에 있던 전라수영을 무안 목포로 옮겨 설치하고, 이에 따라 목포(만호진)의 병선을 황원의 남면 주량(周梁)에 옮겨 정박하도록 조치하였다.[53]

그런데 이때 대굴포에 있었던 전라수영을 옮겨 설치한 목포(만호진)의 위치에 관해 여러 견해[목포시 옥암동 부주산 아래 당곶(唐串), 목포시 하당동, 목포시 만호동 목포진성지]가 제시되었다.[54] 이들 견해 중 바로 위의

---

51) 『세종실록』 권44, 11년 4월 12일.

52) 『세종실록』 권57, 14년 8월 5일.

53) 『세종실록』 권58, 14년 10월 20일. 이 기록에 근거하여 대부분의 선행연구는 세종 14년에 전라수영을 무안 목포로 옮겨 설치한 것으로 이해한다(이해준, 「목포의 역사」 『목포시의 문화유적』(국립목포대학교박물관·전라남도·목포시, 1995); 오홍일, 「조선시대 전라도 수군진영과 목포」 『목포의 향토문화 연구』(목포문화원, 2012); 고석규, 「목포진 설치와 목포이야기」 『목포시사』 1권-항도목포(목포시·목포시사편찬위원회, 2017)). 하지만 이 기사에도 불구하고 전라수영이 목포로 옮긴 적이 없다고 보는 연구도 있다(신윤호, 「조선초기 전라우도 수군진 설치 및 연혁 검토-목포진·전라처치사영을 중심으로-」 『歷史와 實學』 79(2022)).

㉰내용을 참고하면, 이 시기 목포만호진의 위치가 현재의 목포시 만호동이었을 가능성은 작을 것이다. 그러한 추정의 다른 근거는 7년 뒤의 세종 21년(1439) 4월에 의정부에서 왕에게 올린 내용이다. "무안현 목포(목포시 만호동 추정)와 보성현(寶城縣) 여도(呂島) 등은 모두 왜적이 드나드는 요해지(要害地)인데 병선(兵船)을 정박하여 세운 곳과 거리가 멀리 떨어져 있습니다. 청하옵건대, 목포와 여도에 따로 병선을 설치하고 만호(萬戶)를 임명하여 보내소서."[55] 병선이 정박한 목포만호진과 요해지인 목포가 멀리 떨어져 있어 목포에도 따로 만호를 임명할 것을 요청하는 내용이다. 이 기록을 근거로 1439년에 목포만호진이 목포시 만호동으로 옮겨간 것으로 이해할 수 있다.

그렇다면 세종 21년(1439)에 오늘날의 목포시 만호동으로 옮기기 전의 목포 만호진은 어디에 있었을까. 태종 8년에 설치한 목포만호진으로 세종 14년에 대굴포에 있던 전라수영이 옮겼고, 세종 21년에 목포시 만호동으로 이전하기 이전까지 목포만호진은 공양왕대 권농방어영이 있었던 영산강변의 Ⓔ극포(極浦) 일대에 위치하였을 것으로 추정한다.[56] 극포에 있던 목포만호진이 세종 21년(1439)에 영산강을 따라 내려가 오늘날의 Ⓕ목포시 만호동으로 옮겨 감에 따라 목포진이 있던 극포를 비롯한 삼향지역은 다시 나

---

54) 본문에 소개한 목포시 하당동으로 비정한 견해는 『무안군지』(1922년 편찬)의 기록("極浦營 麗季海冠强梁 創水軍處置使營 今二老下塘之地是也.")에 근거한다. 하지만 『무안군지』 기록의 '극포영'이라는 수군영 명칭이나 '수군처치사'라는 관직명의 오류를 지적하면서 해당 사료의 극포영 관련 기록을 신빙하지 않는 연구가 참고된다(오홍일, 앞의 논문(2012)).

55) 『세종실록』 권85, 21년 4월 15일.

56) 물론 무안군 이로면 당곶리(목포시 옥암동 부주산 아래 당곶)일 가능성도 있다. 또는 극포에서 이곳을 경유하여 목포시 만호동에 정착하였을 수도 있다. 그럼에도 현재로서는 1432년에 전라수영이 이설해 온 Ⓔ목포만호진(극포)이 1439년에 목포시 만호동에 정착하였기 때문에 7년이라는 짧은 기간에 삼향읍 극포(맥포리)와 목포 만호동 사이의 어느 지점(목포시 옥암동 혹은 하당동)으로 이설하였을 가능성에 대한 의구심이 있다. 여러 개연성을 열어둔 상태에서 이 논문에서 강조하고 싶은 것은 이러한 목포만호진의 설치와 이설 과정에서 확인되는 성산·극포 권농방어영의 존재와 역할이다.

주의 월경지(越境地)가 되었다. 이러한 정황이 반영되어 『세종실록지리지』 나주목에 임성·군산·극포부곡을 수록하고 있다.

〈표 2〉 여말선초 영산강유역 목포만호진의 변천 과정

| 연도 | 위치 및 내용 | 비고 |
|---|---|---|
| 공양왕 3년 (1391) | Ⓔ성산·극포 권농방어영 설치 | 수군 기지의 추가 설치 |
| 태종 8년 (1408) | Ⓔ성산·극포 권농방어영이 목포만호진으로 바뀜 | 전라수영의 이동 (옥구현→Ⓓ대굴포) |
| 세종 14년 (1432) | Ⓓ대굴포에 있던 전라수영이 Ⓔ극포에 있던 목포진으로 옮김 | 전라수영의 이동 (Ⓓ대굴포→Ⓔ극포) |
| 세종 21년 (1439) | Ⓔ극포에 있던 목포진이 Ⓕ목포 만호동으로 이설(移設) | 목포진의 이설 |

이상의 논의에서 확인되듯이, 선행연구에서는 태종~세종대 목포만호진이 설치된 곳이 어디인지에 관해 많은 관심을 가졌다. 이와 관련하여 이 장에서는 해당 문제와 함께 목포만호진의 연원이 어디인가에 관해 서술하였다. 고려시대에 도서 해양 방어와 관리의 중심지였던 Ⓐ나주 목포는 수군의 전진기지 역할을 담당하였다. 이후 조선 태종 8년(1408)에 왜구의 침입을 효과적으로 대응하기 위해 옥구현에 있던 전라수영을 영산강변의 Ⓓ무안 대굴포로 옮겨 설치하였고, 무안 목포에 목포만호진을 두었다. 이때의 목포만호진은 공양왕대 Ⓔ성산·극포 권농방어영이 있던 곳이었다. 세종 14년(1432)에 전라수영이 극포의 목포만호진으로 옮겨 왔고, 세종 21년(1439)에는 목포만호진이 오늘날의 Ⓕ목포시 만호동으로 옮겨 정착하였다. 이처럼 목포만호진은 공양왕대에 설치한 권농방어영에 연원을 두었고, 이설(移設)의 과정을 거쳤다.

## V. 맺음말

앞의 본문에서는 고려말·조선 초기 나주지역 수군 기지의 역할과 변천 과정에 관해 살펴보았다. 앞서 서술한 내용을 간략히 정리하면서 글을 맺고자 한다. Ⅱ장에서는 14세기 중후반 본격적인 나주지역에서의 수군 활동을 살펴보기에 앞서, 후삼국 통일전쟁시기 영산강에서 펼쳐진 왕건과 견훤의 전투부터 언급하였다. 이어서 1270년대 진도와 탐라의 삼별초세력을 물리치는 과정에서 나주의 수군 거점으로서의 면모를 확인하였다. 특히 1273년 탐라의 삼별초세력을 진압하기 위해 ©반남현 포구에서 출항할 때의 모습은 수군 전진기지 나주의 위상을 짐작할 수 있는 장면이었다. 그러한 모습은 100년 뒤의 공민왕 23년(1374) 탐라 목호(牧胡)의 난 진압군이 Ⓐ나주 목포에서 출항할 때도 마찬가지였다.

고려 말 왜구 방어를 비롯하여 전남 서남해지역의 해방(海防)체제가 중요했던 이유는 국가재정과 직결되는 조운(漕運)뿐 아니라 대명(對明) 외교의 주요 사안인 제주도의 관리와도 관련이 있었기 때문이다. 따라서 수군 기지가 있던 나주에는 왜구 방어, 조운선 호위 그리고 대명 외교 업무를 수행하기 위한 임시 군관·지방관을 비롯한 관원이나 외교 사절 등이 빈번히 왕래하였다. 이에 따라 나주지역 수군 기지는 광범위하면서 중요한 임무를 수행하였고, 공민왕대부터 그러한 수군지휘체제가 강화됨에 따라 나주 일대는 다른 지역에 비해 왜구의 약탈로 인한 피해도 의외로 크지 않았다.

이처럼 나주는 13세기 후반 진도·탐라 삼별초의 진압, 1374년 탐라 목호의 난 진압 그리고 14세기 중·후반 왜구의 방어와 격퇴라는 일련의 과정을 거치면서 당대의 대표적인 수군 전진기지로 발전하였다. 그 결과 공양왕대 나주는 방어 성벽을 갖춘 조전성(漕轉城)으로 영산창의 전신인 영산성(榮山城)을 수축·운영하였고, 인근의 무안과 함평지역에 또 다른 수군 기지인 권농방어영을 추가 설치하여 왜구 방어를 지휘하였다. 이들 권농방어영은 조선 초기 수군진(목포진·다경포진·임치진)의 설치 및 운영 기반이 되었다.

한편 조선 태종 8년(1408)에 옥구현에 있던 전라도 수군 본부인 처치사영이 영산강 중류의 Ⓓ무안 대굴포(大堀浦)로 옮겨 온 것은 고려시대 Ⓐ나주 목포에 수군 기지가 있던 전통이 복원된 것이었다. 이때 영산강유역의 수군지휘체계가 재편되면서, Ⓔ성산·극포 권농방어영이 목포진(木浦鎭)으로, 서해안의 영풍·다경·해제 권농방어영이 다경포진(多慶浦鎭)과 임치진(臨淄鎭)으로 각각 변모하였다. 그리고 Ⓔ극포에 있던 목포만호진은 세종대에 다시 오늘날 Ⓕ목포진성지가 있는 곳(목포시 만호동)으로 옮겨 설치되었다. 이에 따라 전라수영도 대굴포보다 입지가 양호한 목포진으로 이동하였다.

이상의 내용에서 언급한 나주지역 수군 기지의 변천 과정을 정리하면, Ⓐ나주 목포와 Ⓒ반남현 포구가 고려시대 주요한 수군 거점이었고, 공양왕대에 이르러 Ⓔ성산·극포에 권농방어영이 추가 설치되었다. 이어서 조선 태종대에 전라수영이 Ⓓ무안 대굴포로 이동하였고 Ⓔ성산·극포의 권농방어영이 목포만호진으로 바뀐 것으로 판단된다. 그리고 세종대에 Ⓔ무안 극포에 있던 목포진이 다시 오늘날의 Ⓕ목포시 만호동으로 옮겨 설치되었다. 이에 따라 왜구 대응에 어려움이 있던 Ⓓ대굴포의 전라수영도 무안 극포와 목포시 만호동으로 옮긴 목포만호진으로 이동하였다(앞의 〈그림 1〉 참조). 이처럼 고려시대 나주지역 수군 활동과 거점의 전통이 조선왕조에까지 전승되었고, 조선 초기 영산강변의 수군 기지는 전라도 수군진의 구성과 운영에 중요한 역할을 담당하였다.

# 고려시대 나주의 사찰과 불교문화

이병희

## Ⅰ. 서언

고려시대 나주는 지금의 전남을 대표하는 군현의 위상을 갖고 있었다. 나주는 牧으로 편제되어 다수의 屬邑을 거느렸다.[1] 전라도 전체에서 나주는 정치와 행정상으로 높은 위상을 가졌으며, 경제와 사회의 측면에서도 우월한 위치를 보였다. 경작 토지의 면적이나 거주하는 주민의 수에서도 나주는 다른 고을을 압도하는 수준이었다.[2]

불교 문화의 측면에서 나주가 어떤 위상을 보였는지를 살피는 작업은 군현 단위의 불교를 이해하는 데 큰 의미를 갖는다. 군현 차원의 불교계 모습에 관해서는 지금까지 많은 연구가 이루어졌다고 할 수 없다. 몇몇 사례를 보면, 안동의 경우, 제비원 미륵불, 봉정사 대웅전 불화, 탑과 불상을 중심으로 지역 불교를 검토했으며,[3] 상주의 경우, 사찰 및 고승 비를 소재로

---

1) 『高麗史』권57, 志11, 地理2에 따르면, 나주목의 속읍은 무안군, 담양군, 곡성군, 낙안군, 남평군, 철야현, 회진현, 반남현, 안로현, 복룡현, 원율현, 여황현, 창평현, 장산현, 진원현, 화순현 등 16개였다. 이 글에서 나주의 공간 범위는 현재의 나주시 전체이며, 나주목을 비롯하여 남평군, 철야현, 회진현, 반남현, 안로현, 복룡현, 여황현 등이 포함된다. 조선초기를 기준으로 한다면 나주목과 남평현을 아우른다.

2) 『世宗實錄』권151, 地理志 참조.

3) 안동시·안동대안동문화연구소, 『고려시대의 안동』(예문서원, 2006).

자복사 및 선종산문, 소재 사찰의 성격을 살펴보았다.[4] 호남 지역 군현의 경우에도 대체로 문화유적을 중심으로 불교 문화를 설명하고 있다.[5] 공간 범위를 넓혀 경상도를 대상으로 한 불교 문화 연구가 있었고,[6] 강원도의 불교 문화가 관심을 끌기도 했다.[7] 대체로 소재한 사찰, 승려의 비문, 그리고 탑과 불상 등을 중심 소재로 활용하고 있다. 역사학 분야에서는 주로 고승의 비문 분석을 통해 지역사회의 불교계 동향을 파악하는 경향을 보이고 있다. 반면 미술사 연구자들은 불교 미술품 양식의 분석을 통해 지역 불교의 특징을 이해하려는 모습을 나타낸다. 지금까지의 연구는 전국과 구분되는 해당 지역 불교 문화의 내용과 특징을 구명하는 수준에는 대체로 미흡하다.

이 글에서는 나주의 불교가 牧에 상응하는 위상을 보이고 있었는지에 관심을 기울이고자 한다. 나주의 불교 문화의 몇몇 주제에 대해서는 여러 선학들이 소중한 작업을 진행한 바 있다. 현전하는 불교 미술품을 종합적·개괄적으로 소개하고 정리한 성과가 있다.[8] 그 결과 현전하는 나주 불교 미술 전반에 대해서 파악할 수 있게 되었다. 그리고 나주 지역의 석등과 불상에 대한 깊이 있는 연구도 진행되었다. 호장이 주도해 석등을 조성한 것이 전남 지역 전체의 위상 변화와 관련하고 있음을 지적했으며,[9] 철천리

4) 한기문, 『고려시대 상주계수관 연구』(경인문화사, 2017).

5) 목포대박물관·고흥군, 『高興郡의 文化遺蹟』(목포대 박물관, 1991). 이런 유형의 서술은 목포대 박물관에서 발간한 시군 단위 문화유적 저서에서 확인할 수 있다.

6) 金潤坤, 「고려시대 慶尙道 지역의 사원과 불교문화」, 『한국중세사연구』9(2000) ; 金潤坤, 「고려시대 慶尙晋州道 지역의 사회발전과 불교문화」, 『民族文化論叢』21(嶺南大 民族文化硏究所, 2000).

7) 강호선, 「고려시대 강원지역 불교의 전개」, 『강원사학』32(2019).

8) 成春慶, 「羅州地域의 佛敎美術」, 『羅州牧의 再照明』(나주시·목포대박물관, 1990) ; 사찰문화연구원, 『전통사찰총서7 -광주·전남의 전통사찰Ⅱ-』(사찰문화연구원, 1996), 197~246쪽 ; 나주시·목포대박물관, 『나주시의 문화유적』(나주시·목포대박물관, 1999), 212~268쪽(성춘경·이주승씨 집필) ; 나주시청, 『羅州市誌』1(나주시지편찬위원회, 2006), 727~757쪽(이계표씨 집필).

9) 변동명, 「高麗 宣宗代 '羅州 西城門 안 石燈'의 건립」, 『歷史學硏究』72(2018).

석조여래입상의 조성 주체를 둘러싸고 상이한 견해가 제출되기도 했다.[10] 그리고 심향사 건칠아미타여래좌상의 제작 기법에 대한 검토도 이루어졌다.[11] 이러한 소중한 작업이 진행되었음에도 나주 불교 문화 전체상을 체계적으로 파악하지 못했으며, 나아가 나주 불교의 특징도 드러내지 못했다. 나주에는 승려의 비문이 존재하지 않아 불교계 동향의 파악에 어려움이 크며, 불교 미술도 풍부하다고 할 수 없다.

이 글에서는 흩어져 있는 단편적인 자료를 바탕으로 나주 불교에 대해 다각도로 정리하고, 나아가 나주 불교의 특징과 위상을 파악해 보고자 한다. 자료가 빈곤해 내용이 구체적이고 심층적이지 못한 점이 아쉬우며, 추측이 많은 것 또한 불가피하다. 사찰의 조성과 분포, 사찰의 종파와 관련 승려, 불교 미술, 그리고 나주민의 불사 참여와 불교 신행 등으로 구분해 나주 불교에 대해 접근해 보고자 한다. 이 글이 군현 차원의 불교계 동향을 연구하는 데 일조하기를 기대한다.

## Ⅱ. 사찰의 공간 분포

나주 지역의 사찰은 고려에 들어와서 조성된 것으로 보인다. 지금의 전남 지역에는 삼국시대에 조영된 불교 미술이 확인되지 않으며 통일신라시대에 들어와 그것도 8세기 중반에 만들어진 것이 현전하고 있다. 전남의 동북부 지역에서는 통일신라 8~9세기경의 불교 조형물이 나타나고 있음에 반해, 영산강 주변지역 즉 옹관묘가 집중적으로 분포되어 있는 영암, 나주, 함평 지역에서는 9세기말~10세기경, 즉 후삼국시대 내지 고려초에 가서야 불

10) 성춘경, 『전남의 불상』(학연문화사, 2006) ; 정성권, 「나주 철천리 석불입상의 조성시대와 배경」, 『신라사학보』31(2014) ; 진정환, 「후백제의 불교미술과 그 영향」, 『전북사학』47(2015) ; 진정환, 「호남지역 고려사회 형성의 역사적 특징」, 『한국중세고고학』12(2022).

11) 정지연, 「나주 및 남원지역 협저불상의 제작기법에 관한 고찰」, 『대구사학』114(2014).

교 조형물이 나타난다.[12] 나주의 경우 불교가 고려 이전에 전래되었겠지만 통일신라시대까지도 사찰의 조영은 확인되지 않는다.

나주 지역에 불교 조영물이 매우 뒤늦게 만들어진 것은 여러 이유가 있을 것 같다. 우선 백제 불교의 영향이 거의 미치지 않았다는 점이 중요하다. 백제의 중심부에서 멀리 떨어져 있기 때문에 불교가 깊이 침투하지 못한 것으로 이해된다. 또 나주 지역 일대가 옹관묘의 지속에서 알 수 있듯이 토착성이 강해 새로운 불교가 뿌리내리기 어려웠다는 점도 고려할 필요가 있다. 이곳이 백제의 전통이 아니라 마한의 전통이 강하기 때문에 불교 문화의 유입에 소극적이었다는 것이다.[13] 그렇지만 불교가 알려지기는 했던 것 같다. 나주 普光寺의 寺記에 승려가 삼국시대에 수행하고 있는 내용이 전한다.

> 신라 선덕왕(632~647) 때 승려 安信이 금성산 維摩窟에 살면서 22년간 도를 닦다가 몸을 천길이나 되는 岬 밑에 던지니, 갑자기 오색 구름이 와서 둘러싸고 서쪽으로 가버렸다.[14]

전남 지역의 사찰 기술에서 선덕왕을 언급한 것은 자료의 신빙성을 떨어뜨리지만, 인용된 자료에서 보면 나주 금성산에서 수행하는 승려에 대해 지역에서 적극 호응한 것 같지 않다. 승려가 스스로 몸을 던지는 데서 그렇게 보인다. 아마 불교가 나주 일대에 알려진 것은 분명한 사실이지만 지역의 호응을 크게 얻지는 못한 것으로 여겨진다. 그 결과 사찰 전각의 조성이나, 불탑과 불상의 제작은 통일신라시대까지는 이루어지지 않은 것으로 판단된다.

---

12) 金京洙 編著, 『물길따라 뱃길따라 영산강 삼백오십리』(향지사, 1995), 273쪽.

13) 천득염·김준오, 『전남의 석탑』(전남대 출판부, 2015), 15쪽, 24쪽, 35쪽 ; 진정환, 앞의 논문(2022).

14) 『新增東國輿地勝覽』 권35, 全羅道, 羅州牧, 佛宇, 普光寺.

통일신라시대에 해상 교통로에서 나주는 중요한 지점이었다. 당에 가는 출항지로서 서해안의 唐恩浦와 會津이 가장 많이 활용되었다. 신라에서 중국의 淮水, 長江 하구 혹은 杭州灣에 이르는 서해남로를 택하는 경우, 나주의 회진이 매우 중요한 항구였다. 신라하대에 견당사가 회진을 통해 입국하는 경우가 많았으며, 승려 역시 이곳으로 귀국하는 사례가 보인다.[15] 法鏡大師 慶猷는 908년 무주의 회진으로,[16] 眞澈大師 利嚴은 911년 나주의 회진으로 귀국했다.[17] 그럼에도 그들이 머문 나주의 사찰은 보이지 않는다. 전남 지방의 불교계를 둘러싸고 견훤과 궁예·왕건이 치열하게 경합할 때에도, 나주 지역의 사찰에 대한 언급이 없다. 그렇지만 이 무렵 무주 지역에는 여러 사찰이 있었음을 알 수 있다. 雙峰蘭若,[18] 黃壑蘭若,[19] 靈神寺,[20] 松溪禪院[21] 등이 그것이다. 신라말 선종이 유행하면서, 가지산문의 장흥 寶林寺가 있고, 동리산문의 곡성 太安寺가 보이며, 사자산문 계통의 화순 雙峰寺가 있었고, 그리고 전북 남원에 실상산문의 實相寺가 자리하고 있었다. 그렇지만 나주 지역에는 사찰이 확인되지 않는다.

후삼국시대까지 나주 지역의 사찰이 확인되지 않지만 현전 사찰의 창건 설화를 보면 삼국시대부터 사원이 조영되었다고 한다.[22] 그러나 여타의 신

---

15) 권덕영, 「비운의 신라 견당사들」, 『신라문화제학술발표회논문집』15 (1994).

16) 李智冠 譯註, 『歷代高僧碑文 -高麗篇1-』(伽山文庫, 1994), 252쪽, 「長湍五龍寺 法鏡大師普照慧光塔碑文」.

17) 李智冠 譯註, 『歷代高僧碑文 -高麗篇1-』(伽山文庫, 1994), 20쪽, 「海州廣照寺 眞澈大師寶月乘空塔碑文」.

18) 李智冠 譯註, 『歷代高僧碑文 -新羅篇-』(伽山文庫, 1993), 76쪽, 「谷城大安寺 寂忍禪師照輪清淨塔碑文」. 쌍봉난야는 화순의 雙峯寺로 보고 있다(曺凡煥, 「新羅下代 武珍州地域佛敎界의 動向과 雙峯寺」, 『新羅史學報』2(2004)).

19) 李智冠 譯註, 『歷代高僧碑文 -新羅篇-』(伽山文庫, 1993), 98쪽, 「長興寶林寺 普照禪師彰聖塔碑文」.

20) 李智冠 譯註, 『歷代高僧碑文 -高麗篇1-』(伽山文庫, 1994), 162쪽, 「原州興法寺 眞空大師塔碑文」.

21) 李智冠 譯註, 『歷代高僧碑文 -高麗篇2-』(伽山佛敎文化硏究院, 1995), 19쪽, 「驪州高達院元宗大師惠眞塔碑文」. 송계선원은 강진의 月南寺로 보인다(曺凡煥, 앞의 논문(2004) ; 김용선, 「현욱·심희·찬유와 여주 고달사」, 『한국중세사연구』21(2006)).

뢰할 만한 자료가 없어 그 내용을 사실로 받아들이기에는 무리가 있다. 고려에 와서 나주의 불교가 번성하기 시작한 것으로 봄이 타당하다. 『新增東國輿地勝覽』에 기재된 사찰은 고려시대에 조성된 것으로 판단된다. 특히 혜종대부터 본격적으로 조영된 것 같다.

혜종은 주지하듯이 나주 출신 장화왕후 오씨 소생이었다. 왕건이 나주를 공략하는 과정에서 만난 장화왕후에게서 912년 혜종이 출생했다. 혜종은 태조 4년(921)에 태자로 책봉되었는데, 도량이 넓고, 지혜와 용기 또한 뛰어났으며, 후삼국 통일 전쟁에서 상당한 무공을 세운 것으로 보인다. 기골이 장대하고 체력이 보통사람보다 뛰어났다. 태조를 따라 사방을 정벌할 적에 친히 무기를 손에 잡고 앞에서 인도하기도 하고 뒤에서 호위하기도 하며 사졸과 더불어 고락을 함께 했다. 백제와의 전쟁 때는 용맹을 떨치고 먼저 성에 올라 적군을 크게 부수기도 했다.[23] 태조를 도와 후삼국 통일 전쟁에서 혁혁한 공을 세운 혜종은 943년 태조 왕건의 뒤를 이어 왕위에 올랐다. 그때 나이 32세였다.

25명에 달하는 태조 왕자 가운데 혜종이 후계자가 된 것은 나주가 고려의 건국 및 후삼국 통일에 크게 기여한 것과 관련이 있을 것이다.[24] 이와 아울러 혜종 본인이 지략이 있고 용감하며, 통일 전쟁에서 크게 활약한 점도 고려되었을 것이다. 혜종이 탈월한 용력을 소유하고 있음은, 왕규가 광주원군을 왕위에 앉히기 위해 혜종을 제거하려고 자객을 보냈을 때 혜종이 한 주먹에 그를 때려 눕힌 데서[25] 알 수 있다.

혜종은 유약한 군주는 아니었던 것으로 보인다. 왕위를 계승하여 백성과 사직을 잘 보존하여 創業할 때의 도움과 守成한 공이 있어 종묘에서 百世不遷의 제사를 받았다.[26] 짧은 재위 뒤에 사망했지만 그 기간에 불교에

---

22) 사찰문화연구원, 앞의 책(1996), 199~246쪽.

23) 李齊賢, 『益齋亂藁』권9上, 世家.

24) 김당택, 「혜종대의 정변과 나주의 위상 변화」, 『고려의 후삼국통합과정과 나주』(경인문화사, 2013).

25) 『高麗史』권127, 列傳40, 叛逆1, 王規.

대해 우호적인 조치를 취한 것이 확인된다.

혜종은 불교계에 대해 극진한 정책을 펴서 靜眞大師 兢讓에게 문안했다.[27] 元宗大師 璨幽에게 차와 향 그리고 法衣를 올렸으며, 아울러 부처를 존숭하고 승려를 높이 받들었다.[28] 또한 혜종은 天成殿에 불상과 神衆像을 모시고 法會 장소를 마련하고서 法印國師 坦然을 초청하여 경을 강설하게 하고, 또 사경한 화엄경을 閱覽하는 한편 사경에 대한 慶讚을 행했다. 이어서 혜종은 법인국사와 師資의 인연을 맺고는 대사에게 올리는 施主金을 구룡산사로 보내고, 따로 法衣와 진귀한 찻감, 仙香 등을 送贈했다.[29] 불교에 대해 적극적인 국왕이었기 때문에 자신의 출생지 나주의 불교에 대해서도 깊은 관심을 가졌을 것으로 보인다. 혜종이 흥룡사의 창건을 적극 지원한 것은 당연한 일로 보인다. 혜종 당대에 흥룡사를 세운 것으로 보이고, 그가 죽자 바로 惠宗祠를 흥룡사 경내에 조성한 것으로 판단된다.[30] 흥룡사 조성 이후 나주 일대에 여러 사찰이 조성되기 시작한 것으로 여겨진다.

『新增東國輿地勝覽』에 따르면 나주목에 위치한 사찰은 모두 9개이다.

〈표 1〉 조선초 나주목에 속한 사찰(『新增東國輿地勝覽』)

| 興龍寺, 法輪寺, 普光寺, 金輪寺, 神王寺, 道弘寺, 雙溪寺, 新勒寺, 湧珍寺<br>* 남평현 : 佛護寺, 熊岾寺, 朱松寺, 蓬山寺, 竹林寺 |
|---|

26) 鄭道傳, 「登羅州東樓諭父老書 乙卯」, 『三峯集』권3.

27) 李智冠 譯註, 『歷代高僧碑文 -高麗篇1-』(伽山文庫, 1994), 449쪽, 「聞慶鳳巖寺 靜眞大師圓悟塔碑文」.

28) 李智冠 譯註, 『歷代高僧碑文 -高麗篇2-』(伽山佛敎文化硏究院, 1995), 21쪽, 「驪州高達院 元宗大師惠眞塔碑文」.

29) 李智冠 譯註, 『歷代高僧碑文 -高麗篇2-』(伽山佛敎文化硏究院, 1995), 78쪽, 「海美普願寺 法印國師寶乘塔碑文」.

30) 혜종사의 조성시대는 고려초 혜종 죽음 직후로 보기도 하고(金甲童, 「高麗時代 羅州의 地方勢力과 그 動向」, 『한국중세사연구』11(2001)), 흥룡사와 혜종사 모두 현종대로 보기도 한다(나주시·무등역사연구회, 『한국사 속의 나주』(선인, 2018), 58쪽).

나주와 비슷한 동격의 목에 속한 사찰의 수와 비교해 보면 다른 목보다 많다고 하기는 힘들다. 고려 현종 9년(1018)의 8목에 해당하는 고을의 사찰 수를 보면 〈표 2〉와 같다. 나주는 여러 목의 평균치와 비슷하게 9개의 사찰이 분포해, 진주나 전주보다는 적지만 다른 목에 비하면 다소 많은 편이다.

〈표 2〉 8목에 위치한 사찰의 수(『新增東國輿地勝覽』)

| 羅州 | 廣州 | 忠州 | 淸州 | 晉州 | 尙州 | 全州 | 黃州 | 평균 |
|---|---|---|---|---|---|---|---|---|
| 9 | 8 | 8 | 8 | 19 | 4 | 12 | 8 | 9.5 |

전남의 다른 고을에 비해 나주목에 속한 사찰의 수는 상대적으로 많은 것으로 나타난다.[31] 군현의 경우 최소 2개인 경우도 있고(장성현·담양도호부·구례현), 많은 경우 8개(광산현·강진현), 7개(영암군·보성군·화순현)인 것에 비해, 나주의 경우는 9개로서 더 많다. 격이 떨어지는 다른 고을보다 사찰의 수가 많다고 할 수 있겠다. 고을의 규모가 크고 위상이 높기 때문에 사찰의 수가 많은 것으로 해석된다.

나주에 위치한 사찰의 위치를 보면 읍치 인근에 여럿이 분포하고 있는 점이 특징이다.

〈표 3〉 나주 사찰의 위치(『新增東國輿地勝覽』)

| |
|---|
| 興龍寺(在錦江津北), 法輪寺(在州西一里), 普光寺(在錦城山), 金輪寺(在州南平地), 神王寺(在錦城山), 道弘寺(在錦城山 月井峯), 雙溪寺(在雙溪山, 쌍계산은 州南 60里), 新勒寺(在錦城山 壯元峯), 湧珍寺(在湧珍山, 용진산은 州北 45里) |

31) 〈표〉 전남 각 고을의 사찰수(『新增東國輿地勝覽』)

| |
|---|
| 광산현(8, 신증2), 영암군(7), 영광군(6), 함평현(5), 장성현(2, 신증1), 진원현(6, 신증1), 남평현(5), 무안현(3), 장흥도호부(6), 진도군(3), 강진현(8), 해남현(5), 담양도호부(2), 창평현(4), 곡성현(5), 옥과현(4), 순천도호부(4), 낙안군(3), 보성군(7), 능성현(5), 광양현(3), 구례현(2), 흥양현(3), 동복현(4), 화순현(7) |

나주 읍치에 인접한 사찰이 여럿 보인다. 서쪽 1리에 있는 법륜사와[32] 남쪽의 평지에 있는 금륜사가 그러하다. 두 사찰이 읍치 주변에 있음을 알 수 있다. 그리고 금성산에 위치한 사찰로 신왕사, 도홍사, 신륵사 등이 확인된다. 신왕사는 조선후기 지리지에서 금성산에 있으며 북 3리 지점이라고 언급하고 있다.[33] 신왕사는 지금의 심향사이므로[34] 나주 읍치와 매우 가까운 거리에 있다. 월정봉 역시 읍치에서 멀지 않으므로 도홍사는 읍치에 가깝다고 할 수 있다. 신륵사는 장원봉에 있다고 하는데 장원봉이 나주의 서북 3리에 있으므로[35] 신륵사 역시 읍치에서 멀지 않음을 알 수 있다. 이렇게 본다면 법륜사, 금륜사, 신왕사, 도홍사, 신륵사의 5개 사찰이 나주 읍치에 매우 가까운 지점에 있는 것으로 판단된다. 보광사 위치는 지금의 다시면 신광리 일대로 추정하고 있다.[36] 보광사는 조선 후기의 지리지에서 나주의 북 20리 지점 금성산에 있다고 언급하고 있다.[37] 그리고 쌍계산에 있는 쌍계사,[38] 용진산에 있는 용진사가 보인다. 쌍계사와 용진사의 두 사찰은 꽤 멀리 위치한 것으로 파악된다.

홍룡사의 위치에 대해서는 많은 논란이 있다. 현재 복원한 완사천의 북쪽 나주 시청 인근에 자리하고 있었을 것으로 추정하는 것이 보통이다.[39] 여러 내용을 검토하면 그곳보다는 나주 목포에 있었던 것으로 보인다. 나

---

32) 법륜사의 위치는 나주 서문 석등이 있던 곳으로 추정하고 있다(나주시청, 앞의 책(2006), 756쪽).

33) 『輿地圖書』下, 全羅道, 羅州牧, 寺刹.

34) 신왕사는 지금의 심향사로 보고 있다(나주시청, 앞의 책(2006), 741~742쪽).

35) 『輿地圖書』下, 全羅道, 羅州牧, 山川. 다른 자료에 따르면 장원봉은 나주의 동문 밖에서 수백 보를 가면 이르는 곳으로 언급되어 있다(李恒福, 「羅州錦城山城」, 『白沙集』권2).

36) 나주시청, 앞의 책(2006), 757쪽.

37) 『輿地圖書』下, 全羅道, 羅州牧, 寺刹.

38) 쌍계사는 전남 나주와 영암에 걸쳐 있는 쌍계산에 있던 사찰로 보고 있다(나주문화원, 『선현들의 詩文 속에서 羅州를 읽다』1(나주문화원, 2021), 224쪽).

39) 홍룡사의 위치를 대체로 나주시 송월동 홍룡마을(현 나주시청 부근)로 보고 있다(나주시청, 앞의 책(2006), 755쪽). 최근에 홍룡사의 위치를 삼영동 택촌마을에 비정하는 새로운 견해가 발표되었다(윤여정, 「나주 홍룡사(興龍寺) 위치 추적」, 『羅州文化』29 (2021)).

주 목포는 왕건이 장화왕후를 만난 지점이고, 혜종이 태어난 곳이다. 나주 목포는 여러 이름이 병칭되었는데, 南浦(津, 江), 錦江津, 錦川, 榮山城, 榮山倉, 榮山浦, 榮山津, 羅州 榮山江, 榮江, 榮浦 등이 그것이다. 앙암바위는 지금 택촌마을 남쪽 영산강 건너에 있다. 목포는 택촌과 앙암 바위 사이에 있다.[40] 仰巖, 興龍寺, 開界院은 서로 가까운 것으로 언급되고 있다.[41] 흥룡사가 있는 곳을 경유해 보광사에 들어간다는 내용도 보인다.[42] 흥룡사의 위치는 『新增東國輿地勝覽』의 여러 곳에서 언급한 내용을 바탕으로 대략의 위치를 추정할 수 있다.

〈표 4〉 흥룡사 부근의 산천과 시설

| 『新增東國輿地勝覽』 | 『東國輿地志』 |
|---|---|
| ① 仰巖 : 錦江 南岸에 있다(山川條).<br>② 錦江津 : 一名 錦川, 木浦이며, 혹은 南浦라고도 한다. 곧 광탄의 하류인데 주의 남쪽 11리에 있다(山川條).<br>③ 錦江院 : 금강의 언덕에 있는데 樓閣이 있다(驛院條).<br>④ 開界院 : 주의 서쪽 20리에 있다(驛院條).<br>⑤ 榮山倉 : 錦江津 언덕에 있으니 곧 榮山縣이다(倉庫條).<br>⑥ 榮山橋 : 금강진에 있는데, 1년에 한 번씩 수리한다(橋梁條).<br>⑦ 興龍寺 : 금강진 북쪽에 있다(佛宇條).<br>⑧ 惠宗祠 : 흥룡사 안에 있는데, 고을 사람들이 지금까지 제사지낸다(祠廟條).<br>⑨ 龍津壇 : 금강 북안에 있다. 仰巖과 마주보고 있는데, 본 고을에서 제사지낸다(祠廟條).<br>⑩ 榮山廢縣 : 주의 남쪽 10리에 있다(古跡條). | ① 仰巖 : 州의 남쪽 11리에 있다. 錦水의 南岸이다(山川條).<br>② 錦水 : 一名 錦江이라고 하며 또 木浦라고 한다(山川條).<br>③ 浣絲泉 : 州의 남쪽 11리에 있다. 錦水의 北岸, 興龍寺 앞에 있다(山川條).<br>④ 榮山倉 : 錦江津岸에 있는데 곧 榮山縣이다(倉庫條).<br>⑤ 錦江院 : 주의 남쪽 11리, 錦江津岸에 있는데, 樓가 있다(郵驛條).<br>⑥ 榮山橋 : 주의 남쪽 10리, 錦江津에 있다. 큰 나무로 다리를 만들었는데 다리 아래로 배가 통과한다(關梁條).<br>⑦ 龍津壇 : 錦水北岸에 있는데, 仰巖과 서로 마주보고 있으며, 本邑에서 제사한다(祠廟條).<br>⑧ 興龍寺 : 주의 남쪽 11리, 錦江津北에 있다(寺刹條).<br>⑨ 高麗惠宗祠 : 예전에 龍興寺 안에 있었다. 본조 초에도 나주사람이 제사를 지냈 |

40) 변남주, 『영산강 뱃길과 포구 연구』(민속원, 2012), 197~199쪽.
41) 尹紹宗, 「仰巖與李詹同賦」, 『東文選』권17.
42) 林象德, 「由興龍洞 入普光寺」, 『老村集』권1.

| 『新增東國輿地勝覽』 | 『東國輿地志』 |
|---|---|
| | 는데 지금은 遺址만 있다(古蹟條). |

다른 것의 위치에 대해 논란의 여지가 있을 수 있지만, 나주 남쪽 11리 지점의 仰巖에 대해서는 이의를 가질 수 없다. 그러므로 앙암이 금강의 남안에 있다는 사실을 기준으로 홍룡사의 위치를 설정하는 것이 가능해 보인다. 금강을 건너는 나루가 금강진(남쪽 11리)이라는 것, 홍룡사는 금강진 북쪽에 있으며 그 안에 혜종사가 있었다는 것, 용진단이 앙암과 마주 보면서 금강 북안에 있다는 것 등이 시사적이다. 금강원·영산창·영산교 등이 홍룡사와 가까운 지점에 있었다는 것도 명확하다. 이상에서 미루어 본다면 지금의 택촌 마을 부근에 홍룡사가 있었다는 결론이 나올 수밖에 없다.[43)]

읍치 인근에 법륜사, 금륜사, 신왕사, 도홍사, 신륵사, 홍룡사 등 여러 사찰이 위치한 것은 나주 읍치와 관련해 중요한 기능을 담당하고 있었음을 의미하는 것으로 보인다. 읍치 부근에 있는 사찰은 조선조에 들어와 대부분 폐사가 되는 수가 많고, 반면에 읍치와 멀리 떨어진 외방에 위치한 사찰은 폐사를 면하는 경향이 강하므로,[44)] 나주 읍치 부근의 사찰도 조선전기에 여럿 폐사가 되는 것이다.

한편 남평현에 위치한 사찰로 佛護寺와 熊岾寺가 德龍山(남쪽 30리)에 있으며, 朱松寺와 蓬山寺는 楓山(남쪽 10리)에 있고, 竹林寺는 中峯山(동쪽 10리)에 있다.[45)] 남평의 사찰들은 읍치와 지근한 거리에 있지 않고 다소 떨어진 지점에 자리하고 있다. 나주와는 상이한 점이라고 할 수 있다. 16세기 朴光玉(1526~1593)의 글에 따르면 熊岾寺(=운흥사)에서 아침에 출발해 오후

43) 홍룡사의 정확한 위치는 발굴을 기다려야 확정할 수 있을 것 같다. 여기서는 대략의 위치를 제시하는 데 그친다.

44) 조선전기 안동 지역에서 그런 내용이 명확히 확인된다(양혜원, 「16세기 지방 불교 시설과 공간 질서의 변동 -안동 읍지 『영가지(永嘉誌)』 분석을 중심으로-」, 『사림』67(2019)).

45) 『新增東國輿地勝覽』권36, 全羅道, 南平縣, 佛宇.

에 佛會寺(=佛護寺)에 도착한다고 한다.[46] 웅점사와 불회사의 거리를 읽을 수 있다.

이상 언급한 나주의 사찰(남평 포함)은 고려시대부터 존속한 것이고, 모두 고려시대에 조성된 것으로 볼 수 있을 것이다. 『新增東國輿地勝覽』에 기록되지 않았지만 고려시대 나주에 있던 사찰로 명확히 확인되는 것으로 消災寺와 長興寺가 있다. 거평부곡에 있던 소재사의 경우 매우 소규모의 사찰로서 읍치와는 상당히 떨어진 지점에 위치하고 있다.[47] 장흥사의 경우, 眞覺國師 慧諶이 고종 10년(1223) 장흥사 경찬회를 기리면서 上堂 설법한 내용이 보인다.[48] 소재사와 장흥사는 고려시대 나주에 있던 사찰이지만, 조선초에는 확인되지 않는다. 이처럼 고려시대에 있었지만 중수와 중창을 하지 못하고 廢寺가 되는 사찰이 적지 않았다. 이렇게 본다면 『新增東國輿地勝覽』에 기재된 사찰보다 많은 수의 사찰이 고려시대 나주에 있었던 것을 알 수 있다.[49]

## Ⅲ. 나주 불교의 사상 경향과 관련 승려

나주에 위치한 사찰의 소속 종파는 명확하지 않은데, 흥룡사와 보광사만 추측할 수 있다. 흥룡사의 경우 선승이 머무는 것이 확인되므로, 선종 사찰로 추정된다. 李穡의 시에서 백운이란 승려가 迦智寺를 떠나 興龍寺에 왔으며, 흥룡사에서 惠宗祠를 받든다고 했다.[50] 가지사는 종파가 선종이므

46) 나주문화원, 앞의 책(2021). 377쪽.

47) 鄭道傳, 「消災洞記」, 『三峯集』 권4.

48) 金榮郁 譯解, 『眞覺國師語錄 譯解』 1(伽山佛教文化研究院, 2004), 82~84쪽, 「癸未七月二十八日 羅州長興寺慶讚會起始」.

49) 김윤곤씨는 고려시대 사찰의 71% 정도만이 『新增東國輿地勝覽』에 기재된 것으로 보고 있다(김윤곤, 『한국 중세 영남불교의 이해』(영남대 출판부, 2001), 51쪽).

50) 李穡, 「得同甲白雲師持書來者云 今在羅州興龍寺」, 『牧隱詩稿』 권31. 이 시는 1382년 작이다(이익주, 『이색의 삶과 생각』(일조각, 2013), 440쪽).

로[51] 백운은 선종 계통의 승려로 판단된다. 따라서 선종 승려가 주석한 흥룡사는 선종 계통으로 볼 수 있겠다. 백운이라는 승려는 격이 높아 이 사찰 저 사찰의 주지를 맡고 있던 것으로 보인다. 아마도 가지사에 뒤이어 흥룡사의 주지를 맡아 옮겨 온 것으로 여겨진다. 국가에서 주지를 파견하는 사찰로서 흥룡사가 위치하고 있음을 알려 준다.[52] 아마 흥룡사에는 늘상 중앙에서 주지를 파견하고 있었던 것으로 추정된다. 국가에서 주지를 정례적으로 파견한 나주의 사찰은 흥룡사에 한정된 것으로 보인다. 그밖의 다른 사찰로 보광사 정도가 국가에서 주지를 파견했을 듯 싶다.

고려시대 나주를 상징하는 사찰은 흥룡사로 선종 계통이었는데, 조선초 불교계를 재편할 때 주목된 普光寺는 摠南宗 계통이었다. 태종 6년(1406) 전국 사찰 가운데 242개 사찰에 한해 토지를 지급했는데, 그 사찰은 대체로 고을별로 하나씩을 배정하는 것이 원칙이었다. 이때 山水勝處 大伽藍임에도 불구하고 토지 지급의 대상에서 탈락한 사찰이 적지 않았다. 그리하여 242개 사찰 가운데 88개 사찰을 교체하는 조치가 태종 7년 12월에 있었다. 새로이 지정된 88개 사찰 가운데 하나로 총남종[53] 소속 나주의 보광사가 언급되어 있다.[54] 태종 6년 242사에 한정해 토지를 분급할 때 흥룡사가 대상이 된 것으로 보이며, 1년 뒤에 보광사가 대신 토지를 분급받은 것으로 사료된다. 흥룡사가 고려 왕실을 상징하기 때문에 배제된 것으로 봄이 타당할 것이다. 두 사찰을 제외한 다른 사찰의 경우 소속 종파를 알기 어렵

---

51) 조선초 太宗 7년 長興 迦智寺가 曹溪宗으로 언급되어 있다(『太宗實錄』권14, 太宗 7년 12월 辛巳(2일), 1-425(國史編纂委員會 影印本, 1册, 425쪽을 의미함. 이하 같음)).

52) 고려시대 사원의 住持制에 대해서는 다음의 글이 참고된다. 韓基汶, 「高麗時代 寺院住持制度」, 『佛教史硏究』1(中央僧伽大 佛教史學硏究所, 1997) ; 李炳熙, 「高麗時期 住持制 運營과 寺院經濟」, 『史學硏究』90(한국사학회, 2008).

53) 총남종은 태종 7년(1407) 摠持宗과 南山宗을 합칭한 것으로 보인다. 총지종은 다라니를 중심으로 한 밀교의 한 종파로 보인다. 세종 6년(1424) 모든 종파를 선·교 양종으로 폐합할 때 총남종은 曹溪宗·天台宗과 함께 선종에 흡수되었다.

54) 『太宗實錄』권14, 太宗 7년 12월 辛巳(2일), 1-425. 이때 산수승처 대가람으로 제시된 88사는 다음과 같다(밑줄 친 사찰은 전라남도 소재).

다. 국가 차원에서 주지를 파견하면서 우대한 사찰은 홍룡사·보광사에 그친 것으로 판단된다.

나주 불교계는 전남 지역에서 크게 번성하는 신앙 결사 가운데 修禪社와 다소 관계를 맺고 있는 것으로 보인다. 수선사의 제2세 사주인 眞覺國師 慧諶(1178~1234), 제6세 사주인 圓鑑國師 冲止(1226~1292)가 나주의 사찰을 찾은 것이 확인된다. 혜심이 1223년 장흥사를 찾아 설법한 내용이 보이고,[55] 또 충지가 홍룡사를 대상으로 시문을 지은 것이 현전한다.[56]

혜심은 화순출신으로 아버지는 崔琬이며, 어머니는 裵氏이다. 신종 4년(1201) 사마시에 합격하여 太學에 들어갔으나, 다음 해 어머니가 죽자, 知訥을 찾아 어머니의 齋를 올린 다음, 지눌의 제자가 되었다. 희종 6년(1210)

| | |
|---|---|
| 曹溪宗(24사) | 梁州通度寺 松生雙巖寺 昌寧蓮花寺 砥平菩提岬寺 義城氷山寺<br>永州鼎覺寺 彦陽石南寺 義興麟角寺 長興迦智寺 樂安澄光寺 谷城桐裏寺<br>減陰靈覺寺 軍威法住寺 基川淨林寺 靈巖道岬寺 永春德泉寺 南陽弘法寺<br>仁同嘉林寺 山陰地谷寺 沃州智勒寺 耽津萬德寺 靑陽長谷寺 稷山天興寺<br>安城石南寺 |
| 天台宗(17사) | 忠州嚴正寺 草溪白巖寺 泰山興龍寺 定山雞鳳寺 永平白雲寺<br>廣州靑溪寺 寧海雨長寺 大丘龍泉寺 道康無爲寺 雲峯原水寺 大興松林寺<br>文化區業寺 金山眞興寺 務安大崛寺 長沙禪雲寺 提州長樂寺<br>龍駒瑞峯寺 |
| 華嚴宗(11사) | 長興金藏寺 密陽嚴光寺 原州法泉寺 淸州原興寺 義昌熊神寺<br>江華栴香寺 襄州成佛寺 安邊毗沙寺 順天香林寺 淸道七葉寺<br>新寧功德寺 |
| 慈恩宗(17사) | 僧嶺觀音寺 楊州神穴寺 開寧獅子寺 楊根白巖寺 藍浦聖住寺 林州普光寺<br>宜寧熊仁寺 河東陽景寺 綾城公林寺 鳳州成佛寺 驪興神異寺 金海甘露寺<br>善州原興寺 咸陽嚴川寺 水原彰聖寺 晉州法輪寺 光州鎭國寺 |
| 中神宗(3사?) | 任實珍丘寺 咸豐君尼寺 牙州桐林寺 淸州菩慶寺 奉化太子寺 固城法泉寺<br>白州見佛寺 益州彌勒寺 |
| 摠南宗(8사) | 江陰天神寺 臨津昌和寺 三陟三和寺 和順萬淵寺 羅州普光寺 昌平瑞峯寺<br>麟蹄玄高寺 鷄林天王寺 |
| 始興宗(3사) | 漣州五峯寺 連豐霞居寺 高興寂照寺 |

55) 金煐郁 譯解, 『眞覺國師語錄 譯解』1(伽山佛教文化研究院, 2004), 82~84쪽, 「癸未七月二十八日 羅州長興寺慶讚會起始」.

56) 『新增東國輿地勝覽』권35, 全羅道, 羅州牧, 佛宇, 興龍寺.

지눌이 入寂하자 혜심이 수선사의 제2세 사주가 되었다. 당시 무인집정인 崔瑀는 그에게 두 아들을 출가시켰다. 고종은 왕위에 올라 혜심에게 禪師에 이어, 대선사를 제수했으며, 고종 7년(1220) 斷俗寺 주지로 명했다. 지눌의 뒤를 이어 修禪社의 제2세 社主가 되어, 看話禪을 강조하면서 수선사의 교세를 확장했다.[57] 수선사의 사주였던 혜심이 나주의 장흥사 경찬회에 참여한 것이다.

圓鑑國師 冲止의 이름은 魏元凱이고, 9세에 就學하여 經書子史를 암송했고 屬文도 뛰어났으며, 17세(1242)에는 司馬試에 합격하고 19세에는 禮部試에 장원으로 뽑혀 永嘉書記라는 벼슬을 했다. 그후 사신으로 일본에 다녀온 일이 있다. 고종 41년(1254)에 출가한 뒤 원종 7년(1266) 金海 甘露寺의 주지를 역임했으며, 원종 11년 定慧社에 이주했다. 수선사의 제5세 사주인 圓悟가 세상을 떠나자 61세(충렬왕 12)에 조계의 제6세 사주가 되었다.[58] 그는 삼별초 진압을 위해 金晅이 출정하는 모습을 시로 표현하기도 했으며[59] 金碩(金錫?)이 탐라에서 삼별초를 토벌하고 있을 때 그에게 시를 보내기도 했다.[60] 삼별초 진압하는 병력이 1273년 2월에 출정해서 4월 삼별초를 평정했으므로[61] 그 무렵 충지가 나주를 찾은 것으로 보인다. 이때 홍룡사를 방문해 시문을 남긴 것이다.

수선사 계통의 두 승려가 나주 사찰을 찾은 일이 확인되는 것이다. 나주의 홍룡사, 장흥사 두 사찰을 수선사 승려가 방문한 것이다. 그렇지만 이들이 나주의 사찰에서 장기간 주석하면서 불법을 전한 것은 아니다. 그렇기 때문에 수선사의 영향이 매우 컸다고 하기는 힘들어 보인다. 나주 불교계

---

57) 李奎報, 「曹溪山第二世故斷俗寺住持修禪社主贈諡眞覺國師碑銘 幷序」, 『東國李相國全集』권35.

58) 秦星圭, 「圓鑑國師 冲止의 生涯」, 『釜山史學』5(부산사학회, 1981) ; 秦星圭, 「圓鑑錄을 通해서 본 圓鑑國師 冲止의 國家觀」, 『歷史學報』94·95합집(역사학회, 1982).

59) 冲止(이상현 옮김), 『圓鑑國師集』(동국대 출판부, 2010), 111쪽, 「次韻答採訪金侍郎」.

60) 冲止(이상현 옮김), 『圓鑑國師集』(동국대 출판부, 2010), 174쪽, 「寄知兵馬金尙書(碩)」.

61) 『高麗史節要』권19, 元宗 14년 2월 ; 『高麗史節要』권19, 元宗 14년 4월.

가 다소의 영향을 받기는 했지만 그 영향이 두드러진 것은 아닌 것으로 판단된다.

수선사와 깊이 관련된 사찰이 나주에는 없었던 것으로 보인다. 확인되는 수선사의 말사가 11개인데,[62] 그 가운데 나주에 있던 것은 찾아지지 않는다. 그리고 수선사 계통의 장성 백양사에서 고려말에서 조선초까지 4차에 걸쳐 轉藏法會가 행해졌을 때 47개 사원 소속의 승려가 참여하고 있는데,[63] 나주에 위치한 사찰은 확인되지 않는다. 이렇게 본다면 나주의 사찰이 인근 수선사 계통의 사찰과 긴밀히 연결된 것은 아니라고 판단된다.

강진의 백련사에서도 다수의 고승을 배출하고 있지만, 소속 승려가 나주 사찰을 찾은 일은 거의 없는 듯하다. 圓妙國師 了世, 天因, 天頙 등이 나주의 사찰을 직접 찾지는 않은 것 같다. 백련사 승려와 김경손의 연결을 볼 수 있는 내용이 찾아지지만, 나주 사찰과의 관련성은 보이지 않는다. 즉 천책이 이연년난을 진압하러 온 김경손을 치하하는 내용이 찾아진다.[64] 백련사 승려인 천책이 김경손과 연결되는 사실에서, 천책과 나주 불교, 나아가 백련사와 나주 불교의 연결 가능성이 없지 않지만 명확한 자료가 보이지 않는다. 천태종 백련사의 영향은 상대적으로 거의 없던 것으로 판단된다. 결국 전남 일대에서 크게 일어난 신앙결사 운동 가운데 수선사와는 다소 관련이 있지만 백련사와는 거의 관계를 맺고 있지 않은 것으로 이해된다.

나주의 사찰에 주석한 승려가 다수 있었겠지만, 확인되는 승려는 4명이다. 흥룡사에 주석한 백운을 제외하면 天琪·安心·無說 등이 찾아진다. 천기는 나주의 鄭可臣을 데리고 개경에 올라간 승려였다. 정가신이 천기를 따

---

62) 수선사 11개 말사는 安住寺(昇平郡), 福山寺(富有縣). 升法寺(谷城郡). 安寂寺(福城縣). 蓮谷寺(古高瀛縣), 水多寺(安壤鄉), 妙井寺(高敞縣), 吾代寺(樂安), 高山寺(樂安), 靈鳳寺(同福), 北△寺(加音) 등이다(이병희, 「高麗 武人執權期 修禪社의 農莊經營」, 『典農史論』1(서울시립대 국사학과, 1995)).

63) 李炳熙, 「고려末 조선初 白羊寺의 重創과 經濟問題」, 『韓國史硏究』99·100합집(1997).

64) 金光植, 「崔沆의 雙峰寺 寺院勢力 構築과 李延年亂」, 『朴永錫華甲紀念論叢』上(1992) ; 변동명, 「高麗 武人政權期의 百濟復興運動과 李延年」, 『남도문화연구』6(1997).

라 서울에 왔으나 가난하여 의지할 곳이 없었다. 천기가 그를 부잣집에 데릴사위로 보내려고 자리를 구했으나 아무도 응하는 자가 없었다. 결국 大府小卿 安弘祐의 딸과 혼인했다. 뒷날 정가신은 등제하여 충렬왕 때 현달했다.[65] 승려 천기는 나주에서 활동하고 있던 승려로 보인다. 나주와 중앙을 연결하는 역할을 승려가 담당하고 있음을 알려 준다. 나주에서 매우 총명한 정가신을 발견한 천기가 그의 입신을 돕기 위해 개경으로 데리고 간 것이다. 이렇듯이 나주에 거주하고 있는 승려가 지역민을 위한 활동을 펼칠 수 있었다. 승려들이 전국적인 연결망을 형성해 이동하는 수가 많았기 때문에[66] 많은 정보를 소지하고 있으면서 지역민에 도움을 줄 수 있었던 것이다.

안심이란 승려는 消災寺라는 사찰에 살고 있었던 것으로 보인다. 鄭道傳(1342~1398)이 유배갔던 거평부곡에 소재사라는 사찰이 있는데 거기에서 생활하는 승려는 초라한 존재로 보인다. 안심은 원래 徐安吉이라 불리는 사람이었는데, 늙어서 중이 된 인물이었다.[67] 승과에 합격해 높은 승계를 제수받은 승려는 아닌 것으로 판단된다. 말하자면 하급 승려라고 할 수 있다.

용진사에서 활동한 무열은 고려말 문장으로 매우 유명한 승려로 보인다. 무열은 용진사 극복루의 기문을 썼는데,[68] 이색은 무열에 대해 문장가라고 평가하고 있다.[69] 이색이 무열이 보낸 서찰을 받은 일도 전한다.[70] 이색이 무열에게 답하는 글을 대신 쓰기도 했으며,[71] 무열의 글을 읽고 시

---

65) 『高麗史』권105, 列傳18, 鄭可臣.

66) 이병희, 「고려시대 불교계의 네트워크」, 『사회적 네트워크와 공간 -문화로 보는 한국사1-』(이태진교수정년논총 간행위원회)(태학사, 2009).

67) 鄭道傳, 「消災洞記」, 『三峯集』권4.

68) 鄭道傳, 「登湧珍寺克復樓」, 『三峯集』권2.

69) 李穡, 「正月下澣 得南來書 因憶諸公」, 『牧隱詩稿』권7. 이 시는 1378년 작이다(이익주, 앞의 책(2013), 348쪽).

70) 李穡, 「得燕谷住持印牛書送茶 且托玉龍瑞龍田稅事 又得無說書 亦如之」, 『牧隱詩稿』권26. 1380년 작이다(이익주, 앞의 책(2013), 420쪽).

71) 李穡, 「代書奉答無說長老」, 『牧隱詩稿』권27. 1380년 지은 시다(이익주, 앞의 책(2013), 421쪽).

를 짓기도 했다.[72]

이색과 활발하게 교류한 승려로서 무열이 보이는데 그는 용진사와 관련한 승려였다. 무열이 전남 장성의 佳祥寺에 머문 적도 있었다. 무열이 병이 들어 장성의 珍原山 佳祥寺에 누워 있을 때 왜구가 쳐들어오자 그의 제자 祖明이 무열을 업고 달아나 겨우 화를 면한 사실에서 알 수 있다.[73] 무열은 정도전과도 관련되고 있었다. 鵌艎(나주 속현)에 있던 趙生璞이 무열상인이 지은 「용진사 극복루기」를 정도전에게 보여주었다.[74] 이처럼 무열이란 승려는 이색, 정도전과 돈독한 관계를 가졌던 문장가였다.

나주 사찰에 주석한 승려로 백운·천기·안심·무열 등 4명을 찾을 수 있는데, 백운과 무열이란 승려는 상당한 지명도가 있었던 것으로 보이지만, 천기와 안심은 유명한 승려는 아닌 것 같다. 국사나 왕사로서 나주의 사찰에서 주석한 승려는 없는 것으로 여겨진다. 역대 고승으로서 나주에서 하산소를 찾아 말년을 보낸 승려는 찾아지지 않는다.

나주 지역에 주석한 승려는 민원이나 정서를 중앙정부에 전달하는 일을 담당하는 수가 적지 않았을 것이다. 그리고 중앙의 소식을 나주에 전달하는 일도 승려들이 수행하는 경우가 종종 있었을 것이다. 비록 전국적인 지명도를 갖는 승려가 별로 없다 할지라도 승려들의 이동성과 연결망으로 인해 이들이 활약하는 일은 매우 흔했다고 생각된다.

나주 사찰의 승려들은 나주인의 성향처럼 친고려적인 자세를 보였을 것으로 추정된다. 나주는 고려시대 내내 勤王的인 자세를 견지했다. 주변의 다른 지역이 중앙 정부에 반기를 들 때에도 나주는 굳건히 친왕실의 태도를 보였다. 고종대 백제부흥운동인 이연년 난이 일어났을 때 나주는 그들을 무너뜨린 고을이었다.[75] 그리고 삼별초가 중앙정부에 저항했을 때에도

72) 李穡, 「得無說書」, 『牧隱詩稿』 권30. 1381년 7월 지은 시다(이익주, 앞의 책(2013), 435쪽).
73) 鄭道傳, 「贈祖明上人詩序」, 『三峯集』 권3.
74) 鄭道傳, 「無說山人克復樓記後說」, 『三峯集』 권4.
75) 金光植, 앞의 논문(1992) ; 변동명, 앞의 논문(1997).

나주는 거기에 가담하지 않고 친왕실의 태도를 견지했다.[76] 이러한 근왕적인 자세, 친고려적인 태도는 나주 지역의 일관된 자세였다고 할 수 있다. 그렇기 때문에 나주의 불교계도 정치적인 측면에서 나주 지역의 이런 성향에서 벗어날 수는 없었을 것으로 여겨진다.

## Ⅳ. 나주 지역의 불교 미술과 그 특징

나주 지역에 불교 미술이 조영된 것은 고려시대부터였다. 불교 미술을 검토하면 나주 불교의 한 측면을 이해할 수 있다. 고려시대 나주의 불교 문화재는 여럿 현존하고 있다.[77]

고려시대 석탑은 전국적으로 조성되며, 순수한 지방세력 내지 민중이 대거 참여해 조영하고 있는 특징을 보인다. 지역민의 발원에 의해 석탑이 건립되는 수가 많았다.[78] 다양한 계층이 석탑의 조영에 참여하면서 지역적인 특성이 가미된 형식으로 만들어지고 있다. 그 결과 전대에 볼 수 없었던 각양각색의 특수한 형식이 나타나고 있다.[79] 고려시대의 석탑은 지역적인

76) 윤용혁, 「고려 삼별초의 항전과 진도」, 『도서문화』37(목포대 도서문화연구원, 2011) ; 윤용혁, 『삼별초』(혜안, 2014).

77) 석탑으로는 북망문 밖 삼층석탑(보물 50호), 다보사 석탑재, 심향사 삼층석탑, 심향사 석탑재, 복암사 2층석탑, 송제리 오층석탑(전남 유형문화재 78호) 등이 있으며, 불상으로는 심향사 건칠아미타여래좌상(보물 1544호), 심향사 석조여래좌상, 용운사 석불좌상, 만봉리 석조여래입상(전남 유형문화재 64호), 철천리 석조여래입상(보물 462호), 철천리 마애칠불상(보물 461호), 죽서리 석불입상, 월태리 석조보살좌상 등이 있다. 그밖에 석등으로 서성문 안 석등(보물 364호), 동사리 석등(전남 문화재자료 95호)이 있고, 당간으로 동점문 밖 석당간(보물 49호)이 있다(나주시·목포대박물관, 앞의 책(1999), 356~257쪽 ; 국가유산청 홈페이지(https://www.heritage.go.kr/heri/cul/culSelectRegionList.do?s_ctcd=36&ccbaLcto=14&pageNo=1_1_3_1) ; 나주시청 홈페이지(https://www.naju.go.kr/tour/sights/cultural_assets/treasure#none)).

78) 천득염·김준오, 앞의 책(2015), 30~31쪽.

79) 정영호, 『한국의 석조미술』(서울대 출판부, 1998), 99~100쪽.

기반을 중심으로 고구려계 석탑, 백제계 석탑, 신라계 석탑, 고려식 석탑, 특수 양식의 5가지로 유형을 분류하고 있다.[80)]

고구려계 석탑은 평안도 지역을 중심으로 건립된다. 백제계 석탑은 미륵사지 석탑과 정림사지 오층석탑을 양식적 근본으로 하는데 주로 충청도와 전라도 지역에서 확인된다. 백제계 석탑은 매우 낮은 단층 기단을 갖추고 있으며, 개별화된 여러 부재를 사용하고 있다. 반면 신라계 석탑은 불국사 삼층석탑(석가탑)의 양식을 충실히 계승하고 있는데, 경상도와 경기도 일원에 집중 분포되어 있지만 다른 지역에서도 찾을 수 있다.[81)]

나주 소재의 석탑으로는 북망문 밖 삼층석탑(보물), 심향사 삼층석탑, 복암사 이층석탑, 송제리 오층석탑(유형문화재) 등이 대표적이다. 이들 탑에는 명문이 없기 때문에 조성의 주체를 알기 어렵다. 나주 지역의 석탑으로 대표적인 것은 북망문 밖 삼층석탑과 송제리 오층석탑이다.

북망문 밖 삼층석탑은 원래 나주 북문 밖에 있던 것을 1915년 옛 나주군청 내로 옮겼다가 2006년 심향사 경내 미륵전 앞으로 다시 옮겨 놓은 탑이다. 이층 기단의 삼층탑으로 신라 석탑의 전형양식으로 고려후기에 건립된 것으로 보인다. 전체 높이는 3m로 작은 규모이지만, 각 부재의 비례가 안정되고 조화를 이루어 아름답고 단아한 조형미가 있다. 하층 기단이 아주 낮고 지대석과 중석 그리고 갑석이 모두 1매석으로 되어 있는 점이 특징이다. 기단에는 면마다 기둥 모양의 조각을 두었는데, 아래 기단에는 모서리에만 두고, 윗 기단에는 모서리와 가운데에 각각 조각을 했다. 탑신부는 각 층의 탑신과 옥개석이 각각 1매석으로 구성되어 있다. 몸돌에는 모서리마다 기둥 모양을 본떠 새겼다. 지붕돌은 두꺼운데, 밑면마다 3단의 받침을 두었고, 윗면은 지붕돌의 처마끝에 이르러 살짝 들려 있는 모습을 하고 있다. 머리장식으로는 露盤과 覆鉢만이 남아 있다.[82)]

---

80) 박경식, 『한국의 석탑』(학연문화사, 2008), 389쪽.
81) 박경식, 위의 책(2008), 389~430쪽.
82) 국가유산청 및 나주시청 홈페이지 ; 천득염·김준오, 앞의 책(2015), 124~126쪽.

송제리 오층석탑은 2층 基壇을 쌓고 그 위에 5층의 塔身을 올린 석탑이다. 이 탑은 細長 高峻한 맛을 보이는 백제계 석탑이다. 기단은 단층기단을 2중으로 중첩해 놓은 느낌을 주는 특이한 모습을 하고 있다. 탑신부는 몸돌과 지붕돌은 각각 한돌로 쌓아 올렸다. 1층 몸돌은 지나치게 크고, 2층은 급격히 낮아졌다. 지붕돌은 밑면에 1층에서 4층까지는 3단, 5층은 2단의 받침을 두었고, 윗면에는 급한 경사가 흐르며, 네 귀퉁이는 높이 치켜 올라갔다.[83]

북망문 밖 삼층석탑, 송제리 오층석탑의 두 탑은 대조적인 양식을 보이고 있다. 북망문 밖 삼층석탑은 신라 탑의 양식을 계승한 것이며, 반면 송제리 오층석탑은 백제계 석탑의 양식을 이어받은 것으로 파악하고 있다. 계승의식·귀소의식에서 차이가 나는 서로 상이한 석탑이 나주 지역에 조성된 것은 주목할 사항이다. 전남 일대는 전북·충남 지역과 마찬가지로 백제계 석탑이 고려시대에 다수 조영되고 있다. 그것은 백제에 대한 향수, 귀소의식이 반영된 것으로 이해된다.[84] 나주의 경우는 사정이 다른 전남 지역과 상이했을 것으로 보인다. 광주의 경우, 견훤의 출발지이고 오랫동안 후백제의 영역으로 자리하고 있었기 때문에 백제 귀소의식이 매우 강했을 것으로 보이지만, 나주의 경우는 후삼국시대 태봉·고려의 편에 있었기 때문에 백제 회귀의식이 약할 수밖에 없었다. 그렇기 때문에 무인집권기 백제부흥을 표방한 이연년의 난이 발발했을 때 거기에 가담하지 않고 오히려 그것을 진압하는 측에 서 있었던 것이다. 이렇듯이 나주는 백제 귀소의식이 강한 지역이 아니므로 읍치 부근에 백제계 석탑이 조영될 수는 없었을 것이다. 이 때문에 읍치 인근의 북망문 밖 삼층석탑이 백제계 양식이 아니라 신라계 양식으로 조영되는 것이다. 반면 백제계 석탑인 송제리 오층석탑은 나주 읍치에서 비교적 멀리 떨어진 지점에 세워진 것이다. 송제리는 고려시대 나주목의 속현인 철야현에 위치하고 있다.

---

83) 국가유산청 및 나주시청 홈페이지 ; 천득염·김준오, 앞의 책(2015), 129~130쪽.
84) 천득염·김준오, 앞의 책(2015), 32쪽 ; 진정환, 앞의 논문(2022).

고려시대 불상 역시 왕실이나 문벌 귀족에 한정되지 않고 지방세력이나 기층민에 이르기까지 다양한 층이 참여함으로써 지방화가 이루어지고 있다.[85] 나주 지역 불상으로는 심향사 건칠아미타여래좌상(보물), 만봉리 석조여래입상(유형문화재), 철천리 석조여래입상(보물), 철천리 마애칠불상(보물, 〈그림 1〉) 등이 대표적이다.

심향사 건칠아미타여래좌상은 고려말 조선초에 많이 조성된 건칠불상 중 하나이며, 원래 불회사에 있던 것을 옮겨 온 것이라 한다. 이국적이면서도 단엄한 얼굴표정을 지니고 있으며, 왼쪽 어깨 위에 부채살처럼 흘러내린 세밀한 잔주름이 특징이다. 나주 지역에서는 이 불상 외에도 불회사와 죽림사 등 고려말 조선초에 조성된 건칠불이 전하고 있는데, 그 중에서도 심향사 건칠불의 조형적 완성도가 가장 높다.[86]

철천리 석조여래입상은 전체 높이가 5.38m나 되는 커다란 불상으로 하나의 돌에 불신과 光背가 조각되어 있다. 민머리 위에는 육계가 큼직하게 표현되었고, 얼굴은 사각형으로 양감이 풍부하다. 목에는 3개의 주름인 三道가 뚜렷하고, 양 어깨를 감싸고 입은 옷에는 발목까지 늘어진 U자형의 옷주름이 표현되어 있다. 두 팔은 두꺼운 옷자락 때문에 양 손만이 드러나 있는데 오른손은 손바닥을 밖으로 하여 내리고, 왼손은 위로 향하고 있는 모습이다. 광배는 배[舟] 모양이며, 머리광배와 몸광배로 구분되는데, 머리광배 안에는 연꽃무늬를 새기고 몸광배에는 구름무늬를 새겨 넣었다.[87]

철천리 석조여래입상은 고려의 새로운 기운을 타고 각 지방에서 대대적으로 제작된 일련의 거불 조각에 속한다고 이해하는 견해가 있다.[88] 이와 달리 이 불상의 조성시대를 궁예 정권기로 보는 주장도 있다. 이 불상이 궁예 정권기에 조성된 것으로 추정되는 안성 기솔리 석불입상과 공통의 요소

85) 金理那, 「高麗時代의 石造佛像 硏究」, 『考古美術』166·167합집(1985).
86) 국가유산청 및 나주시청 홈페이지 ; 성춘경, 앞의 책(2006), 228~237쪽.
87) 국가유산청 및 나주시청 홈페이지 ; 秦弘燮, 『韓國의 佛像』(一志社, 1998), 304쪽 ; 성춘경, 앞의 책(2006) 139~144쪽.
88) 성춘경, 앞의 책(2006), 140쪽.

가 많아, 같은 시대에 조성되었다는 것이다. 덕진포 전투에서 승리한 912년에서 궁예가 쫓겨나는 918년 사이에 이 불상이 조성되었다는 견해이다.[89] 견훤이 주도해 조성했다는 상이한 주장도 있다. 견훤이 나주 점령 이후 정치적 메시지가 다분한 나주 읍기를 향해 北向한 이 불상을 조성했다는 것이다. 이 석불은 경주 침공 시 포로로 잡은 장인을 중심으로 후백제 역량을 총동원하여 조성한 것으로 보고 있다. 견훤이 세운 이 기념비적인 석불은 그 동안 친고려적이던 나주 지역을 무력이 아니라 佛力으로, 더 나아가 마한-백제 일체의식으로 포섭하고자 했던 증거라는 주장이다.[90] 이 불상이 거대하고 상징성이 크며, 시차는 있지만 10세기 전반에 조성되었다고 봄에는 의견이 수렴하고 있다.

만봉리 석조여래입상은 2.3m의 그리 크지 않은 석불이다. 만봉리 석조여래입상은 하나의 화강암을 다듬어 光背를 만들고, 그 위에 여래입상을 돋을새김한 것이다. 둥근 얼굴에 살짝 감은 눈, 잔잔한 미소를 띤 입, 길게 늘어진 귀에서 원만한 인상을 풍기고 있다. 옷은 양 어깨에 걸쳐서 입고 있는데, U자형의 옷주름이 무릎까지 이어지고 있다. 오른손은 가슴까지 들어 손바닥이 밖을 향하고 손가락이 위로 향하고 있으며, 왼손은 손가락이 아래로 향하고 있다.[91] 형식이나 조각 기법은 인근의 철천리 석조여래입상과 매우 유사하다. 약간 느슨해진 옷주름, 광배에서 보여준 화염문의 생략, 움츠린듯한 어깨 등은 조각기법의 퇴화 현상을 나타내고 있어 철천리 석조여래입상보다 다소 뒤에 조성된 것으로 보고 있다. 만봉리 석조여래입상은 10세기 후반~11세기 후반, 영암·나주 토호들의 후원 아래에서 이루어진 것으로 추정하고 있다.[92]

철천리 마애칠불상은 4각에 가까운 원추형의 바위 표면에 불상을 조각

---

89) 정성권, 앞의 논문(2014).

90) 진정환, 앞의 논문(2015) ; 진정환, 「후백제 주도 세력의 변화와 그 영향」, 『신라사학보』 51(신라사학회, 2015) ; 진정환, 앞의 논문(2022).

91) 국가유산청 및 나주시청 홈페이지.

92) 성춘경, 앞의 책(2006), 135~144쪽.

한 독특한 형태의 작품이다. 바위 꼭대기에는 童子像이 있었다고 하는데 지금은 없어졌다. 동쪽면에는 좌상 1구가 있고, 북쪽면에도 좌상 1구가 합장하고 있다. 남쪽면에는 표현수법이 비슷한 4구의 입상이 있으며, 서쪽면에는 원래 2구의 불상이 있었는데 일제시대에 광부들이 1구를 떼어갔다고 전해진다. 이들 불상은 모두 세부 표현이 거의 같다. 민머리 위에 높게 솟은 상투 모양의 머리를 가지고 있으며 얼굴은 길쭉하다. 신체는 길고 굴곡이 없이 밋밋하며 경직된 자세와 간략하게 표현된 옷주름의 처리 등에서 형식화된 모습이 보인다. 불상의 발 아래에는 돌출 부분을 마련하여 臺座를 대신하고 있다.[93] 지극히 간략화된 옷주름, 평판화된 상체와 하체의 신체적 조형미를 잃은 것은 화순 운주사 석불과 유사한 모습을 보이는데, 조성 시기를 12~13세기 경으로 추정하고 있다.[94] 화순 운주사 불상과 유사한 양식을 보이는 철천리 마애칠불상은 강한 토속성을 갖고 있는데, 다른 지역에서 비슷한 예를 거의 찾을 수 없다.

그밖에 나주 동점문 밖 석당간(보물), 나주 서성문 안 석등(보물, 〈그림 2〉) 등이 주목된다. 나주 동점문 밖 석당간은 비교적 온전한 형태로 남아 있다. 대개는 두 지주만 남아 있는데, 이 석당간은 당간이 함께 남아 있어 중요한 유물이다. 당간은 5개 돌을 서로 맞물리게 하여 세웠는데, 아래는 굵고 올라갈수록 차츰 가늘어져 안정감이 있다. 당간 위에는 8각의 寶蓋와 寶珠를 달아 놓았다. 나주의 땅 모양이 배 형태이기 때문에 안정을 빌기 위하여 당간을 돛대로 세운 것이라는 말이 전해 내려오고 있다.[95]

나주 서성문 안 석등은 본래 나주 서문안에 있던 것을 1929년 경복궁으로 옮겨놓았다가 국립중앙박물관으로 이건되어 보관되어 왔다. 2017년 해체, 보존 처리를 거쳐 현재 국립나주박물관에 전시되어 있다. 석등은 불을

93) 국가유산청 및 나주시청 홈페이지.
94) 成春慶, 앞의 논문(1990).
95) 국가유산청 및 나주시청 홈페이지 ; 정영호, 앞의 책(1998), 294~296쪽 ; 엄기표, 『한국의 당간과 당간지주』(학연문화사, 2004), 478~481쪽.

밝혀두는 火舍石을 중심으로, 아래는 3단을 이루는 받침을 두고 위로는 지붕돌과 머리장식을 얹었다. 네모난 모양의 널찍한 바닥돌 위에 세워져 있으며, 아래 받침돌은 8각이고 연꽃문양이 새겨져 있다. 기둥 모양의 중간 받침은 8면으로 각 면마다 테를 둘러 공간을 만들고 그 중심 안에 한 줄씩의 문장을 새겼다. 윗 받침돌은 8각면에 돌아가며 연꽃무늬를 조각했고, 화사석은 새로 만들어 놓은 것으로 창이 4개다. 지붕돌은 매우 장식적으로 8개 면마다 처마 끝에 짧은 막을 드리운 것처럼 세로줄 무늬가 있고, 그 위로 막 피어오르는 형상의 꽃장식이 두툼하게 달려 있다. 받침에 새겨져 있는 기록을 통해 고려 선종 10년(1093)에 석등을 세웠음을 알 수 있다.[96)]

나주 불교 미술품으로 보물급이 6점 정도 알려져 있다. 고급의 불교 미술품이 풍부하게 조영되었다고 하기는 힘들어 보인다. 고승의 부도와 탑비는 전하지 않는다. 조성 주체의 경우 국가나 왕실은 거의 없는 듯 하다. 국사와 왕사가 주석하거나 열반한 사찰이 없는 것과 깊이 관련될 것이다. 아마 흥룡사에는 국가나 왕실 차원에서 조성한 불교 미술품이 없지 않았을 것이나 현전하지 않는다. 대신 나주 지역 차원에서 조성한 것이 중심인 것으로 판단된다. 석등이 대표적이며 불상이나 석탑 등도 그러해 보인다. 양식상에서 볼 때 범국가적인 것보다는 지역색을 지니고 있는 것이 많음이 특징이다.

석탑과 석불이 집중된 만봉리·송제리와 철천리는 강진·영암을 거쳐 광주에 이르는 중요한 교통로로 보인다. 통일신라시대 왕위 계승 분쟁과 관련해 청해진의 장보고 세력이 경주를 향해 갈 때 무진주에서 온 관군과 맞닥뜨려 전쟁을 한 곳이 철야현이었다.[97)] 철천리는 철야현의 중심지로 보이며 그곳에서 가까운 만봉리·송제리의 경우도 철야현과 관련이 있을 것으로 보인다. 교통로 상에서 이곳이 갖는 중요성 때문에 만봉리 석조여래입상,

---

96) 국가유산청 및 나주시청 홈페이지 ; 변동명, 앞의 논문(2018).

97) 『三國史記』권10, 新羅本紀10, 閔哀王 1년 2월 ; 『三國史記』권10, 新羅本紀10, 閔哀王 1년 12월.

송제리 오층석탑, 철천리 마애칠불상, 철천리 석조여래입상 등이 조성된 것으로 여겨진다.

## V. 나주인의 불사 참여와 불교 신행

나주 불교의 유지·존속은 일차적으로 나주인의 불교신앙이 전제되어 있다. 나주민인들이 재정적으로 후원하고, 신앙행위에 적극 참여함으로써 불교계가 유지될 수 있었다. 나주 읍치에 근접해 여러 사찰이 분포하고 있는 점은 나주 민인들이 사찰에 대한 접근을 용이하게 해준다. 읍치 인근의 법륜사, 금륜사, 신왕사, 도홍사, 신륵사 및 흥룡사 등은 민인들이 쉽고 빈번하게 접근할 수 있는 사찰로 보인다.

나주 민인들의 신앙이 전제되어 불교 미술품을 제작할 수 있었다. 국가적 차원에서 조영한 사찰의 예가 많지 않기 때문에 대부분의 사찰은 나주 차원에서 조영한 것으로 보이는데, 이때 지방의 향리 및 일반 민인들이 적극 지원했을 것으로 보인다. 재정적인 측면에서 후원을 하거나 직접 노동력을 제공함으로써 불교 미술의 조영을 뒷받침했을 것이다.

나주 서성문 안 석등은 선종 10년(1093) 호장 羅在堅을 필두로 한 나주의 토착세력이 조성했다. 이들은 흥룡사에 이 석등을 건립해 혜종·현종과 나주 사이의 남다른 연고를 강조하고자 했다는 것이다. 현종대 개최되기 시작한 팔관회가 20여년 경과한 뒤 폐지되자, 나주의 위상이 하락되었으며, 이 석등을 세워 나주 토착세력이 오래도록 자신들이 누리는 부귀가 유지되기를 기원했다는 것이다.[98]

그리고 나주 소재의 장홍사는 陳公이 경영한 것으로 언급하고 있는데,[99] 그는 수선사 조영에도 참여한 나주인 陳直升 내지 그 후손을 가리키

98) 변동명, 앞의 논문(2018).

99) 金榮郁 譯解, 『眞覺國師語錄 譯解』1(伽山佛敎文化硏究院, 2004), 82~84쪽, 「癸未七月二

는 것으로 추측된다. 금성(羅州)의 안일호장 진직승은 그의 처 珍衣金과 함께 백금 10근을 시주하여 길상사(=수선사) 造營의 비용을 삼게 한 일이 있다.[100] 그가(혹은 그의 후손이) 장흥사 조영에 힘쓴 것으로 보인다.

철천리 마애칠불상이나 송제리 오층석탑의 경우도 지방민들이 주도해 조성한 것으로 봄이 타당할 것이다. 토속성을 강하게 드러내기 때문이다. 중앙 정부에서 주도한 것이라면 그런 양식으로 조성하지는 않았을 것이다.

흥룡사를 매개로 한 나주인의 신행은 매우 활기를 띤 것으로 보인다. 제2대 왕인 혜종이 출생한 고을이기 때문에, 나주인들은 자기 지방에 대한 상당한 자부심을 가졌을 것이고, 고려에 대한 충성심도 남달랐을 것으로 보인다. 왕건과 장화왕후가 만난 곳에 흥룡사를 세우고 혜종사를 조성해 추복사업을 지속한 것은 나주민들의 성원이 있었기 때문에 가능했다. 혜종사에서 추복하는 과정에서 나주민들의 정서적 공감대가 형성되고 확대되었을 것이다.

혜종사는 흥룡사에 있기 때문에 혜종 추복을 주관하는 이들은 승려였을 것이며, 아울러 나주 오씨를 비롯한 나주의 토착세력이 함께 했을 것이다. 국가에서 파견한 흥룡사의 주지가 중심이 되고 나주인들이 함께 하면서 혜종에 대한 추숭 행사가 진행되었을 것이다. 御鄕으로서의 나주에 대한 자부심을 크게 고양하는 행사였으며, 다른 지역보다 우위에 있다는 의식을 갖도록 했고, 또한 지역민의 결합을 공고히 하는 의미를 가졌을 것이다.

혜종의 소상과 진영은 고려후기에도 있었다. 鄭道傳은 혜종의 사당이 흥룡사에 있는데 고을 사람들이 제사를 지낸다고 했다.[101] 그리고 고려말 尹紹宗(1345~1393)이 나주에서 혜종의 진영을 보고 읊은 시가 있다.[102] 나주를 찾는 고려의 신료들이 혜종의 진영을 뵙는 것은 하나의 관례였을 것

---

十八日 羅州長興寺慶讃會起始」.

100) 崔詵, 「修禪社重創記」, 『朝鮮佛教通史』下(李能和), 346~349쪽.

101) 鄭道傳, 「登羅州東樓諭父老書 乙卯」, 『三峯集』권3.

102) 尹紹宗, 「謁惠王眞于錦城」, 『東文選』권10.

이다. 세종 10년(1428) 전라도 나주에 소장한 혜종의 眞影과 塑像을 개성의 혜종릉 곁에 묻는 조치가 있었다.[103] 외방에 있는 고려 국왕 관련 영정과 소상·鑄像을 모두 거두어 묻도록 하는 조치의 일환이었다. 홍룡사에 있던 혜종 관련 유물이 회수됨으로써 홍룡사의 위상이 크게 저하됨을 읽을 수 있다.

그렇지만 세종대 영정과 소상이 철수된 뒤에도 나주인들은 혜종을 기리는 행사를 이어갔던 것으로 보인다. 국가 차원이나 수령 차원이 아닌 지방인이 주체가 되어 혜종을 추모하는 일을 지속해간 것으로 보인다. 金宗直이 남긴 시에서 “지금도 부로들이 남긴 덕을 사모하여[至今父老懷遺德], 퉁소와 북 울려 추대왕(=혜종)을 즐겁게 하네[簫鼓歡娛皺大王]”라고 표현했다.[104] 김종직은 주로 조선 성종대 활약하고 있으므로, 위의 시는 세종 10년 혜종의 진영과 소상이 철수된 뒤의 내용을 읊은 것이다. 나주인들은 여전히 혜종의 제례를 중심으로 결집하고 있음을 볼 수 있다. 『新增東國輿地勝覽』에서도 여전히 고을 사람들이 제사지낸다고 언급하고 있다.[105] 혜종 관련 유물이 사라진 뒤의 제사는 국가 차원에서 지원한 것이 아니라 홍룡사와 나주민이 함께 하는 추숭 행사였을 것이다.

나주의 팔관회에도 승려와 나주 지역민이 적극 참여했을 것이다. 개경의 팔관회는 儀仗을 갖추어 毬庭에 나아가 奏樂을 듣고 내외 여러 신하의 朝賀를 받는 의식이었다.[106] 그리고 백성과 함께 즐기고, 그 기쁨이 神祇를 흡족하게 하고 경사가 朝野에 넘치게 하는 것이었다.[107]

팔관회는 천령 및 오악과 名山, 大川, 龍神을 섬기는 행사였다. 개경의 팔관회는 小會日과 大會日이 있어 대회 전날인 소회에는 왕이 法王寺로 행차하는 것이 통례였고, 궁중 등에서 賀禮를 받고 이어 獻壽, 지방관리의 축

---

103) 『世宗實錄』권41, 世宗 10년 8월 庚辰(1일), 3-139.

104) 金宗直, 「錦城曲」, 『佔畢齋集 詩集』권22.

105) 『新增東國輿地勝覽』권35, 全羅道, 羅州牧, 祠廟, 惠宗祠.

106) 朴浩, 「賀八關表」, 『東文選』권31.

107) 李奎報, 「教坊賀八關表」, 『東國李相國後集』권12.

하 선물의 奉呈 및 歌舞百戲 등의 순서로 행해졌다. 대회 때도 역시 축하와 헌수를 받고 외국 사신의 朝賀를 받았다. 서경의 팔관회는 초기에는 조정에서 반드시 宰相을 파견하여 齋祭를 행하게 했는데, 한때는 3品官을 보냈으나 명종 11년(1181)부터 다시 재상을 파견했다.[108]

나주에서의 팔관회도 1박 2일로 진행되고, 행사는 나주의 치소 부근에서 이루어졌을 것이다. 개경에서 파견된 관리가 혜종(태조) 진영 배알의식 등의 의례를 주관했을 것이다.[109] 이때 흥룡사에도 행차했을 것이다.

중앙에서 파견된 관원, 그리고 나주목사를 비롯한 지방관원, 나주의 향리 등이 팔관회에 동석했을 것이며, 나주의 일반 민인들도 대거 참여했을 것이다. 팔관회에는 나주 인근의 주민들이 참여했을 것은 물론, 송을 비롯한 여러 나라의 사절과 상인이 참여했을 가능성이 있다.[110] 그리고 모여든 이들 상호 간에 물화의 교역도 활발했을 것이다. 개경의 팔관회와 마찬가지로 음주와 가무가 동반되었으며, 각종 공연이 이루어졌음은 당연해 보인다.

팔관회는 국왕이 특별 대우하는 의미로 하사한 것으로 보인다. 현종이 나주로 몽진와서 10일 남짓 머무는 동안, 나주의 승려와 민인들을 만났을 가능성이 매우 크다. 그때 승려와 민인들은 적극 현종을 도왔으며, 현종은 반대 급부로 나주를 위한 배려조치를 취하게 되었을 것이다. 현종이 환도한 뒤 나주를 목으로 삼고 '賜州八關禮 以比本京'했다.[111] 팔관회를 내려 주었으며 그 의례가 개경에 버금가도록 했다는 것이다. 나주의 팔관회를 개경을 수준으로 진행함으로써 나주의 위상을 한껏 고양시켰을 것이다.

팔관회에 소요되는 경비는 국가 차원에서 지원한 것으로 여겨진다.[112]

---

108) 안지원, 『고려의 국가불교 의례와 문화 -연등·팔관회와 제석도량을 중심으로-』(서울대 출판부, 2011).

109) 나주시·무등역사연구회, 앞의 책(2018), 65~69쪽.

110) 문안식, 「나주지역의 역사지리적 위상과 고려 팔관회」, 『남도민속연구』29(2014) ; 나주시·무등역사연구회, 앞의 책(2018), 65~67쪽.

111) 鄭道傳, 「登羅州東樓諭父老書 乙卯」, 『三峯集』권3.

112) 서경의 경우, 팔관회 비용으로 별도의 재원이 확보되어 있었다(『高麗史』권80, 志34, 食貨3, 祿俸, 西京官祿).

이 행사를 주도함으로써 나주 민인과 승려는 나주가 개경에 버금간다는 자부심을 가졌을 것이며, 승려와 민인의 결합도 한층 공고해졌을 것이다. 나주에서의 팔관회 행사는 오랜 기간 동안 존속한 것으로 보이지는 않는다. 20여 년 정도 지속한 것으로 이해하고 있다.

나주 민인들은 국가 차원의 기념일이나 개인 차원의 기복을 위해 사원을 찾는 일이 빈번했을 것이고, 여러 경축하는 날에도 찾는 일이 많았을 것이다.[113] 그리하여 나주 민인들이 활발하게 모이고 소통하는 장소로서 사찰이 중요한 역할을 담당했음은 당연한 일이다.

사찰은 기본적으로 종교 시설로서 민인이 신앙활동의 일환으로 찾는 것이지만, 유람 차 방문하는 수도 적지 않았다. 사찰이 풍광이 좋은 지점에 조영되는 수가 흔해 문인을 비롯한 많은 이들이 유람을 위해 찾는 일이 빈번했다.[114] 거기에서 느낀 감흥을 시로 표현해 그것이 현전하는 경우가 흔하다. 문인들이 나주를 찾아 읊은 시가 적지 않게 『新增東國輿地勝覽』에 전하고 있다. 고려시대의 것에 한정해 본다면 문인들이 시를 지은 대상에는 금성산, 금강진, 벽오헌(궁실), 무이루(누정)와 사찰이 있었다.[115] 사찰은 문인들이 즐겨 찾은 장소로서 감흥을 불러 일으켜 시를 짓는 곳이었다. 문인이 방문한 뒤 시구를 남기고 있는 사찰은 흥룡사, 법륜사, 보광사, 도홍사, 용진사 등이다. 흥룡사와 법륜사, 도홍사의 경우 나주 읍치와 가깝기 때문에 방문하는 것이 어렵지 않았을 것이다. 그러나 보광사와 용진사는 읍치에서 떨어져 있어 찾는 것이 용이하지 않았을 것이다.

흥룡사에 대해서는 원감국사의 시가 전하며 또 이름을 알 수 없는 이가 읊은 시도 있다.[116] 그리고 흥룡사에 소장한 혜종의 진영을 뵙고 尹紹宗이 시를 읊은 것도 보인다.[117] 원감국사가 흥룡사를 찾아 시를 읊은 시점은

---

113) 韓基汶, 「高麗時代 定期 佛教 儀禮의 成立과 性格」, 『民族文化論叢』27(2003) ; 한기문, 「고려시대 사원의 정기 행사와 교역장」, 『대구사학』100(2010).

114) 김병인, 「고려시대 行旅와 遊覽의 소통 공간으로서 사원」, 『역사와 경계』74(2010).

115) 『新增東國輿地勝覽』권35, 全羅道, 羅州牧.

116) 『新增東國輿地勝覽』권35, 全羅道, 羅州牧, 佛宇, 興龍寺.

원종 14년(1273) 경으로 보인다.[118] 윤소종이 전라도 일대를 찾은 것은 우왕 7년(1381)에서 12년 사이로 보인다. 이때 윤소종은 전라도 일대를 돌아다니면서 민의 처지를 직접 목격할 수 있었다.[119] 나주 지역에서는 금성산과 혜종사를 찾고 시문을 지었다. 윤소종이 혜종사를 찾은 것으로 보아 당연히 홍룡사도 방문했을 것이다.

법륜사를 방문해 읊은 시의 작가로는 林惟正, 李靈幹, 金克己가 찾아진다.[120] 이영간이 나주에 온 시점은 정확히 알 수 없지만 그의 고향이 담양이었으므로 나주를 찾는 일은 어렵지 않았을 것이다. 아마 문종대를 전후한 시점에 법륜사를 찾은 것으로 보인다.[121] 임유정이 법륜사를 찾은 시점은 무인집권기인데, 정확한 시점은 확인하기 힘들지만, 대체로 명종대로 추정된다.[122] 김극기는 무인정권기의 문인으로 전국의 여러 곳을 다니면서 수많은 시문을 남겼다. 『東文選』과 『新增東國輿地勝覽』 등에 그의 시가 다수 남아 있다. 김극기는 신종 1년(1198) 3~4월에 전라도에 내려와 나주목에 머물면서 준비한 다음 다음해 여름을 거쳐 가을까지 전라도 곳곳을 유람했다. 김극기가 나주 지역을 찾아 시문을 작성한 시점은 1198~1199년으로 보인다.[123] 법륜사의 경우 문인의 시가 3편이 전해지고 있어 외지의 문인들

---

117) 尹紹宗, 「謁惠王眞于錦城」, 『東文選』권10.

118) 秦星圭, 앞의 논문 (1981) ; 秦星圭, 앞의 논문(1982).

119) 姜芝嫣, 「고려末 尹紹宗의 政治活動 硏究」, 『이대사원』28(1995) ; 도현철, 「고려말 윤소종의 현실인식과 정치활동」, 『東方學志』131(2005).

120) 『新增東國輿地勝覽』권35, 全羅道, 羅州牧, 佛宇, 法輪寺.

121) 이영간은 문종대(1046~1083)에 활동한 인물로 정2품 참지정사까지 올랐다. 그와 관련해서는 기이한 이야기가 여러 편 전한다(邊東明, 『韓國中世의 地域社會硏究』(學硏文化社, 2002), 66~67쪽).

122) 許興植, 「林惟正의 「百家衣集」」, 『季刊書誌學報』12(한국서지학회, 1994). 허흥식씨에 따르면, 임유정은 醴泉林氏로서 集句體 혹은 百家衣體로 불리는 시에 탁월한 능력을 발휘한 인물이었다. 집구체의 시는 여러 사람의 시에서 한 구절씩 따서 자신의 詩趣를 나타내는 형식이었는데, 그 창작에는 상당한 기억력과 탁월한 순발력을 필요로 했다.

123) 黃秉晟, 「高麗 武人政權期 文人 金克己의 生涯와 現實認識」, 『韓國思想史學』8(1997) ; 김창현, 「고려의 문인 김극기의 생애와 편력」, 『한국인물사연구』20(2013).

이 가장 빈번하게 찾은 사찰이었음을 알 수 있다. 법륜사가 州西 1리에 있어 나주 읍치를 방문한 문인들이 쉽게 찾을 수 있던 사찰로 여겨진다.

월정봉에 있는 도홍사의 경우, 임유정의 集句詩가 전하고 있는데,[124] 그가 무인집권기에 방문해 기를 남긴 것으로 보인다. 금성산에 위치한 보광사의 경우 李邦直(?~1384)의 시가 전한다.[125] 보광사를 방문한 이방직은 청주이씨 출신으로 그가 지은 시구가 『東文選』 여러 곳에 실려 있어 문한에 익숙한 과거 출신의 문신으로 보인다.[126] 시점은 정확히 알 수 없지만, 공민왕대에서 우왕대에 걸친 시대에 그가 나주의 보광사를 찾았을 것으로 짐작된다.

용진사의 경우 정도전이 그 사찰의 극복루에 오른다는 시를 짓고 있다.[127] 정도전은 우왕 1년(1375) 권신 李仁任·慶復興 등의 친원배명정책에 반대해 北元 사신을 맞이하는 문제로 권신 세력과 맞서다가 전라도 나주목의 居平部曲에 유배되었다가 우왕 3년에 풀려났다. 정도전은 이 시와 아울러 무열상인이 쓴 용진사 극복루기의 後說을 짓고 있다.[128] 정도전이 나주에서 시문과 기문을 작성한 것은 우왕대 초로 보인다.

나주 사찰을 유람하고 시문을 남긴 문인과 승려는 충지(홍룡사), 임유정(법륜사·도홍사), 이영간(법륜사), 김극기(법륜사), 이방직(보광사), 정도전(용진사) 등이다. 11세기에 이영간, 무인집권기에 임유정과 김극기, 원 간섭기 초에 충지, 고려말에 이방직과 정도전 등이다. 무인집권기와 말기에 나주의 사찰이 문인들의 주목을 더 받은 것으로 여겨진다. 이들이 찾은 사찰은 홍룡사, 법홍사, 도홍사, 보광사, 용진사 등 5개였다. 이들 사찰은 나주 지역민도 즐겨 찾는 사찰이었을 것이다. 시문을 남기지 못한 사찰로 신왕

124) 『新增東國輿地勝覽』권35, 全羅道, 羅州牧, 佛宇, 道弘寺.
125) 『新增東國輿地勝覽』권35, 全羅道, 羅州牧, 佛宇, 普光寺.
126) 민현구, 「청주 拱北樓 應製詩板에 보이는 고려 공민왕대 중엽의 文臣官僚群」, 『한국학논총』33(국민대 한국학연구소, 2010).
127) 鄭道傳, 「登湧珍寺克復樓」, 『三峯集』권2.
128) 鄭道傳, 「無說山人克復樓記後說」, 『三峯集』권4.

사, 금륜사, 신륵사, 쌍계사가 있는데, 나주 민들도 상대적으로 이 사찰들은 덜 찾았을 가능성이 있겠다.

나주 지역에 여러 사찰이 위치하고 있는데 그곳에서 다수의 승려들이 수행하고 있었을 것이다. 그 승려의 지속적인 공급이 매우 중요했다. 승려의 공급이 여의치 못하면 사찰의 유지는 매우 어려워지기 때문이다. 나주 사찰 소속의 승려는 주로 나주 일대의 민인에게서 충당되었을 것으로 추측된다. 전국적인 명성을 갖는 사찰이 없고, 또 전국적인 지명도를 갖는 승려가 주석한 일이 흔치 않았으므로 먼 곳의 사람들이 이곳 사찰의 승려가 되는 일은 많지 않았을 것이다. 따라서 나주 사찰의 승려는 나주 지역의 민인에서 공급될 수밖에 없었을 것이다. 거평부곡에 소재한 소재사라는 사찰의 경우, 매우 소규모였을 것으로 보이는데 그곳에 사는 서안길이 출가해 안심이란 승려로 있었던 것 같다.[129)]

나주에 소재한 사찰의 경우, 재정은 주로 지역민들의 도움을 받았을 것이다. 사원 건물의 유지비, 승려의 생활비, 불교행사의 비용, 사회 구제 활동 경비 등으로 사원은 상당한 재원을 필요로 한다. 국가 차원에서 재정 지원을 하는 것은 홍룡사를 제외하면 없었을 것이므로, 대부분 사찰의 유지 경비는 지역민의 시주에서 제공되었을 것으로 판단된다. 나주의 민인들이 여러 불사에 참여했을 때 시주를 함으로써 경비를 도왔으며, 나아가 사원의 재정 기반을 구축할 수 있도록 했다.

나주인들이 당시 소망하는 내용의 일단을 석등의 발원 내용에서 확인할 수 있다.

> 국왕의 수명이 하늘처럼 길고 온갖 곡식이 풍성하게 여물며(聖壽天長百穀豐登)
>
> 나주고을이 편안하고 태평하면서 부귀와 늘 함께 하도록(錦邑安泰富貴恒

129) 鄭道傳, 「消災洞記」, 『三峯集』권4.

存)[130]

국왕의 수명이 길기를 바라는 것, 곡식이 풍년 들기를 바라는 것은 다른 자료에서도 흔히 볼 수 있지만, 뒤의 내용은 나주에 국한된 사항일 것이다. 나주가 편안하고 태평하며, 부귀가 항상 있었으면 하는 것은 이것을 조성한 羅在堅의 희망사항이지만 대다수 나주인들의 소망이기도 했을 것이다.

조선초에 나주 지역에서는 급격하게 불교가 약화된 것으로 보인다. 고을의 격이 높고 읍치 가까이에 사찰이 많기 때문에 더욱 큰 변화를 겪었을 것이다. 불교가 약화되어 가는 것은 승려가 환속하는 경우가 보이는 데서 상징적으로 알 수 있다. 태종대 知靈光郡事가 나주 판관에게 부탁해 환속한 金省이란 사람에게 나주 官庫의 면포를 주도록 한 일이 있다.[131] 김성은 원래 승려였다가 환속한 것으로 보인다. 출가한 승려가 환속하는 일은 고려시대에는 흔히 볼 수 있는 일은 아니었는데, 조선초 변화된 사회 분위기 속에서 환속하는 이가 출현한 것으로 보인다.

또한 나주 지역 승려의 사회적 위상이 크게 낮아진 것으로 보인다. 세종 즉위년(1418) 羅州의 죄수 私奴 者羅가 승려 敏休를 죽인 일이 있었다.[132] 승려의 위상이 낮아졌기 때문에 낮은 신분의 노비가 승려를 살해하는 일이 발생한 것이다. 또 세조 10년(1464) 나주의 승려 信月이 족친과 더불어 모의해 고을 사람 朴云山의 처를 간통하다가 박운산의 동생에게 잡힌 일도 있다.[133] 성종 3년(1472)에는 나주의 여종인 引加伊가 本主인 승려 智脩를 謀殺한 일이 있었다.[134] 성종 12년 나주의 船軍 李自明이 초암에 불을 지르고 강도한 일도 있다.[135] 승려의 奸行이 보이고, 속인이 승려를 죽이거나

130) 변동명, 앞의 논문(2018).
131) 『太宗實錄』권14, 太宗 7년 12월 戊申(29일), 1-427.
132) 『世宗實錄』권2, 世宗 즉위년 12월 辛卯(16일), 2-291.
133) 『世祖實錄』권33, 世祖 10년 5월 庚申(8일), 7-624.
134) 『成宗實錄』권15, 成宗 3년 2월 甲申(17일), 8-637.
135) 『成宗實錄』권134, 成宗 12년 10월 戊午(17일), 10-267.

사찰에 불을 지르고 강도짓을 한 것은 고려시대에는 찾아보기 어려운 일이다. 승려의 위상 하락, 불교계의 위축 등이 전제된 것이다.

조선시대 나주 지역의 사찰의 변천을 검토해보면 많은 변화가 있었음을 알 수 있다. 조선초 9개의 사찰 가운데 조선후기까지 변함없이 존속한 사찰은 보광사, 쌍계사, 용진사에 불과하다.[136] 결국 나주 읍치와 멀리 떨어진 사찰만이 남게 되었다.

불교가 약화된 반면 금성산에 대한 신앙은 고조된 것으로 보인다. 조선초 錦城山을 護國伯이라 칭하면서 제사를 올렸다.[137] 태종 18년(1418) 나주 금성산 山祭는 祀典에 실려 있으며 봄·가을로 제사를 지내고 있다.[138] 세종 5년 금성산 신당을 조사해 동서활인원과 귀후소에 소속시키도록 한 일이 있다.[139] 금성산은 小祀이고,[140] 묘의 위판은 錦城山之神으로 쓰고, 소재관이 제사지내도록 하는 조치가 있었다.[141]

조선초에는 금성산에 제사를 올리기 위해 중앙에서 내관을 파견하는 일

---

136) 〈표〉 조선시대 나주 소재 사찰

| 전거 자료 | 사찰명 | 사찰수(今廢) |
|---|---|---|
| 『新增東國輿地勝覽』 | 興龍寺, 法輪寺, 普光寺, 金輪寺, 神王寺, 道弘寺, 雙溪寺, 新勒寺, 湧珍寺 | 9 |
| 『東國輿地志』 | 興龍寺, 法輪寺, 普光寺, 神王寺(今廢), 道弘寺(今廢), 新勒寺, 雙溪寺, 湧珍寺, 聚仙寺, 鶴林寺 | 10(2) |
| 『輿地圖書』 | 普光寺, 神王寺, 雙溪寺, 湧珍寺, 多寶寺, 推善寺, 鶴林寺, 竹寺, 興龍寺(今廢), 法輪寺(今廢), 金輪寺(今廢), 道弘寺(今廢) | 12(4) |
| 『伽藍考』 | 普光寺, 神王寺, 雙溪寺, 湧珍寺, 多寶寺, 推善寺, 鶴林寺, 竹寺 | 8 |
| | 변함없이 지속한 사찰 : 普光寺, 雙溪寺, 湧珍寺<br>** 신왕사는 특이함. 존속, 금폐 다시 존속 | |

137) 『太祖實錄권3, 太祖 2년 1월 丁卯(21일), 1-40.

138) 『太宗實錄』권35, 太宗 18년 4월 辛卯(11일), 2-216.

139) 『世宗實錄』권19, 世宗 5년 3월 甲申(3일), 2-529.

140) 『世宗實錄』권128, 五禮, 吉禮序例, 辨祀, 小祀.

141) 『世宗實錄』권76, 世宗 19년 3월 癸卯(13일), 4-58.

이 많았다. 15세기 후반 제주도에 가는 사람들이 해로의 안전을 기원하기 위해 광주 무등산의 신사와 나주 금성산의 신사에 제사를 지냈다.[142] 금성산에는 나라에서 제사하는 사우 외에 사사로이 세운 신사가 대여섯이나 된다고 하며, 가까운 고을의 사녀가 구름처럼 모여 유숙하고 있는데, 혹은 배우자를 잃는 자도 있다고 했다.[143] 백성들이 다투어 금성산에 달려가는데 먼곳에 사는 사람은 식량을 싸 들고서 한 해에 두 번씩 찾아간 일도 있었다. 왕래하는 이들이 어깨를 서로 부딪칠 정도로 사람이 많으며, 아이를 잃어버리는 이도 있고 처첩을 잃어버리는 이들도 있을 정도라는 것이다.[144] 중종 9년(1514) 나주 금성산은 국사임에도 먼 지방의 백성이 무당에게 미혹해서 봄가을에 원근의 남녀들이 경쟁적으로 모여들어 기도하면서 재액을 면하려고 하는데 밤을 지내기까지 해 추한 소문이 많아, 풍속을 손상시키고 있다고 한다.[145]

금성산 신앙과 불교는 밀접한 관계를 갖지 않는 것으로 보인다. 금성산 신앙과 관련해서는 무속인이 자주 언급되고 있다. 지역 사회 내에서 불교의 영향력이 약화되면서 무당이 주도하는 음사가 성행하는 것이다.[146]

## Ⅵ. 결어

고려시대 나주 불교를 다양한 측면에서 살펴보았다. 현전하는 자료가 부족해 나주 불교의 전체상을 재구성하는 것은 매우 어려운 일이었다. 그

142) 『漂海錄』권1, 戊申年(成宗 19년, 1488) 윤1월.
143) 『成宗實錄』권97, 成宗 9년 10월 辛丑(13일), 9-656 ; 『成宗實錄』권204, 成宗 18년 6월 戊子(20일), 11-226.
144) 崔忠成, 「上佔畢齋先生書」, 『山堂集』권2.
145) 『中宗實錄』권20, 中宗 9년 4월 甲寅(21일), 15-12.
146) 徐鎭娥, 「高麗末 朝鮮初 淫祀의 禁止策」, 『靑藍史學』10(韓國敎員大 靑藍史學會, 2004) 참조.

럼에도 나주 불교에 관해 몇가지 사실을 파악할 수 있었다.

나주에 위치한 사찰은 다른 군현에 비해 압도적으로 많았다고 할 수 없다. 『新增東國輿地勝覽』을 기준으로 할 때 9개에 불과하다. 다른 자료에서 추가로 2개의 사찰을 더 있었음을 확인할 수 있었다. 사찰 수의 측면에서 나주는 전남의 다른 고을보다 많기는 했지만 엄청나다고는 할 수 없을 것 같다. 그리고 사찰의 규모면에서도 거대한 사찰이 없었던 것으로 보인다. 국가적인 차원에서 대대적으로 조영한 사찰은 흥룡사를 제외하고는 없었던 것 같다. 사찰의 위치에서 볼 때 읍치 부근에 9개 사찰 가운데 5~6개가 존재한 것은 특이한 사항이라고 하겠다.

종파가 확인되는 사찰은 흥룡사인데 선종으로 보이며, 조선초 보광사는 총남종 소속이었다. 소속 종파가 명백한 경우, 그 사찰의 주지는 국가에서 임명해 파견한 것으로 여겨진다. 수선사의 승려인 혜심과 충지가 나주를 찾는 일이 보여 수선사의 영향을 다소 받았을 것으로 사료된다. 나주의 사찰에 주석하고 있는 승려로 천기, 안심, 백운, 무열 등이 확인되지만, 백운을 제외하면 승과에 합격하고 승계를 제수받은 고급 승려는 없는 것으로 보인다. 다만 무열이란 승려는 문장으로 저명했다. 왕사·국사 등의 고승들이 나주 지역의 사찰에 주석한 일은 없는 것으로 보인다. 결국 나주 일대의 사찰에서 고승들이 활발한 활동을 펼친 것으로 보기는 힘들다.

불교 미술품의 측면에서 볼 때 고려시대로 편년되는 것이 확인되지만, 국보는 없고 보물에 해당하는 것이 6점 있다. 토착적인 양식을 보이는 불교미술이 많음이 특징이다. 전남의 다른 지역에 조영되는 백제계 석탑이 나주 읍치 부근에서는 찾을 수 없고 읍치에 멀리 떨어진 송제리에서 확인된다. 불상의 양식에서 다른 지역에서 볼 수 없는 토속적인 모습을 보이는 불상이 보이는 점이 주목된다. 그리고 강진에서 영암을 거처 광주로 가는 길목 지점에 불상 3기와 석탑 1기가 집중되어 있는데 그곳이 갖는 교통로상의 중요성 때문으로 이해된다.

불교 신행의 측면에서 볼 때 나주 지역민의 신앙활동은 상대적으로 활발하다고 할 수 있겠다. 무엇보다 우선 읍치 인근에 여러 사찰이 위치한 것에서 알 수 있다. 그리고 석등의 제작이나 석탑, 불상 등의 제작에서 지역민이 두드러진 활동을 펼친 것으로 볼 수 있다. 혜종에 대한 追崇 행위가 활발했을 것이고, 긴 기간은 아닐지라도 팔관회의 설행 과정에 민인이 적극 참여했을 것이다. 사찰은 유람의 공간이어서 많은 문인이 찾아 시를 짓고 있다. 11세기에 이영간, 무인집권기에 임유정과 김극기, 말기에 정도전과 이방직 등이 시문을 남기고 있다. 문인이 찾은 5개 사찰은 나주인들도 빈번하게 방문했을 것이다. 조선전기 금성산에서 무당이 주도하는 음사가 성행한 것은 불교의 영향력 축소와 관련되는 것으로 이해된다.

나주의 불교는 牧에 상응하는 높은 위상을 가졌다고 하기는 힘들어 보인다. 국가 차원에서 후원하는 예는 흥룡사를 제외하면 찾아보기 힘들다. 국사·왕사가 하산소로 설정한 사찰도 없고, 국가에서 주지를 파견하는 사찰도 1~2개에 불과하며, 불교 미술에서도 엄청난 것이 보이지 않는다. 불교계가 전남의 다른 고을을 압도하는 위상과 수준을 보이지는 않았다. 대신 나주의 불교계는 지역민과 깊은 유대 속에서 운영됨으로써 토속성·지역성을 강하게 보인다고 할 수 있겠다. 불교계 운영과 군현제 편성이 긴밀히 호응하는 것이 아님은 주목할 사항으로 여겨진다.147)

147) 군현제 운영에서 우위에 있는 목이 불교계 운영에서는 상위에 있지 않은 것인데, 이것은 다른 목에서도 비슷할 것으로 여겨진다. 결국 군현제 운영과 불교계 운영이 상관 관계가 없음을 의미한다.

〈그림 1〉 나주 철천리 마애칠불상(국가유산청, 보물 461호)

〈그림 2〉 나주 서성문 안 석등(문화유산청, 보물 364호)

# 나주 지역 고려시대 역사문화유산의 보존과 활용

김희태

## Ⅰ. 머리말

고려시대의 나주는 후삼국시대 이후 왕건의 중요한 세력 근거지가 되고 중앙정부와 별도 기구라 할 나주도대행대(羅州道大行臺)를 설치하였다. 940년에 금산군을 나주군이라 하였다. 943년 7월~945년 10월 사이 나주오씨 장화왕후의 아들로 태조 왕건의 정윤 혜종이 재위한다. 983년에 전국 12목 설치 때 나주목이 된다. 995년 해양도에 속하고 진해군절도사를 배치한다. 1010년 11월에는 현종이 거란군의 공격을 피해 남쪽을 피신하여 1011년 1월에 나주에 열흘가량 머문다. 1018년(현종 9)에 지방제도를 개편하여 해양도와 강남도가 전라도로 합해지고 중요 지역에 8목 4도호부를 두었는데, 나주도 포함되었다. 나주목은 속군 5곳, 속현 11곳, 향 2곳, 부곡 6곳, 소 1곳 등을 거느린다. 그리고 12조창 가운데 하나인 해릉창(海陵倉)이 설치되어 있었다.[1)]

본고에서는 나주 지역[2)] 고려시대 역사문화유산의 보존에 대해서 정리

---

1) 『고려사』, 『고려사절요』, 『세종실록지리지』, 『신증동국여지승람』, 무등역사연구회 편, 『한국사 속의 나주』(나주시, 선인, 2018) 등 참조.

해 보고 활용에 대해서 제안해 보고자 한다. 보존에 대해서는 역사문화유산의 학술조사와 문화유산 지정관리, 관외 역사문문화유산 사례를 살펴보겠다. 활용에 대해서는 구체적인 방안보다는 원천 자료를 제시하고자 한다. 먼저, 역사문화유산을 기념주년으로 연계하고 이를 일상화하는 방안이다. 다음으로, 유산이나 시문과 사료를 재해석하여 서사(敍事)로 연결하여 보고자 한다. 기념주년 일상화와 사료 재해석과 서사 등은 다양한 논의가 함께 이루어져야 공감할 수 있는 방안이 도출될 수 있을 것이다. 다만 '나주 어향'과 '역사문화유산의 활용'이라는 측면에서 검토한 자료이기 때문에 일정한 한계가 있을 것이다. 그렇더라도 이 시론적인 글을 통해 '역사문화유산'이 '과거', '사료', '전통'을 기반으로 '현재', '공감', '일반화'로 이어지는 계기가 되었으면 싶다.

## II. 역사문화유산의 보존

### 1. 역사문화유산 학술조사

지금까지 조사된 유적 가운데 고려시대 유적이거나 그 시기의 유물이 출토된 문화유산을 정리해 보자. 학술조사는 지표조사와 발굴조사를 크게 구분해 볼 수 있다.

지표조사는 나주군 지역과 나주시 지역을 조사했다가 1995년 통합된 뒤 지표조사와 함께 문화유적분포지도 조사를 하였고 이 결과가 국가유산청 국가유산공간정보(GIS)에 올라 있다. 뒤이어 출토유물에 대한 조사와 문화유산 종합학술조사를 실시하였다. 지표조사는 고려시대를 포함하여 통사적인 형태로 조사하였다.[3]

---

2) 나주 지역과 관련하여 공간 범위는 현재의 나주시 관내를 주 대상으로 하고, 필요한 경우는 고려시기의 나주목 관련 지역을 함께 다루고자 한다.

다음으로 발굴조사는 학술발굴과 구제발굴이 다양하게 실시되었다. 주요 유적 종류별로 일별해 보자.[4]

성곽유적으로, 나주읍성(사적)은 고려 1237년(고종 24) 이전에 축조된 것이다. 1237년(고종 24) 이연년 형제가 주성(州城, 나주읍성)을 포위했고 전라도 지휘사 김경손이 성문에 올라가 꾸짖었다는 내용, 현문(懸門)을 내렸다는 내용 등이 있다. 현문을 설치할 정도로 규모가 컸음을 알 수 있다. 이후 세 차례의 증·개축이 이루어지면서 고려시대에 이어 조선시대에도 읍치 역할을 하였다. 평지와 구릉을 이용하여 축조한 평산성으로 발굴조사를 통해 고려시대 유구가 확인되었다.[5]

나주 회진토성(전라남도 기념물)은 1994년 조사에서는 축성시기가 6세기 후반 이전으로 비정되었으나, 2006년부터 2009년까지 조사를 통해 통일신라시대에 축조되어 고려시대까지 이용되었음이 밝혀졌다.[6] '회진현대성

---

3) 전남대학교·나주군, 『나주군 문화유적 지표조사보고서』(1985).
전라남도·나주시·국립목포대학박물관, 『나주시의 문화유적』(1989).
목포대학교박물관·전라남도·나주시, 『문화유적분포지도 : 나주시』(1998).
목포대학교박물관·나주시, 『나주시의 문화유적』(1999).
동신대학교문화박물관, 『나주 문화유적 출토유물 목록』(2005).
국립나주문화재연구소, 『나주시 문화유산 종합학술조사 보고서』(2009).
국립나주문화재연구소, 2009, 『나주시의 문화유산 종합학술조사보고서』.
전라남도·나주시·목포대학교박물관, 『나주시의 문화유적』(2016).
전라남도·나주시·목포대학교박물관, 『문화유적분포지도 : 전남 나주시』(2016).

4) 구제발굴은 건설사업 등과 관련하여 이루어져 현장 유적은 사업지구에 포함되고 기록으로만 남겨지기 때문에, 문화유산의 보존활용을 논의하기는 어려움이 따른다. 다만, 출토된 유물을 통한 보존과 활용 논의는 가능할 것이다.

5) (재)호남문화재연구원, 『나주읍성 동문지-1·2차 발굴조사보고서-』(2003).
(재)호남문화재연구원, 『나주읍성Ⅱ』(2004).
동신대학교문화박물관, 『나주읍성』(2010).
(재)영해문화유산연구원, 『나주읍성 북문지』(2017).
(재)대한문화재연구원, 『나주 읍성 서성벽』(2018).
김종순, 「나주학과 문화유산」, 『나주학 서설-나주학 총서 1집』-나주학 연구현황과 과제-(나주시, 2021), 103~136쪽.

6) 임영진·조진선, 『회진토성Ⅰ』(전남대학교박물관, 1995).

자개우(會津縣大成子盖雨)' 명문기와가 다수 출토되어 문헌으로 알려진 고려시대 당시 '회진현' 역사지명[7]이 고고학 자료로 확인되었다. 나주 자미산성(전라남도 기념물)은 통일신라에 축조되어 고려시대까지 유지되었음을 알 수 있었다.[8] 회진 잠애산성도 조사하였다.[9]

조창은 13개소 가운데 나주에는 해릉창(海陵倉)이 있었다. 조창 설치 이전의 60포구 가운데 통진포(通津浦)로서 나주시 삼영동 택촌마을 일원이다. 조창은 조세의 수납·보관·운반 외에도 일반 군현과 비슷한 행정구획이었다.[10] 고문헌 상에서 확인되는 고려시대 영산강유역의 포구는 반남현 포구, 나주 남해포(이상 삼포천에 위치), 영암 조동포(영암천에 위치), 무안 용진강, 무안 대굴포 덕포, 회진현 회진(포), 나주 목포(木浦=통진포; 이상 영산강 본류) 등이다.[11]

사찰유적으로 운흥사는 4차례의 발굴조사[12]가 이루어졌는데 출토유물은 통일신라시대에 해당하는 금동석가여래입상과 고려시대부터 조선시대 후기에 해당하는 자기류와 와전류 등이다. 나주 서성문 안 석등(보물)은 1093년(선종 10)에 세웠는데 일제강점기 1929년에 경복궁으로 반출되었다가 2017년 국립나주박물관으로 돌아왔다.[13] 나주 동점문 밖 석당간(보물)은

---

국립나주문화재연구소, 『나주 회진성』(2010).

7) "會津縣 本百濟 豆肹縣, 新羅景德王, 改今名, 來屬. 高麗因之."(『고려사』 권57 志11 地理2 전라도 나주목 회진현).

8) 최성락·이정호·고용규, 『자미산성』(목포대학교박물관·나주시, 2000).

9) 나라문화연구원, 『나주 회진리 잠애산성』(2020).

10) 정홍일, 「고려시대 조운과 전라도지역 조창」, 『한국상고사학회 학술발표회』(한국상고사학회, 2019).

11) 한정훈, 「고려시대 해항도시 나주에 관한 시론」, 『해항도시문화교섭학』 제19호(한국해양대학교 국제해양문제연구소, 2018).

12) 호남문화재연구원, 『나주 덕룡산 운흥사지』(2001).
(재)전남문화재연구원, 『문화유적 시·발굴조사 보고 - 1.나주 운흥사지 2.나주 운흥사 해탈문지-』(2003).
(재)남도문화재연구원, 『나주 운흥사 건물지 3·4차 발굴조사 보고서』(2006).

13) 윤여정, 「나주 서성문 안 석등 유출과 이건」, 『향토문화』 제35집(향토문화개발협의회, 2016).

기단부를 정비하였다. 나주 북망문 밖 삼층석탑은 1915년 금성관 곁으로 옮겼다가 2006년 심향사 경내로 이전하였다. 심향사에 이와는 다른 석탑재가 있고 고려전기 조성의 석조여래좌상(전라남도 유형문화유산)이 있다. 그리고 철천리 석조여래입상 관련 건물지[14]를 조사하였다. 고려시기 나주 불교유산으로 '어향'과 관련하여 홍룡사가 중요하며 조사를 실시한 바 있다.[15]

유교유적은, 나주향교에 대한 원형복원 사업의 일환으로 옛 동·서재 터에 대한 발굴조사가 이루어졌다. 출토유물은 고려시대부터 근대에 이르는 다양한 도자기편, 기와편, 동전 등이 있다.[16] 고려 초기 '어향'과 관련하여 혜종사(惠宗祠)도 기록에 나오며 후대 문인들의 시문이 있다.[17]

건물지는 금성관[18], 랑동유적[19], 송월동유적[20], 송월동 동새골유적[21], 송월동 공동주택 건설부지 내 유적[22]에서 조사되었다. 랑동유적의 건물지에서는 초석, 적심석, 석열 등이 불규칙하게 확인되며 통일신라시대부터 고려시대까지의 토기류, 청자류, 기와류 등이 출토되었다.

기와가마는 통일신라시대와 고려시대에 해당하는 송월동유적[23], 고려시

국립나주박물관, 『나주 서성문 안 석등』(2017).

14) 영해문화유산연구원, 『나주 철천리 석조여래입상 관련 건물지』(2001).

15) 마한문화연구원·나주시, 『나주 傳 홍룡사지Ⅰ』(2021).

16) 이정호·이수진·김진희·박윤미, 『나주향교 동·서재 발굴보고서』(동신대학교 문화박물관, 2007).

17) 마한문화연구원·나주시, 『나주 傳 홍룡사지Ⅰ』(2021).

18) (재)호남문화재연구원, 『나주 금성관 외삼문(망화루) 주변 발굴조사보고서』(2002).
동신대학교문화박물관, 『금성관』(2008).
동신대학교문화박물관, 『금성관Ⅱ』(2019).

19) 전남문화재연구원, 『나주 복암리고분 전시관건립부지 내 羅州 郎洞遺蹟』(2006).

20) 목포대학교박물관, 『나주 송월동유적Ⅱ』(2010).

21) (재)대한문화유산연구센터, 『나주 송월동 동새골유적』(2011).

22) (재)영해문화유산연구원, 『나주 송월동 공동주택 건설부지 내 유적 문화재 발굴조사 약보고서(1차)』(2021).

23) 동신대학교문화박물관, 『나주 송월동유적』(2010).
목포대학교박물관, 『나주 송월동유적Ⅱ』(2010).

대 운곡동유적[24], 송학리유적[25], 덕림유적[26], 복암리유적, 회진리 백하유적[27], 삼영동 택촌유적[28], 월양리유적[29], 용산리유적[30]등이 있다.

송월동 영산강 변에서 고려시대 선박 선체편으로 추정되는 목재가 확인[31]되었으며, 고려시대 배수로로 사용된 구상유구가 와우리유적[32]에서 확인되었다. 삼영동 택촌유적[33]에서 고려시대 밭유구, 학산리 문화유적[34]에서 고려시대의 수전이 확인되었다. 분묘유적은 구제발굴 11개소가 조사되었다.[35] 나주 삼영동 택촌유적은 토광묘 1기로 14세기 후반 축조로 보고 있다. 청자완이 출토되었다. 나주 상야유적은 금천면 동악리에 있고 토광묘 19기로 고려 중후기(12~14세기)로 추정되고 철검, 청자병·발·잔·완, 관정, 청동시, 청동저, 청동합, 도기옹, 동곳, 환옥, 동경이 출토되었다. 나주 송월동유적(524-6번지)은 석실묘 2기, 토광묘 1기, 민묘 1기로 고려전기 축조로 보고 있으며 청동시, 동전, 청자병·잔·대접이 출토되었다.

---

24) 마한문화연구원, 『나주 운곡동유적Ⅰ』(2008).
마한문화연구원, 『나주 운곡동유적Ⅳ』(2010).

25) 마한문화연구원, 『나주 송학리유적』(2010).

26) 호남문화재연구원, 『羅州 德林遺蹟』(2008).

27) 전남문화재연구원, 『羅州 伏岩里 遺蹟·會津里 栢下遺蹟(A구간)』(2013).

28) 마한문화재연구원, 『나주 삼영동 택촌유적』(2013).
전남문화재연구원, 『羅州 會津里 栢下遺蹟Ⅱ·三榮洞 澤村遺蹟』(2015).
대한문화재연구원, 『나주 용산리 송정유적』(2022).

29) 마한문화연구원, 『나주 월양리유적』(2014).

30) 한겨레문화재연구원, 『羅州 安山里·龍山里 遺蹟』(2015).

31) 남도문화재연구원(수중문화재조사단), 「나주 영산강 고선박(나주선) 긴급정밀장비(지표)탐사, 지도위원회회의자료집」(2004).

32) 전남문화재연구원, 『나주 와우리유적-나주 세지~송현간 국가지원지방도 확장구간 내 유적-』(2019).

33) 마한문화연구원, 『나주 삼영동 택촌유적』(2013).

34) 동북아지석묘연구소, 『나주 학산리 문화유적』(2021).

35) 이들 유적에서는 구석기시대에서 조선시대에 이르는 유적이 조사되었는데 고려시대 유적 중심으로 정리한 보고서를 참고하였다. 국립강화문화재연구소, 『고려시대 분묘유적 자료집Ⅲ』(인천, 2020), 374~387쪽.

## 2. 지정 역사문화유산

나주 관내 소재 지정 문화유산은 93건인데, 고려시대 관련 문화유산은 19건이다. 지정의 시기별로 보면, 1962년 제정된 문화재보호법에 따라 1963년 지정된 사례가 3건(보물)이다. 이는 1933년 제정된 〈조선보물고적명승천연기념물보존령〉에 따라 지정 되었다가, 1955년 국보로 되었다가 1963년에 보물로 재 지정한 것이다. 전라남도 지정문화유산은 1976년부터, 전라남도 문화유산자료는 1984년부터 지정되었다[36].

분야별로 보면, 역사유산은 3건으로 고려왕조의 개국과 관련이 있는 완사천(浣沙泉), 그리고 행정 치소라 할 나주읍성이다. 나주향교의 경우 동서재 발굴에서 고려 유물이 출토되었고 대성전의 주초석 등 고려 유물로 알려져 온다. 관방유적은 회진성과 자미산성이다. 회진성에서는 회진현(會津縣) 명문 기와가 출토되었다.

불교유산은, 유적으로 심향사 사찰 일원이 지정되어 있고 건조물로는 석당간 1기, 석등 2기, 석탑 2기, 승탑[부도] 1기가 있다. 불교 조각은 건칠불상 2건, 석조 불상 4건이다. 나주 철천리 석조여래입상(보물)은 고려 초기에 조성된 것으로 보고 있으나, 최근 궁예가 나주 일대의 패권을 장악하는 덕진포 전투의 승리와 관련이 있어 912~918년 사이 조성되었을 것으로 추정된다는 견해도 제시된 바 있다.[37]

〈표〉 나주 소재 고려시대 지정 문화유산

| 분야 | 종별 | 지정별 | 문화유산 | 지정일 |
|---|---|---|---|---|
| 역사 | 역사사건 | 전라남도 기념물 | 완사천 | 1986.02.17 |
| | 유적 | 사적 | 나주읍성 | 1990.10.31 |
| | 유적 | 사적 | 나주목 관아와 향교 | 2007.07.31 |

36) 나주의 지정문화재에 대해서는 김종순, 「나주학과 문화유산」, 앞 논문, 103~136쪽 참조.
37) 정성권, 「나주 철천리 석불입상의 조성시기와 배경」, 『신라사학보』 31(2014), 31쪽.

| 분야 | 종별 | 지정별 | 문화유산 | 지정일 |
|---|---|---|---|---|
| 관방 | 유적 | 전라남도 기념물 | 회진성 | 1986.02.17 |
| | 유적 | 전라남도 기념물 | 자미산성 | 1986.02.17 |
| 불교 | 유적 | 전라남도 문화유산자료 | 심향사 | 1984.02.29 |
| | 건조물 | 보물 | 동점문 밖 석당간 | 1963.01.21 |
| | 건조물 | 보물 | 서성문 안 석등 | 1963.01.21 |
| | 건조물 | 전라남도 문화유산자료 | 동사리 석등 | 1984.02.29 |
| | 건조물 | 보물 | 북망문 밖 삼층석탑 | 1963.01.21 |
| | 건조물 | 전라남도 유형문화유산 | 송제리 오층석탑 | 1980.06.02 |
| | 조각 | 전라남도 유형문화유산 | 불회사 원진국사 부도 | 2000.06.20 |
| | 조각 | 보물 | 철천리 석조여래입상 | 1968.06.10 |
| | 조각 | 보물 | 철천리 마애칠불상 | 1968.06.10 |
| | 조각 | 전라남도 유형문화유산 | 심향사 석조여래좌상 | 2011.12.20 |
| | 조각 | 전라남도 유형문화유산 | 만봉리 석조여래입상 | 1976.09.30 |
| | 조각 | 보물 | 심향사 건칠아미타여래좌상 | 2008.03.12 |
| | 조각 | 보물 | 불회사 건칠비로자나불좌상 | 2008.03.12 |
| | 전적 | 보물 | 불조삼경(2012) | 2012.02.22 |

## 3. 관외 역사문화유산

나주 지역의 문화유산으로 관외에 소재한 문화유산 가운데 몇 사례만 살펴 보겠다. 나주 지역에서 출토된 문화유산으로서 발굴조사 뒤 국가 귀속 등의 절차를 거쳐 관외 기관에 소재한 경우도 있고, 발견 매장유산의 경우도 있다. 고려시대의 나주목과 계수관 권역과 관련시켜 보면 지금의 나주 관내외 지역도 함께 조사 연구 되어야 할 것이다.[38]

---

38) 광주(光州) 자운사 목조아미타불좌상은 복장유물[보물] 가운데 1388년(洪武 21) 묵서로 작성된 중수기문(1점, 9편)에 '나주(羅州)' 지명과 목사 인명이 보이는 것도 살펴볼 필요가 있다. '高麗國羅州止接比丘…' '牧使 鄭元厚' 등의 내용이다. 『금성일기』에 따르면 정원후는 1388년 2월~1389년 2월 사이 목사를 지냈다. 이 불상의 중수를 나주 지접(止接)의 승려들이 주관했고 나주목사가 참여하였음을 알 수 있다(고경스님 판독[2004. 3. 25.] 자료 ; 송일기, 「광주 자운사 목조아미타불좌상의 복장전적고」, 『서지학보』28, 2004, 82~83, 105~108쪽 ; 최성은, 「13세기 고려 목조아미타불상과 복장묵서명」, 『한국사학보』 30, 2008, 128~130쪽 등 참조).

### 1) 세계 유일본 국보 용감수경(龍龕手鏡)

『용감수경(龍龕手鏡)』(권3~4)은 고려시대 나주목 관판 목판본으로 요(遙)나라의 한자 자전인데 이 판본은 중국에서도 전하지 않은 세계 유일 희귀본이다. 추론이기는 하지만, 어쩌면 1019년 전후하여 현종의 특명으로 나주에서 이루어졌을 가능성이 있다. 『용감수경』은 1963년 1월 21일 보물(제130호)로 지정[39]되었다가 1997년 1월 1일 국보(제291호)로 지정되었다. 현재 고려대학교에서 소장하고 있다. 이 책은 중국 요나라(遼, 916년~1125년) 성종 15년(997)에 행균(行均) 스님이 편찬한 한자의 자전인데, 중국에도 남아 있지 않다고 한다. 고려 때에 번각한 고려판 『용감수경』은 4권으로 관판 목판본인데, 지금 남아 있는 것은 권3과 권4 1책이다. 권4의 끝에서 권득령(權得齡)이 책임을 맡아 나주(羅州)에서 간행하였다는 사실을 확인할 수 있다. 간기는 다음 2행이다. 첫줄은 올려서 쓰고 다음 줄은 내려서 새겼다.

> "나주목 관조각 사권 입구십삼장(羅州牧官雕刻四卷入九十三丈)"
> "사록 장서기 차 양온령 권득령(司錄掌書記借良醞令權得齡)"

사록(司錄)은 중앙정부에서 파견된 속관 가운데 하나로 수령을 보좌한다. 속관은 판관(判官)·사록참군사(司錄參軍事)·사록장서기(掌書記)·법조(法曹)·의사(醫師)·문사(文師)가 있었다. 임명 자격은 7품 이상이었으며 사록참군사는 군사에 관한 일을, 사록장서기는 행정에 관한 일을 담당했을 것으로 보고 있다. 체계는 수령-속관-향리로 이어졌다. '차(借)'는 '차직(借職)'을 뜻하며 권직(權職)과 함께 국가에서 은사(恩賜)를 베풀거나 특별한 업무

---

39) 이 책은 원래 송광사 구장본(舊藏本)을 최남선(崔南善, 1890~1957)이 구입하여 소장하던 것이다. 1928년 7월 7일 조선사편수회에서 조사한 유리 필름 사진 자료가 남아 있다(국사편찬위원회 SJ0000001762). 1936년 2월 21일 〈조선보물명승천연기념물보존령〉에 따라 〈龍龕手鏡 第三卷 第四卷〉 명칭으로 보물(제209호)로 지정되었다. 수량은 1책, 소재지는 경기도 경성부 효제동 80번지, 소유자는 최남선이었다(『조선총독부관보』 제2730호).

를 맡길 필요가 있을 때 임시로 빌려서 임명하는 산직(散職)의 한 직위였다. 이와는 달리 정규 관직체계 내의 직위로 시직(試職)·섭직(攝職)이 있다. 양온(良醞)은 양온서를 말하는데, 궁중에서 술과 감주[酒醴]를 공급하는 일을 담당하는 기능이다. 문종 때 관제를 정했는데 양온서령은 2인, 관품은 정8품이었다. 뒤에 장례서(掌醴署)로 고쳤다가, 1097년(숙종 3)에 다시 양온서로 하였다. 이렇게 보면 정8품직 양온령 직에 있던 권득령을 7품직의 나주목 사록 장서기로 임시이기는 하지만 특별히 승품 임명하여 『용감수경』을 관판으로 조각(雕刻)하도록 특별 임무를 부여한 것 같다.

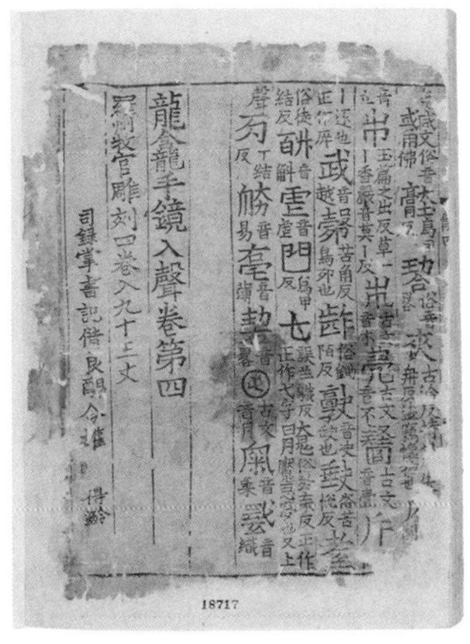
龍龕手鏡入聲卷第四

羅州牧官雕刻四卷入九十三丈

司錄掌書記借良醞令

18717

국보 龍龕手鏡 간기(권4-羅州牧 官雕刻)

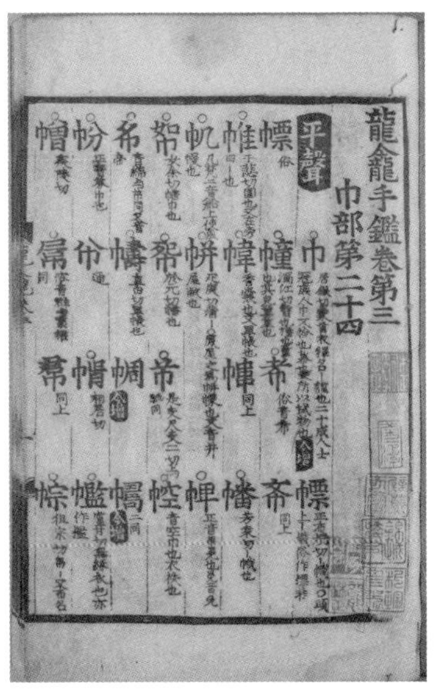
龍龕手鑑卷第三

巾部第二十四

平聲

일본 동양문고 龍龕手鑑 장서인(錦城後人)

판각 시기는 몇가지 가정을 하면서 검토해 보자. 우선은 1125년 요의 멸망 이전이다. 그리고 요판(遼版) 원본 『용감수경』은 송판(宋版)으로 개간되면서 '감(鑑)'자를 피휘하여 『용감수감(龍龕手鑑)』으로 간행한다. 북송(北宋)

의 희령(熙寧) 10년(1077년)이다. 그러므로 1077년 이전으로 시기를 상정할 수 있다. 그런데 나주목은 현종 9년(1018)에 승격한다. 따라서 1019년~1077년 사이로 볼 수 있다.

『용감수경』은 승려의 독경과 염불을 돕기 위해 한자에 주음과 석의를 붙여 간행한 것인데, '용감(龍龕)'은 불경(佛經)을 나타내며, '수경(手鏡)'은 손거울이므로 '용감수경'은 불경에 수록되어 있는 문자들의 형태, 음, 의미를 손거울처럼 명확하게 비추어내는 책이라는 뜻을 가리킨다. 본자가 26,430여 자이며, 주가 163,170자에 달하여 자전으로서 매우 귀중한 자료일 뿐만 아니라 요나라의 음운 연구에는 유일하므로 자료로서의 가치가 대단히 높게 평가된다.

### 2) '羅州 神王寺' '羅州 大安寺', '都領別將 羅昇' 명문와

나주 관외에서 발굴조사를 통하여 출토된 '나주(羅州)' 명문이 있는 유물 몇 사례만 소개하고자 한다. 이처럼 관외에서 소재한 유산에 대하여 전수조사를 통하여 목록화하여 연구의 기초자료로 활용하는 것도 필요하다.

#### (1) 신안 흑산도 '羅州 神王寺盖瓦' 명문와

전라남도 신안군 흑산면 진리에 소재한 고려시대 관사지(館舍址)에서 출토되었다. 나주 신왕사는 『신증동국여지승람』에 금성산에 있다고 하였고[40] '신황사(神皇寺)[41]', '신왕사(神旺寺)'[42]라고도 하였다. 지금의 전라남도 나주시 대호동(건재로 41-1)에 위치한 심향사로 보고 있다.[43]

---

40) "神王寺 在錦城山"(『신증동국여지승람』(1530년) 나주목 불우조)

41) 전라남도, 「나주 심향사 석조여래좌상」, 『전라남도 문화재위원회(제2분과) 회의자료』(전라남도 제공)(2011. 12. 02).

42) 「나주지도」(1872년, 규10483)

43) (재)전남문화재연구원·신안군, 『新安 黑山島 館舍址Ⅱ』(2016), 175쪽.

### (2) 신안 흑산도 '○元羅州大安寺' 명문와

전라남도 신안군 흑산면 진리에 소재한 무심사에서 출토된 나주 대안사 관련 기와이다. 대안사는 "대호동 금성산 기슭에 대안마을이 있고, 마을 뒤쪽에 옛 대안사터가 있다."[44]라는 기록이 있다. 흑산도 관사지 출토 '나주 신왕사개와(羅州神王寺盖瓦)'명 기와의 나주 신왕사는 지금의 나주시 대호동에 위치한 심향사로 보고 있다. 무심사지에서 출토 명문와의 나주 대안사와 가까이 위치해 있음을 알 수 있으며, 제작기법도 유사한 것으로 보아 한 시기의 가마에서 제작되어 유입되었을 가능성도 제시해 볼 수 있다.[45]

### (3) 강진 월남사 '都領別將 羅昇' 명문와

전라남도 강진군 성전면 월남리에 소재한 월남사(터)에서 출토되었다.[46] '도령(都領)'은 주진군이나 주현군의 각 부대를 지휘하는 최고 지휘관으로 관직이 가장 높은 무관 직책으로 판단된다.[47] '별장(別將)'은 무관의 직임을 나타낸 것이다. '나승(羅昇)'이 '도령별장(都領別將)'으로 월남사와 관련되었음을 알 수 있다. 나승은 나주 출신으로 알려지고 있다. 『만가보(萬家譜)』 거평나씨(居平羅氏)[48] 자료에서 확인할 수 있다. 이에 따르면 나승은 지후로 증조부 광취(光就, 尙書, 정3품), 조부 득신(得申, 副正, 4품), 부친 철준(哲俊, 巡檢使)의 세계이다.[49] 나승이 활동하던 13세기 후반에 월남사는 도강군 땅에 속했지만 영암군의 관할을 받았을 것으로 보인다.[50] 도

---

44) 한글학회, 『한국지명총람』 13(전남편) I (1982), 470쪽.

45) 전라남도문화관광재단 전남문화재연구소·신안군, 『新安 黑山島 无心寺址 II』(2016), 29쪽.

46) 김희태, 2016.11.25., 「강진 월남사 銘文瓦와 관련 기록의 역사적 성격」, 『강진 월남사 출토 명문와의 현황과 성격』, 강진군·한국중세고고학회·민족문화유산연구원.

47) 이기백·김용선, 2011, 『고려사 병지 역주』, 일조각.

48) 거평은 나주에 속한 지역이다. '部曲六 居平 任城 群山 極浦 金磨 平丘'(『세종실록지리지』 전라도 나주목) ; '居平部曲 在會津縣 去州三十里'(『신증동국여지승람』 권35 전라도 나주목 고적조)

49) 萬家譜, 한국학자료센터(http://www.kostma.net(19세기, 필사본, 원본 소장 해남윤씨 녹우당)

50) 월남사에 진각국사비를 세울 때 영암군 부사 이주(靈巖郡副使管句學事閣門祗侯李湊)

강군은 영암군의 속현이었으며 영암군은 나주목의 관할 아래에 있었다.

## Ⅲ. 역사문화유산의 활용

### 1. 역사문화유산의 기념주년 연계와 일상화

기념주년은 어떤 뜻 깊은 일이나 훌륭한 인물 등을 오래도록 잊지 아니하고 마음에 간직하는 기념의 뜻을 일정 기간을 지나서 의미를 부여하고 되새김하는 것이다.

최근 나주 관내에서도 여러 가지 기념주년 행사가 열렸고 책자 간행이나 학술대회, 특별전 등이 개최되었다. 국립나주문화유산연구소 개소 10주년 기념 국제학술대회(2015.10.14.), '발굴 100주년' 국보 295호 나주 신촌 금동관 국제학술대회(2017.11.17.), 나주시 승격 40주년 기념행사(2021.07.01.), 나주문화원 창립 60주년 기념식(2021.10.28.) 등이다.

광역권이나 국가적으로 기념주년을 하는 경우도 많다. 서울 정도(定都) 600년(1994년), 전라남도 개도 100주년(1996년), 수원화성 축성 200주년(1996년), 경상도 개도 700년(2014년), 전라도 천년(2018) 등을 들 수 있다.

남도문화와 역사인물 관련 기념주년을 제안한 바도 있다. 명량대첩 7주갑(420년)(2017년), 전라병영·강진 10주갑(600년)(2017년), 전라좌수영 9주갑(540년)(2019년), 진도 용장성 750년(2020년), 정약용 목민심서 200년(2018년), 정철 사미인곡 430년(2018년), 장보고 청해진 1200년(2028년) 등이다.[51]

---

가 총괄하고, 입비차사원(立碑差使員)으로 지승평군 부사 송여(知昇平郡副使閣門祗侯宋輿), 도강군 감무 송관(道康郡監務衛尉注簿宋寬)이 참여하고, 감역(監役)은 영암 군리 국검(靈巖郡吏國儉)이 담당한 점(김희태, 2017.11.10., 「강진 월남사 眞覺國師 圓照塔碑의 내용과 성격」, 『강진 월남사의 가람구조와 진각국사 원조탑비의 성격』.)이나 그리고 월남사가 있던 '강진의 월남동(月南洞)'이 영암의 월경으로 기록된 점(『세종실록지리지』 전라도 나주목 영암군) 등이 참고가 된다.

기념주년은 주기적으로 기념을 한다는데 나름의 의미가 있다. 그런데 특정한 '그 날'의 '그 행사'로만 한정하지 말고 이제는 '일상화'를 꾀해 보는 것도 필요할 것 같다. 일상적으로 추진되어 온 문화행사를 지역의 특정 시기, 인물 등 역사문화자원과 연계시켜 보자는 것이다.

'청소년 나주향시'(2023.10.22.) 홍보물을 대한 적이 있다. <2023년 나주축제, 영산강은 살아 있다>의 한 행사로 초등4년~중학생을 대상으로 나주향교의 유생이 되어 전통공연, 과거시험 등 다양한 문화콘텐츠를 체험하는 내용이다. 고려시대와 연계시켜 보면 '나주 향시' 행사 내용에 고려시대의 역사문화자원을 포함하자는 것이다. 그리고 참여하는 청소년들이 고려시대 역사의 주인공이 되어 직접 글을 써보고 체험을 하는 방안이면 역사문화자원의 일상화가 될 것이라는 점이다. 예를 들어 현종 임금이 나주로 피난왔을 때 나주민들에게 내린 교유문이나 주민들이 건의한 내용을 설정하여 주제로 하고, 현 시세와 맞추어 시제(試題)로 제시하는 방안, 현종 임금이 나주에 온 날짜(1011년 1월 13일, 양력 2월 18일)에 행사를 하거나 일종의 발대식을 하면서 시제를 내고 학기중에도 지속적인 관심을 갖도록 하고, 뒤에 평가나 체험하는 등 연중 행사화 한다면 자연스레 역사문화유산과 연계 활용이 될 것이다.

나주 지역 고려시대 역사문화유산과 관련하여 기념주년 사례로 들 수 있는 자워들을 몇가지 예시해 본다. 학술대회의 주제이기도 한 '나주 어향(御鄕)' 관련하여 사료나 자료와 함께 살펴본다. 나주의 부로들이 고려 당대에도 '어향(御鄕)'으로 인식[52]했던 그 역사성과 정체성을 되살리고 이어 가는 것도 필요하다고 본다.

51) 이명헌·김희태·정경성, 2017, 「남도문화와 역사인물 기념주년(記念周年) 문화관광자원화 방안」, 『향토문화』36.

52) "集父老, 泣且謂曰, '爾州御鄕, 不可隨他郡降賊.' 父老皆伏地泣"(『고려사』 권103 열전16 諸臣 김경손)

### 1) 나주 '어향' 발원, 완사천 인연 912년 - 1111주년(문화유산 지정 37주년)

나주 '어향'의 발원은 왕건과 나주 호족이 연계되는 한 현장이라 할 장화왕후[53]와 관련되는 완사천(浣紗泉)이라 할 것이다. 혜종은 태조의 장자로서 912년(임신)에 태어났음으로[54] 완사천 현장은 이때부터 연고가 있다고 하겠다. 2023년 기준(이하 기준연도는 같다.)으로 1111주년이 되는 셈이다. 완사천은 전라남도 기념물로 지정되어 있는데, 지정일은 1986년 2월 17일이다. 이 문화유산 지정일자(2월 17일), 혜종 즉위일(5월 30일, 양 7월 5일), 혜종 홍서일(9월 15일 무신, 양 10월 23일), 혜종 신주를 다시 옮긴 날(10월 5일, 양 11월 3일)[55] 등을 연계하여 기념주년 행사를 한다면 '나주 어향'의 의미를 살릴 수 있을 것이다.

### 2) 나주 '어향' 시원, 혜종 즉위 943년 - 1080주년

역사인물과 관련된 기념일을 정례행사화 하는 것도 필요하다. 고려 제2대 대왕 혜종(912~945)은 921년(태조 4) 정윤(正胤)이 되고, 후백제를 칠 때 종군하여 용맹을 떨치며 선봉에 섰으므로 공이 제일로 되었고 943년(태조 26) 5월(병오일, 30일)에 태조가 홍서하자 유명(遺命)을 받들어 즉위하였다.[56] 2024년 기준, 혜종 즉위 1080주년이 된다. 혜종 홍서일은 945년 9월 무신(15일)인데 양력 10월 23일이다. 혜종은 943년 5월~945년 9월 사이 2년 2개월 짧은 기간 재위하여 병약한 군주로 알려지기도 하지만, 태조의 후삼국 통일에 일등 공을 세웠을 만큼 강인하여 "용력이 강해서 쇠도 구부릴 수 있다."는 『동국통감』의 기록도 있다. 이같은 정신이나 행적을 기리는 것도 필요하다.

---

53) 『고려사』 권88 열전1 후비1 태조후비 장화왕후 오씨전.
54) "惠宗, … 太祖長子, 母曰莊和王后吳氏. 後梁乾化二年壬申生"(『고려사』 권2 세가2 혜종)
55) 『고려사』 권13 世家13 睿宗 9年 10월.
56) 『고려사』 권2 世家2 惠宗 총서.

### 3) 나주 '어향' 중흥-현종 남순나주(南巡羅州) 1011년 – 1012주년

'나주 어향' 관련하여 고려 제8대 대왕 현종(992~1031)이 1011년 나주에 온 것이 역사적 의미가 있을 것이다. 현종은 1010년(현종 원년) 11월에 거란제가 침입해 오니 나주로 피난하였다. 나주에 온 것은 1011년 1월 정해 13일(양 2월 18일)이었다. "정해 〈왕이〉 노령(蘆嶺)을 넘어 나주에 들어갔다.", "현종 원년(1010)에 왕이 거란군[丹兵]을 피하여 남쪽으로 내려가 나주에 이르러서 열흘 동안 머물다가, 거란군이 패하여 물러가자 〈왕이〉 다시 수도로 돌아왔다"는 기록을 통해서 알 수 있다.[57] 2023년 기준으로 1012년이 되는데 여러 가지 기념주년을 할 당위성은 있다고 본다.

특히, 현종은 1009년 3월~1031년 6월 사이 22년을 재위하였다. 현종은 재위 기간 동안 안팎의 위난을 잘 다스렸고 여러 제도의 기틀을 확고히 다졌다. 그리고 사회·문화·정치·경제·외교 등에 걸친 전반적 문물의 발전까지 완수하여 고려 제2의 창업 군주라 할 것이다. 사신(최충)은 "공정하게 나라를 다스려 국민을 안정시키고 화합을 이루니 온 나라가 평안해지고 해마다 풍년이 들었다."고 논평[58]한 바 있다. 모든 것을 아우른다는 '나주(羅州)'의 역사지명과 고려의 중흥군주 현종의 치적, 그 현종의 나주 행차를 연계시켜 보자는 것이다. 나주로의 피난이 현종과 고려를 지켰고, 그 현종이 고려를 다시 중흥시켰다고 볼 수 있겠기에, 고려시대의 나주는 분명 8목 이상의 중요한 지역이있다는 점을 활용하자는 것이다.

---

57) "顯宗 元年. 十一月, 契丹帝來侵, 王幸羅州."(『고려사』 연표), "[현종 2년 1월] 丁亥 踰蘆嶺, 入羅州."(『고려사』 세가), "[현종 2년 1월] 丁亥. 王踰蘆嶺, 入羅州."(『고려사절요』), "顯宗元年, 王避丹兵, 南巡至州, 留旬日, 丹兵敗去, 王乃還都."(『고려사』 57 志11 地理2 전라도 나주목.)

58) "政公平, 寘民安輯, 內外底寧, 農桑屢稔."(『고려사』 권5 世家5 최충의 찬.)

### 4) 나주 '어향' 중흥, 세계 유일본 용감수경(龍龕手鏡) 판각
### 1019년? - 1314주년(보물 60주년, 국보 26주년)

『용감수경』은 1019년경 제작했다면 2023년 기준, 1324주년이 된다. 보물 지정은 60주년, 국보 지정은 26주년이 된다. 『용감수경』판각과 관련하여 서사(敍事)로 풀어 보자면, 현종은 나주로 1011년 1월 피난을 왔다가 환도하는데 1018년 지방제도 개편 때 나주목으로 승격시킨다. 나주 피난 때의 환대를 고려했을 것이고 혜종과 관련된 '어향'이라는 점도 관련될 것이다. 후대의 기록이지만, "《역대연표(歷代年表)》를 상고해 보면 … 고려 때에는 거란이 쳐들어오자, 현종이 남쪽으로 몽진하여 이 곳[금성산성]에 군대를 주둔시키고 있다가, 거란이 패배하여 퇴각하자, 현종이 본주(本州, 나주)를 목(牧)으로 승격시켰다고 하였다."는 기록도 참고가 된다.[59]

그리고 가까이서 음식을 담당했던 양온서령 권득령을 특별히 승품하여 나주목 사록장서기로 파견시켜 『용감수경』의 간행을 맡도록 한 것 같다. 권득령은 아마도 현종의 1011년 나주 피난길에 동행하여 음식을 담당했을 것으로 보인다. 1018년 나주를 목으로 승격시키고, 권득령을 다시 나주에 보내 국가 사업으로 관판 『용감수경』을 조각하도록 한 것으로 저 간기(刊記)의 행간(行間)을 이해하면 어떨까 싶다. 그렇다면 『용감수경』은 빠르면 1019년 전후 어느 시기에 조각된 것으로 볼 수 있을 것 같다.

『용감수경』 관련 사항은 조선시대에도 이어진다. 성종은 1472년(성종 3) 2월에 어머니를 인수대비로 다시 책봉한다. 인수대비는 1472년(성종 3) 6월에 세조·덕종·예종·인성대군의 명복을 빌고, 성종과 왕비 및 대왕대비의 만세를 축수하기 위하여 29종류의 불경을 간행하게 된다. 이때 간행된 불경 목록 및 간행경위는 현재까지 전해지고 있는 『불조역대통재(佛祖歷代通載)』·『몽산화상법어약록(蒙山和尙法語略錄)』·『묘법연화경(妙法蓮華經)』등에 붙인 김수온(金守溫, 1410~1481)의 발문에서 확인되는데, 모두 29질

---

59) 이항복, 「羅州錦城山城」, 『백사집』 제2권.

2,805건이며, 이 가운데 『용감수감』 50부가 들어 있다.

그런데 이 책 또한 국내 소장본은 보고된 바가 없고[60], 일본의 동양문고본(東洋文庫本) 등이 알려져 있다. 기존의 고려본[국보, 나주목 관판본] 『용감수경』이나 송본 『용감수감』과는 다른 판본이라 한다.[61]

일본 동양문고본(청구기호 XI-4-B-7, 8권 7책본)은 서지 해제와 함께 권3에는 장서인이 7종이 소개되어 있는데[62], 그 가운데 '금성후인(錦城後人)', '박종언장(朴琮彥藏)'의 인문이 보인다. '금성인 박종언'인 셈이다. 조선시대 초기 나주의 성씨로 '박(朴)'이 본주[나주], 종의(從義), 반남(潘南), 복룡(伏龍)에 기록되고 있다.[63] 그리고 '금성(錦城)'이 나주의 군명[64]을 감안할 때 자료를 더 확인한다면 또 다른 서사(敍事)로 연계될 수 있을 것 같다.

### 5) 나주 '어향' 유향, 금성산신에 국왕이 보답 제사 1277년 - 746주년

고려 충렬왕은 금성산신의 음덕에 보답하여 제사를 지내도록 하면서 해당 관청에 명하여 해마다 녹미(祿米) 5석을 보내어 제사를 받들도록 하였다. 진도(珍島)와 탐라(耽羅)를 정벌할 적에 금성산신에게 음덕의 징험이

---

60) 일본 동경대학 오구라문고에 서홍 귀진사 개판본(嘉靖四十二年(1563)高德山歸眞寺開板)이 소장되어 있다(청구기호 144745)(고려대학교 해외한국학자료센터(http://kostma.korea.ac.kr).

61) 신상현, 2006, 「조선본 『龍龕手鑑』의 판본과 특징에 대한 고찰」, 『한문학보』 14집, 우리한문학회.
정광, 2012, 「고려본 『龍龕手鏡』에 대하여」, 『국어국문학』 161, 국어국문학회.
신상현, 「용감수감(龍龕手鑑)」, 고려대학교 해외한국학자료센터.
한편, '司錄掌書記 借良醞令'이 관명이며 '司錄'과 '借'가 조선조의 行守의 직함과 같고 '良醞'이 고려시대의 지명이라는 견해(심경호)도 있다(정광, 위 논문, 『국어국문학』161, 255쪽 주32 재인용).

62) 권3에 "木正辭章, 菊潭, 壁藏奇寶, 錦城後人, 朴琮彥藏, 雲岩, 龍楚"의 7종, 다른 권에 "雲邨文庫, 即宗院"의 장서인이 있다. 錦城後人은 나주 박씨 적관인(籍貫印), 木正辭章은 일본 기무라 마사코토(木村正辭, 1827~1913, 雲邨文庫는 일본 와다 츠나시로(和田維四郎, 1856~1920)로 설명하고 있다(고려대학교 해외한국학자료센터).

63) 『신증동국여지승람』 제35권 전라도 나주목 성씨.

64) "군명 : 發羅·通義·錦山·錦城·鎭海軍"(『신증동국여지승람』 나주목)

있다고 여겨서이다. 그리고 금성산신을 정령공(定寧公)에 봉하였다. 보문각 대제 정홍(鄭興 정가신)의 간언에 따라서였다.[65] 금성산신제는 '국제(國祭)'인 셈이고 '어향'의 유향(有香)으로 이어진 것으로 보면 어쩔까 싶다. 금성산은 조선초기에도 호국지신(護國之神)으로 봉하는 기록이 있다.[66] 금성산성 북쪽의 봉우리를 정녕(定寧)이라 하는데 주봉으로서 동[露積]·서[悟道]·남[多福] 세 봉우리가 공읍을 하고 있다[67]하여 고려의 금성산신 정령공의 형상 인식이 이어지고 있음을 알 수 있다.

## 2. 유산과 시문·사료의 재해석과 서사(敍事)

### 1) 국왕에게 올린 이름난 과실[名果] – 1170년께의 나주배?

나주의 수령으로 있던 최여해(崔汝諧, 1101~1186)가 "이름난 과실과 말린 해산물을 구하여 〈익양공의〉부에 후하게 보내니 명종(明宗)이 매우 고맙게 여겼다."[68]는 내용이 있다. 명종(1131~1202)은 1170년~1197년 재위한 고려 제19대 국왕이다. 즉위 전의 작호는 익양공(翼陽公)이다. 인종과 공예태후 임씨의 셋째 아들이며 의종의 동생이다.

나주 수령이 국왕에게 올린 이름난 과실, 후하게 보내니 국왕이 고맙게 여긴 나주의 과실, 그 과실을 '나주 배'로 생각할 수는 없을까. 조선초기 기록인 『세종실록지리지』 나주목조에 기록된 토공과 약재, 토산 가운데 과실류를 보면, 토공(土貢)은 대추(棗)·감(柿)·배[梨]·석류(石榴)·비자(榧子), 약재(藥材)는 오매실(烏梅實)·염매실(鹽梅實), 토산(土產)은 귤(橘)이다.[69]

---

65) 『고려사』 권63 志57 禮5 길례 소사 잡사.
『고려사절요』 권19 충렬왕 3년 5월.

66) 『태조실록』 3권, 태조 2년 1월 정묘(21일).

67) 『임하필기』 권13 文獻指掌編 湖南山城.

68) "後倅羅州, 求名果海脯, 厚餽於府, 明宗深感之." 『高麗史』 卷一百一 列傳 卷第十四 諸臣 최여해.

69) 『세종실록』 지리지 전라도 나주목.

최여해는 77세 때 정당문학(政堂文學)을 제수하여 치사하게 하였고 1186년(명종 16)에 86세로 죽자, 3일 동안 조회(朝會)를 정지했고, 시호를 문정(文貞)이라 하였다.[70] 그만큼 문신으로써 치적이 있었고 명종은 예우를 다하였다. 명종이 즉위전 익양공의 부에 나주 수령 최여해가 올린 이름난 과일. 명종은 1170년 9월(양 10월 13일) 즉위함으로 최여해가 과일을 올린 시기는 1169년~1170년 사이일 것 같다. 『고려사』기록에 '이름난 과일을 구하여[求名果]', '후하게 올렸고[厚餽於府]', '명종이 매우 고맙게 여겼다[明宗深感之]' 했으니, 이름나고 후하게 올릴만한 과실을 '나주배'로 연계시키고 서사(敍事)로 풀어 간다면 '고려의 나주 역사문화유산'-'나주 지역의 특산 향토자원'이 자연스레 연계될 것이다. 고려시대는 국왕이 '심감(深感)'했다 했는데, 그 유향이 이어져 현금에 이르러서는 온나라 사람들이 즐거워 나주의 먹거리를 찾지 않을까.

### 2) 나주관의 대발[簾]과 경갑(鏡匣) - 1175년, 소목(小木) 가구

1175년(명종 5)경 안렴사로 나주에 온 채보문(蔡寶文)의 시[71]에 공관인 나주관에 있던 기물로 대발[簾]과 경갑(鏡匣)이 보인다. 「나주 공관에 쓰다(題羅州館)」는 시의 주석에 "을유년(1165년, 의종 19)에 유학차 이 고을에 이르니, 서기 박원개(朴元凱)가 특히 공관에 잔치를 벌이고 나를 위로하였다. 이제 내가 안렴사의 명을 받들고 다시 이곳을 찾아와서 지난 일을 추억하고 지금 일에 감회가 일어 사운(四韻)을 짓는다.[72]"라 하였다.

기구에서 "이 땅에 와서 논 지 십여 년 만에 올가을에 또 기러기처럼 남으로 왔네(此地來遊十餘歲 今秋又作鴈南飛)"라 하였다. 세주에 을유년(1165)에 유학차 왔다 하였으니 다시 안렴사로 나주에 온 것은 1175년(명종

70) 『고려사』 권101 列傳14 諸臣 최여해.

71) "此地來遊十餘歲 今秋又作鴈南飛 簾旌暮捲江山是 鏡匣朝開齒髮非 庭靜白沙留月色 園深綠竹醉春輝 腰黃眼赤新榮重 來去誰云一布衣"(채보문, 「題羅州館」, 『동문선』 제13권(한국고전종합DB))

72) 乙酉歲, 遊學到此, 書記朴元凱特於公館宴慰. 今忝按廉之命復過, 懷古感今, 因爲四韻.

5)쯤 가을임을 알 수 있다. 다음 연에서 “저녁에 발 걷으니 강산은 그대로인데 아침에 거울을 여니 귀밑털이 변했구나(簾旌暮捲江山是 鏡匣朝開齒髮非).”라 하여 세월의 무상함을 말하고 있다. 발[簾]과 경갑(鏡匣)은 당시 나주의 물산이나 산업과 관련하여 시사점이 있다. 저녁과 아침이라 했으니 유숙한 공간을 말하는 것이고 이는 객관에 있는 집기이자 가구라 할 것이다. 전통적으로 나주의 소목 가구와 대나무 공예품 등은 알려져 있는데, 고려시대 1175년경 나주목을 방문한 중앙관리 안렴사의 유숙처 객관의 대발[竹簾]과 경갑은 최고급품이었을 것이고 특산 명물이었을 것이다. 장엄한 금성관, 나주 명물 가구는 관리의 품격을 더 높여 주었을 것이다. 그래서 “허리의 누른 띠 새 영화가 중하니 뉘라서 나를 옛날의 그 포의라 하느뇨(腰黃眼赤新榮重 來去誰云一布衣).”라 한 것으로 읽힌다.[73)]

채보문의 시는 『동문선(東文選)』에 실려 있고 『신증동국여지승람』, 『나주목읍지』(조선후기, 奎17422) 등에 실리면서 나주의 대표적 시문으로 자리잡는다. 채보문은 고려 중기 인물로 출생년은 확인되지 않으나 1163년(의종 17)에 문과에 급제했다.[74)] 학문이 탁월했고 『동문선』에 시 3수[75)]가 전한다. 『보한집』에도 채보문의 시에 대한 당대의 평가와 함께 나주 객사의 벽에 시를 걸었음을 적고 있다.[76)]

나주 소목과 관련하여 나홍유(羅興儒)도 살펴볼 필요가 있다. 나주 사람 나홍유는 왕명으로 나무로 반룡(蟠龍)을 만들어 전각의 문에 장식하는 것을 감독하였는데 기교로 칭찬을 받았다. 어쩌면 고려 최고의 조각가 아닐까 싶다. 전각의 문에 장식하는 것이라 했으니 소목장과도 연결될 것 같다.[77)]

---

73) 김희태, 「“선현들의 시문” 해제」, 『선현들의 시문속에서 나주를 읽다』(나주문화원, 2021), 22~24쪽.

74) 『등과록전편(登科錄前編)』(규장각 古4650-10)(한국역대인물종합정보시스템http://people.aks.ac.kr)

75) 「題羅州館」, 「珍島碧波亭次崔按部永濡韻」, 「高山縣公館梨花」, 『동문선』 제13권 칠언율시. 그리고 『신증동국여지승람』 강진현 고적조 회선정(會仙亭)조에 채보문의 시가 있다.

76) 『보한집』 권상 습유(拾遺)

77) 『고려사』 권114 열전27 諸臣 나홍유.

### 3) 송에서 돌아 온 나주의 표류민 23인 – 1088년

"나주 표류민 양복(楊福) 등 남녀 23인이 송(宋)의 명주(明州)에서 돌아왔다."[78]는 기록이 있다. 명주(明州, 밍저우)는 지금의 닝보(寧波)로 중국 저장성(浙江省)에 있는 도시이다. 밍저우[明州]에서 출발하여 고려의 흑산도, 군산도, 태안 반도를 거쳐 벽란도로 들어오는 고려의 해상무역로의 '남로'인데 이 바닷길을 이용한 것으로 보인다.

이 나주인들은 어디에서 무슨 일로 나서다가 표류했을까. 언제쯤일까. 그들이 남긴 기록이나 자료는 없을까. 구전이라도 들을 수 있을까. 나주는 조선시대 초기의 금남 최부의 『표해록』 등 표류와 관련된 인물이나 자료가 많다. 서로 연계될 수 있다면 좋을 것이다.

### 4) 송나라에 알려진 나주 잣나무[소나무] – 1123년

1123년(고려 인종 1, 선화 5년) 송나라의 서긍(徐兢, 1091~1153)의 사행 보고서인 『고려도경』에 나주도의 소나무[잣나무]가 나온다.

> 소나무는 두 종류가 있는데, 다섯 잎이 있는 것만이 열매를 맺는다. 나주도(羅州道)에도 소나무가 … 막 생겨나는 것을 송방(松房)이라 하는데[79], 모양이 마치 모과[木瓜]와 같고 푸른 윤기가 나며 〈과육이〉 단단하다. … 고려의 풍속에 비록 과일(果)·안주(肴)·국(羹)·저민 고기[胾]에 이것을 사용한다.[80]

---

78) 『고려사』 권10 세가 권제10 宣宗 5년[1088] 5월 신해[6일].

79) 본문의 다섯 잎이 나서 열매를 맺는 '소나무'가 사실은 잣나무를 가리키는 것 같다. 따라서 송방(松房)도 '잣'으로 보아야 할 듯하다(선화봉사 고려도경 역주[한국사데이터베이스] 재인용).

80) "廣楊永三州多大松. 松有二種, 惟五葉者, 乃結實. 羅州道, 亦有之, 不若三州之富. 方其始生, 謂之松房, 狀如木瓜, 青潤緻密. 至得霜乃拆, 其實始成, 而房乃作紫色. 國俗, 雖果肴羹胾, 亦用之, 不可多食. 令人嘔吐不已."(『선화봉사 고려도경』 권23 풍속[雜俗] 2 특산물[土產](한국사데이터베이스))

다른 지역 것의 풍부함보다는 못하다는 내용도 있긴 하지만, 지역의 자원과 연계하여 볼 만하다. 송방을 과일·안주·국·저민 고기에 사용한다 했는데, 나주배나 나주 곰탕과 연계시켜 볼 만하다.

### 5) 금성산의 가시나무 목책 금성산성[81] – 1270년

금성산은 나주의 진산이다. 고려 현종이 남순(1011년)했을 때 이곳에 머물렀다는 기록이 있다. 금성산성은 고려 중기 1270년(원종 11)에 삼별초와 관련하여 나주 사람들이 가시나무로 목책을 만들어 입보처로 삼았다는 기록이 있다. 당시 나주사록(羅州司錄) 김응덕(金應德)이 중심이 된다. 산성에 목책으로 시설을 마련한 것이다. 주민들의 입보처로서 행정적, 군사적으로 의미가 있는 유산이다.[82]

김응덕의 활동상은 "곧바로 수성할 것을 결의하고 주(州) 및 영내(領內) 여러 현(縣)에 공문을 보내고는 금성산으로 입보(入保)하였다. 가시나무를 세워 목책을 만들고 솔선하여 사졸을 독려하였으며 적이 이르러 성을 포위하고 공격하자 사졸들은 모두 상처를 싸매면서 사수하였는데, 적이 성을 공격한 지 일주일이 되었으나 끝내 함락시킬 수 없었다."는 내용을 통해 알 수 있다. 국왕은 김응덕에게는 7품의 관작을 내렸고, 나주의 김서(金敍)·정원기(鄭元器)·정윤(鄭允)에게 섭오위(攝伍尉)를 하사하고 쌀 각 15석(石)씩을 내렸다.[83] 금성산신은 국가로부터 정령공으로 봉작(1277년)이 되면서 국왕이 제사를 지내도록 한다. 조선 초기에는 전국 명산을 봉작하는데 금성산은 호국지신으로 예우(1394년)한다.[84]

---

81) 금성산성은 나주 진산인 금성산에 위치하고 있다. 『세종실록』「지리지」에 "규모가 둘레 1,095보이고 사철 내내 마르지 않는 5곳의 샘이 있으며 연못과 군창이 있다.", 『신증동국여지승람』에 "석축하였으며 둘레가 2,946척이고 높이가 12척이며 군창이 있었으나 폐지되었다."고 기록되어 있다.

82) 강봉룡, 1999, 「나주시의 관방유적」, 『나주시의 문화유적』, 목포대학교박물관·나주시, 349~352쪽.

83) 『고려사』 권103 列傳16 諸臣 김응덕.

나주의 고려시대 성곽은 금성산성, 회진성, 자미산성 등이 있다. 금성산성의 경우에도 광주 무등산처럼 개방을 할 수 있도록 하고 여가, 스포츠 활동 등과 접맥을 하여 활용해야 할 것이다.

### 6) 나주목을 오고 간 관인들, 금성일기 - 1358년~1392년

금성일기는 1358년(공민왕 7)~1481년(성종 12) 사이 나주목의 관청일기이다. 나주목을 다스리고 오고 갔던 사람들에 대한 기록이다. 금성일기에는 목사, 판관, 춘하번안렴사, 추동번안렴사, 찰방 겸 군수별감, 도문순사, 병마사, 지병마사, 찰방사, 왜인추포 겸 녹전감송사, 찰방 겸 추포사, 점군사, 찰방 겸 병마사, 찰방 겸 군수사, 찰방 겸 군수별감, 방별감, 조전사, 이운최독사, 도순어사, 도순문진변사, 안렴사 겸 방어찰방별감의 도임과 이임상경 등을 기록하고 있다. 그리고 체찰사, 황제사좌, 회사사, 부사, 서장, 압물, 타군역어, 정랑, 조서사좌, 호송사 환관, 절일사 등 사신 관련 내용도 있다.

이 같은 인물 자료들을 정리하고 DB화 하는 것이 필요하다.[85]

### 7) 고려 전함 314척 영산 열병(榮山 閱兵) 1372년

1372년(공민왕 23) 8월 15일 나주의 영산(榮山)에서 전함과 사졸이 제주로 출항을 한다. 규모는 전함 314척과 사졸 25,600명이다. 이 군사들은 출항 전 나주에 도착하여 최영이 영산(榮山)에서 열병(閱兵)을 한다. 1372년(공민왕 23) 7월에 최영은 양광·전라·경상도도통사, 염흥방(廉興邦)은 도병마사, 이희필(李希泌)과 변안렬(邊安烈)은 양광도원수, 목인길(睦仁吉)과 임견미(林堅味)는 전라도원수, 지윤(池奫)과 나세(羅世)는 경상도원수, 김유

84) 앞의 〈나주 '어향' 유향, 금성산신에 국왕이 보답 제사 1277년 - 746주년〉 참조.

85) 인물 DB와 관련, 『錦城日記』 인물과 함께 나주 연고 인물을 정리하고 자료를 모아야 할 것이다. 『고려사』와 『고려사절요』에서 '나주'로 검색하면 구도(具道), 구진(具鎭, 羅州道大行臺侍中), 권단(權呾, 안찰사), 김경손(金慶孫, 전라도지휘사, 1237) 등 70여명에 이른다.

(金庾)는 삼도조전원수 겸 서해·교주도도순문사가 된다. 그리고 8월 15일 나주에서 전함과 사졸을 거느리고 제주로 간다. 그 계기는 명 태조가 제주 말 2,000필을 진상하라 했는데, 300필만 보내니 왕이 제주 토벌을 의논한 것이다.[86] 경과는 그렇지만, 나주의 영산이 300여척의 전함과 2만 5천여명의 군사의 열병을 할 정도의 국가 군사시설로 활용되었음을 알 수 있다.

나주 영산의 열병지, 출항지 등을 비정하여 서로 연계되는 역사경관 조성과 활용이 필요하다. 나주지역이나 영산강일원에서 이루어지는 각종 축제나 문화행사 등과도 연계해야 할 것이다.

## Ⅳ. 맺음말

나주 지역 고려시대 역사문화유산의 보존에 대해서 정리해 보고 활용방안을 제안해 보았다. 보존은 학술조사와 발굴조사, 문화유산 지정과 관외 소재 문화유산 사례를 살펴보았다. 활용은 기념주년과 서사(敍事)로 정리하였다. 활용은 구체적 방안 보다는 원천 자료를 제시하는 형식으로 정리하였다.

학술지표조사는 1985년에 나주지역을 조사한 이래 세차례에 걸쳐 이루어졌고 문화유적분포지도가 조사되어 국가유산청 공간정보(GIS)에 올라있다. 고려시대를 포함하여 통사적인 형태로 조사하였다.

발굴조사는 학술발굴과 구제발굴이 다양하게 이루어졌다. 성곽유적으로, 나주읍성은 1237년(고종 24) 기록에 “주성(州城)을 포위했고 지휘사가 성문에 올라갔고 현문(懸門)을 내렸다는 내용” 등이 있이 그 이전에 축성된 것을 알 수 있다. 발굴조사에서도 고려시대 유구가 확인되었다. 나주 회진토성에서는 ‘회진현대성자개우(會津縣大成子盖雨)’ 명문기와가 출토되어 문헌상의 고려 ‘회진현’ 역사지명이 고고학자료로 확인되었다. 나주 자미산성

86) 『고려사』 권113 열전26 제신(諸臣) 최영.

과 회진 잠애산성도 조사하였다. 사찰유적으로 운흥사에서 고려시대 자기류와 와전류가 확인되었다. 나주 서성문 안 석등은 1093년(선종 10)에 세웠는데 1929년에 반출되었다가 2017년 국립나주박물관으로 돌아 왔다. 나주 동점문 밖 석당간은 기단부를 정비하였다. 송월동 유적에서는 '어향(御鄕)과 관련이 있다 할 '흥룡사(興龍寺)' 명문기와가 출토되기도 하였다. 유교유적으로 나주향교 동·서재 터 발굴조사에서 고려시대 유물이 확인되었다. 고려 초기 '어향'과 관련하여 혜종사(惠宗祠)도 기록에 나오며 후대 문인들의 시문이 있다. 건물지는 금성관, 복암리 랑동유적, 송월동유적 등에서 통일신라시대부터 고려시대까지의 토기류, 청자류, 기와류 등이 출토되었다. 기와가마는 통일신라시대와 고려시대에 해당하는 송월동유적, 운곡동유적, 송학리유적, 삼영동 택촌유적 등이 있다. 와우리유적에서 고려시대 배수로로 사용된 구상유구, 삼영동 택촌유적 고려시대 밭유구, 학산리 문화유적에서 고려시대의 수전, 송월동유적(제3지구)에서 고려시대 석실묘가 확인되었다. 분묘유적은 구제발굴로 11개소가 조사되었다. 조창은 13개소 가운데 나주 해릉창(海陵倉)은 이전의 60포구 가운데 통진포(通津浦)로서 나주시 삼영동 택촌마을 일원이다. 송월동 영산강 변에서 고려시대 선박 선체편 목재가 확인되었는데 관련이 있어 보인다.

지정된 역사문화유산은 나주 관내 93건 가운데 고려시대 관련 유산은 19건이다. 역사유산은 3건으로 고려왕조의 개국과 관련이 있는 완사천, 행정 치소라 할 나주읍성 등이다. 관방유적은 회진성과 자미산성이다. 불교유산은 석당간, 석등, 석탑 등 14건이다.

관외 역사문화유산으로, 『용감수경(龍龕手鏡)』(권3~4)은 고려시대 나주목 관판 목판본으로 요(遙)나라의 한자 자전인데 이 판본은 중국에서도 전하지 않은 세계유일 희귀본이다. 1019년 전후하여 현종의 특명으로 나주에서 이루어졌을 가능성이 있다. 신안 흑산도의 관사지(館舍址) 출토 '신왕사(神王寺)' 명문 기와, 무심사지 출토 '대안사(大安寺)' 명문와, 강진 월남사 출토 '도령별장 나승(都領別將 羅昇)' 명문와 등은 고려시대 나주목의 영속과 관련 자료라 하겠다.

역사문화유산의 활용 방안으로 역사문화유산의 기념주년 연계와 일상화를 몇가지 역사자료를 통하여 예시해 보았다. '나주 어향(御鄕)' 관련하여 발원-시원-중흥-유향(遺香)으로 연계시켜 보는 것도 필요하다. 고려 태조 왕건과 나주 호족[장화왕후]이 연계되는 완사천을 〈나주 '어향' 발원, 완사천 인연 912년〉으로 제명하였다. 2025년 기준으로로 보면 1111주년, 문화유선 지정 37주년이 된다. 이어 〈나주 '어향' 시원, 혜종 즉위 943년 - 1080주년〉, 〈나주 '어향' 중흥-현종 남순나주(南巡羅州) 1011년 - 1012주년〉, 〈나주 '어향' 중흥, 세계유일본 용감수경(龍龕手鏡) 판각 1019년?- 1314주년(보물 60주년, 국보 26주년)〉, 〈나주 '어향' 유향, 금성산신에 국왕이 보답제사 1277년 - 746주년〉 등을 연계할 수 있겠다.

유산과 시문·사료의 재해석과 서사(敍事)는 역사 자료를 지역의 문화나 산물, 경관, 지명 등과 관련하여 활용해 보자는 것이다. 1170년께 나주 수령이 국왕에게 올린 이름난 과실[名果]은, 종류는 명확히 나오지 않지만 『세종실록지리지』 나주목조에 '배[梨]'가 나옴으로 이와 연결시켜 볼만도 하다. 1175년 채보문의 시에 나오는 나주관의 대발[簾]과 경갑(鏡匣)은 소목(小木) 가구, 1088년 송에서 돌아 온 나주의 표류민 23인은 표해기록 등과 연결해 볼 수 있다. 1123년 송나라에 알려진 나주 잣나무[소나무](고려도경), 1270년의 금성산의 가시나무 목책 금성산성, 1358년~1392년 사이 나주목을 오고 간 관인들을 기록한 금성일기, 1372년 고려 전함 314척 영산 열병(榮山閱兵) 등도 살펴 보았다.

앞에서 다루지 못한 자료 이외에도, 989년(성종 8) 4월 국왕이 발탁한 나주목 경학박사 전보인, 충렬왕 때 나주에 거처하도록 한 응방자(鷹坊子) 50인(『고려사』), 정도전(1342~1398) 칠언고시 '중추가(中秋歌)', 윤소종(1345~1393) 오언율시 '금성에서 혜왕 진영을 뵈옵고[謁惠王眞于錦城]', 칠언율시 '앙암에서 이첨과 함께 지음[仰巖與李詹同賦]', 김부식(1075~1151)의 칠언배율 '나주 수 이 선생이 김 낭중 연에게 부친 시에 화답하며[和羅倅李先生寄

金郞中緣]', 이규보(1169~1241) 장(狀) '위 능성쉬 하 나주태수 도관장(爲綾城倅賀羅州太守到官狀)'(『동문선』), 원감국사 충지(1226~1293)의 '흥룡사음(興龍寺吟)'(원감국사집), 목은 이색(1328~1396)의 '동갑인 백운 스님의 서한을 받았는데, 이것을 가지고 온 자의 말에 의하면 지금 나주 흥룡사에 있다고 하였다.(得同甲白雲師持書來者云 今在羅州興龍寺)'(『목은고』), 정도전(1342~1398)의 '나주의 동루에 올라서 부로들에게 효유하는 글(登羅州東樓 諭父老書)', '소재동기(消災洞記)'(『삼봉집』) 등도 재해석하여 서사 자료로 활용한 가치가 있다. 뒤이은 조선시대의 자료들과도 연계시켜야 한다.

일반적으로 역사문화자원의 보존과 활용의 방안은, 먼저 종합화와 보존활용 기본계획수립을 들 수 있다. 종합화는 지금까지 이루어진 학술조사(지표조사, 시굴조사, 발굴조사)나 학술연구, 향토사 연구 사례 등을 집대성하여 종합하고 정리와 분류 기준을 설정하여 체계적인 관리 체계를 마련하는 것이 필요하다.

이미 나주 지역 전체적인 문화유적의 종합적인 조사는 몇차례 이루어졌다. 그리고 지표조사와 발굴조사, 문화유적 복원정비 현황에 대해서 정리한 바 있고, 나주학 연구 관련 목록 작업도 이루어지고 있다.

그러나 이 조사는 공간적으로는 나주 전체, 시간적으로는 선사~근현대의 통시기적 조사였기 때문에, 특정한 시기를 중심으로 조사와 연구, 정리와 분류는 필요한 일이다. 그 정리 분류와 함께 보존활용방안에 대한 기본계획을 수립해야 할 것이다. 또 하나 유념해야 할 것은 특정한 시기라 해서 그 시기 또는 그 유적으로만 한정해서는 지역의 문화유산을 효율적으로 보존활용하기 어려운 측면이 있다는 점도 간과해서는 안될 것이다.

# 참고문헌

## 고려와 영산강과 나주 · 강봉룡


『삼국사기』, 『고려사』, 『고려사절요』, 『태조실록』, 『세종실록』, 『錦城日記』, 『신증동국여지승람』, 『擇里志』, 『고려도경』, 『신당서』, 『송사』, 『明史』, 『속자치통감장편』, 『萍州可談』, 『입당구법순례행기』

강봉룡, 「해남 화원·산이면 일대 청자요군의 계통과 조성 주체세력」, 『전남사학(현 역사학연구)』19, 2002.

강봉룡, 「바다로 보는 한국사」, 『역사학보』232, 2016.

강봉룡, 「'새만금 바다', 고대 동아시아의 해양 허브-7세기 동아시아 해전과 벽골제 문제를 중심으로-」, 『한국학논총』50, 2018.

강봉룡, 「'인천해역'의 접경성과 도서해양-해양 태동기 및 융성기를 중심으로-」, 『도서문화』56, 2022.

강봉룡, 「왕건의 제해권 장악과 고려 건국 및 후삼국 통일」, 『역사학연구』75, 2019 ; 강봉룡 앞 논문, 2022.

강봉룡, 「고려의 건국과 '나주지역'」, 『전라도 천년사』7, 2022(미배포).

강봉룡, 「1123년 송의 고려봉사 사신단 파견의 실상과 의의-'대고려 거대 외교프로젝트'의 관점에서-」, 『선화봉사고려도경 900년』(국립해양문화재연구소 2023 해양실크로드 국제학술심포지엄 자료집, 2023년 9월 22일).

고병익, 「麗代 동아시아의 해상교통」, 『진단학보』71·72, 1991.

권덕영, 「신라 견당사의 나당간 왕복행로에 대한 고찰」, 『역사학보』149, 1996.

祁慶富, 「10~11세기 한중 해상교통로」, 『한중문화교류와 남방해로』, 국학자료원, 1997.

김덕진, 「나주의 해릉창과 영산창」, 『2018 한국경영사학회 춘계 학술대회 자료집』(한국경영사학회·호남사학회 주최, 2018년 5월).

김명진, 「고려시대 객관 안흥정 재검토」, 『영남학』70, 2019.

김상기, 「고대의 무역형태와 나말의 해상발전에 就하야」, 『진단학보』1·2, 1934·1935.

김상기, 「여송무역소고」, 『진단학보』7, 1937.

김상기, 「고려시대 해상활동고 문물의 교류-예성강을 중심으로-」, 『국사상의 제문제』4, 1959.
김성규, 「서평-김영제, 『고려상인과 동아시아 무역사』」, 『역사학보』244, 2019.
김영제, 「10~13세기 송전과 동아시아 화폐경제-특히 송전의 고려유입을 중심으로-」, 『중국사연구』28, 2004.
김영제, 「麗宋교역의 항로와 선박」, 『역사학보』204, 2009.
김영제, 『고려상인과 동아시아 무역사』, 푸른역사, 2019.
김위현, 「麗宋關係와 그 航路考」, 『關大論文集』6-1, 1978.
김창현, 「고려 문인 김극기의 생애와 편력」, 『한국인물사연구』20, 2013.
김종순, 「나주 읍성권역 문화유산의 복원과 활용-나주 역사문화도시 조성과 관련하여-」(목포대 대학원 석사논문), 2022
김철웅, 「고려와 송의 해상교역로와 교역항」, 『중국사연구』28, 2004
김한신, 「중세 동아시아 해상교역의 재구성」, 『동양사학연구』149, 2019.
나주문화원·나주시, 『國譯 錦城日記』, 1989.
나주시, 『나주 마한역사문화 조사·연구 및 정비계획』, 2022.
노명호, 「고려시대의 다원적 천하관과 해동천자」, 『한국사연구』105, 1999.
Remco Breuker, Establishing a Pluralist Society in Medieval Korea, 918-1170 : History, Ideology and Identity in the Koryo Dynasty, Brill's Korean Studies Library, Vol. 1, Leiden, 2010.
목포대 박물관, 『羅州牧의 再照明』, 1990.
목포대 박물관, 『영암 월출산 제사유적』, 1996.
문경호, 「1323년 왜구 침입 기사를 통해 본 신안선의 항로와 침몰일」, 『도서문화』60, 2022.
문안식, 「왕인의 渡倭와 상대포의 해양교류사적 위상」, 『한국고대사연구』31, 2003.
문안식, 「나주지역의 역사지리적 위상과 고려 팔관회」, 『남도민속연구』29, 2019.
박옥걸, 「고려 來航 송상인과 여·송의 무역정책」, 『대동문화연구』32, 1997.
박용운, 고려는 귀족사회임을 다시 논함(상~하) 『한국학보』93·94, 1998·1999.
박재우, 「1960~70년대 고려 귀족제설의 정립과 그 전망」, 『한국사연구』183, 2018.
박종기, 「민족사에서 차지하는 고려의 위치」, 『역사비평』45, 1998.
박종기, 「고려 다원사회의 형성과 기원」, 『한국중세사연구』36, 2013.
박종기, 「고려 다원사회론의 과제와 전망」, 『한국중세사연구』45, 2016.
박종기, 「고려왕조의 다원사회」, 『내일을 여는 역사』71·72, 2018.
박창희, 「고려시대 관료제에 대한 고찰」, 『역사학보』58, 1973.
박한설, 「나주도대행대고」, 『강원사학』1, 1985.

백승호, 「고려 상인들의 대송무역활동」, 『역사학연구』27, 2006
변남주, 『영산강 뱃길과 포구 연구』, 민속원, 2012.
변동명, 「나주 팔관회와 금성산신앙」, 『해양문화연구』9, 2013.
신안식, 「고려전기 麗宋 교통로와 교역」, 『한국중세사연구』33, 2012.
안병우, 「개방성과 고려, 그리고 현재의 동아시아」, 『한국중세사연구』42, 2015.
奧村周司, 「高麗における八關會的秩序と國際環境」, 『朝鮮史研究會論文集』16, 1979.
유승원, 「고려사회를 귀족사회로 보아야 할 것인가」, 『역사비평』36, 1997.
윤용혁, 「고려시대 서해 연안해로의 객관과 안흥정」, 『역사와경계』74, 2010.
이강한, 「서평-이진한, 『고려시대 송상왕래 연구』」, 『역사학보』212, 2011.
이강한, 『고려와 원제국의 교역의 역사』, 창비, 2013.
이강한, 「고려시대 대외교역사 연구의 현황과 과제」, 『이화사학연구』47, 2013.
이강한, 「서평-김영제 지음 『고려상인과 동아시아 무역사』」, 『경제사학』44-1, 2020.
이근세, 「다원성과 통합성의 조화-라이프니츠의 조화론을 중심으로-」, 『동아시아문화연구』63, 2015.
이기동, 「나말여초 남중국 여러 나라와의 교섭」, 『역사학보』155, 1997.
이명미, 「바다를 통해 본 고려시대 이야기」, 『한국중세사연구』41, 2015.
이보형, 「악학궤범 나례 의식의 기능과 조곡 영산회상의 원류」, 『한국음악문화연구』5, 2014.
이석우, 『韓國近海海象誌』, 집문당, 1992.
이승민, 「고려시대 대외관계와 외교의 맥」, 『한국중세사연구』57, 2019.
이진한, 「고려시대 예성항 무역의 실상」, 『내일을 여는 역사』22, 2005.
이진한, 『고려시대 송상왕래 연구』, 경인문화사, 2011.
이진한, 「고려시대 해상교류와 '海禁'」, 『동양사학연구』127, 2014.
이해준, 「목포의 역사-개항 이전사-」, 『목포시의 문화유적』, 목포대박물관, 1987.
田川孝三, 「錦城日記について」, 『朝鮮學報』53, 1969.
鄭墡謨, 「북송후기 고려사절단의 북송사행 노정고」, 『대동문화연구』99, 2017.
정수일, 「동북아 海路考 - 羅唐해로와 麗宋해로를 중심으로 -」, 『문명교류연구』2, 2011.
정용범, 「고려의 개방성과 국제성을 이끈 주역들」, 『지역과역사』31, 2012.
조진욱, 「신안선 무역 모델과 의미-신안선의 고려 기항 여부와 목적을 중심으로-」, 『동북아역사논총』55, 2017.
진호신, 「『고려도경』 마도 안흥정의 위치와 공간구조」, 『해양문화재』18, 2023.
채웅석, 「고려 전기 사회적 분업 편성의 다원성과 신분·사회계층」, 『한국중세사연구』45, 2016.
채웅석, 「고려전기 지방지배체제의 다원성과 계서성」, 『한국중세사연구』47, 2016.

채웅석, 「고려전기의 다원적 국제관계와 문화인식」, 『한국중세사연구』50, 2017.
채웅석 편, 『고려의 다양한 삶의 양식과 통합 조절』, 혜안, 2019.
채웅석 편, 『고려의 중앙과 지방의 네트워크』, 혜안, 2019.
채웅석 편, 『고려의 국제적 개방성과 자기인식의 토대』, 혜안, 2019.
최봉준, 「고려사회 성격론과 다원사회의 구조적 이해」, 『역사와실학』67, 2018.
최영호, 「고려시대 송나라 해상 무역 상인의 활동 시기와 양상」, 『인간과 문화연구』16, 2010.
한정훈, 「고려시대 '해항도시' 나주에 대한 시론」, 『해항도시문화교섭학』19, 2018.
호남사학회 편, 『고려의 후삼국통합과정과 나주』, 경인문화사, 2013.
홍영의, 「관계와 소통, 통합과 자율의 다양성」, 『한국중세사연구』47, 2016.
홍영의, 「고려시대 금속제 기물 및 기와의 '연호'명 검토-대중국 '연호'의 시행과 고려의 다원적 국제관계-」, 『한국중세사연구』50, 2017.
黃寬重, 「宋·高麗貿易與文物交流」, 『진단학보』71·72, 1991.

## 고려 태조 왕건의 나주전투와 서남해 공략 · 김명진


『삼국사기』『고려사』『고려사절요』『신증동국여지승람』『동국문헌비고』
『나주시의 문화유적』, 나주시·목포대학교박물관, 1999.

김명진, 『고려 태조 왕건의 통일전쟁 연구』, 혜안, 2014.
변남주, 『전근대 영산강 유역 포구의 역사지리적 고찰』, 목포대학교 대학원 박사학위논문, 2010.
신호철, 『후백제 견훤정권 연구』, 서강대학교 대학원 박사학위논문, 1989.

강봉룡, 「나말여초 왕건의 서남해지방 장악과 그 배경」『도서문화』21, 목포대학교 도서문화연구소, 2003.
강봉룡, 「왕건의 제해권 장악과 고려 건국 및 후삼국 통일」『역사학연구』75, 호남사학회, 2019.
김갑동, 「고려시대 나주의 지방세력과 그 동향」『한국중세사연구』11, 한국중세사학회, 2001.
김갑동, 「왕건과 전남 세력의 동향 -나총례, 오다련, 최지몽을 중심으로」『도서문화』52, 국립목포대학교 도서문화연구원, 2018.
김명진, 「太祖王建의 나주 공략과 압해도 능창 제압」『도서문화』32, 목포대학교 도서문화연구소, 2008.
김명진, 「고려 태조 왕건의 質子政策에 대한 검토」『한국중세사연구』35, 한국중세사학회, 2013.
김명진, 「고려 혜종의 생애와 박술희」『영남학』65, 경북대학교 영남문화연구원·퇴계연구소, 2018.
김명진, 「진도 명량대첩로 해역 인근 항로 및 벽파진 검토」『진도 명량대첩로 해역 수중발굴조사 보고서』II, 국립해양문화재연구소, 2018.
김명진, 「고려 태조대 유배형의 시원과 실상」『대구사학』151, 대구사학회, 2023.
문수진, 「고려건국기의 나주세력」『성대사림』4, 성대사학회, 1987.
박한설, 「羅州道大行臺考」『강원사학』1, 강원대학교사학회, 1985,
신성재, 「궁예정권의 나주진출과 수군활동」『군사』57, 국방부 군사편찬연구소, 2005.

신성재, 「태봉과 후백제의 덕진포해전」 『군사』62, 국방부군사편찬연구소, 2007.
신성재, 「궁예와 왕건과 나주」 『한국사연구』151, 한국사연구회, 2010.
신성재, 「후삼국시대 나주지역의 해양전략적 가치」 『도서문화』38, 목포대학교 도서문화연구원, 2011.
신호철, 「고려 건국기 서남해 지방세력의 동향 -나주 호족의 활동을 중심으로」 『역사와 담론』58, 호서사학회, 2011.
이유진, 「나말여초 승려들의 입당구법과 한중교류」 『석당논총』46, 동아대학교 석당학술원, 2010.
정청주, 「신라말·고려초의 나주호족」 『전북사학』14, 전북대학교사학회, 1991.
최연식, 「강진 무위사 선각대사비를 통해 본 궁예 행적의 재검토」 『목간과 문자』7, 한국목간학회, 2011.

## '나주 어향론(御鄕論)'과 고려 혜종에 대한 재평가 · 김병인


『高麗史』『高麗史節要』『東文選』『新增東國輿地勝覽』『增補文獻備考』『輿地圖書』『나주군읍지』(1899)

김덕진, 『전라도의 탄생 1-생활의 터전』, 도서출판 선인, 2018.
김상기, 『고려시대사』, 동국문화사, 1961.
나주시·목포대학 박물관, 『나주목의 재조명』, 1990.
나주시·무등역사연구회, 『한국사 속의 나주』, 도서출판 선인, 2018.

강희웅, 「고려 혜종조 왕위계승란의 신해석」, 『한국학보』 7, 1977, 64·68·71면.
김명진, 「태조왕건의 나주 공략과 압해도 능창 제압」, 『도서문화』 32, 2008, 289면.
김명진, 「고려 혜종의 생애와 박술희」, 『영남학』 65, 2018.
김열규, 「고려사 세가에 나타난 '신성왕권'의 의식」, 『진단학보』 40, 1975.
김용호, 「고려 혜종대의 정국과 왕규의 난」, 전북대학교 석사학위논문, 2009, 5면.
김철웅, 「고려시대 太廟와 原廟의 운영」, 『국사관논총』 106, 2005.
백강령, 「고려초 혜종과 정종의 왕위계승 -박술희와 왕규의 출신배경과 역할의 재해석을 중심으로」, 『진단학보』 82, 1996, 89~90면.
변동명, 「고려시기의 나주 금성산신앙」, 『전남사학』 16, 2001, 45~46면 및 68면.
신호철, 「고려 건국기 서남해 지방세력의 동향」, 『역사와 담론』 58, 2011, 10~11면.
오경석, 「고려전기 왕위계승 양상과 그 원리 -훈요 3조를 중심으로」, 성균관대학교 석사학위논문, 2019, 9~10면.
이병희, 「고려시기 나주의 사찰과 불교문화」, 『고려 어향 나주의 재조명과 영산강』, 2023년 나주 영산강학술대회자료집, 2023, 166면.
이정란, 「고려 왕가의 용손의식과 왕권의 변동」, 『한국사학보』 55, 2014, 12~14·17면.
이종욱, 「고려초 940년대의 왕위계승전과 그 정치적 성격」, 『고려광종연구』, 일조각, 1981.
임지원, 「<나주 '어향(御鄕)'의 탄생과 혜종에 대한 재평가>에 대한 토론문」, 『고려 어향 나주의 재조명과 영산강』, 2023년 나주 영산강학술대회자료집, 2023, 82면.

하현강, 「고려 혜종조의 정변」, 『사학연구』 20, 1968.
한정수, 「고려 초 왕규의 난에 대한 재검토」, 『역사와 실학』 62, 2017, 21·23~24면.
허인욱, 「'고려세계'에 나타나는 신라계 설화와 『편년통록』의 편찬의도」, 『사총』 56, 2003.
황선영, 「고려 혜종대의 정변과 정종의 왕위계승」, 『고려초기 광종연구』, 동아대학교출판부, 1988.
홍영의, 「고려시대 지역성과 문화권 -12목을 중심으로」, 『한국학논총』 41, 2014, 82~84면

## 고려시기 '나주목영역'의 구조와 나주목의 위상 · 박종진


강봉룡 외, 『해양강국 고려와 전남』 민속원, 2019.

具山祐, 『高麗前期 鄕村支配體制 硏究』 혜안, 2003.

박종기, 『고려의 지방사회』 푸른역사, 2002.

박종진, 『고려시기 지방제도 연구』 서울대학교출판연구원, 2017.

변태섭, 『高麗政治制度史硏究』 一潮閣, 1971.

안병우, 『高麗前期의 財政構造』 서울대학교출판부, 2002.

윤경진, 『高麗史 地理志의 分析과 補正』 여유당, 2012.

윤경진, 『고려 지방제도 성립사』 서울대학교출판연구원, 2022.

鄭枖根, 『高麗·朝鮮初의 驛路網과 驛制 硏究』 서울대학교 박사학위논문, 2008.

한정훈, 『고려시대 교통운수사 연구』 혜안, 2013.

박종진, 「고려시기 진도현의 위상과 변화」 『도서문화』 38, 2012.

서금석, 「전라도 지역 고려시대사 연구 현황과 과제」 『한국중세사연구』 58, 2019.

윤경진, 「고려 인종 21년 縣令 增置와 영속관계 개편」 『사림』 4, 2012.

정요근, 「고려 조선전기 전라도 서남해상 島嶼 지역의 郡縣 편제와 그 변화」 『島嶼文化』 39, 2012.

정요근, 「고려후기~조선전기 수령 중심 군현 편제의 전개와 연속성」 『역사비평』 120, 2017(『고려에서 조선으로』 역사비평사, 2019).

정요근, 「고려중~후기 수령관의 증치 및 관격 변화의 역사상-경상도와 전라도 지역의 분석을 중심으로」 『역사와 현실』 120, 2021.

정요근, 「수령관 신설 고을 분석을 통한 여말선초 지방제도 개편의 역사성 고찰-전라·충청·경기·황해 4개 도를 중심으로-」 『한국문화』 102, 2023.

## 고려시대 나주의 산천과 제의 · 김아네스

『고려사』, 『고려사절요』, 『조선왕조실록』(태조~성종) 『등과록전편』, 『만기요람』, 『(신증)동국여지승람』 『계곡집』, 『고려도경』, 『금성일기』, 『동국이상국전집』, 『목은문고』, 『보한집』, 『삼봉집』, 『표해록』

김용선 편, 『고려묘지명집성』(제5판), 한림대학교출판부, 2012.

한국국학진흥원 연구부 편, 『경상도선생안』 상(증보판), 한국국학진흥원, 2005.

강봉룡, 「왕건의 제해권 장악과 고려 건국 및 후삼국 통일」, 『역사학연구』 75, 2019.

강은경, 「고려시대 지방사회의 제의와 공동체 의식」, 『한국사상사학』 21, 2003.

강은경, 「고려시대 국가, 지역 차원 제의와 개인적 신앙」, 『동방학지』 129, 2005.

김갑동, 「고려시대 나주의 지방세력과 그 동향」, 『한국중세사연구』 11, 2001.

김갑동, 『고려의 토속신앙』, 혜안, 2017.

김기덕, 「고려시대 성황신에 대한 봉작과 순창의 <성황대신사적> 현판의 분석」, 한국종교사연구회 편, 『성황당과 성황제』, 민속원, 1998.

김명진, 「나주 서남해지역 공략과 압해도 장악」, 『고려 태조 왕건의 통일전쟁 연구』, 혜안, 2014.

김아네스, 「고려시대 산신 숭배와 지리산」, 『역사학연구』 33, 2008.

김아네스, 「고려시대 개경 일대 명산대천과 국가제장」, 『역사와 경계』 82, 2012.

김아네스, 「고려시대 명산대천과 제장-신라에서 고려로 산천제의 변화를 중심으로-」, 『역사학연구』 50, 2013.

김아네스, 「고려시대 제사유적과 산천제-월출산 유적과 부안 죽막동 유적을 중심으로-」, 『한국사연구』 175, 2016.

김철웅, 「고려시대의 산천제」, 『한국중세사연구』 11, 2001.

김철웅, 『한국중세의 길례와 잡사』, 경인문화사, 2007.

김효섭, 「고려시대 사묘신앙의 편제·관리와 당대인들의 인식」, 『역사학보』 257, 2023.

문안식, 「궁예정권의 서남지역 경략과 토착세력의 동향」, 『백산학보』 96, 2013.

민현구, 「고려중기 삼국부흥운동의 역사적 의미」, 『한국사시민강좌』 5, 1989.

박경안, 「고려시대 무(巫)의 종교적 역할과 분화」, 『동방학지』 184, 2018.

박종오, 「영산강 유역의 왕건 관련 설화」, 『고려의 후삼국통합과정과 나주』, 경인문화사, 2013,

박호원, 「고려의 산신신앙」, 『민속학연구』 2, 국립민속박물관, 1995: 『한국 마을신앙의 탄생』, 민속원, 2013.
변남주, 『영산강 뱃길과 포구 연구』, 민속원, 2012.
변동명, 「고려 무인정권기의 백제부흥운동과 이연년」, 『남도문화연구』 6, 1997: 『한국중세의 지역사회연구』, 학연문화사, 2002.
변동명, 「고려후기의 무등산신앙과 광주」, 『동아연구』 38, 2000: 『한국 전통시기의 산신·성황신과 지역사회』, 전남대학교출판부, 2013.
변동명, 「고려시기의 나주 금성산신앙」, 『전남사학』 16, 2001: 『한국 전통시기의 산신·성황신과 지역사회』, 전남대학교출판부, 2013.
변동명, 「고려후기의 금성산신과 무등산신」, 『남도문화연구』 7, 2001.
변동명, 「고려왕조와 나주」, 『한국중세의 지역사회연구』, 학연문화사, 2002.
변동명, 「나주 팔관회와 금성산신앙」, 『해양문화연구』 9, 2013.
신종원, 「<성황대신사적기>와 대왕신앙」, 한국종교사연구회 편, 『성황당과 성황제』, 1998.
신호철, 「후삼국-고려초기 나주 호족의 활동」, 호남사학회 편, 『고려의 후삼국통합과정과 나주』, 경인문화사, 2013.
윤용혁, 「삼별초 진도정부의 수립과 전개」, 『고려 삼별초의 대몽항쟁』, 일지사, 2000.
윤용혁, 「고려 삼별초의 항전과 진도」, 『도서문화』 37, 2011.
이영문·김승근, 『영암 남해사지』, 목포대학교박물관·영암군, 2000.
이욱, 「조선전기의 산천제」, 『종교학연구』 17, 1998.
임형, 「금성산제에 대한 일고찰」, 『향토문화』 15, 1996.
임형, 「무등산제와 금성산제의 역사와 특징」, 『향토문화』 38, 2019.
최종석, 「조선초기 종교 심성의 전환과 신사 혁신」, 『민족문화연구』 88, 2020.
한정수, 「고려 태조대 팔관회 설행과 그 의미」, 『대동문화연구』 86, 2014.
한정훈, 「고려·조선 초기 나주지역 수군 기지의 역할과 변천」, 『역사학연구』 93, 2024.

나주시, 나주문화관광(https://www.naju.go.kr/tour/sights), 검색일: 2024. 3. 30.
영암문화원, 열람실 데이터베이스(http://yccdb.kr), 검색일: 2024. 3. 30.

## 고려·조선 초기 나주지역 수군 기지의 역할과 변천 · 한정훈

『고려사』『고려사절요』『삼봉집』『태종실록』『세종실록』『세종실록지리지』『신증동국여지승람』『금성일기』『호구총서』『무안군지』

나주문화원·나주시, 『國譯 錦城日記』(1989).
목포대 박물관, 『羅州牧의 再照明』(1990).
변남주, 『영산강 뱃길과 포구 연구』(민속원, 2012).
윤용혁, 『고려대몽항쟁사연구』(일지사, 1991).
편찬위원회, 『역사문화도시 나주의 재발견』(나주시, 2019).
호남사학회, 『고려의 후삼국통합과정과 나주』(경인문화사, 2013).
강병현, 「몽골침입기 고려 수군의 항쟁」(한국교원대 석사학위논문, 2016).
강봉룡, 「後百濟 甄萱과 海上勢力 -王建과 海上爭覇를 중심으로-」『歷史教育』 83(2002).
강봉룡, 「왕건의 제해권 장악과 고려 건국 및 후삼국 통일」『歷史學硏究』 75(2019).
고석규, 「목포진 설치와 목포이야기」『목포시사』 1권-항도목포(목포시·목포시사편찬위원회, 2017).
김명진, 「서해를 넘어 나주로 간 왕건」『복현사림』 34(경북사학회, 2016).
김명진, 「고려·몽고 연합군의 진도 삼별초 공략 과정 검토」『해양문화재』 13(국립해양문화재연구소, 2020).
김은비, 「고려시대 나주목의 구성과 기능」(목포대 석사학위논문, 2020).
박종기, 「고려 말 왜구와 지방사회」『한국중세사연구』 24(2008).
박종오, 「영산강 유역의 왕건 관련 설화」『고려의 후삼국통합과정과 나주』(호남사학회 편, 경인문화사, 2013).
변남주, 「조선시대 제주행 '官海路'에서 출항포구의 변화」『韓國學論叢』 50(국민대 한국학연구소, 2018).
변동명, 「高麗時期의 羅州 錦城山信仰」『全南史學』 16(호남사학회, 2001).
송영대, 「後三國時代의 水軍 운용과 주요 水戰 및 水路 활용 검토」『韓國古代史探究』 38(2021).
신성재, 「후삼국시대 나주지역의 해양전략적 가치」『도서문화』 38(목포대 도서문화연구원, 2011).

신윤호, 「조선초기 전라우도 수군진 설치 및 연혁 검토-목포진·전라처치사영을 중심으로-」 『歷史와 實學』 79(2022).
오홍일, 「극포영에 대한 한 고찰」 『목포의 향토문화 연구』(목포문화원, 2012).
오홍일, 「조선시대 전라도 수군진영과 목포」 『목포의 향토문화 연구』(목포문화원, 2012).
윤경진, 「고려 대몽항쟁기 南道지역의 海島 入保와 界首官」 『軍史』 89(2013).
이 영, 「고려 말의 왜구와 마산」 『한국중세사연구』 17(2004).
이 영, 「고려 말 왜구의 허상과 실상」 『대구사학』 91(2008).
이강욱, 「공민왕 21년(1372) 이후 水軍체계의 재검토」 『군사』 82(국방부 군사편찬연구소, 2012).
이도원, 「고려 말 왜구침입기(1350~1392) 지방 정책 연구」(명지대 석사학위논문, 2014).
이해준, 「목포의 역사」 『목포시의문화유적』(목포대박물관·전라남도·목포시, 1995).
정요근, 「전남지역의 고려~조선시대 越境地 분석」 『한국문화』 63(서울대학교 규장각한국학연구원, 2013).
한정훈, 「고려시대 '해항도시' 나주에 관한 시론」 『해양도시문화교섭학』 19(한국해양대 국제해양문제연구소, 2018).

## 고려시대 나주의 사찰과 불교문화 · 이병희

『高麗史』『高麗史節要』『老村集』(林象德)『東國李相國集』『東文選』『三國史記』『三峯集』『牧隱詩稿』『白沙集』(李恒福)『山堂集』(崔忠成)『世宗實錄地理志』『新增東國輿地勝覽』『輿地圖書』『歷代高僧碑文』(李智冠 譯註)『益齋亂藁』『佔畢齋集 詩集』『朝鮮佛敎通史』(李能和)『朝鮮王朝實錄』『漂海錄』

국가유산청 홈페이지(https://www.heritage.go.kr/heri/cul/culSelectRegionList.do?s_ctcd=36&ccbaLcto=14&pageNo=1_1_3_1).
나주시청 홈페이지(https://www.naju.go.kr/tour/sights/cultural_assets/treasure#none).

金京洙 編著,『물길따라 뱃길따라 영산강 삼백오십리』(향지사, 1995).
金榮郁 譯解,『眞覺國師語錄 譯解』1(伽山佛敎文化硏究院, 2004).
김윤곤,『한국 중세 영남불교의 이해』(영남대 출판부, 2001).
나주문화원,『선현들의 詩文 속에서 羅州를 읽다』1·2(나주문화원, 2021).
나주시청,『羅州市誌』1~4(나주시지편찬위원회, 2006).
나주시·목포대박물관,『나주시의 문화유적』(나주시·목포대박물관, 1999).
나주시·무등역사연구회,『한국사 속의 나주』(선인, 2018).
목포대박물관·고흥군,『高興郡의 文化遺蹟』(목포대학교 박물관, 1991).
박경식,『한국의 석탑』(학연문화사, 2008).
변남주,『영산강 뱃길과 포구 연구』(민속원, 2012).
邊東明,『韓國中世의 地域社會硏究』(학연문화사, 2002).
사찰문화연구원,『전통사찰총서7 -광주·전남의 전통사찰Ⅱ-』(사찰문화연구원, 1996).
성춘경,『전남의 불상』(학연문화사, 2006).
엄기표,『한국의 당간과 당간지주』(학연문화사, 2004).
안동시·안동대안동문화연구소,『고려시대의 안동』(예문서원, 2006).
안지원,『고려의 국가불교 의례와 문화 -연등·팔관회와 제석도량을 중심으로-』(서울대 출판부, 2011).
윤용혁,『삼별초』(혜안, 2014).
이익주,『이색의 삶과 생각』(일조각, 2013).
정영호,『한국의 석조미술』(서울대 출판부, 1998).

秦弘燮, 『韓國의 佛像』(一志社, 1998),
천득염·김준오, 『전남의 석탑』(전남대 출판부, 2015).
冲止(이상현 옮김), 『圓鑑國師集』(동국대 출판부, 2010).
한기문, 『고려시대 상주계수관 연구』(경인문화사, 2017).

姜芝嫣, 「고려末 尹紹宗의 政治活動 硏究」, 『이대사원』28(1995).
강호선, 「고려시대 강원지역 불교의 전개」, 『강원사학』32(2019).
권덕영, 「비운의 신라 견당사들」, 『신라문화제학술발표회논문집』15(1994).
金甲童, 「高麗時代 羅州의 地方勢力과 그 動向」, 『한국중세사연구』11(2001).
金光植, 「崔沆의 雙峰寺 寺院勢力 構築과 李延年亂」, 『朴永錫華甲紀念論叢』上 (1992).
김당택, 「혜종대의 정변과 나주의 위상 변화」, 『고려의 후삼국통합과정과 나주』(경인문화사, 2013).
金理那, 「高麗時代의 石造佛像 硏究」, 『考古美術』166·167합집(1985).
김병인, 「고려시대 行旅와 遊覽의 소통 공간으로서 사원」, 『역사와 경계』74(2010).
김용선, 「현욱·심희·찬유와 여주 고달사」, 『한국중세사연구』21(2006).
金潤坤, 「고려시대 慶尙道 지역의 사원과 불교문화」, 『한국중세사연구』9(2000).
金潤坤, 「고려시대 慶尙晋州道 지역의 사회발전과 불교문화」, 『民族文化論叢』21(嶺南大 民族文化硏究所, 2000).
김창현, 「고려의 문인 김극기의 생애와 편력」, 『한국인물사연구』20(2013).
도현철, 「고려말 윤소종의 현실인식과 정치활동」, 『東方學志』131(2005).
문안식, 「나주지역의 역사지리적 위상과 고려 팔관회」, 『남도민속연구』29(2014).
민현구, 「청주 拱北樓 應製詩板에 보이는 고려 공민왕대 중엽의 文臣官僚群」, 『한국학논총』33(국민대 한국학연구소, 2010).
변동명, 「高麗 武人政權期의 百濟復興運動과 李延年」, 『남도문화연구』6(1997).
변동명, 「高麗 宣宗代 '羅州 西城門 안 石燈'의 건립」, 『歷史學硏究』72(2018).
徐鎭娥, 「高麗末 朝鮮初 淫祀의 禁止策」, 『靑藍史學』10(韓國敎員大 靑藍史學會, 2004).
成春慶, 「羅州地域의 佛敎美術」, 『羅州牧의 再照明』(나주시·목포대박물관, 1990).
양혜원, 「16세기 지방 불교 시설과 공간 질서의 변동 -안동 읍지 『영가지(永嘉誌)』 분석을 중심으로-」, 『사림』67(2019).
윤여정, 「나주 흥룡사(興龍寺) 위치 추적」, 『羅州文化』29(2021).
윤용혁, 「고려 삼별초의 항전과 진도」, 『도서문화』37(목포대 도서문화연구원, 2011).
이병희, 「高麗 武人執權期 修禪社의 農莊經營」, 『典農史論』1(서울시립대 국사학과, 1995).

李炳熙, 「고려末 조선初 白羊寺의 重創과 經濟問題」, 『韓國史硏究』99·100합집(1997).
李炳熙, 「高麗時期 住持制 運營과 寺院經濟」, 『史學硏究』90(2008).
이병희, 「고려시대 불교계의 네트워크」, 『사회적 네트워크와 공간 -문화로 보는 한국사1-』(태학사, 2009).
정성권, 「나주 철천리 석불입상의 조성시대와 배경」, 『신라사학보』31(2014).
정지연, 「나주 및 남원지역 협저불상의 제작기법에 관한 고찰」, 『대구사학』114(2014).
曺凡煥, 「新羅下代 武珍州地域 佛教界의 動向과 雙峯寺」, 『新羅史學報』2(2004).
秦星圭, 「圓鑑國師 冲止의 生涯」, 『釜山史學』5(1981).
秦星圭, 「圓鑑錄을 通해서 본 圓鑑國師 冲止의 國家觀」, 『歷史學報』94·95합집(1982).
진정환, 「후백제의 불교미술과 그 영향」, 『전북사학』47(2015).
진정환, 「후백제 주도 세력의 변화와 그 영향」, 『신라사학보』51(2015).
진정환, 「호남지역 고려사회 형성의 역사적 특징」, 『한국중세고고학』12(2022).
韓基汶, 「高麗時代 寺院 住持制度」, 『佛教史硏究』1(中央僧伽大 佛教史學硏究所, 1997).
韓基汶, 「高麗時代 定期 佛教 儀禮의 成立과 性格」, 『民族文化論叢』27(2003).
한기문, 「고려시대 사원의 정기 행사와 교역장」, 『대구사학』100(2010).
許興植, 「林惟正의 「百家衣集」」, 『季刊書誌學報』12(1994).
黃秉晟, 「高麗 武人政權期 文人 金克己의 生涯와 現實認識」, 『韓國思想史學』8(1997).

## 나주 지역 고려시대 역사문화유산의 보존과 활용 · 김희태


『고려사』『고려사절요』『선화봉사 고려도경』『세종실록지리』『신증동국여지승람』『금성일기』

국립나주문화재연구소, 『나주시의 문화유산 종합학술조사보고서』(2009).
국립나주박물관, 『나주 서성문 안 석등』(2017).
무등역사연구회 편, 『한국사 속의 나주』(나주시, 선인, 2018).
전라남도·나주시·목포대학교박물관, 『나주시의 문화유적』(2016).
전라남도·나주시·목포대학교박물관, 『문화유적분포지도 : 전남 나주시』(2016).
호남사학회 편, 『고려의 후삼국 통합과정과 나주』(경인문화사, 2013).

김갑동, 「고려시대 나주의 지방세력과 그 동향」, 『한국중세사연구』 통권 제11호(한국중세사학회, 2001).
김명진, 「태조 왕건의 나주 공략과 압해도 능창 제압」, 『도서문화』 제32집(목포대학교 도서문화연구원, 2008).
김종순, 「나주학과 문화유산」, 『나주학 서설-나주학 총서 1집』(나주시, 2021).
윤여정, 「「나주 서성문 안 석등」 유출과 이건」, 『향토문화』 제35집(향토문화개발협의회, 2016).
김희태, 「강진 월남사 銘文瓦와 관련 기록의 역사적 성격」, 『강진 월남사 출토 명문와의 현황과 성격』(강진군·한국중세고고학회·민족문화유산연구원, 2016.11.25.).
김희태, 「강진 월남사 眞覺國師 圓照塔碑의 내용과 성격」, 『강진 월남사의 가람구조와 진각국사 원조탑비의 성격』(2017.11.10).
변동명, 「고려시기의 나주 금성산신앙」, 『전남사학』제16집(전남사학회, 2001).
변동명, 2013, 「나주 팔관회와 금성산신앙」, 『해양문화연구』제9집(전남대학교 이순신해양문화연구소, 2018).
변동명, 2018, 「고려 선종대 '나주 서성문 안 석등'의 건립」, 『역사학연구』 제72호(호남사학회, 2018).
송일기, 「광주 자운사 목조아미타불좌상의 복장전적고」, 『서지학보』 28(2004).
신상현, 「용감수감(龍龕手鑑)」(고려대학교 해외한국학자료센터).
신상현, 「조선본 『龍龕手鑑』의 판본과 특징에 대한 고찰」, 『한문학보』 14집(우리한

문학회, 2006).
이명헌·김희태·정경성, 「남도문화와 역사인물 기념주년(記念周年) 문화관광자원화 방안」, 『향토문화』36(광주, 2017).
이정호·선영란, 「나주학 연구 논저 목록」, 『나주학 서설-나주학 총서 1집』(나주시, 2021).
정광, 2012, 「고려본 『龍龕手鏡』에 대하여」, 『국어국문학』 161(국어국문학회, 2012).
정성권, 「나주 철천리 석불입상의 조성시기와 배경」, 『신라사학보』 31(2014).
최성은, 「13세기 고려 목조아미타불상과 복장묵서명」, 『한국사학보』 30(2008).
한정훈, 2018, 「고려시대 '해항도시' 나주에 관한 시론」, 『해항도시문화교섭학』제19호 (한국해양대학교 국제해양문제연구소, 2018).
홍순재, 2023, 「고려초기 나주선 구조 및 크기 재해석」, 『해양문화재』 제18호(국립해양문화재연구소, 2023).

고려대학교 해외한국학자료센터 http://kostma.korea.ac.kr
한국고전종합DB https://db.itkc.or.kr
한국불교문화종합시스템(http://buddha.dongguk.edu)/
한국사데이터베이스 https://db.history.go.kr/

목포대학교 호남문화콘텐츠연구소 총서 1

# 고려 '어향' 나주의 재조명과 영산강

초판 1쇄 인쇄 2026년 01월 16일
초판 1쇄 발행 2026년 01월 30일

지 은 이 강봉룡·김명진·김병인·박종진·김아네스·한정훈·이병희·김희태

발 행 인 한정희
발 행 처 경인문화사
편 집 정효민 양은경 김지신 한주언 김한별
마 케 팅 하재일 유인순
출판번호 제406-1973-000003호
주 소 경기도 파주시 회동길 445-1 경인빌딩 B동 4층
전 화 031-955-9300 팩 스 031-955-9310
홈페이지 www.kyunginp.co.kr
이 메 일 kyungin@kyunginp.co.kr

ISBN 978-89-499-6913-8 93910
값 19,500원